오픈 API를 활용한
매쉬업 가이드

HTML과 자바스크립트로
손쉽게 만드는 AIR 애플리케이션

이 책에 사용된 구글, 다음, 네이버, 야후의 매쉬업 서비스 인용화면과 스크린샷에 쓰인 로고(브랜드)는 공식 절차를 거쳐 해당 회사의 사용 승인을 받았습니다.
이 책에서는 각 사가 요청하는 로고(브랜드) 표시 사용 가이드라인을 준수합니다.

Google은 구글 사의 등록상표입니다.
Daum은 다음 커뮤니케이션의 등록상표입니다.
nhn은 엔에이치엔 주식회사의 등록상표입니다.
Reproduced with permission of Yahoo! Inc.©2009 Yahoo! Inc.
YAHOO! and the Flickr logos are registered trademarks of Yahoo! Inc.

Copyright ⓒ ACORN PUBLISHING COMPANY, 2009. All rights reserved.

이 책은 에이콘출판주식회사가 저작권자와 정식 계약하여 발행한 책이므로
이 책의 일부나 전체 내용을 무단으로 복사, 복제, 전재하는 것은 저작권법에 저촉됩니다.
저자와의 협의에 의해 인지는 붙이지 않습니다.

오픈 API를 활용한
매쉬업 가이드

HTML과 자바스크립트로
손쉽게 만드는 AIR 애플리케이션

오창훈 지음

추천의 글

근래에 들어 웹산업이 성숙해지는 가운데 새로운 아이디어를 찾기 위해 기업들은 자사의 데이터를 공개하고 있다. 프로슈머로서 서비스 이용자들의 왕성한 활동이 UGC라는 형태로 기업의 서비스에 기여하며, 기업의 컨텐츠를 활용해 또 다른 신규 컨텐츠로 재생산하는 선순환이 이뤄지고 있다. 따라서 기업이 모든 것을 제공하는 기존의 서비스 방식에서 기반 데이터와 도구를 제공하고 사용자나 다른 기업을 통해 자신도 부가가치를 창출할 기회를 찾는 방향으로 변하고 있다.

『오픈 API를 활용한 매쉬업 가이드』는 정말 기다리던 책이다. 개인적으로 오픈 API와 매쉬업이란 주제에 참여하고 있는 실무자로서 항상 많은 질문을 받곤 한다. "매쉬업이 뭐예요? 오픈 API로 무얼 할 수 있죠?" 그럴 때마다 차근차근 설명하곤 하지만 이런 갈증을 한 번에 해결해줄 수 있는 가이드가 필요했다. 해외에서는 이미 오픈 API나 매쉬업에 대한 서적들이 많이 출간됐지만 그간 국내 실정에 맞는 책은 없었다. 그러므로 이 책은 매쉬업을 통해 아이디어를 펼치고 싶은 기획자나 개발자들이 갖춰야 할 필독서라 할 수 있다.

오픈 API와 매쉬업을 기초부터 활용까지 알고 싶은 사람들에게 훌륭한 가이드가 될 것이다. WOW라고 탄성을 지르기에 충분히 멋진 책이다!

양주일 / NHN UIT 센터 센터장

매쉬업이라는 개념이 소개된 지 3년이 넘었지만 그동안 국내에서는 매쉬업을 다루는 전문적인 서적이 없어 아쉬운 참에 오창훈님의 반가운 책을 만나게 되었습니다. 개방화의 물결을 타고 많은 웹사이트들이 경쟁적으로 자신들의 컨텐츠를 외부와 공유하기 시작했고 개발자들의 참여 기회도 늘어나고 있습니다. 공개된 컨텐츠를 이용해 새로운 가치를 만들어내는 것이 바로 매쉬업의 매력입니다.

이 책은 여러분의 아이디어가 새로운 가치를 만들어내도록 도움을 주는 책이며 쓸 만한 컨텐츠와 새로운 아이디어가 있지만 시작하는 방법을 모르는 개발자들을 도와주는 도구입니다. 저자 오창훈님은 국내의 다양한 인터넷 회사에서 제공하는 API를 비교 분석해주고 다양한 경험을 바탕으로 자신의 노하우를 흥미롭게 전해주고 있습니다.

불필요한 시간 낭비를 하지 마시고 여러분의 열정이 식기 전에 이 책을 통해 매쉬업의 재미를 빨리 느껴 보시기 바랍니다. 다양한 경로를 통해 아이디어가 넘치고 새로운 가치가 느껴지는 매쉬업을 만나보고 싶습니다.

정진호 / 야후 개발자 네트워크

네이버, 다음, 구글, 야후 등의 인터넷 서비스 사업자는 물론이고 최근에는 우체국 등 정부기관에서도 개발자들이 쉽게 응용할 수 있는 오픈 API 제공을 확대하고 있는 추세에서 매쉬업에 대한 책이 나온다는 소식을 듣고 너무 반가웠습니다. 매쉬업은 단순히 서로 다른 API를 섞기만 하는 것이 아니라 개발자들의 창의력과 상상력을 발휘하기 위해 이용할 수 있는 새로운 도구와 방법이라고 생각합니다.

이 책에서는 많이 쓰이는 지도 API를 비롯해 다양한 영역의 API 사용 사례를 예제 위주로 따라해 보기 쉽게 구성했습니다. 또한 인증 등 매쉬업에 관한 여러 가지 관련 주제를 골고루 잘 다루고 있습니다. 매쉬업에 관심은 있지만 막연한 감을 가지고 계신 분들께 적극 추천해 드리고 싶습니다. 이 책을 통해서 부디 더욱 다양하고 창의적이며 재미있고 즐거운 매쉬업들이 많이 나와주기를 기대합니다.

권순선 / NHN 부장, KLDP 설립 운영자

미투데이를 만드는 사람이라 세계적으로 큰 화제가 되고 있는 트위터와 한국의 미투데이를 비교해달라는 질문을 많이 받고 있습니다. 그런 질문을 받을 때마다 저는 이건 단순히 두 서비스의 기능 비교 문제가 아니라는 설명으로 마무리합니다. 약 50여 명 되는 트위터 본사 직원들은 모두 웹사이트와 플랫폼으로서의 서비스를 만들어가는 데만 집중하고, 다양한 부가 서비스나 아이폰 같은 부가 장비에서 트위터를 쓸 수 있는 애플리케이션을 만드는 건 모두 외부 회사들입니다.

이를 둘러싼 트위터 생태계는 계속 커나가고 있습니다. 즉 트위터냐 미투데이냐의 비교문제가 아니라, 트위터와 그를 둘러싼 생태계와 미투데이 측 생태계의 문제인 거죠. 페이스북과 트위터 이후의 매쉬업 애플리케이션은 더 이상 특정 개발자들의 소일거리 산출물을 넘어서고 있습니다. 심지어 페이스북이나 트위터 API를 활용하는 응용 서비스를 주요 아이템으로 하는 회사들이 나오고, 그 응용을 통해서 수익을 만들어내고, 투자유치를 하는 상황입니다. 오창훈님의 매쉬업 가이드 발간 시점은 그래서 더욱 의미 있다고 생각합니다.

이 책에서 설명하는 내용들을 통해 단순한 토이 애플리케이션부터 시작해서, 수익을 창출하는 매쉬업 애플리케이션이 나오고 그런 얘기들이 화제가 될 때, 한국의 웹 생태계는 더욱더 풍성해지리라 생각합니다.

박수만 / 미투데이

여는 글

미투데이me2day.net라고 들어보셨나요? 미투데이는 150자 이내의 간단한 내용을 적을 수 있는 마이크로 블로그로서, 미국에서 인기 있는 트위터와 유사한 서비스입니다. 하지만 단순히 150자의 내용을 적는 것만으로는 재미가 없겠죠. 제가 종종 사용하는 기능은 핸드폰으로 사진을 찍어 미투데이에 간단한 메시지와 함께 업로드를 하는 것입니다. 통신사의 데이터 요금이 조금 신경 쓰이긴 하지만 관심 있는 대상을 핸드폰의 카메라로 바로 찍어 업로드를 하면 미투데이 친구(줄여서 미친이라고 합니다)들이 즉각적으로 반응을 보여주는 재미에 즐겁게 이용하고 있습니다. 여기서 주목할 만한 점은 제가 핸드폰으로 업로드한 사진이 미투데이가 아니라 플리커에 저장된다는 사실입니다. 추측해보건대 미투데이에서는 핸드폰에서 업로드한 사진은 플리커에 저장하고 메시지는 미투데이에 저장하는 것 같습니다.

그럼 어떤 방법으로 미투데이에서 플리커에 사진을 저장할까요? 그것은 바로 외부의 서비스 혹은 프로그램을 통해 사진을 저장할 수 있도록 플리커에서 오픈 API를 제공하기 때문입니다. 오픈 API는 네이버와 같은 회사에서 사용하는 API를 외부에 공개해 외부 사용자들이 손쉽게 내부의 자원을 활용할 수 있도록 해주는 인터페이스입니다. 플리커 같은 해외 서비스뿐 아니라 국내에서도 네이버, 다음 등 대형 포털을 비롯해 옥션 등 많은 곳에서 오픈 API를 지원하고 있습니다. 이런 오픈 API를 사용하면 모든 서비스를 직접 만들지 않고도 오픈 API로 제공되는 기능을 마음껏 활용할 수 있습니다. 지도를 사용하거나 실시간 인기 검색어 정보를 얻어올 수도 있으며 블로그나 카페의 글을 검색할 수도 있습니다. 그리고 직접 블로그에 방문하지 않고도 글을 써서 블로그에 올릴 수도 있습니다.

그렇다면 미투데이는 왜 직접 사진을 저장하지 않고 플리커를 사용할까요? 이 질문에 대한 정확한 대답은 미투데이를 직접 만드신 분만이 답변을 해주실 수 있겠지만 제가 생각하기에는 (1)사진을 저장하는 것은 미투데이의 핵심 기능이 아니고, (2)빠른 시간 내에 사진을 저장할 수 있는 기능을 만들 수 있으며, (3)핸드폰으로 사진과 메시지를 올려 미친과 공유할 수 있는 즐거움을 제공하는 핵심 요소에 집중할 수 있기 때문이 아닌가 합니다. 결국 이 세 가지 이유가 바로 오픈 API를 이용해 매쉬업을 하는 이유라고 생각합니다.

예를 들어, 서울 여의도에서 찍은 사진을 업로드하면 지도상에서 여의도를 찾을 때 사진도 같이 찾아볼 수 있는 서비스를 만든다고 가정해봅시다. (1)지도를 만드는 작업과 사진을 저장할 공간을 꾸미는 작업은 중요하지만 핵심 작업은 아닙니다. 게다가 지도와 사진 저장공간을 만들기 위해 엄청난 규모의 투자도 필요합니다. (2)또한 네이버에서 제공하는 지도 API를 사용하고 플리커의 오픈 API를 사용하면 실제 지도와 사진 관리 도구를 만드는 것보다 빠른 시간 내에 서비스를 만들 수 있습니다. 덤으로 오픈 API를 사용하는 편이 훨씬 쉽습니다. (3)그리고 정말 중요한 작업인 사진 정보와 지도상의 위치 정보를 결합해 사용자들에게 새로운 즐거움을 주는 일에 집중할 수 있습니다.

중요한 가치를 만들기 위해 상대적으로 덜 중요한 요소까지 만드는 일과 이미 제공되는 오픈 API를 활용하고 중요한 가치를 만드는 일에만 집중하는 것 중 어느 쪽이 더 나을지는 분명하다고 생각합니다.

하지만 이러한 오픈 API와 매쉬업의 가치에도 불구하고 국내에서 제대로 된 매쉬업을 만나기는 쉽지 않습니다. 여러 이유가 있겠지만 제가 생각하는 이유 중 한 가지는 바로 오픈 API와 매쉬업을 시도할 때 길잡이가 될 만한 자료의 부족입니다. 오픈 API를 제공하는 업체에서 튜토리얼 등 많은 자료를 제공하고 있지만 이것만으로는 충분하지 않습니다. 오픈 API를 활용한 매쉬업을 만들 때 기존 자료는 살펴봤지만 무엇을 어떻게 해야 할지 여전히 고민하는 분들에게 이 책을 권하고 싶습니다.

이 책의 저자는 자바스크립트를 중심으로 오픈 API를 설명하고 오픈 API를 활용해 바로 활용이 가능한 매쉬업을 만드는 과정을 보여줍니다. 또한 자바스크립트를 이용해 매쉬업을 만들 때 항상 걸림돌이 되는 보안상의 한계를 근본적으로 극복할 수 있도록 어도비 AIR를 사용합니다. 어도비 AIR는 어도비 사에서 제공하는 크로스 운영체제 런타임으로, 플래시로 만든 프로그램을 실행시킬 수 있을 뿐 아니라 간단한 수정을 통해 자바스크립트로 만든 프로그램도 실행시킬 수 있는 RIA를 위한 런타임입니다. AIR를 사용함으로써 자바스크립트의 한계를 극복하고 여러분이 만들고자 하는 매쉬업을 여러 오픈 API를 사용하여 자유롭게 만들 수 있을 것입니다. 또한 책의 본문에 나오는 예제는 주로 자바스크립트로 구성되어 있지만 유능한 플래시 개발자이기도 한 저자는 플래시 개발자들을 위한 내용도 별도로 준비하고 있으니 이 책과 함께 참고한다면 많은 도움이 될 것이라고 생각합니다.

이 책이 오픈 API와 이를 활용한 매쉬업에 관심 있는 분들에게 좋은 길잡이가 될 수 있기를 기대합니다.

장정환 / NHN Ajax UI 랩장

저자 소개

오창훈 lovedev@naver.com

2000년 웹마스터로 IT 업계에 발을 들여놓은 10년차 개발자다. 2008년 매쉬업 경진대회, 2009 다음-구글 위젯 경진대회에서 수상했으며, RIA 관련 세미나와 컨퍼런스에서 발표를 하고, 꾸준히 블로그나 어도비 RIA 공식 사이트에 기술문서도 기고한다. gseshop에서 테크니컬리더로 프론트의 신기술 도입과 적용, 최적화 작업에 관여했으며, 지금은 nhn의 UIT센터에서 플래시/플렉스를 활용해 웹 애플리케이션을 개발하고 있다. 온라인에서 lovedev라는 닉네임으로 활동하면서 lovedev.tistory.com 블로그도 운영하고, ACC(Adobe Community Champion)로도 열심히 활동 중이다. 살아 숨쉬는 웹 서비스를 만드는 것을 목표로 매쉬업이나, 오픈 소셜에 많은 관심을 두고 연구 중이다.

감사의 글

인연이 있다고 믿습니다. 사람과 사람의 만남이 그냥 스쳐 지나가는 경우도 있지만, 평생 간직해야 할 인연을 만나는 경우도 있습니다. 책을 쓰면서 평생 간직해야 할 소중한 인연을 많이 만나 뵙게 되어 서면이나마 이 자리를 빌어 꼭 감사의 말씀을 전해 드리고 싶습니다. 우선 책을 쓸 수 있도록 첫 번째 인연을 맺어준 허광남님께 깊은 감사의 말을 전합니다. 그리고 부족한 제게 책을 쓸 수 있는 기회를 주시고, 항상 가족처럼 대해주신 김희정 부사장님과, 항상 용기를 잃지 않게 독려해주시고 따뜻하게 맞아주신 권성준 사장님, 그리고 황지영 대리님과 황영주 과장님께도 정말 감사의 말을 전하고 싶습니다. 책 편집하느라 고생하신 김경희님과 디자이너 박진희님께도 고마움을 전합니다. 출판사에서의 소중한 기억들 평생 잊지 못할 겁니다. 이 순간 많은 사람들이 생각나지만 그중에서도 바쁜 와중에 옆에서 지켜봐 주시고 같이 생각하고 아낌없는 의견을 주시던 UIT센터의 장정환 랩장님, 어려울 때 기회를 주신 UIT센터의 양주일 센터장님 정말 고맙고 감사하다는 말 전하고 싶습니다.

그리고 전 직장에서 언제나 묵묵히 지켜봐 주시고 기회도 많이 주셨는데, 직장을 관두면서 마음을 아프게 해드렸던 GS이숍의 소광진 팀장님!! 팀장님께서 그때 보내주셨기에 제가 지금 이 자리에 올 수 있었습니다. 진심으로 감사합니다. 또 내 이야기를 경청해주고 든든하게 도와준 김풍주, 김현기 대리님 그리고 함께 일했던 EC정보팀원들 그리고 아직은 서먹하긴 하지만 정말 멋지고 훌륭한 우리 RIA기술랩 식구들과 이 기쁨을 함께 나누고 싶습니다. 이 외에도 수많은 분들이 생각납니다. 혹시라도 이름이 없다고 서운해하실 수도 있겠지만, 다 기억합니다. 제가 이 자리에 올 수 있도록 도와주신 모든 분께 진심 어린 감사의 말을 전합니다. 그리고 일상이 너무 바빠 신경을 못 쓴 나의 친구들에게도 미안함과 고마움을 전하고 싶습니다.

마지막으로 특별히 감사의 말을 전할 사람이 있습니다.

옆에서 큰 결심을 할 수 있도록 도와주고 제일 큰 힘을 준 아내, 언제나 부족한 나를 항상 믿고 따라와주며 견뎌준 세상에서 가장 멋진 나의 아내에게 특별히 감사의 말을 전합니다. 그리고 아빠가 힘들 때 힘이 되어준 사랑하는 예쁜 딸과 멋진 아들 세이, 세인이에게 아빠의 도전과 결심 그리고 노력은 모두 가족이 있어 할 수 있었다는 말을 전하면서 감사 말씀 드립니다.

저자 서문

매쉬업을 처음 접한 건 2007년 여름이었다. 매쉬업은 나에게 개발인생 8년간 몇 번 느껴보지 못했던 재미있고 신선한 충격을 가져다줬다. 오랜만에 느껴보는 신선함이어서 그런지 여운도 오래도록 남았다. 그 순간 분명 매쉬업이 포화상태에 이른 웹 생태계에 새로운 생명력과 전환점을 제시할 것이란 느낌이 들었기 때문이다.

웹이 실생활에 정착되기 전까지만 해도 웹 서비스는 독창적이고 차별화된 서비스로 많은 사용자를 끌어 모아 성공할 수 있었다. 회원 수와 웹 서비스의 수익이 비례되는 공식이 어느 정도 성립했기 때문이다. 그리고 그것이 가장 바람직하고 일반화된 웹 서비스의 성공 모델이었다. 물론 그 공식은 지금도 유효하다. 하지만 이젠 그런 비즈니스 모델을 만든다 해도 선점돼버린 서비스 장벽에 가로막혀 큰 성공을 거두기 힘든 것이 현실이다. 그런데 매쉬업은 이런 고정관념처럼 돼버린 공식을 뛰어 넘을 수 있게 만든다. 매쉬업은 서비스 기반 위에 존재하는 수많은 사용자를 기반으로 이뤄지는 것이라 수요를 만들 필요가 없으며, 매쉬업 애플리케이션에 해당 서비스와 더불어 타 서비스를 공유하고 융합하면서 질적, 양적으로 더 향상된 서비스를 제공하는 것이기에 충분히 선점된 장벽을 뚫고 나갈 수 있는 것이다.

웹은 매쉬업으로 인해 점점 더 빠르게 진화하고 있다.

매쉬업이 시작되면서 웹은 더 진화하기 위한 방법으로 그동안 쌓아둔 수많은 정보와 서비스를 융합하기 시작했고 서로 유기적인 관계를 맺으며, 서비스 경쟁 구도에서 서로 상생하며 발전해가는 방향으로 탈바꿈해가고 있다. 아직 국내의 경우 소수의 참여와 움직임이 보이지만, 이미 해외의 경우, 서비스와 서비스의 결합을 어떻게 해야 시너지를 낼 수 있을지, 어떤 서비스를 공유해야 사용자나 타 서비스의 참여를 이끌어낼 수 있을지에 대한 고민을 하면서 트위터twitter나 페이스북facebook 같은 웹 서비스를 만들어 큰 성공을 거두는 사례들이 늘어나고 있다.

한 걸음 더 나아가 매쉬업 서비스들을 위해 안정된 시스템을 구축하고 서비스들을 관리하는 투자를 늘리는 것이 해외의 추세다. 국내에도 이런 기운이 서서히 전달되는 분위기다. API의 출시도 늘고 있으며, 굳게 닫혀 있던 정보들의 빗장이 풀리고 있다. 늦었다고 생각할 수도 있겠지만, 지금이라도 늦지 않았다. 매쉬업을 꼭 접해보고

다가올 미래를 준비하기 바란다. 네트워크가 발달하면 발달할수록 매쉬업이 더 영향력을 발휘하는 환경이 될 것이다. 2008년 매쉬업 책을 집필해야겠다는 각오를 하고 잘 다니던 직장을 잠시 접고 집필에 몰두했다. 많은 사람에게 매쉬업을 알리고 싶었고, 잘못된 정보와 인식도 바로잡고 싶었다. 미력하겠지만 큰 열정을 쏟은 이 책이 매쉬업에 대해 부족했던 정보와 자료에 밑바탕이 됐으면 하는 바람이었다. 책의 주된 내용은 1장에서 매쉬업에 대한 개념을 간단히 짚으면서 시작한다. 그리고 2장부터 지도, 이미지, 차트, 동영상 등 다양한 API를 다루면서 매쉬업을 배우고 도전한다. 서서히 고급화 단계로 들어서서, 7장부터는 매쉬업 초보 개발자들이 가장 어려워하는 관문인 사용자 인증이나 인코딩과 관련된 부분 등을 상세히 다룬다. 끝으로 메타 블로그에 포스팅할 수 있는 편집기 애플리케이션을 만들고, 마지막으로 드래그 앤드롭이나 파일 객체 다루기 같은 고급 기능을 구현하면서 그동안의 모든 과정을 정리하고 마침표를 찍는다.

　책을 집필할 때 제일 많이 고민했던 부분이 독자가 가장 쉬운 언어로 가장 쉽게 매쉬업 애플리케이션을 구현할 수 있게 하는 것이었다. 그 결과 책의 모든 예제는 HTML과 자바스크립트로 짜고, 부담 없이 매쉬업 애플리케이션을 구현할 수 있도록 어도비 AIR를 활용해 만들었다. 따라서 책을 이해하는 데 HTML과 자바스크립트만 알면 무리가 없을 것이며, 이와 더불어 자바스크립트를 이용한 예제지만 코드가 액션스크립트 문법과 비슷한 부분이 많기 때문에 자바스크립트를 모르더라도 액션스크립트에 대한 선 지식만 있어도 내용을 이해할 수 있을 것이다. 또한 어도비 AIR에 대해 상세한 설명이 뒷받침되기 때문에 어도비 AIR를 공부하려는 독자에게도 두루두루 많은 부분에서 도움을 줄 것이라 생각한다.

　책의 내용은 예제의 난이도가 점점 높아지는 방식이기 때문에, 독자가 스스로 초보라고 생각한다면 각 장마다 정확히 마무리 짓고 다음 장으로 넘어가는 방식으로 보는 것이 좋다. 매쉬업은 많은 API를 다루기 때문에 HTTP 프로토콜에 대해 많은 설명을 하게 된다. 그 부연 설명이 나올 때마다 잘 보고 이해한다면, 어떤 API든 다룰 수 있는 자신감을 얻게 될 것이다.

목차

추천의 글	4
여는 글	7
저자 소개	10
감사의 글	11
저자 서문	12
들어가며	20

1부 매쉬업 기초

01장 매쉬업, 시작해볼까?   29

1.1 매쉬업의 의미	30
1.2 매쉬업의 태동	31
1.3 국내외 매쉬업 현황	34
1.4 다양한 매쉬업 사례	38
1.5 매쉬업의 미래와 전망	40
1.6 매쉬업 체크리스트	42
1.7 오픈 API란?	45
1.7.1 오픈 API의 이점	46
1.7.2 오픈 API로 정보가 제공되지 않는다면?	47
1.8 매쉬업 기본기	48
1.8.1 Request와 Response의 이해	48
1.8.2 REST	52
1.8.3 AJAX	53
1.8.4 JSON	54
1.8.5 자바스크립트	57
1.8.6 플래시와 플렉스	57
1.8.7 AIR	57
1.8.8 열정	58
1.9 매쉬업 개발환경 구성	59
1.9.1 Aptana IDE 설치하기	59
1.9.2 자바스크립트 프레임워크와 라이브러리 소개	61

02장 지도 API를 이용한 간단한 약도 만들기　　　　　　　65

2.1 네이버 지도 API　　　　　　　66
- 2.1.1 지도 만들기　　　　　　　68
- 2.1.2 주소로 좌표값 알아내기　　　　　　　71
- 2.1.3 지도 마커 만들기　　　　　　　72
- 2.1.4 지도에 설명 글 달기　　　　　　　78

2.2 각 서비스별 지도 API 비교와 분석　　　　　　　84
- 2.2.1 구글 지도 API의 특성　　　　　　　89
- 2.2.2 야후 지도 API의 특성　　　　　　　95
- 2.2.3 다음 지도 API 의 특성　　　　　　　101

2.3 정리　　　　　　　106

03장 이미지 API 기초: 이미지 검색기 만들기　　　　　　　109

3.1 네이버 이미지 검색 API　　　　　　　110
- 3.1.1 API 호출하기　　　　　　　111
- 3.1.2 이미지 검색기 만들기　　　　　　　113

3.2 다음 이미지 검색 API　　　　　　　123
- 3.2.1 API 호출하기　　　　　　　123
- 3.2.2 이미지 검색기 만들기　　　　　　　125

3.3 플리커 API　　　　　　　129
- 3.3.1 API 호출하기　　　　　　　130
- 3.3.2 이미지 검색기 만들기　　　　　　　134

3.4 포토버킷 API　　　　　　　141
- 3.4.1 OAuth 인증 방식의 이해　　　　　　　143
- 3.4.2 API 호출하기　　　　　　　145
- 3.4.3 이미지 검색기 만들기　　　　　　　148

3.5 정리　　　　　　　154

2부 매쉬업 응용

04장 이미지 API 응용: 이미지 검색 플러그인 만들기 ... 157
4.1 자바스크립트 객체화 ... 159
4.2 통합 이미지 검색기 만들기 ... 163
4.3 WYSIWYG 웹 에디터 플러그인 만들기 ... 167
4.3.1 오픈에디터 ... 169
4.3.2 이미지 통합 검색기를 플러그인으로 전환하기 ... 174
4.4 HTML 페이지를 AIR 애플리케이션으로 전환하기 ... 180
4.4.1 AIR 프로젝트 ... 180
4.4.2 AIR 보안 모델 ... 187
4.4.3 AIR 애플리케이션으로 전환하기 ... 191
4.4.4 AIR 애플리케이션의 패키징과 배포 ... 200
4.5 [도전 매쉬업] 플리커 API + 야후 지도 API ... 209
4.6 정리 ... 220

05장 구글 차트 API를 이용한 동적 차트 만들기 ... 223
5.1 라인 차트 만들기 ... 224
5.1.1 라인 차트 API ... 225
5.1.2 간단한 라인 차트 만들기 ... 227
5.1.3 라인 차트 꾸미기 ... 231
5.1.4 순이익 대비 영업 달성률 차트 만들기 ... 242
5.2 막대 차트 만들기 ... 244
5.2.1 막대 차트 API ... 244
5.2.2 여러 종류의 막대 차트 만들기 ... 246
5.2.3 수출입 실적 차트 만들기 ... 251
5.3 원형 차트 만들기 ... 254
5.3.1 원형 차트 API ... 254
5.3.2 학년별 비중 차트 만들기 ... 255
5.4 버블 차트 만들기 ... 260
5.4.1 버블 차트 API ... 260
5.4.2 프로젝트별 중요도/진행률 차트 만들기 ... 260

5.5 복합 차트 만들기	263
5.6 차트 데이터와 차트 데이터 인코딩	267
5.7 [도전 매쉬업] 차트 생성기 만들기	270
5.8 정리	288

06장 동영상 탐색기 만들기   289

6.1 유튜브 동영상 검색 API	291
6.1.1 API 호출하기	291
6.1.2 동영상 탐색기 만들기	295
6.1.3 동영상 플레이어 컨트롤하기	307
6.1.4 그 밖의 API	309
6.2 [도전 매쉬업] 유튜브 미디어센터 만들기	310
6.2.1 기본 레이아웃 설계	312
6.2.2 유튜브 미디어센터 검색 영역 구현	314
6.2.3 SQLite를 활용한 플레이 리스트 구현	318
6.2.4 자동/랜덤 재생 기능 구현	324
6.2.5 미니 모드와 동영상 모드 구현	326
6.2.6 동영상 플레이어 만들기	328
6.3 정리	331

07장 사용자 인증 방식의 구현과 이해   333

7.1 사용자 인증 구현	334
7.1.1 플리커 사용자 인증	334
7.1.2 미투데이 사용자 인증	354
7.2 [도전 매쉬업] 웹캠을 이용한 애플리케이션 웹캠포토 만들기	363
7.2.1 PC에 장착된 웹캠 연동하기	366
7.2.2 자바스크립트에서 액션스크립트 라이브러리 사용하기	368
7.2.3 파일 업로드를 위한 multipart/form-data 인코딩 구현	374
7.2.4 EncryptedLocalStore	382
7.3 정리	400

3부 실전 매쉬업 애플리케이션 만들기

08장 블로그 편집기 만들기   403

  8.1 개요   404

  8.2 블로그 API   406
      8.2.1 XML-RPC용 자바스크립트 라이브러리 만들기   418
      8.2.2 XML-RPC Request 만들기   424

  8.3 블로그 편집기 만들기   430
      8.3.1 구글 지도 플러그인 만들기   446

  8.4 파일 드래그앤드롭 기능을 이용한 파일 첨부 기능 구현   463

  8.5 문서 뷰어 기능 구현   475
      8.5.1 문서 파일 업로드하기   477
      8.5.2 iPaper 문서 뷰어 만들기   481

  8.6 유튜브 동영상 플러그인 만들기   487
      8.6.1 JSONP   487
      8.6.2 플러그인 만들기   492

  8.7 구글 번역 플러그인 만들기   494
      8.7.1 구글 언어 API   495
      8.7.2 간단한 한/영 호환 번역기 만들기   496
      8.7.3 번역 가능한 언어와 번역한 언어의 표현 가능 여부 감지하기   500
      8.7.4 구글 브랜드 달기   502
      8.7.5 여러 언어가 지원되는 간단한 번역 플러그인 만들기   503

  8.8 플러그인 세트 만들기   507

  8.9 정리   510

  8.10 총정리   510

부록 A 미투데이 알림이 만들기   513

  A.1 미투데이 API   515
      A.1.1 사용자 친구 리스트 가져오기   516
      A.1.2 포스트 리스트 가져오기   518
      A.1.3 코멘트 리스트 가져오기   521

   A.1.4 그 밖의 API   523
 A.2 알림이 애플리케이션 만들기   523
   A.2.1 감시 리스트 만들기   525
   A.2.2 알림 기능 구현   528
 A.3 시스템 트레이 기능 구현   535
   A.3.1 트레이 아이콘과 메뉴 만들기   535
   A.3.2 트레이에서 열리는 알림창 구현   537

부록 B 어도비 AIR 도우미 유틸리티 소개   555

 B.1 HTML 기반의 AIR 애플리케이션 소스 보기 구현   556
 B.2 HTML 기반의 AIR 애플리케이션에서의 자바스크립트 디버깅   558
 B.3 AIR 업데이트 프레임워크를 활용한 애플리케이션 자동 업데이트 기능 구현   560
 B.4 Fiddler를 이용한 HTTP 통신 모니터링   566

 찾아보기   569

에이콘출판의 기틀을 마련하신 故 정완재 선생님 (1935-2004)

들어가며

매쉬업을 하기 위해선 서비스와 UI 기획, 객체 지향적 설계, 자유자재로 다룰 수 있는 스크립트 언어 등 여러 부분이 다양하게 요구된다. 이 책은 처음 매쉬업의 개념을 일러주어 다양한 사고와 기획을 할 수 있도록 이끌어준다. 그 다음 이해하기 쉬운 HTML과 자바스크립트를 이용해 활용도와 확장성이 높은 어도비 AIR 기반의 매쉬업 애플리케이션을 만들게 된다. 끝으로 여러 API를 매쉬업하면서 웹 프로젝트에서도 활용도가 높은 HTTP 프로토콜의 이해나 API의 사용자 인증, 암호화 같은 고급기술을 체계적으로 설명해줌으로써 궁극적으로 애플리케이션을 만드는 방법을 배울 수 있도록 단계적으로 구성돼 있다.

1부는 매시업을 위한 기초 과정으로 매쉬업의 개념, 전망과 현황, 그리고 매쉬업을 하는 방법 등 매쉬업의 배경과 개념을 알아보고 간단하게 지도, 이미지 API를 활용해보며 간단한 애플리케이션을 만들면서 매쉬업의 탄탄한 기초를 다질 수 있도록 구성돼 있다.

1장 매쉬업, 시작해볼까?에서는 매쉬업의 의미와 시작된 배경, 매쉬업 현황 그리고 미래와 전망을 살펴보고, 매쉬업할 때 꼭 알아야 할 주의사항을 소개한다. 이 외에 매쉬업의 전반적인 이해를 돕고자 오픈 API의 이해와 장점 그리고 책을 위한 필요한 사전지식과 준비사항도 알아본다.

2장 지도 API를 이용한 간단한 약도 만들기에서는 매쉬업에서 가장 많이 활용되는 네이버, 다음, 구글, 야후 등 여러 지도 API의 기본적인 이해와 사용 방법을 살펴본다. 그리고 간단한 지도를 만드는 것부터 좌표 검색 방법, 마커 활용법 등을 알아보고 간단한 약도를 직접 만들면서 매쉬업 개발의 첫걸음을 내딛는다.

3장 이미지 API 기초: 이미지 검색기 만들기에서는 네이버, 다음, 플리커, 포토버킷 등의 이미지 검색 API에 대해 알아보고, 데이터를 활용해 다양한 API의 이미지 검색 애플리케이션을 만든다. 그리고 이미지 검색 API에서 사용되는 OAuth 인증 방식도 다루면서 매쉬업의 기초를 다진다.

2부는 매쉬업 응용코스로 3장에서 만든 이미지 검색기를 통합하면서 자바스크립트의 객체화에 대해 다루면서 시작한다. 그리고 HTML 기반의 어도비 AIR의 보안 모델, 인증서, 패키징 방법, 배포 방법 등을 살펴보면서 어도비 AIR 애플리케이션의 기초를 다진다. 또한 구글 API를 이용한 다양한 차트 생성 애플리케이션, 유튜브 API를 이용한 탐색기, API를 위한 사용자 인증 방식을 이해하고 다루면서 어도비 AIR만의 여러 기능을 배우게 된다.

4장 이미지 API 응용: 이미지 검색 플러그인 만들기에서는 이미지를 검색해 바로 편집기에서 활용할 수 있는 위지윅 웹 에디터 오픈에디터를 활용한 이미지 검색 플러그인을 구현하고 HTML 페이지를 어도비 AIR 애플리케이션으로 탈바꿈하는 방법을 익히게 된다. 어도비 AIR를 다루면서 Aptana IDE 설치 방법과 사용법을 설명하고, AIR 보안 모델인 샌드박스에 대해 자세히 살펴본 후, 샌드박스 간 인터랙션 방법과 애플리케이션의 패키징부터 배포에 이르기까지 자세히 알아본다.

5장 구글 차트 API를 이용한 동적 차트 만들기에서는 구글 차트에 대해 분석하고 사용법을 익힌 다음 실무에서 자주 쓰이는 차트 만드는 방법을 살펴본다. 간단한 라인, 원형, 막대 차트부터 복잡한 버블 차트, 복합 차트를 만들면서 차트 API의 원리와 데이터 인코딩 방법을 배우고, 차트를 자동으로 만들어주는 차트 생성 애플리케이션을 만든다.

6장 동영상 탐색기 만들기에서는 유튜브 API를 활용해 애플리케이션을 만들게 된다. 이때 유튜브에서 제공하는 동영상 플레이어 API를 이용해 동영상 플레이어를 컨트롤하는 방법을 배우고, 기본 레이아웃의 기초적인 설계부터, 랜덤 재생이나 사이즈 조절 기능 등 서비스에는 없는 기능을 기획하고 구현하게 된다. 이때 동영상 플레이 리스트를 구현하면서 어도비 AIR에서 제공되는 SQLite 로컬데이터 베이스 사용방법을 익히고, 유튜브에서 제공하는 Chromeless 플레이어를 이용해 자기만의 동영상 플레이어를 만들면서 각종 테크닉들을 다룬다.

7장 사용자 인증 방식의 구현과 이해에서는 플리커 사용자 인증 방식과 미투데이 사용자 인증 방식을 다루고, 간단한 이미지 파일 업로드 애플리케이션을 만들어 본다. 이때 HTTP Basic Authentication 방식의 이해와 `multipart/form-data` 인코딩을 배우면서 HTTP 프로토콜에 대해 체계적으로 배우게 된다. 그리고 웹캠을 활용한 매쉬업 애플리케이션을 만들면서 자바스크립트에서 액션스크립트의 라이브러리를 사용하는 방법을 익히고, 플래시와 자바스크립트가 공존하는 AIR 애플리케이션을 만들게 됨으로써 AIR와 플래시 그리고 자바스크립트의 관계에 대해 낱낱이 살펴보게 된다.

3부 실전 매쉬업 애플리케이션 만들기는 매쉬업을 실전에 적용하기 위한 방법을 배우는 과정으로, 그간 배운 API와 기술을 총정리하고 집약해서 XML-RPC 기반의 블로그 편집기를 만들게 된다. 실전인 만큼 어도비 AIR에서의 파일 객체를 다루는 방법이나 드래그앤드롭 같은 고급기능을 원리부터 익히게 된다.

8장 블로그 편집기 만들기는 지금까지 다룬 모든 과정을 편집기의 기반으로 사용되는 오픈에디터의 플러그인을 만들면서 총정리하고 집약하게 된다. 블로그에 글을 작성하는 애플리케이션인 만큼 블로그 API로 사용되는 XML-RPC에 대해 자세히 살펴보고, 단계적으로 블로그에 편집기능을 적용하면서 블로그 편집기의 기초 틀을 만든다. 그리고 편집기에 구글 지도를 넣을 수 있는 구글 지도 플러그인, Scribd API를 이용한 문서 뷰어 기능, 유튜브 동영상을 넣을 수 있는 유튜브 동영상 플러그인, 다국어도 편리하게 다룰 수 있는 구글 번역 플러그인 등 다양한 테크닉과 API를 총 동원해 메타 블로그에 글을 작성하는 편집기 애플리케이션을 만든다. 또한 애플리케이션의 편의성을 위해 이미지 파일을 드래그해 넣으면 판별해서 파일이 자동으로 업로드되고 편집기에 파일을 판별해 용도별로 삽입되는 기능 등 어도비 AIR의 다양한 기능도 함께 다룬다.

부록 A 미투데이 알림이 만들기는 어도비 AIR의 시스템 트레이 아이콘을 활용하는 방법, 시스템 트레이에 툴팁을 띄우는 방법 등 알림 기능을 구현하는 방법을 배우고 어도비 AIR에서 해상도를 컨트롤하는 방법, 애플리케이션 윈도우의 사용법 등 어도비 AIR만의 다양한 기술을 많이 다룬다.

부록 B 어도비 AIR 도우미 유틸리티 소개에서는 어도비 AIR 애플리케이션을 만들 때 꼭 필요한 유틸리티를 소개한다. HTML 기반의 어도비 AIR 애플리케이션을 효과적으로 디버깅할 수 있는 AIRIntrospector 활용법과 애플리케이션의 소스 탐색을 도와주는 AIRSourceViewer 사용법, 그리고 AIR 업데이트 프레임워크를 활용해 애플리케이션을 자동으로 업데이트할 수 있는 방법, 마지막으로 Fiddler를 이용해 HTTP 패킷을 모니터링하는 방법까지 애플리케이션 개발에 없어서는 안 될 가장 중요한 방법을 소개한다.

이 책의 대상

HTML과 자바스크립트 혹은 액션 스크립트를 다룰 줄 아는 사람이라면 누구든 쉽게 독자가 될 수 있으며, 매쉬업이나 어도비 AIR에 관심이 많은 독자라면 다양한 기술을 기초부터 탄탄하게 배울 수 있다. 특히 다음과 같은 사람이라면 누구든 쉽게 읽을 수 있다.

- 일반 웹 개발자, 웹 기획자
- HTML을 다룰 줄 아는 개발자
- 자바스크립트를 아는 개발자
- 액션스크립트를 아는 개발자
- 매쉬업에 관심이 많은 개발자
- 어도비 AIR 애플리케이션에 관심이 많은 개발자

책에 실린 소스 코드

예제로 사용된 소스 코드는 이 책의 도서정보 페이지 http://www.acornpub.co.kr/book/mashup에서 내려받을 수 있으며, 매쉬업 커뮤니티인 매쉬업 애플리케이션을 만드는 사람들 http://cafe.naver.com/mashupapps에서도 내려받기가 가능하다. 그리고 커뮤니티에는 예제 외에도 도움이 될 만한 자료들이 있으니 커뮤니티도 많이 참고하기 바란다.

소스 코드 설치 방법

1. Aptana IDE를 실행한다.

2. Aptana IDE에서 메뉴 ➤ File ➤ import를 선택한다.

3. General의 Existing Projects into Workspace를 선택하고 Next 버튼을 클릭한다.

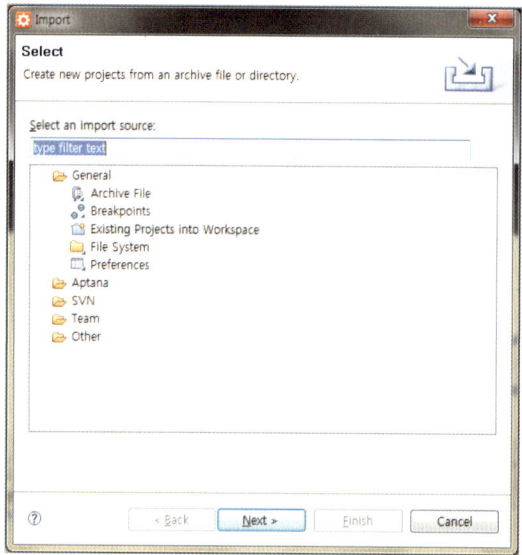

4. Select archive file을 선택한 후 Browse 버튼을 클릭하고, 내려받은 소스 파일 (examples.zip)을 선택한다.

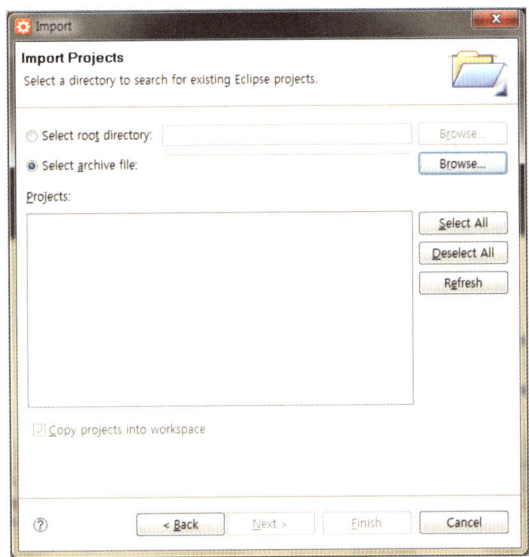

5. 예제 프로젝트가 Projects에 표시되면, Finish 버튼을 눌러 예제 프로젝트 설치를 완료한다.

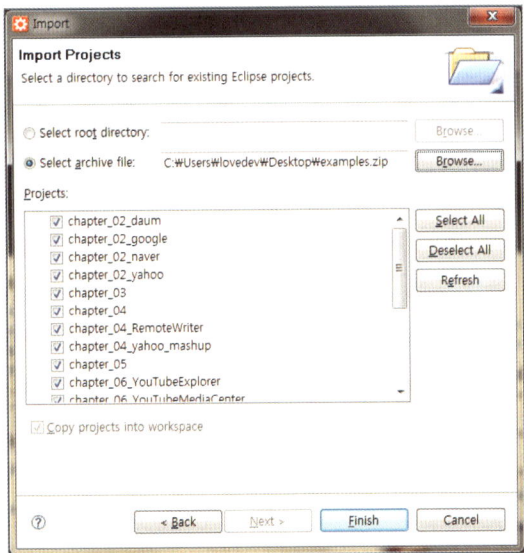

6. 예제 프로젝트는 총 19개로 각 장별로 상세히 정리되어 있다.

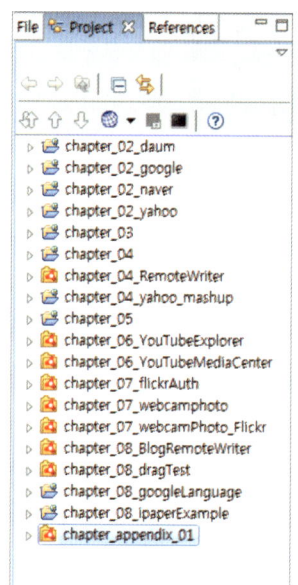

1부 매쉬업 기초

01장 매쉬업, 시작해볼까?
02장 지도 API를 이용한 간단한 약도 만들기
03장 이미지 API 기초_이미지 검색기 만들기

01장

매쉬업, 시작해볼까?

- 매쉬업의 의미
- 매쉬업 현황 그리고 미래와 전망
- 오픈 API
- 필요한 사전지식과 개발환경 구성

1.1 매쉬업의 의미

포털사이트 서비스를 보면 '매쉬업mashup'이란 말이 자주 등장한다. '매쉬업'에서 중요하게 생각할 개념은 두 가지로, '섞는다'는 것과 '하나로 만든다'는 것이다. 특히 웹에서의 매쉬업은 웹에서 제공되는 정보나 컨텐트, 혹은 서비스를 섞어서 하나의 서비스로 만드는 것을 말한다. 그런데 궁금한 것이 하나 있다. 매쉬업이란 용어가 웹에서 회자되는 이유와 요즘 들어 부쩍 화제에 오르는 까닭은 무엇일까?

웹 2.0이라는 새로운 트렌드가 시작된 시점으로 거슬러 올라가면 해답을 찾을 수 있다. 웹 2.0은 단순히 정보를 제공하고 공유하던 웹의 생태계를 사용자 참여와 정보 개방을 통해 좀 더 살아 숨 쉬는 웹, 양방향적인 웹을 만들려고 도입한 개념이다. 대표적인 웹 2.0 서비스로는 사용자가 직접 원하는 서비스들을 골라 자기만의 페이지를 만들 수 있는 위저드닷컴http://wzd.com이나 구글의 igoogle 같은 개인화 서비스, 한RSShttp://hanrss.com, 올블로그http://allblog.com처럼 여기저기 있는 RSS 정보를 한데 모아 서비스하는 메타 서비스를 예로 들 수 있다. 이런 서비스가 사용자에게 호응을 얻게 되자, 점점 더 많은 서비스가 웹 2.0의 개념을 도입해 널리 사용될 수 있도록 정보를 개방하거나, 개방된 정보를 융합하는 식으로 만들어지기 시작했다. 이렇게 매쉬업할 정보와 컨텐트가 생겨나고, 매쉬업 서비스가 새로운 비즈니스로 자리잡게 됨에 따라, 자연스레 많은 사람이 매쉬업에 관심을 갖게 된 것이다.

또한 매쉬업은 웹과 연결된 고리를 가질 수 있는 네트워크 관련 서비스나 내비게이션, 스마트폰, 자동차, IPTV 등 다양한 곳에서 활용될 수 있다. 즉 웹 페이지나 웹 애플리케이션이 아닌 우리 실생활과 밀접한 네트워크 기기나, 네트워크 서비스에도 접목될 수 있다는 것이다.

간단한 예로, 미래에는 IPv6와 RFID 기술이 대중적으로 도입되어 각 가전기기에 네트워크 망이 구성되고 RFID를 판독하는 기능을 갖추게 된다고 한다. 그렇게 되면, 냉장고가 스스로 냉장고에 들어 있는 음식 재료를 파악해 조리할 수 있는 요리를 제시해주는 기능이 가능해진다는 이야기를 들은 적이 있을 것이다. 그런데 만약에 냉장고가 날씨 API와 냉장고의 재료를 매쉬업해서 날씨와 계절에 어울리는 요리까지 제시해준다면 냉장고의 가치는 많이 달라지지 않을까? 여러분 앞에 두 가지 모델의 냉장고가 있다고 가정하자. 하나는 재료를 파악해 요리만 제시해주는 냉장고이고, 또 다른 하나는 재료를 파악해 날씨와 계절에 어울리는 요리를 제시해주는 냉장고다. 어떤 냉장고를 구입할 것인가? 아마 비용 차이만 나지 않는다면 후자를 택할 것이다. 날씨 API가 매쉬업됐을 뿐인데, 결과적으로는 후자의 냉장고가 더욱 똑똑한 냉장고라고 평가되기 때문이다. 날씨 API 하나 덕분에 냉장고는 다른 냉장고보다 더욱 똑똑해진 생각하는 냉장고가 됐다. 새로운 가치가 만들어진 것이다. 바로 이것이 매쉬업이다.

1.2 매쉬업의 태동

최초의 매쉬업은 어떠했을까? 사람들이 말하는 최초의 매쉬업 서비스는 폴 레이드매처Paul Rademacher가 만든 하우징맵http://www.housingmaps.com으로, 부동산 정보와 위치 정보를 결합시킨 서비스다. 당시 드림웍스DreamWorks의 3D 디자이너였던 폴 레이드매처는 회사 근처인 실리콘밸리에 집을 구하려고 국내의 벼룩시장 서비스 같은 크레이그리스트http://www.craigslist.org/에서 원하는 가격대의 집을 찾고 위치를 알아보기 위해 구글 지도를 찾아보는 일을 반복했다. 그는 이런 반복적인 일이 매우 번거롭다고 느꼈고, 두 가지 일을 한 번에 할 수 있는 방법을 모색했다. 결국 그는 크레이그리스트에서 정보를 추출하고 구글 지도 서비스의 소스를 분석해, 구글 지도 위에 부동산 정보가 보이는 [그림 1-1]과 같은 하우징맵을 만들게 된다.

폴 레이드매처는 자신이 만든 웹 애플리케이션 하우징맵을 공유하고자 사람들에게 공개했고 곧 큰 인기를 끌었다. 그가 느낀 불편함을 모든 이도 공감했던 것이다. 미국이라는 나라가 워낙 넓기 때문에 집을 구하려고 여기저기 다니는 것도 굉장한 부담이었기에, 가보지 않고도 상세한 데이터와 집에 대한 정보를 볼 수 있으니 인기를 끈 건 당연지사였다. 이렇게 그는 매쉬업의 한 획을 긋게 된다. 그런데 재미있는 사실 하나는 구글이 자사의 정보를 무단으로 이용한 그에게 소송을 걸지 않았으며, 오히려 그를 직원으로 채용하고 문제가 된 구글 지도 API를 공개했다는 점이다. 또한 지도 API만 공개하는 데 그치지 않고 수많은 구글의 API를 공개하기에 이른다.

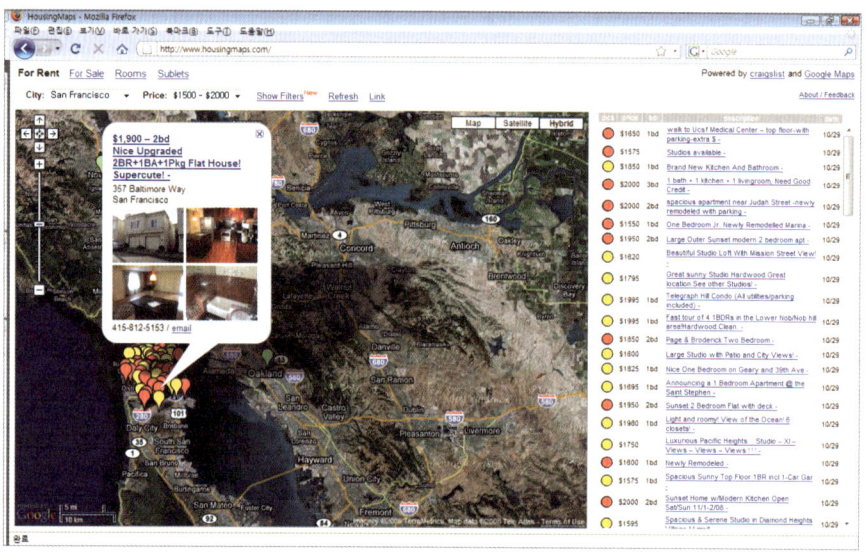

[그림 1-1] 최초의 매쉬업 웹 애플리케이션 housingmaps.com

세계 최고로 손꼽히는 기업인 구글의 태도와 하우징맵 서비스에 대한 사람들의 열띤 호응, 그리고 폴 레이드매처의 구글 입사 등은 시사하는 바가 크다. 매쉬업이 태동하면서 사람들의 불편함을 해결해 기존 서비스가 지니지 못한 새로운 부가가치를 만들어냈고, 결국 성공적이었으며 그 시작을 본 거대한 기업은 더욱더 많은 API를 공개하고 여전히 API를 공개하고 있다. 그렇다면 과연 폴 레이드매처와 구글, 둘 중 누가 더 이득을 누렸을까?

하우징맵 덕분에 폴 레이드매처는 구글 입사라는 개인적인 영화를 누렸을 뿐이지만, 매쉬업의 컨텐트로 이용된 구글 지도는 구글에게 커다란 명성을 안겨줬다. (물론 폴 레이드매처가 하우징맵을 더욱 발전시키고 유지해나가 하우징맵 하나로 성공을 거뒀다거나, 구글이 큰 금액으로 하우징맵을 인수했다면 이야기가 많이 달라지겠지만) 그는 큰 성공을 거둔 하우징맵을 포기하고 구글에 입사했을 뿐이다. 그러나 어찌 보면 폴 레이드매처는 다음과 같은 하우징맵의 한계를 이미 간파했는지도 모른다.

하우징맵의 한계

- 누구든 따라 해 만들 수 있을 정도로 진입 장벽이 낮다.
- 자기만의 유일한 컨텐트나 서비스가 없다.
- 구글이 정식 정보 제공자가 아니었기 때문에 서비스를 막아버렸을 경우 속수무책일 수밖에 없다.

내가 굳이 하우징맵의 한계를 이야기한 이유는 앞으로 우리가 매쉬업 서비스를 어떻게 만들어야 하는가를 짚어보기 위해서다. 매쉬업 애플리케이션은 하우징맵처럼 조합만 하는 서비스로는 한계에 도달하게 된다. 따라서 정보와 서비스의 조합 차원을 넘어 자기만의 플랫폼이나 색깔을 지녀야 진정한 매쉬업 애플리케이션으로서의 가치가 있다는 사실을 알 수 있는 계기가 됐으면 한다.

"정말 하우징맵이 최초의 매쉬업 사례일까?"

하우징맵이 최초의 매쉬업이냐고 의문을 제기하는 사람도 많다. 그건 웹 2.0이 주목받기 이전에도 매쉬업 서비스가 있었기 때문이다. 대표적인 예로 가격 검색 사이트나 포털의 뉴스 서비스 등을 예로 들 수 있다. 하지만 이런 서비스는 기업과 기업 간의 서비스 위한 것이지 공개된 API를 활용해서 서비스된 것이 아니다.

비록 폴 레이드매처는 비공개였던 API로 매쉬업 웹 애플리케이션을 만들었지만 그 후 구글이 지도 API를 공개했기 때문에, 하우징맵은 공개된 API로 만든 첫 매쉬업 사례라고 볼 수 있다.

1.3 국내외 매쉬업 현황

현재 매쉬업이 어떻게 활용되고, 어떻게 전개되어 가는지 매쉬업 현황을 살펴보자. 일단 해외의 경우를 살펴보면, 매쉬업은 이미 보편화돼 있는 추세며, 더 나아가 매쉬업의 원재료라 할 수 있는 오픈 API를 제공하는 서비스들은 예전보다 늘어난 트래픽을 감당하기 위해 분산 환경 시스템을 구축하며 즐거운 비명을 지르고 있다.

최근 대표적인 매쉬업 사례를 예로 들자면, 미국의 44대 오바마 대통령 취임식 때 매쉬업이 활용된 예를 들 수 있다. [그림 1-2]처럼 미국의 언론을 대표하는 CNN과, 우리나라의 싸이월드 같은 페이스북이 매쉬업됐다. 미국의 언론 매체 대부분이 일반 생중계와 동영상 컨텐트에 치중한 반면, CNN은 생방송과 함께 페이스북에 올라온 친구들의 의견이나, 전체 의견을 함께 볼 수 있게 해 사용자에게 차별화된 가치를 제공했다. 결과는 어땠을까? 많은 이가 페이스북에 올라온 사용자들의 생생한 의견을 볼 수 있는 CNN 사이트를 이용했다고 한다. 매쉬업으로 다른 서비스에는 없는 가치를 만듦으로써 차별화를 이룬 결과라 할 수 있겠다.

[그림 1-2] CNN과 페이스북의 매쉬업 사례

이 외에도 세계적인 대형 마켓플레이스인 이베이^{http://ebay.com}를 예로 들자면, 이베이에 등록되는 상품의 50% 정도가 API를 통해 등록되고 있으며, 매년 API를 통해서 일어나는 매출이 45%씩 증가하고 있다고 한다. API를 개방한 덕을 톡톡히 보고 있는 사례며, 얼마나 많은 사람이 매쉬업 애플리케이션을 이용하는지를 말해주는 대목이다. 또한 해외 매쉬업 사이트의 대표격으로 알려져 있는 Programmableweb.com의 통계를 보면, 이 책을 쓰는 현재 1000개 이상의 오픈 API가 등록돼 있으며, 하루 평균 3개 정도의 매쉬업 애플리케이션이 만들어지고 있고, 등록된 매쉬업 애플리케이션의 수만 해도 4000여 개에 육박한다고 한다. 이 정도만 봐도 해외의 경우 매쉬업이 얼마나 많이 활용되고 있으며 사람들의 관심을 끄는지 알 수 있다.

그렇다면 국내의 매쉬업 현황은 어떨까? 국내에서 매쉬업이 화두가 된 건 2007년 정도로 얼마 되지 않았다. 2007년 국내 대표 인터넷 기업 네이버와 다음이 '2007 대한민국 매쉬업 경진대회'를 개최하면서부터 매쉬업에 대한 관심이 서서히 고조되는 분위기지만, 아직은 걸음마 단계여서 크게 성공한 매쉬업 서비스나 애플리케이션을 찾아보기 힘들다. 하지만 매년 매쉬업 경진대회 행사를 열고, 규모도 해마다 커지며, 네이버나 다음 같은 국내 대표 인터넷 기업에서도 매쉬업에 아낌없는 투자를 하고 있으므로, 해외만큼 국내에서도 매쉬업이 활성화되는 날이 멀지 않아 보인다. 해마다 열리는 매쉬업 경진대회는 공식 사이트^{http://mashupkorea.com/}에서 확인할 수 있으며, 경진대회에서 대상을 수상할 경우 500만 원의 상금이 주어지며, 입상만 해도 네이버, 다음, 야후, 마이크로소프트 등에 입사 시 서류 전형이 면제되는 등 다양한 혜택을 얻을 수 있다.

[그림 1-3] 대한민국 매쉬업 경진대회 공식 사이트

이 밖에도 네이버나 다음은 국내 오픈 API와 매쉬업을 더욱 활성화하기 위해 여러 행사를 개최한다. [그림 1-4]처럼 다음은 분기별로 개발자나 매쉬업에 관심이 많은 일반인, 대학생을 회사로 초대해 세미나도 열고, 오픈 API를 활용해 애플리케이션을 만들어보는 Devday라는 행사도 개최한다. Devday는 누구나 참여할 수 있는 행사로 개발자가 아니어도 매쉬업에 관심이 있다면, 한 번쯤 행사에 참여해 매쉬업의 열기를 느껴보는 것도 좋은 경험이 될 것이다.

[그림 1-4] 분기별로 열리는 다음의 Devday

다음에 Devday가 있다면, [그림 1-5]처럼 네이버에서는 Deview를 진행한다. Devday는 추첨을 통해 40~50명 정도의 인원을 선정하기 때문에 참여가 쉽지 않지만, Deview는 1500명 정도가 참여할 수 있는 대규모 행사로, 매쉬업 트렌드나 새로운 정보와 기술 등 네이버만의 노하우가 담긴 정보를 공유하는 값진 행사다.

[그림 1-5] 해마다 열리는 네이버의 Deview

이 외에도 웹 애플리케이션 컨퍼런스http://webappscon.com, 야후의 Mapday, 다음과 구글에서 진행하는 위젯=가젯 경진대회 등 매쉬업과 관련된 컨퍼런스나 행사가 활발히 진행되고 있다.

1.4 다양한 매쉬업 사례

최초의 매쉬업인 하우징맵이 탄생한 후 programmableweb.com에 등록된 매쉬업 애플리케이션의 숫자는 현재 약 4천여 개에 이른다. 매일같이 수십여 개의 매쉬업이 탄생한다. 매쉬업 애플리케이션을 개발하기 전에 좋은 사례를 보고 참고하면 많은 도움이 될 것 같아 몇몇 서비스를 소개한다.

chicagocrime.org

시카고 경찰국의 범죄 관련 정보와 구글 지도를 매쉬업해 시카고의 범죄 정보를 보여주는 서비스다. 최근 어디서 어떤 사고가 일어났는지 지도를 보면서 확인할 수 있다.

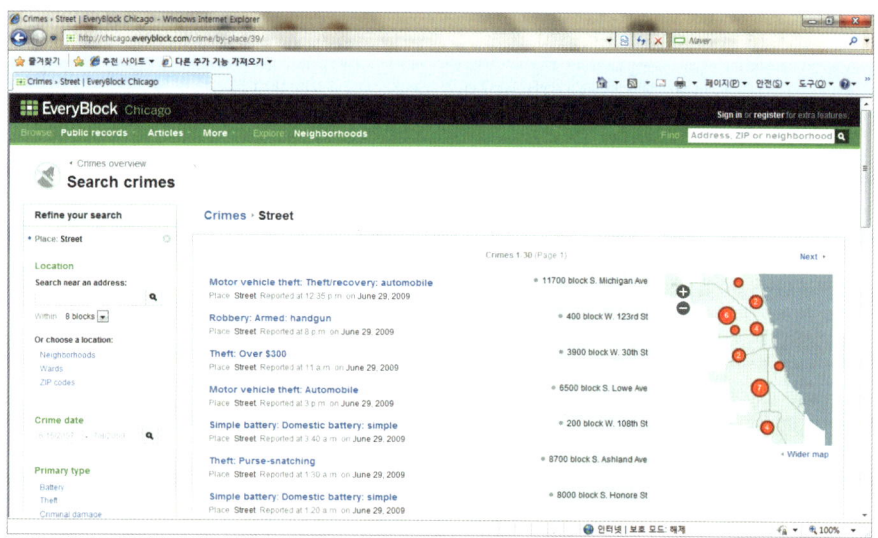

[그림 1-6] 시카고의 범죄 정보를 보여주는 chicagocrime.org의 사례

Meebo.com

Meebo는 각 메신저 서비스마다 제공하는 API를 활용해서 메신저를 통합한 웹 브라우저 기반의 메신저 서비스다. Meebo에 로그인만 하면 msn, 야후, 구글 토크 등 주요 메신저를 한 번의 로그인만으로 모두 사용할 수 있다. 또한 웹 기반이어서 설치를 하지 않아도 가볍게 사용할 수 있어 많은 인기를 끌고 있는 매쉬업 서비스 중 하나다.

[그림 1-7] 메신저를 통합한 meebo.com의 매쉬업 사례

Trapster.com

Trapster.com은 구글 맵Google Maps과 고객들이 제시하는 위치 정보를 공유해 교통 경찰들의 위치를 알려주는 서비스다. 이 사이트의 목적은 경찰의 위치를 사용자끼리 공유함으로써 단속을 피하자는 취지다. 사이트를 이용하는 방법 또한 매우 간단하다. PDA나 휴대폰에 프로그램을 다운로드 받으면 쉽게 설치가 끝나고, 사용자가 운전 중에 길에서 경찰을 발견할 경우 지정된 단축키를 눌러서 신고만 하면 된다. 신고가 접수되면 그 일대의 회원들에게 경고 메시지가 가는 서비스 방식이다. 재미있는 사실은, 경찰 입장에서도 이 서비스를 매우 긍정적으로 평가하고 있다고 한다.

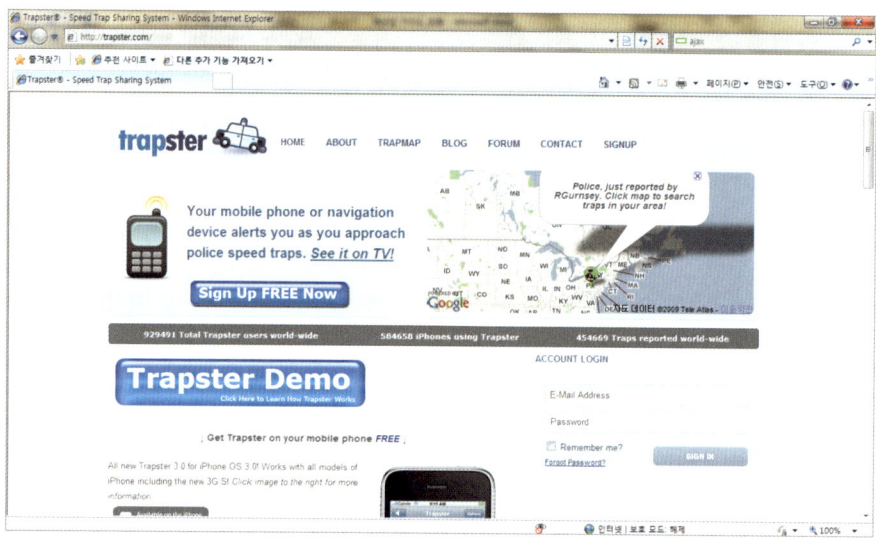

[그림 1-8] 단속하는 경찰의 위치를 공유하는 trapster.com의 매쉬업 사례

1.5 매쉬업의 미래와 전망

매쉬업으로 무엇을 만들지 고민하는 사람도 많고, 매쉬업 애플리케이션이나 서비스를 만든 후에도 서비스가 성공할지 우려하는 사람도 많다. 매쉬업 행사나 세미나에 가면 항상 듣는 이야기가 있다. "정말 매쉬업이 수익을 창출할 수 있는 건가요?" 혹은 "매쉬업으로 돈을 벌 수 있나요?"라는 질문들이다. 물론 이런 질문을 받을 때마다 나는 "돈을 벌 수 있습니다"라고 대답한다. 매쉬업이란 부가가치를 만드는 작업이기 때문에 해줄 수 있는 대답이었는데, 가령 매쉬업으로 인해 시간을 절약할 수 있었다든지, 편리함을 느낄 수 있었다든지, 고객의 반응이 좋아졌다든지 하는 것은 곧 보이지 않는 돈의 가치를 지니고 있다고 생각했기 때문이다.

아마도 위와 같은 질문이 나오는 이유는 아직까지 매쉬업으로 성공한 사례가 흔치 않기 때문일 것이다. 그런데 생각을 조금 바꾸면 좀 더 정확한 답을 찾을 수 있다. 일단 성공 사례를 찾아보기 힘드니 매쉬업과 비슷한 개념의 서비스이면서 성공한 사례를 찾아보자. 매쉬업이라는 개념 자체를 웹이 아닌 디지털 제품과 비교하면, 웹에서의 매쉬업은 어떤 면에서 디지털 컨버전스와 상당히 유사하다고 말할 수 있다. 매쉬업은 소프트웨어인 반면 디지털 컨버전스는 하드웨어적인 관점이지만, 하나의 디지털 기기에 서비스와 정보 기술 등을 융합한다는 점에서 매쉬업과 거의 흡사하다.

한 예로, 휴대전화기의 본래 목적은 통화를 자유롭게 하는 데 있었다. 그런데 요즘 나오는 전화기들은 80년대 후반에 들고 다니던 무전기 같은 전화기보다 훨씬 작고 가벼우면서도 전화 걸기 기능에 카메라, DMB, MP3 플레이어, 전자사전, 심지어 터치스크린까지도 갖춰야 인기를 끈다. 아이폰([그림 1-9] 참조) 같은 전화기는 거의 초미니 노트북 수준에 가깝다. 이렇게 여러 휴대기기의 기능이 휴대전화기로 단일화됨으로써 본래 목적이던 휴대성과 편리성이 더욱 강화되어, 카메라에 없던 기능인 사진을 찍어서 누군가에게 바로 보낼 수도 있게 됐으며, 컴퓨터 없이도 바로 음악을 내려받아 들을 수 있는 등 수많은 장점이 파생됐다. 휴대용 기기의 단일화가 휴대전화의 장점을 파생시키고 가치를 향상시킨 것이다. 여러 기기의 기능이 합쳐져 서로에게 없던 또 다른 가치를 만들어냈다.

[그림 1-9] 세계적으로 화제를 모으고 있는 애플의 아이폰

매쉬업은 디지털 컨버전스처럼 가치를 창출함으로써 아이폰처럼 많은 사람에게 인기를 끌게 되겠지만, 그 이면에는 가치를 창출하는 매쉬업을 하지 않는다면 구형 핸드폰처럼 서비스가 도태될 수 있음을 알아야 한다. 매쉬업은 가치 창출과 컨텐트를 제공하는 제공자의 서비스를 강화시키는 면도 있지만, 더불어 앞으로 웹을 진화시키는 데도 상당한 공헌을 할 것이다.

1.6 매쉬업 체크리스트

매쉬업을 하면서 서비스나 정보를 융합하는 데도 나름대로의 방법과 원칙이 있다. 어떠한 방향으로 어떻게 매쉬업을 만들어가야 할지를 살펴보자.

1. 자신이 개발한 매쉬업을 평상시에도 이용하는가?

- 매쉬업 개발 제1법칙: 매쉬업은 필요에 의해 만들어져야 한다.

많은 매쉬업 행사를 다녀봤지만, 매쉬업을 하기 위한 매쉬업을 만드는 경우가 대부분이다. 그런데 이렇게 시작된 매쉬업 애플리케이션을 보면 방향성을 잃고 중도에 포기하거나 결과가 엉망으로 나오는 것이 다반사다. 자신이 어떤 부분에 불편함을 느껴서 혹은 지인들의 필요에 의해 만들면, 좀 더 세심하게 무엇이 부족한지 어디를 더 고쳐야 하는지를 신경 쓰면서 만들게 되므로, 결과도 좋고 만든 다음 주변 사람들의 반응도 좋기 마련이다. 최초의 매쉬업도 필요에 의해 시작됐고 대중들에게 성공적이었다는 사실을 잊어서는 안 된다.

2. 자신이 만든 매쉬업 서비스를 이용하면서 불편함을 느끼는가?

- 매쉬업 개발 제2법칙: 편리성을 제공해야 한다.

두 번째 법칙의 의미는 첫 번째 법칙과 비슷해 보이지만 의미가 다르다. 매쉬업은 편리성을 지녀야 한다는 것이다. 모든 서비스가 마찬가지겠지만 매쉬업에서 편리성은 더욱 중요하다. 매쉬업 자체가 여러 서비스를 모아 활용하는 것이기에 다양한 서비스들이 모였을 때 시너지 효과가 있어야 한다. 사용자에게 서비스를 이용하는 시간을 단축시켜준다거나, 번거로운 작업을 한 번에 처리해준다거나, 어렵게 표현된 것을 쉽게 표현해준다거나 하는 것 말이다.

만약 매쉬업을 했는데 기존 서비스보다 편리성이 떨어진다면 매쉬업 서비스를 이용할 이유가 없어지는 것이므로, 매쉬업을 기획하고 개발할 때 이 점에 초점을 맞춰야 한다. 겉보기 좋은 매쉬업보다 편리한 매쉬업이 좋은 매쉬업이다.

3. 정보만 많이 모아 따분하게 보여주지는 않는가?

- 매쉬업 개발 제3법칙: 매쉬업만의 재미와 컨셉을 추구하라.

세 번째 법칙은 처음 매쉬업 서비스를 만들 때 실수를 가장 많이 하는 부분이다. 매쉬업이라는 것이 여기저기에 있는 많은 정보를 취급하다 보니, 만들면서 가져올 수 있는 정보는 모조리 다 보여주고 싶은 욕구가 절로 생긴다. 그런데 그렇게 많은 정보를 보여주려다 보면 정보의 양만 많아지고 목적을 잃은 채 정체를 알 수 없는 매쉬업이 만들어지는 상황을 초래한다. 매쉬업의 목적은 많은 정보를 보여주기 위함이 아니다. 매쉬업의 컨셉을 정하고 거기에 맞는 서비스의 핵심 포인트를 정해 이를 받쳐줄 수 있는 부가적인 서비스를 정한 다음 서로 잘 어울리도록 조화를 맞춰야 한다. 그렇게 해서 서비스 간의 조화만 잘 이뤄낸다면 사용자가 재미와 매력을 느낄 수 있을 것이다.

예를 들어 날씨 정보 서비스와 음악 서비스를 매쉬업해본다면, 오늘의 날씨가 흐린지 맑은지 확인하고 음악의 장르를 접목해서 사용자에게 날씨와 어울리는 음악을 들려줄 수가 있다. 또한 날씨의 불쾌지수를 이용해서 음악을 선곡해주는 서비스를 만들 수도 있다. 서비스의 주는 음악이지만 날씨 정보 덕분에 서비스가 더욱 가치 있어지는 것이다. 여기저기의 음악만 모아서 음악을 많이 선택할 수 있도록 리스트를 보여주는 것이 아니라, 날씨 정보를 이용해서 사용자를 배려하는 기분 좋은 서비스를 만들어낸 것이다.

4. 버튼을 이것저것 눌러야만 원하는 결과를 볼 수 있는가?

- **매쉬업 개발 제4법칙: 단순함을 추구하라.**

많은 서비스를 합치다 보면 조작이 어려워지거나 복잡해지기 마련인데 사용이 복잡한 애플리케이션은 실패한 것임을 잊지 말자. 꼭 필요한 것만 포인트를 살려서 보여줘야 한다. 어떤 매쉬업 애플리케이션을 보면 버튼이 너무 많아 도대체 무엇을 눌러야 원하는 결과가 나올지 예측할 수가 없거나, 마우스로 정보들을 이리저리 옮겨야 내가 원하는 결과를 얻을 수가 있다. 이는 개발자가 머릿속으로 "사람들은 이렇게 하는 걸 좋아할 거야!"라는 생각으로 서비스를 구성했을 수도 있고, 이 정보 저 정보를 모두 다 연동하려다 보니 어쩔 수 없이 클릭하고 또 클릭하고 옮기고 하는 과정을 여러 번 거쳐야 마지막을 볼 수 있게 됐을 수도 있다. 사용자의 동선을 줄여줄수록 사용자에게 편의성도 제공하고 사용성도 향상시킬 수 있다는 걸 알아두자.

> **참고**
>
> 상자 안에 상자를 넣고 또 상자를 넣어 선물을 숨길 때 포장하는 사람은 재미있을지 몰라도, 포장을 뜯는 사람에겐 상당한 인내심이 요구된다는 사실을 알아야 한다. Simple is the Best. 단순함이 최고라는 말이 있다. 사용 방법이 직관적일수록, 내용이 명확하게 보일수록 정보 전달이 잘 되며, 이것저것 끼워넣어 서비스를 거추장스럽게 만들면 내용 전달도 어려워지고 편의성도 떨어짐을 명심하자.

5. API를 조합하는 것을 매쉬업으로 알고 있는가?

• **매쉬업 개발 제5법칙: 매쉬업을 목적으로 API를 매쉬업하면 가치를 만들 수 없다.**

2008년 매쉬업 경진대회 때의 일이었다. 예선이 끝나고, 본선에서 심사위원이 어떤 개발자에게 현재 만든 매쉬업 애플리케이션을 개발하게 된 동기를 물었다. 그랬더니 그 개발자는 이렇게 대답했다. "어떤 매쉬업을 만들어야 재미있을까 고민을 많이 했습니다. 처음엔 매쉬업 검색엔진을 만들어볼까 하다가 그만뒀습니다. 검색엔진 API로 검색엔진의 기능을 하는 검색 서비스를 만드는 것은 의미가 없는 것 같아서……"라고 하면서 말을 이어갔다.

그렇다. 그 개발자가 검색엔진의 오픈 API로 또 다른 검색엔진을 만들었다면, 분명 매쉬업 대회에서 본선까지 오르지 못했을 것이다. 내가 이렇게 말할 수 있는 이유는, 지금 대한민국 매쉬업 경진대회 홈페이지 http://mashupkorea.com에 가서 2008년 출품작들을 확인해보면 금세 알 수 있다. 사실 2008년 매쉬업 경진대회에 제출된 작품 중에는 너무도 뛰어난 작품이 많았는데, 좋은 작품임에도 불구하고 본선에 오르지 못한 몇몇 작품을 보면, API를 조합해 멋진 작품을 만들었지만 검색엔진 API로 검색엔진을 만드는 것과 같이 새로운 가치 창출에 실패한 것들이었다. 여러 번 반복했듯이, 매쉬업이란 서비스의 조합과 결합을 전제로 하지만 그저 API만 조합했다고 좋은 매쉬업이 되는 것이 아니며 새로운 부가가치를 만드는 작업이기 때문이다.

매쉬업의 가치는 그저 매쉬업을 했다고 만들어지는 것이 아니고 가치를 얻기 위해 매쉬업을 해야 하는 것이어서 무작정 서비스만 조합한다고 되는 일도 아니다. 서비스를 조합하기 전 반드시 어떤 서비스를 만들 것이며, 어떤 서비스가 필요한지 정확한 계획을 세우고 기획해야 좋은 매쉬업 서비스를 만들 수 있다.

> [그림 1-10]은 구글에서 장비를 이용해 실제 사용자가 웹사이트 중 어디에 시선을 가장 많이 두는지 실험한 사진이다. 빨간색 쪽이 시선이 많이 간 곳이고 파란색에 가까울수록 시선이 적게 간 곳이다.
>
> 분포도를 잘 살펴보면 시선은 좌에서 우로 이동되면서 위에서 아래로 이동했다. 시선이 집중되는 곳이 좌상단임을 알 수 있고 사용자가 스크롤을 거의 하지 않는다는 사실을 알 수 있다.
>
> 따라서 되도록 사용자가 스크롤을 내리지 않게 하고 중요한 정보를 좌상단에 두면 편의성을 강조하는 데 도움이 된다.
>
>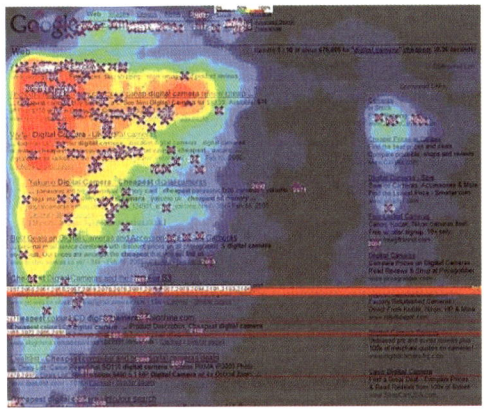
>
> [그림 1-10] 구글에서 활용한 eyetracking 자료화면

1.7 오픈 API란?

매쉬업의 핵심은 오픈 API다. API란 'Application Programming Interface'의 약어로, 웹에서 API의 의미는 웹 서비스를 개발할 때 웹 서비스를 사용하기 위한 규약 혹은 규칙을 말한다. 쉽게 말하자면 웹 서비스를 사용하는 사용 설명서인 셈이다. API를 만드는 주된 이유는 대규모 웹 서비스를 개발할수록 긴밀한 협업과 서비스의 유연성이 요구되기 때문에, 의존성 없이 독립적으로 서비스를 제공하고, 추후 연관되는 부분은 API로 해결하거나, 업무적인 제휴나 협력을 위해 사용하는 경우가 대부분이

었다. 그런데 웹 2.0이라는 개념이 등장하면서 참여와 공유 정신에 걸맞게 웹 서비스들이 내부적으로 혹은 제한된 사용자에게만 제공했던 API를 일반인에게도 공개하기 시작했다. 이렇게 누구나 사용할 수 있도록 공개된 API를 오픈 API라고 하며, 대부분의 매쉬업은 오픈 API를 활용해 만들어지므로 API를 얼마나 잘 활용하느냐가 매쉬업의 관건이다.

1.7.1 오픈 API의 이점

웹사이트가 API를 공개함으로써 얻는 이익은 생각보다 막강하다. API를 제공한다는 것은 웹 서비스 플랫폼을 제공하는 것으로서, 이를 통해 플랫폼 제공자에게 이익이 돌아온다. 서비스 플랫폼을 열어둬 폴 레이드매처 같은 역량을 지닌 사람들에게 제공해줌으로써 톡톡 튀는 아이디어를 얻을 수 있는 채널을 갖게 되며, 다음과 같은 장점이 존재하게 된다.

1. API가 공개되어 기존 서비스의 활용도가 높아지면서 자동적으로 서비스가 더욱더 활성화된다.
2. 전체적으로 서비스 지향적인 구조가 형성되어 차후 유지보수나 서비스의 통폐합이 용이해진다.
3. 한 번 API를 구축해놓으면 기업 간의 제휴나 서비스의 공유가 용이해진다.
4. 기업이 제공한 오픈 API로 개발된 매쉬업 애플리케이션이 사람들의 주목을 끌면 API 제공만으로도 강력한 파트너를 얻게 된다.
5. 오픈 API 제공으로 트래픽이 증가하면 증가한 트래픽이 수익으로 연결될 가능성이 높다.
6. 오픈 API를 제공하면 이를 이용해 개발하는 개발자들이 모여들고 기업은 구인공고를 하지 않고서도 인재를 확보할 수 있는 경로를 얻게 된다.
7. 자사의 API로 개발된 매쉬업 애플리케이션을 보면서 어떤 부분이 자신의 서비스에 도움이 될 것인지를 쉽게 파악할 수 있다.
8. 다양한 플랫폼에서 컨텐트가 사용될 수 있게 함으로써 서비스의 유입채널이 풍부해진다.

1.7.2 오픈 API로 정보가 제공되지 않는다면?

매쉬업 개발을 하다 보면 분명히 부딪히게 되는 여러 부분이 있다. 그중에서도 기업에서는 오픈 API를 제공해주지 않는데 개발자는 필요한 경우를 들 수 있다. 오픈 API 기반의 동영상 플레이어를 만들기 위해 이곳저곳의 UCC 정보로 동영상 플레이어를 만들던 때였다. 동영상을 볼 수 있는 페이지 주소만 API로 제공해주고 해당 동영상의 경로 정보는 제공해주지 않아, 동영상 플레이어임에도 불구하고 웹 페이지를 보여줘야 하는 경우에 맞닥뜨린 적이 있었다.

자, 이럴 때 어떻게 해야 할까? 내가 만들려고 했던 의도와는 다르게 API의 정보가 미숙해 원하는 매쉬업을 구현하지 못하게 됐다고 가만히 보고만 있어야만 할까? 아니면 API를 제공해줄 때까지 기다려야 할까? 정답은 "오픈 API가 존재하지 않는다면 만들어서 해야 한다"이다. 위와 같은 상황이 발생했을 때 나는 이를 해결하기 위해 응용프로그램에서 동영상을 보여주는 웹 페이지로 접근해 해당 페이지의 소스를 파싱한 후 동영상 플레이어의 주소를 판독해 사용했다.

사실 웹에서 이뤄지는 대부분의 서비스는 인증과 관련되지 않은 부분이라면 접근이 가능하고 HTML 자체가 하나의 정해진 형식이라, 그 자체만으로 오픈 API 같은 가치가 있다고 봐야 한다. 웹 자체가 커다란 오픈 API라고 생각하면 이용할 수 있는 것이 너무도 많다. 물론 정제된 정보만 사용할 수 있다면 좋겠지만 오픈 API를 사용해야만 매쉬업을 할 수 있는 건 아니라는 사실을 알고, 꼭 오픈 API에만 치중하지 말고 폭넓게 생각할 수 있었으면 한다. 그리고 오픈 API는 반드시 XML이나 JSON이어야 한다는 고정 관념도 버리길 바란다.

> 웹 페이지를 파싱해서 다룰 때 주의할 점이 있다. 일단 오픈 API가 아니라는 것은 약속이 아니라는 것이다. 따라서 웹 페이지를 파싱해서 결과를 이용했다면, 사용하던 사이트가 리뉴얼된다든가 디자인을 바꾸게 되어 소스에 변형이 생겨 웹 페이지 구조가 변할 수 있는데, 이럴 경우 패턴이 변경돼서 서비스가 되지 않는 경우가 발생할 수 있다. 따라서 웹 페이지를 오픈 API처럼 이용했다면 주기적으로 체크해서 바뀐 부분을 적용해줘야 하기 때문에 구현에 목적을 둔 임기응변용으로 사용하길 권한다.

1.8 매쉬업 기본기

1.8.1 Request와 Response의 이해

오픈 API를 이용하는 매쉬업의 가장 기본적인 요소는 요청Request과 응답Response, 즉 HTTP 프로토콜이다. 오픈 API를 사용하기 위해서는 요청문을 만들고 이 요청문에 대해 서버가 응답을 해주면 그 결과를 기반으로 매쉬업에 활용하게 된다. 너무도 당연한 이야기일지도 모른다. 하지만 이 두 요소가 매쉬업의 근간이 되므로 짚고 넘어가지 않을 수 없다. 매쉬업을 하려면 이 두 요소를 자유자재로 잘 다룰 수 있어야 한다. 물론 이 책이 네트워크를 다루는 책은 아니지만 기본 상식으로 요청과 응답에 관해 알고 있어야 매쉬업 애플리케이션을 개발할 때 API에 대한 활용도와 이해도를 높일 수 있다. 간단한 Request와 Response의 의미에 대해 설명할 것이므로, 이미 웹 서비스를 많이 만들어본 개발자나 네크워크에 대한 선지식이 있는 사람이라면 이 부분은 뛰어넘고 읽어도 좋다.

● Request

잘 알고 있듯이 Request란 서버에 결과를 요청하는 요청문이다. 요청문이므로 작성 방식과 규칙이 적용된다. Request를 전달하는 방식에는 우리가 일반적으로 사용하는 GET, POST 외에도 HEAD, PUT, OPTIONS, DELETE, TRACE, CONNECT 등이 있다. 일반적으로 웹 애플리케이션을 개발할 때 GET과 POST 외에는 잘 사용하지 않기 때문에 낯설 수도 있겠으나, 이렇듯 여러 전달방식이 있다는 것만 기억해두자. 그러면 Request가 어떻게 구성돼 있는지 알아보자.

우리가 서버에 요청하는 Request는 [그림 1-11]처럼 헤더header와 바디body로 구성되어 있다. '헤더'에는 헤더 정보와 프로토콜에 대한 설정이 들어 있다. 어떤 내용을 담았는지, 어떻게 전달할지 등 여러 가지 규칙에 관련된 내용을 기술하게 된다. 경우에 따라 많은 양의 정보를 전달해야 할 때가 있는데, 이렇게 많은 양의 정보를 기술할 때 '바디'를 사용한다.

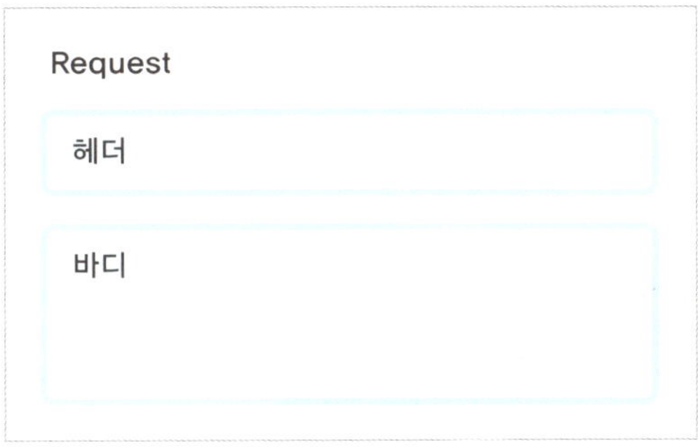

[그림 1-11] Request의 구조

잘 생각해보면 GET 방식은 페이지를 이동한다거나 정보를 조회할 때 사용하고, 게시판에 글을 작성하거나 파일을 업로드할 경우에 POST 방식을 사용했을 것이다. 개중에 GET 방식으로 Request의 바디 부분에 많은 양의 데이터를 보낼 수 없냐고 말할 수도 있지만, 이미 HTTP 프로토콜이 설계될 때 GET 방식은 간단한 조회를 목적으로 설계됐기 때문에 헤더와 URL 경로 외에는 데이터 전달이 불가능하다. GET 방식을 사용하는 Request는 웹 서버에서 바디 영역을 해석하지 않는 것이 원칙이기 때문이다. 그래서 GET 방식도 바디 영역을 해석할 수 있도록 웹 서버를 변형하거나 만들기 전에는 불가능하다고 봐야 한다.

실제 Request를 만들어 서버로 전송하는 예를 설명해보겠다. 텔넷 프로그램이나 터미널 프로그램을 사용하면 간단하게 Request를 만들어 서버로 보낼 수 있다. 터미널이나 텔넷 프로그램을 열고 [그림 1-12]처럼 따라 해보자. 마땅한 텔넷 프로그램이 없다면 윈도우의 콘솔을 사용해도 좋다.

1) telnet www.asjs.net 80 입력
2) GET /app/ HTTP/1.1 입력 후 엔터 입력
3) HOST: asjs.net 입력 후 엔터를 두 번 입력

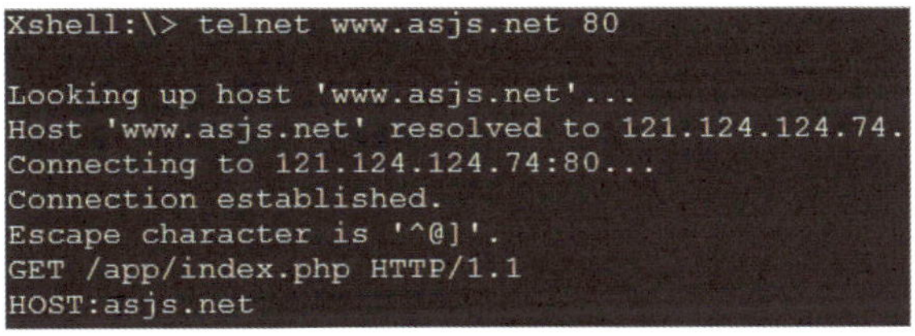

[그림 1-12] 텔넷 프로그램으로 Request를 작성하는 화면

엔터를 두 번 입력하고 나면 [그림 1-13]처럼 텍스트가 주르륵 나오는 것을 볼 수 있다. 일단 Request가 어떻게 작성됐는지 머릿속에 기억해두자. 나중에 오픈 API를 이용해서 요청문을 만들 때 머릿속으로 작성한 Request를 상상할 수 있게 된다.

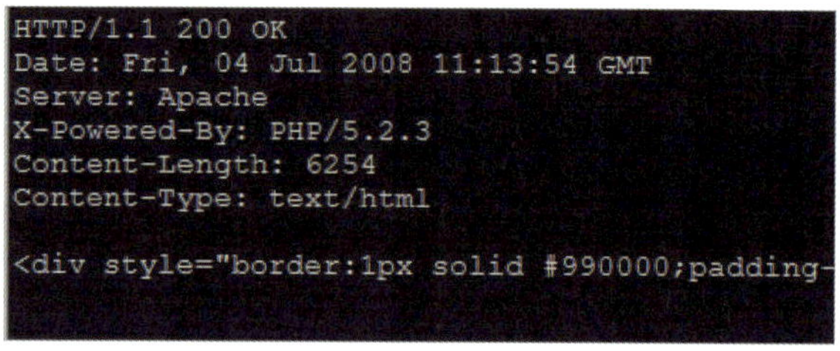

```
HTTP/1.1 200 OK
Date: Fri, 04 Jul 2008 11:13:54 GMT
Server: Apache
X-Powered-By: PHP/5.2.3
Content-Length: 6254
Content-Type: text/html

<div style="border:1px solid #990000;padding-
```

[그림 1-13] 작성된 Request에 대한 Response가 출력되는 화면

[그림 1-12]에서 입력한 Request가 최종적으로 접근한 URL은 http://asjs.net/app/다. 하지만 코드를 보면 어디에도 이런 텍스트를 입력한 곳이 없다. 그럼 어떻게 위의 URL로 Request를 보낸 것인지 좀 더 자세히 알아보자.

첫 번째로 입력한 GET /app/ HTTP/1.1 줄에서 GET은 Request의 전달 방식을 기술한 것이고 /app/는 접근할 상대경로를 입력한 것이다. HTTP/1.1은 HTTP의 프로토콜을 작성한 것으로 HTTP의 어떤 규칙을 사용할 것인지를 기술한 것이다. 여기서 GET 방식으로 /app/라는 경로에 접근했다는 점이 중요하다. 그리고 두 번째로 입력한 HOST: asjs.net은 asjs.net이라는 도메인에 Request를 요청한다는 것이다. HOST는 쉽게 이야기하자면 도메인이다. 따라서 우리가 작성한 요청문을 종합해보면, asjs.net이라는 도메인 기반하에 /app/라는 경로로 GET 방식을 사용해 요청문을 전달하라고 한 것이다.

그리고 마지막 엔터 두 번은 요청문을 다 작성했음을 의미하는 것으로, 웹 서버는 요청문이 끝났으므로 요청문을 읽고 그 결과를 [그림 1-13]처럼 응답하게 된다. 지금까지 작성한 요청문은 우리가 평소 일반적으로 사용하고 있는 브라우저의 요청문이다. 주소창에 URL을 기입하면 브라우저가 그 URL을 가지고 서버에게 요청하는 요청문을 만든 것이다. 우리가 브라우저의 주소창에 간단하게 입력했던 것들이 알고 보면 브라우저에서는 이렇게 서버에 요청을 하고 있었던 것이다.

위에서 작성한 요청문은 헤더 부분까지만 작성하고 끝난 것인데, 마지막에 엔터를 입력하지 않고 줄바꿈을 의미하는 \r\n을 입력하고 데이터를 작성하면 그 부분이 바디의 시작임을 의미하게 되며, 그 후부터 바디 부분에 들어갈 데이터를 작성하면 된다. 작성이 끝나면 바디에 데이터의 작성을 마무리하는 걸 알리기 위해서 엔터를 두 번 입력하면 작성 완료된 것으로 간주하게 된다.

위험을 무릅쓰고 딱딱하다고 느낄 수 있는 소재를 설명하는 이유는, 매쉬업에서 Request의 역할이 데이터베이스에 결과를 요청하는 쿼리와 같기 때문이다. 데이터베이스를 다룰 때 쿼리를 빼놓고 이야기할 수 있을까? 쿼리도 데이터베이스에 정보를 요청하는 요청문이다. 쿼리문의 조건이 맞지 않거나 올바르지 않으면 원치 않는 결과를 가져오듯이 Request 역시 조건을 잘 작성해서 서버에 보내야 원하는 결과를 가져올 수 있다. 그렇기 때문에 매쉬업을 할 때 Request를 다루는 일은 매우 중요하다.

Request를 작성하는 방법은 위에서 작성한 대로 간단하게 URL만 기술해서 결과를 가져올 수도 있지만, URL로 표현하는 것이 아닌 Request의 헤더나 바디에 조건이나 인증에 관련된 내용을 기술해야만 하는 경우도 있고 파일 업로드를 위해 바이너리 데이터를 작성해야 할 경우도 발생한다. 이때 Request의 구조를 모르면 벽에 부딪히게 되고 마는 것이다. 지금까지 설명한 Request를 잘 이해해두면 차후 REST, Web Service, Ajax를 다룰 때 많은 도움이 될 것이다.

● Response

Request가 요청이라 한다면 Response는 서버의 응답문으로서, 요청문에 대한 처리 결과다. Response의 타입과 속성에 따라 우리는 여러 결과를 보게 된다. 간단한 텍스트부터 시작해서 이미지 비디오 파일 등이 이에 해당되며, 이 외에도 쿠키나 웹 서버의 종류 같은 정보가 담겨 있다. 이번엔 Response에 대해 간단하게 살펴보자. Request를 설명할 때 사용한 [그림 1-13]을 기준 삼아 알아보겠다.

첫 번째 라인인 HTTP/1.1 200 OK는 HTTP/1.1로 Request를 받고 잘 처리했음을 의미한다. 200이라는 숫자는 HTTP의 상태를 이야기하는 것으로 이 부분에도 많은 규칙이 존재하는데, API를 사용하기 위해 모든 상태 값을 알아둘 필요는 없고 아래 제시한 몇 가지만 알아두자.

- 401 Unauthenticated: 인증되지 못한 경우의 상태 값
- 403 Forbidden: 제공하지 않는 데이터

- 404 Page Not Found: 찾을 수 없는 페이지
- 500 Internal Server Error: 요청 처리 시 발생한 오류
- 301 Moved Permanently: URL이 변경됐음
- 200 OK: 정상

[그림 1-13]에서 `Content-length`는 Response 바디의 길이를 말한다. 그 다음으로 `Content-Type`은 Response의 형태를 나타내는 부분이다. 브라우저나 Response를 읽어서 표현해주는 프로그램들은 Contype-Type의 값으로 image, html, pdf, xml, xls 등을 파악해서 표현하게 된다. 이 부분까지가 Response의 헤더 부분이고, `<div~`에서 시작된 부분이 Response 바디 부분이다. Response의 경우는 눈에 바로 보이는 것이 대부분이기 때문에 HTTP의 상태 값과 결과가 제대로 왔는지 정도만 알고 넘어가자.

1.8.2 REST

REST^{Representational State Transfer}는 웹 페이지 접근에 관한 일종의 설계 방식을 의미한다. REST는 Ajax 같은 Request 객체도 아니고 Web Service 같은 프로토콜도 아니다. Request를 이야기할 때 전달 방식이 GET, POST 외에도 DELETE, PUT, OPTIONS 등 몇 가지가 있다고 설명했었다. REST란 이러한 Request 전달 방식과 함께 URL을 구조적으로 표현해서 Request를 전송하기 위한 아주 간단한 인터페이스를 말한다. REST 방식은 다루기가 간단하기 때문에 오픈 API를 사용하는 대부분의 사람이 REST 방식을 선호하는 편이다. 하지만 REST 방식이라고 해서 URL에만 기술하는 것은 아니다. 가끔 인증 정보나 API만을 위한 사용 정보 혹은 전달 방식 등을 Request의 헤더에 기술해야 하는 경우가 있다.

가상으로 게시판이 존재한다고 할 때 REST 방식의 CRUD^{Create, Retrieve, Update, Delete}는 다음과 같이 표현될 수 있다. REST 방식으로 http://www.asjs.net/app/test_board/1이라는 하나의 경로에 Request를 전달하는 방식이 달라짐에 따라 [그림 1-14]를 보고 어떻게 서비스가 변화되는지 알아보자. [그림 1-14]는 같은 URL 경로를 이용하지만 Request의 전달방식이 GET 방식이면 게시글이 조회되고, POST 방식이면 글을 작성하고, DELETE면 게시글을 삭제, PUT 방식이면 게시글을 수정하는 예다.

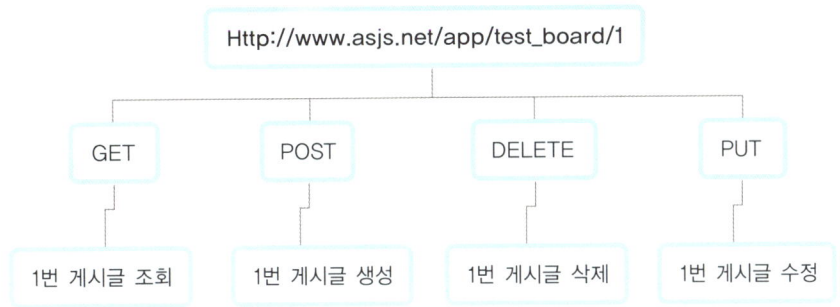

[그림 1-14] REST 방식으로 Request의 전달 방식에 따라 기능이 변하는 예

1.8.3 AJAX

웹 2.0에서 빠지지 않고 등장하는 용어가 있다면, 바로 AJAX Asynchronous JavaScript and XML가 아닐까 싶다. AJAX를 문자 그대로 해석한다면 비동기식 자바스크립트와 XML을 이용하는 방법으로, 일반적으로 자바스크립트의 XMLHttpRequest를 이용해 XML 기반으로 비동기식 통신을 하는 기법을 이야기한다. 다시 말해 자바스크립트로 페이지의 새로 고침 없이도 Request를 생성해서 서버로 보내고 Response를 받을 수 있게 된 것으로, 이런 장점을 이용해 화려하고 빠른 표현이 가능해졌다. 예를 들면 전체 페이지 중 한 부분이 변경된 걸 표현하기 위해 전체를 다시 갱신하는 것이 아닌 부분적인 요소만 갱신하는 기능이나 입력된 검색어의 오타를 바로잡아 주는 기능, 작성 중인 글을 중간 중간에 보관하는 임시 저장기능 등 AJAX는 정적인 웹에 큰 활력소를 제공했다. 또한 AJAX는 비동기 방식이 가능하므로 Request를 보내고 Response가 올 때까지 기다리지 않고 프로세스를 진행할 수 있다는 이점도 있다.

개중에 이런 이점이 AJAX만의 이점이 아니라고 말하는 사람이 있을 수도 있다. 사실 AJAX가 나오기 이전에도 IFRAME이나 자바스크립트를 동적으로 불러오는 방식으로 AJAX 같은 기능 구현이 가능했기 때문이다. 하지만 IFRAME이나 동적으로 자바스크립트를 가져오는 방식은 Request를 제한적으로 다룰 수밖에 없기 때문에 사용 폭 또한 제한적일 수밖에 없었다는 점을 알아야 한다. 자바스크립트로 Request를 자유자재로 다룰 수 있다는 것은 정말 대단한 의미를 지닌다. 특히 요즘처럼 웹이 개방된 시대에는 말이다. 앞으로 책의 예제를 통해 AJAX를 두루두루 다뤄보면서, 자연스레 AJAX의 장점 또한 느끼게 될 것이다.

1.8.4 JSON

JSON^{JavaScript Object Notation}이란 자바스크립트의 객체 표기법을 말한다. 사실 JSON은 특별한 방법도 새로운 기술도 아니라, 자바스크립트의 표기 방법으로 자바스크립트가 탄생됐을 때부터 존재했던 방식이다. AJAX 개발이 인기를 끌면서, 데이터 양이 많고 사용 방식이 번거로운 XML의 문제가 부각되기 시작했다. 이로 인해 사용 방식에 있어 데이터 양도 확연히 줄고 객체 접근과 문자열 객체화 방식이 용이한 JSON이 주목을 끌게 됐다. 그런 장점 때문에 많은 오픈 API에서 JSON 형식의 데이터를 지원해주고 있다.

> **JSON과 XML의 비교**
>
> JSON 형식의 표현이 가능한 것은 자바스크립트의 특성 때문이다. 자바스크립트에서 Object를 선언하는 방식은 new Object( )와 { } 두 가지가 존재하며, 배열을 선언하는 방식도 new Array( )와 [ ] 이렇게 기술하는 방식이 존재한다. 아래에서 XML 방식과 JSON 방식을 비교해보면 같은 객체를 표기하는 데 확연히 차이가 남을 알 수 있다.
>
> • XML 방식
> ```
>    <root>
>       <book>
>          <name>Mashup Guide</name>
>          <url>www.asjs.net</url>
>       </book>
>       <book>
>          <name>AJAX Guide</name>
>          <url>www.asjs.net</url>
>       </book>
>    </root>
> ```
>
> • JSON 방식
> ```
>    {
>      book : [
>      {"name" : "Mashup Guide","url":"www.asjs.net"},
>      {"name" : "AJAX Guide, "url":"www.asjs.net"}
>      ]
>    }
> ```

JSON 방식이 과거에 일반적으로 사용되지 않았기 때문에 어려워하는 사람들이 많은데, 다음과 같은 간단한 코드로 JSON 작성 방법을 살펴보고, 쉽게 JSON을 이해할 수 있도록 설명하고자 한다.

1. 일반적인 배열 객체

```
var array = [1,2,3,4,5];
```

일반적인 간단한 배열 객체다. 그럼 다음과 같이 기술한다면 어떨까?

2. 문자열과 숫자가 함께 정의된 배열 객체

```
var array = ["사람", 1, "회사", 2];
```

문자열과 숫자를 섞어서 배열 객체를 만들었다. 이 부분도 어렵지 않게 이해할 수 있을 것이다. 그렇다면 이번엔 배열 객체에 Object 객체를 넣어보자.

3. 문자열, 숫자, Object 객체가 함께 정의된 배열 객체

```
var array = ["사람", 1, "회사", {a:1,b:2}];
```

문자열과 숫자를 섞어서 배열 객체를 만들었다. 여기까지는 누구나 쉽게 이해하는 부분인데, 다음과 같이 함수 객체가 기술되면 대체로 상당히 어려워한다.

4. 문자열, 숫자, 함수 객체가 함께 정의된 배열 객체

```
var array = ["사람", 1, "회사", function(){alert("a")}];
```

일반적으로 함수는

```
function 함수명(인자) {
   // 내용
}
```

이런 형식으로 알고 있는데 함수명이 없는 함수 객체를 보고 문법이 이상하다고 생각할 수도 있겠지만, 원래 함수 객체는 function(){};이며, 함수의 호출을 위해 함수명이 필요할 뿐 함수명이 중요한 것은 아니다. 위와 같은 경우 함수를 호출하려고 array[3]();라고 하면, 함수명이 없어도 선언된 함수가 호출됨을 알 수 있다.

5. 보기 좋게 콤마 단위로 구분하기

```
var array = [
  "사람",
  1,
  "회사",
  function(){
    alert("a")
  }
]
```

4번에서 선언된 배열 객체를 콤마 단위로 구분해서 보기 좋게 만들어봤다. 배열 객체가 이상해 보일 수도 있겠지만, 내가 한 것은 배열의 원소 구분을 콤마 단위로 줄바꿈을 한 것밖에 없다. 4번과 똑같은 배열 객체다. 이번엔 배열 객체를 키와 값으로 구분되는 Object 객체로 변환해 만들어보자.

6. 배열 객체를 Object 객체로 변환하기

```
var array = {
  0: "사람",
  1: 1,
  2: "회사",
  3: function(){
    alert("a")
  }
}
```

배열을 위와 같이 바꾼다면, 배열의 속성인 length나, pop( ) 같은 속성이나 메소드는 없겠지만, 배열은 임의적으로 인덱스가 키가 되기 때문에 위와 같이 바꾸어 작성할 수도 있다. 일반적인 배열과 다양한 원소를 포함하는 배열에 대해 설명했고, 간단하게 JSON 작성 방식을 알아봤는데, 어느 정도 이해를 도울 수 있었으면 하는 바람이다.

1.8.5 자바스크립트

이 책의 예제는 모두 자바스크립트와 HTML 기반으로 만들게 된다. 그러므로 자바스크립트는 꼭 필요한 사전지식 중 하나다. 자바스크립트를 기반으로 매쉬업을 구현하는 가장 큰 이유는 웹에서 가장 기초적인 언어로, 쉽게 작성할 수 있고 바로 확인할 수 있으며, 객체 지향 언어로서도 손색이 없기 때문이다. 자바스크립트로 매쉬업을 구현하는 데 한계가 있지 않느냐는 의문이 들 수도 있겠지만, 일단 그런 부분은 다른 기술을 접목해서 해결할 것이므로 크게 걱정하지 않아도 된다.

1.8.6 플래시와 플렉스

RIA$^{Rich\ Internet\ Application}$가 대세를 이루게 되면서 현재 플래시^{Flash}나 플렉스^{Flex}는 RIA의 중심에 있다 해도 과언이 아니며, 이를 방증이라도 하듯 플래시나 플렉스가 없는 사이트를 찾기 힘들 정도로 많은 곳에서 사용되고 있다. 독자 중에는 평소 플래시나 플렉스를 사용해보고자 했지만 중간에 포기한 이도 많을 것이고, 별도의 언어를 습득해야 하는 부담으로 관심은 있으나 포기한 이도 있을 것이다. 이 책에서 자바스크립트 기반의 애플리케이션으로 매쉬업을 하게 될 텐데, 난데없이 플렉스나 플래시에 대한 언급이 나와 의아해하는 사람도 있겠지만, 자바스크립트 기반의 애플리케이션을 만들면서 플래시/플렉스의 도움을 받게 되는 면도 있고, 자바스크립트에서 플래시의 기능을 활용하는 측면도 있어 약간은 알고 있을 필요가 있다. "과연 책에서 두 가지 언어를 다뤄도 될까?"라는 고민을 많이 했다. 그런데 두 언어는 알고 보면 이용하는 객체에 차이가 있을 뿐 문법은 거의 동일하며, 같은 줄기에서 나온 언어여서 비슷한 면이 많아 책을 통해 가볍게 배울 수 있다는 생각으로 이질감 없이 받아들여 줬으면 한다. 물론 예제를 구현하는 데 무리 없이 진행될 수 있도록 중간 중간 자세한 설명을 함께할 것이다.

1.8.7 AIR

AIR$^{Adobe\ Integrated\ Runtime}$는 어도비의 런타임으로, 플래시나 플렉스로 만든 애플리케이션이나 HTML 기반의 웹 애플리케이션을 데스크탑 프로그램처럼 사용할 수 있게 해준다. AIR는 윈도우/맥/리눅스에서 동작하면서 SQLite라는 작고 가벼운 로컬 데이터베이스도 탑재해서 제공하고 있으며, 클라이언트의 파일을 읽고 쓰기도 가능하고, 배포도 상당히 용이한 편이어서 주목받는 기술 중 하나다. 또한 특정 기술을 사용하지 않고도 자바스크립트와 HTML만으로 데스크탑 애플리케이션을 개발할 수 있고, 데스크탑 애플리케이션이므로 자바스크립트의 최대 난관이었던 크로스 도메인 정책에서 벗어날 수 있게 해주며, 여러 가지 한계를 넘을 수 있다. 어찌 보면, AIR 애플리케이션은 웹 애플리케이션과 클라이언트/서버 애플리케이션의 중간 위치에서 두 가지의 장점을 취하고 있다고 봐야 한다. 웹과 데스크탑의 중간에서 모두의 장점을 갖고 싶을 때 상당히 유용한 도구가 될 것이다. 책에서 많은 예제가 AIR 애플리케이션으로 만들어지는데, 이는 자바스크립트의 한계를 넘기 위해서기도 하지만, 일단 서버의 도움 없이도 가장 쉽게 매쉬업을 구현할 수 있게 하는 것이 목적이어서 AIR를 이용하게 됐다.

1.8.8 열정

마지막으로 매쉬업 애플리케이션을 개발할 때 제일 필요한 것이 열정이다. 솔직히 열정이란 매쉬업을 할 때뿐만 아니라 모든 일을 할 때 기본적으로 필요한 기본 요소겠지만, 굳이 여기서 '열정'을 언급하는 이유는 새로운 트렌드기 때문에 해본다는 태도로 매쉬업 개발에 접근했다가는 아무 의미 없이 포기할 것이 뻔하기 때문이다. 자기가 만드는 것이 무엇이든 애정을 가지고 만들어야 진정한 가치가 부여되기 마련이다. 또한 매쉬업 애플리케이션을 만들 때 열정은 여러 가지 힘을 발휘하게 한다. 매쉬업이라는 것이 창조적인 느낌도 강하기 때문에 적극적인 생각과 시도가 지속적으로 요구되는 힘든 일이 될 수도 있다. 이럴 때마다 열정은 여러분이 포기하지 않게 도와주는 힘이 돼줄 것이다.

1.9 매쉬업 개발환경 구성

1.9.1 Aptana IDE 설치하기

예제로 제공되는 소스코드나 애플리케이션은 Aptana IDE를 통해 만들어지므로 동일한 환경을 맞추려면 Aptana IDE가 필요하다. 해외에서 Aptana IDE는 자바스크립트 개발 도구로 자리잡았다. 아마 직접 사용해본다면 스크립트를 작성할 때나 CSS를 작성할 때도 많은 도움이 되고, 개발 속도 또한 향상됨을 느낄 수 있을 것이다.

Aptana는 http://aptana.com/studio/download에서 내려받을 수 있으며, 무료 버전의 경우 몇 가지 기능을 제외하고 아무런 제약 없이 무료로 사용이 가능하다. Aptana를 설치해보자. [그림 1-15]처럼 Step 1에서 환경 설정을 완료하고, Step 2의 Download Now 버튼을 클릭하면 다운로드가 진행된다. Step 1의 Install Type에서는 Standalone을 선택하고, Operating System에선 사용하는 운영체제를 선택하고, Download Type은 Full Installer를 선택해 내려받으면 된다.

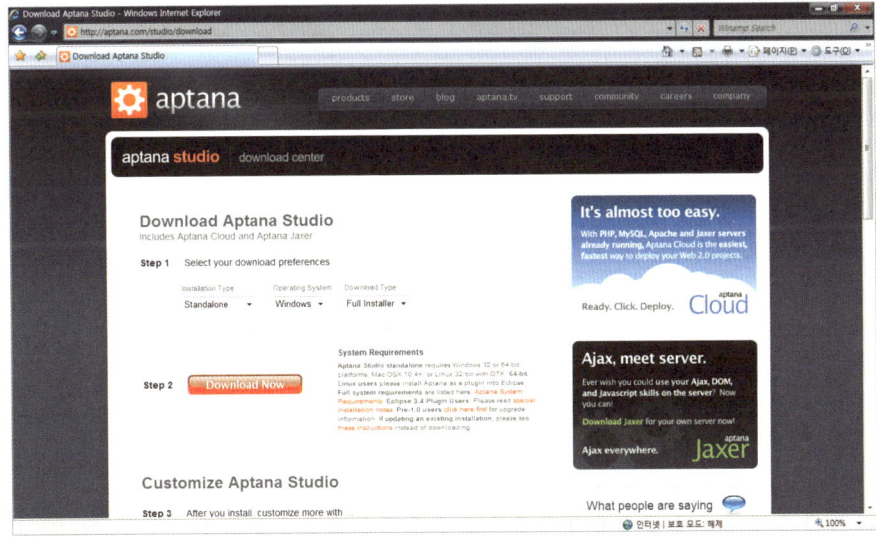

[그림 1-15] Aptana IDE 다운로드를 제공하는 화면

Aptana IDE는 이클립스 기반이어서 자바 JRE 혹은 JRE가 포함된 자바 SDK가 설치돼 있어야 한다. 자바 JRE나 JDK가 설치되어 있지 않다면, 설치해보자. 자바 JRE나 SDK는 http://java.sun.com/products/archive/에 접속한 후 [그림 1-16]처럼 버전이 제일 높은 JRE/JDK를 다운로드 받는다.

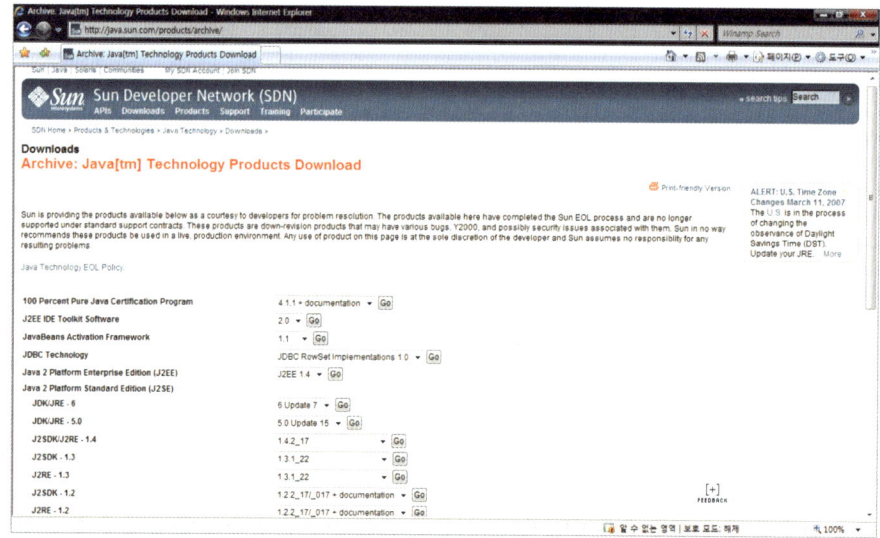

[그림 1-16] 자바 JRE/JDK 다운로드를 제공하는 화면

다운로드 받을 때 절차가 있긴 하지만 그리 어렵지 않게 선택할 수 있다. 다운로드가 완료되면, 실행파일을 클릭해서 설치만 해주면 된다.

Aptana IDE 설치가 완료된 후 실행해보면, [그림 1-17]과 같은 화면을 볼 수 있다.

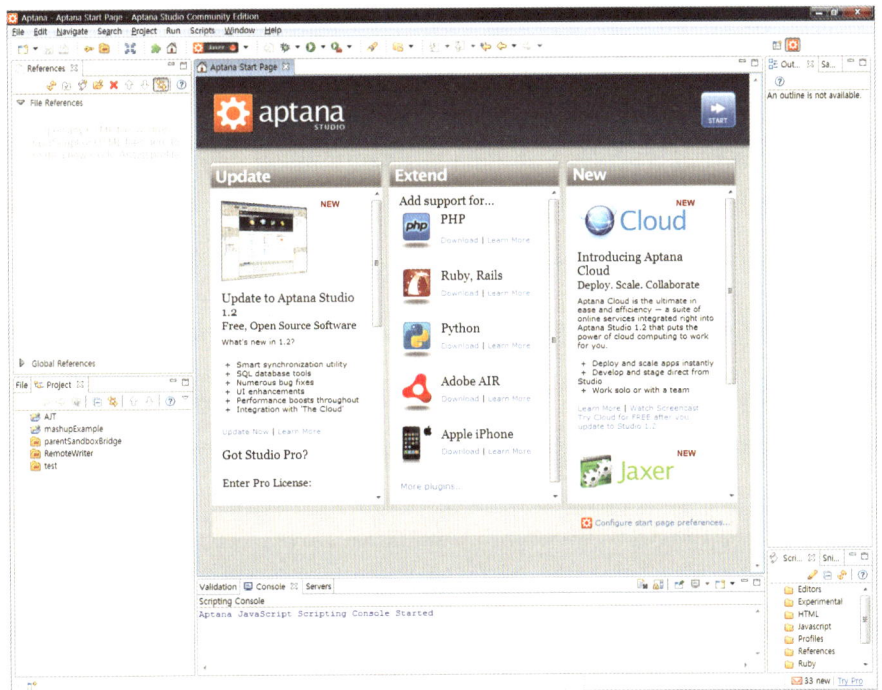

[그림 1-17] Aptana IDE를 처음으로 실행한 화면

1.9.2 자바스크립트 프레임워크와 라이브러리 소개

책에서 소스코드를 체계적으로 작성하기 위해 AJIT^{A Javascript Integration Tool}라는 작고 가벼운 프레임워크를 사용한다. AJIT 프레임워크는 별도의 사전지식을 요구하지는 않으며, 부담 없이 자바스크립트를 체계적으로 만들 수 있다는 것 정도로만 생각하면 된다. AJIT는 오픈 소스 프로젝트로 http://code.google.com/p/ajit/ 페이지에서 자세한 설명을 볼 수 있고 책에서 제공되는 예제에 모두 포함되어 있으니, 별도로 파일을 내려받을 필요는 없다. AJIT를 사용하면 기본으로 제공되는 라이브러리인 ajit_lib.js를 사용하게 된다. ajit_lib.js는 많이 사용되는 prototype.js나 mootool, Extjs, JQuery 같은 라이브러리에서 많이 사용되는 필요한 기능을 모아 간단하게 정리한 라이브러리라고 보면 된다. ajit_lib.js는 타 라이브러리보다 작고 가벼운 것이 특징이며, 액션스크립트와 문법요소가 비슷한 면이 많아 액션스크립트를 다룰 줄 아는 사람이라면 쉽게 이해할 수 있다. 책의 예제는 ajit_lib.js를 이용하므로 약간의 문법적인 요소를 살펴볼 필요가 있다. 아주 간단한 문법이어서 자바스크립트를 다룰 줄

안다면 쉽게 이해할 수 있으며, 10가지 정도의 문법만 이용할 것이므로 스크립트를 이해하는 데 별다른 어려움이 없다. 또한 일반적인 문법은 동일하게 사용할 수 있고, 소스를 간결하게 해주기 때문에 가독성도 향상시켜준다.

앞으로 자주 쓰게 될 ajit_lib.js 라이브러리를 이용해 사용될 문법을 잠깐 살펴보자.

1. 일반적인 스크립트 파일 가져오기

```
<script type="text/javascript" src="lib.js"></script>
```

➡ **`$include("lib.js");`**

2. AJIT 프레임워크 라이브러리 가져오기

```
<script type="text/javascript"
src="패키지 기본 경로/asjs/utils/XmlParser.js"></script>
```

➡ **`$import("asjs.utils.XmlParser");`**

3. DOM 객체 가져오기

```
document.getElementById("element");
```

➡ **`$E("element");`**

4. DOM 객체 생성하기

```
document.createElement("DIV");
```

➡ **`$new("DIV");`**

5. DOM 객체에 스타일 적용하기

```
document.getElementById("element").style.display="none";
```

➡ **`$E("element").setStyle("display", "none");`**

6. DOM 객체에 클래스명 정의하기

```
document.getElementById("element").className="hand";
```

➡ **`$E("element").className="hand";`**

또는 addClassName() 메소드는 기존에 정의된 클래스명에 더해서 적용한다.

➡ **`$E("element").addClassName("hand");`**

7. DOM 객체에 이벤트 적용하기 I

```
document.getElementById("element").addEventListener("click",fn);
document.getElementById("element").attachEvent("onclick",fn,
    false);
```

➡ **$E("element").addEvent("click",fn);**

8. DOM 객체에 이벤트 적용하기 II

```
document.body.addEventListener("load",fn);
document.body.attachEvent("onload",fn);
```

➡ **$E(document.body).addEvent("load",fn);**

9. DOM 객체에 DOM 객체 추가하기

```
var element2 = document.getElementById("element2");
document.getElementById("element").appendChild(element2);
```

➡ **$E("element").addChild($E("element2"));**

10. 간단한 AJAX 사용하기

```
var request = null;

if (window.ActiveXObject)
  request = new ActiveXObject("Microsoft.XMLHTTP");
else if (window.XMLHttpRequest)
  request = new XMLHttpRequest();
else alert("XMLHttpRequest를 생성할 수 없습니다.");

var url = "http://asjs.net/ajax_test.html";
request.open("GET", url, true);

function processResponse() {
  if (request.readyState == 4) {
    if (request.status == 200) {
      alert(request.responseText);
      alert(request.responseXML);
    }
  }
}

request.onreadystatechange = processResponse;
```

```
request.send(null);
```

```
var loader = new URLLoader();
var req = new URLRequest();

req.url = "http://asjs.net/ajax_test.html";
loader.load(req);

loader.addEvent("complete", processResponse);

// complete를 대체하는 상수가 있어 아래와 같이 사용할 수도 있다.
// loader.addEvent(URLLoaderEvent.COMPLELE, processResponse);

function processResponse(response){
    alert(response.text);
    alert(response.xml);
}
```

위에 나열한 10가지 정도만 숙지한다면, 앞으로 진행될 예제를 어렵지 않게 이해할 수 있을 것이다.

지금까지 매쉬업의 의미부터 시작해 현황과 전망을 살펴보고, 매쉬업을 하는 방법과 원칙 등을 알아봤다. 그리고 매쉬업의 주 재료가 될 오픈 API의 개념과 오픈 API로 제공되지 않는 데이터를 활용하는 방법 그리고 필요한 선지식과 익혀야 할 문법을 살펴봤다. 다음에 이어질 2장에선 여러 지도 API를 이용해 간단한 지도를 만들어보는데, 지도 API를 다루면서 새로운 재미와 느낌을 맛보게 될 것이다. 2장으로 넘어가 보자.

02장

지도 API를 이용한
간단한 약도 만들기

- 지도 API의 기본적인 사용방법
- 네이버 지도 API의 사용법과 특성
- 구글 지도 API의 사용법과 특성
- 야후 지도 API의 사용법과 특성
- 다음 지도 API의 사용법과 특성

현재 수많은 오픈 API 중에서도 제일 인기 있는 오픈 API는 단연 지도 API다. 2008년 10월 전체 매쉬업 통계를 보면 거의 40% 정도의 매쉬업 애플리케이션이 지도 API를 이용해 만들어졌음을 볼 수 있다([그림 2-1] 참조). 비중이 높은 데는 그만한 이유가 있다. 그건 지도라는 소재가 여러 부분에 광범위하게 사용될 수 있는 재료며, API가 다루기 편하고 특히 재미가 있기 때문이다. 사실 무미건조하게 보일지 모르는 지도지만 API를 이용하다 보면 마치 게임을 하고 있다는 착각이 들 만큼 굉장히 동적이면서 재미있는 요소들로 가득하다. 이제부터 여러분에게 매쉬업의 대표 API라 할 수 있는 지도 API의 세계를 소개하겠다.

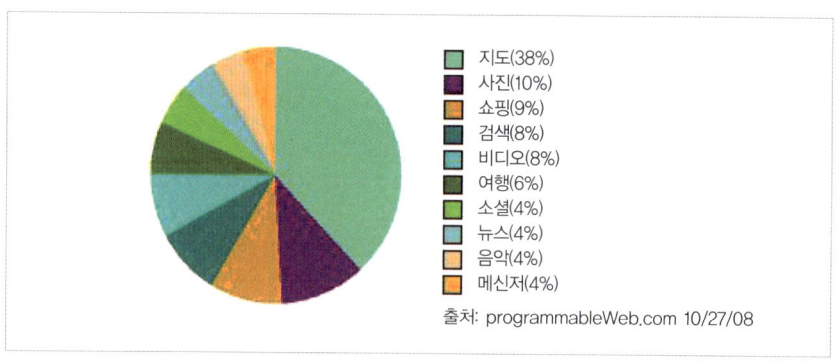

[그림 2-1] programmableweb.com의 매쉬업 통계

2.1 네이버 지도 API

네이버 지도 API는 국내 서비스여서 접근이 쉽다. 그리고 타 API에 비해 사용이 간단하고, 국내 지도만 제공해주지만 타 지도 서비스에는 없는 상세한 정보까지 보여주는 경우도 많아서 약도를 만든다든가 국내 여행지도 등을 만들 때 쓸모가 많다. 네이버 지도 API를 이용하려면 API 키가 필요하며, [그림 2-2]처럼 http://dev.naver.com/openapi/register 페이지에서 네이버 지도 API 키를 발급받을 수 있다. 단 API는 네이버 회원에게만 제공되므로 키를 발행받으려면 네이버 계정이 있어야만 한다. http://dev.naver.com/openapi로 접속한 후 좌측의 서비스 API 목록에서 지도 API를 선택한 후 절차에 맞춰 키를 발급받으면 된다.

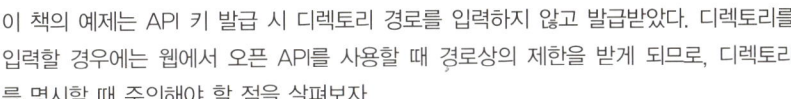

[그림 2-2] 네이버에서 지도 API 키를 발급받은 화면

이 책의 예제는 API 키 발급 시 디렉토리 경로를 입력하지 않고 발급받았다. 디렉토리를 입력할 경우에는 웹에서 오픈 API를 사용할 때 경로상의 제한을 받게 되므로, 디렉토리를 명시할 때 주의해야 할 점을 살펴보자.

1. http://www.asjs.net/map이라고 디렉토리를 명시할 경우

   http://www.asjs.net/map 이하의 경로에 대해서는 API 접근을 허용한다. 즉
   http://www.asjs.net/map/seoul/map.html
   http://www.asjs.net/map/map.html
   http://www.asjs.net/map/incheon/map/city.html

   등은 허용되나 http://www.asjs.net/map처럼 하위경로로는 API 접근이 허용되지 않는다.

2. 특정 포트에서 API를 이용해야 하는 경우

   http://www.asjs.net:8080/map/ 형식으로 포트번호까지 기술해줘야 API를 사용할 수 있다.

3. 별도의 디렉토리를 명시하지 않는 경우는 모두 허용하겠다는 의미다.

API 키가 필요한 이유

몇몇 서비스는 API 키를 요구하지 않지만, 대부분 오픈 API를 제공하는 서비스에서는 API를 사용할 수 있는 키를 발행하고 발행된 키를 통해 API를 사용하게 한다. 그 이유는 API의 관리적인 측면 때문인데, 대표적인 예를 들자면, 특정 API 키를 가진 서비스가 시스템에 과부하를 줄 정도로 API를 사용하고 있을 경우 해당 API 키를 가진 서비스를 차단하기 위해서라든지, 오픈 API가 어떻게 얼마만큼 사용되고 있는지 파악하기 위해서라든지 혹은 API가 사용되는 애플리케이션에 제한을 걸기 위해서다. 대개 지도 API 서비스를 보면 하루 50,000회 정도만 호출할 수 있도록 제한하고 있으며, 그 이상 호출되는 경우라면 해당 서비스와 제휴를 맺어 API를 사용할 수 있게 하고 있다.

2.1.1 지도 만들기

http://dev.naver.com/openapi/apis/map/javascript 페이지를 보면 네이버의 지도 API 참고문서를 볼 수 있는데, 막상 보면 API의 내용이 너무 많거나 설명을 알아보기 어려워서 무얼 어떻게 사용해야 할지 도무지 감이 잡히지 않을 수도 있다. 백문이 불여일견이라 했다. API 참고문서를 보고 어렵다고 느껴진다거나 API를 처음 접하는 이라면 이제부터 진행되는 예제를 통해 어느 정도 자신감을 얻은 후에 API 참고문서를 보기 바란다.

> **참고**
>
> 현재 네이버의 지도 자바스크립트 API를 이용하려면 HTTP의 Referer를 명시할 수 있어야만 한다. Aptana IDE는 기본적으로 미리보기를 할 경우 127.0.0.1:8000의 경로에서 미리보기가 실행되어 Referer를 남기기 때문에 127.0.0.1:8000으로 API 키를 등록했다.

몇 줄 되지 않는 코드로 지도 만들기를 시작하고 나면 어느 부분이 필요한지 감도 잡히고 패턴도 보일 것이다. [예제 2-1]은 네이버 지도 API를 이용해 가장 기본적인 지도를 만들어본 예이며, [그림 2-3]은 [예제 2-1]을 브라우저로 실행한 결과다.

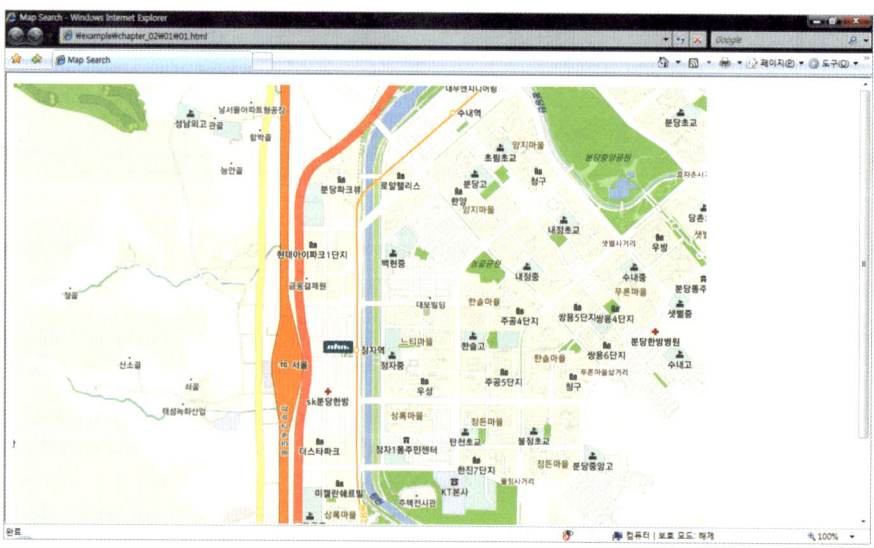

[그림 2-3] 네이버 지도 API 실행 결과

[예제 2-1] 네이버 지도 API로 기본적인 지도 구현하기

../example/chapter_02_naver/naver_map_01.html

```html
<!DOCTYPE html PUBLIC "-//W3C//DTD XHTML 1.0 Strict//EN"
  "http://www.w3.org/TR/xhtml1/DTD/xhtml1-strict.dtd">
<html xmlns="http://www.w3.org/1999/xhtml">
  <head>
    <meta http-equiv="content-type" content="text/html;
      charset=utf-8"/>
    <title>Naver Map JavaScript API Example</title>
  </head>
  <body>

  <script
    type="text/javascript"
    src="http://map.naver.com/js/naverMap.naver?key=apikey">
  </script>

  <div id='mapDiv'></div>

  <script type="text/javascript">
    var naver_map =
      new NMap(document.getElementById('mapDiv'),1024,768);
    naver_map.setCenterAndZoom(new NPoint(321198,529730),3);
  </script>

  </body>
</html>
```

예제 2-1 분석

브라우저에 지도를 나타내기 위해 기술한 라인 수는 단 세 줄밖에 되지 않는다. 정말 간단하지만 제일 중요한 내용이다. 이 세 줄이 지도 API의 기본이고 지도 API가 여기부터 출발하기 때문이다. 지도 API의 뼈대가 되는 내용을 하나씩 살펴보자.

1. 네이버 지도 자바스크립트 라이브러리 가져오기

```html
<script type="text/javascript"
   src="http://maps.naver.com/js/naverMap.naver?key= apikey">
</script>
```

네이버의 지도에 관련된 자바스크립트 라이브러리를 가져오는 코드로, 네이버의 지도를 사용하는 모든 페이지에서 필요한 자바스크립트 지도 라이브러리다. 네이버에서 자바스크립트를 가져올 때 네이버의 API 키를 매개변수로 넘겨서 사용하게 되며, 만약 잘못된 API 키를 넘길 경우 자바스크립트 라이브러리를 가져올 수 없어 오류가 발생하므로 정확하게 기입해야 한다.

2. 네이버 지도 객체 NMap 생성하기

```
var naver_map = new
    NMap(document.getElementById('mapDiv'),1024,768);
```

네이버 지도는 NMap이라는 자바스크립트 객체로 구현되어 있다. NMap 객체를 생성할 때 기본적으로 지도가 위치할 DIV 객체를 지정해주고, 지도의 가로/세로 길이를 명시해주면 네이버 지도가 생성된다. 크기를 지정하지 않은 경우에는 DIV의 크기가 지도의 크기로 결정된다.

3. 네이버 지도에 나타낼 좌표와 표현 방법 지정하기

```
naver_map.setCenterAndZoom(new NPoint(321198,529730),3);
```

naver_map은 위에서 생성한 NMap 객체다. NMap 객체는 여러 메소드를 갖고 있는데 그 중에 setCenterAndZoom() 메소드의 역할은 지정한 좌표를 지도의 중앙에 위치하게 하고 지정된 단계만큼 지도를 확대하는 것이다. 확대 단계는 0~12단계며, 수치가 작을수록 크게 확대된다.

NPoint 객체는 지도의 위치 정보를 담고 있는 객체로, 지도의 위도와 경도 개념의 좌표 객체다. 결론적으로 위의 코드는, 지도를 x축 좌표가 321198이고 y축 좌표가 529730에 해당하는 지점을 중앙으로 하여 확대 단계 3단계 수준으로 보여준다는 의미다.

[예제 2-1]로 간단히 지도를 완성할 수 있었지만, 아직은 약도로서 조금 모자란 감이 많다. 사실 지도만 표현됐을 뿐이지 지도의 위치가 나타내고자 했던 지점도 아닐뿐더러 설명 문구조차 없기 때문이다. 자, 그럼 이제 표현하고자 하는 위치를 찾는 방법에 대해 알아보고 적용해보자.

2.1.2 주소로 좌표값 알아내기

지도는 위치를 나타내는 것이므로 지도 API를 사용하는 데 있어 위치 정보만큼 중요한 것이 없다. 네이버의 지도는 위도와 경도 개념의 좌표를 지정해줘야 원하는 결과를 얻을 수 있는데, 실생활에선 주소를 이용하지 좌표를 이용하지는 않는다. 일반적으로는 좌표를 알 길이 없는 것이다. 그래서 네이버의 지도 API는 지도를 제공해주는 동시에 주소를 좌표로 변환해주는 API를 제공한다. 주소를 좌표로 바꾸는 방법을 알아보자.

네이버의 주소 변환 API는 아래와 같이 REST 방식의 API로 제공해주고 있으며, 아래의 형식으로 API를 호출하면 [예제 2-2]처럼 XML 형식으로 결과를 반환해준다.

```
http://map.naver.com/api/geocode.php?key=발급받은API키&query=주소
```

[예제 2-2]는 주소 변환 API를 이용해 좌표 정보를 XML로 반환받은 결과며, [예제 2-1]에 사용한 좌표로 검색된 주소는 '경기도성남시정자1동25-1' 이다.

[예제 2-2] 주소 변환 API를 이용해 XML로 좌표 정보 반환받기

```xml
<?xml version="1.0" encoding="euc-kr" ?>
 <geocode xmlns="naver:openapi">
  <userquery>
   <![CDATA[ 경기도성남시정자1동25-1   ]]>
  </userquery>
  <total>1</total>
  <item>
   <point>
    <x>321033</x>
    <y>529747</y>
   </point>
   <address>
    <![CDATA[ 경기도 성남시분당구 정자1동 25-1   ]]>
   </address>
   <addrdetail>
    <sido>
     <![CDATA[ 경기도 ]]>
    <sigugun>
     <![CDATA[ 성남시분당구 ]]>
```

이 부분이 NPoint에 쓰일 x와 y 좌표를 나타낸다.
[예제 2-1] 중에서 new NPoint(321198, 529730)

```
                <dongmyun>
                    <![CDATA[ 정자1동 ]]>
                    <rest>
                        <![CDATA[ 25-1   ]]>
                    </rest>
                </dongmyun>
            </sigugun>
        </sido>
    </addrdetail>
  </item>
</geocode>
```

2.1.3 지도 마커 만들기

이제 지도 API 사용하기 2단계에 들어섰다. [예제 2-1]과 [예제 2-2]를 통해 지도에서 원하는 지점의 좌표값을 찾아 표현할 수 있었다. 하지만 그 지점이 어디인지 나타내지는 못했다. 현재 우리의 목적은 약도 만들기이므로 지도상에 찾아올 장소를 알려주는 표시가 있어야 할 것이다. 대부분의 지도 API에서 이를 마커marker라고 한다. 마커의 기본 요소를 알아보고 직접 만들어보자.

마커의 기본 요소

- 어디에 표시될 것인지를 결정하는 좌표
- 마커의 크기
- 마커의 이미지 경로
- 좌표를 기준으로 마커를 배치할 때 반영할 크기offset

여기서 '좌표를 기준으로 마커를 배치할 때 반영할 크기' 란 마커에 해당하는 부분의 가로 값과 세로 값의 크기를 말한다. 마커가 표시될 때 반영할 크기를 정의하지 않으면, 기본적으로 마커의 중앙부분이 마커의 중심이 되거나 좌측상단이 기준이 되어 [그림 2-4]와 같이 엉뚱한 위치에 마커가 표시될 수 있으므로 마커를 생성할 때 반드시 주의를 기울여야 하는 부분이다.

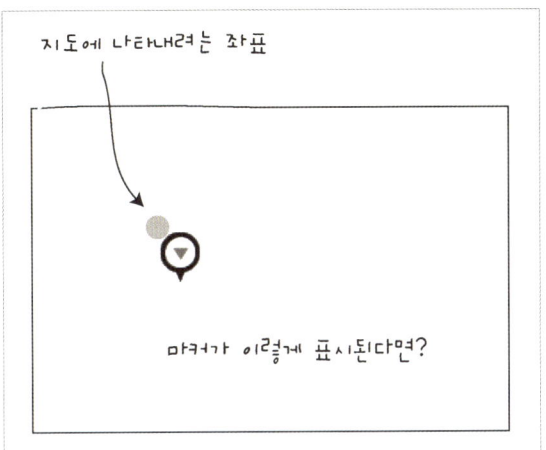

[그림 2-4] 마커를 배치할 때 반영할 크기를 지정하지 않은 경우

[그림 2-4]와 같은 일이 벌어지는 이유는 이미지의 기준이 좌상단에 위치하기 때문이다. 서비스별로 마커의 크기를 계산해 마커의 중심 위치를 반영해주는 경우도 있지만, 자동이란 어느 정도 한계가 있기 마련이어서 정확하게 표현되지 않을 때도 많다. 그래서 [그림 2-5]와 같이 표시하려면 마커를 배치할 때 반영할 가로 값과 세로 값을 정의해줘야 하는 것이다.

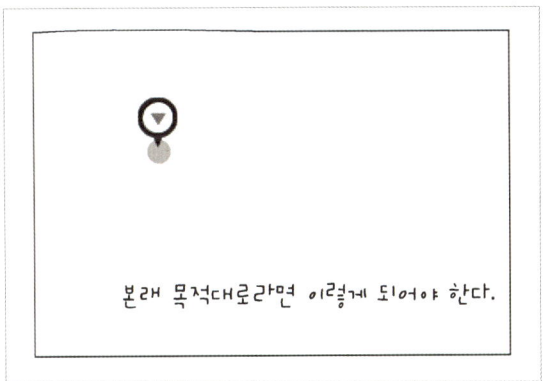

[그림 2-5] 마커를 배치할 때 반영할 크기 값을 정확하게 적용한 예

그렇다면 마커를 정확하게 좌표 위에 표시하려면 어떻게 해야 할까? 이를 위해선 약간의 계산이 필요하다. 실 좌표값에서 마커가 위치할 부분을 차감 계산해 마커의 위치를 반영해줘야 한다. [그림 2-6]처럼 기준 좌표에서 얼마만큼 이동한 후에 마커를

표시할 것인지를 설정하는 값을 정해줘야 하며, 마커가 위치할 때 반영해야 할 값을 구하는 방법은 [표 2-1]에 정리된 것처럼 서비스마다 조금씩 차이가 있지만 방식은 거의 동일하며, 대부분 마커의 아이콘에 해당되는 객체에 별도의 값을 지정할 수 있게 되어 있다.

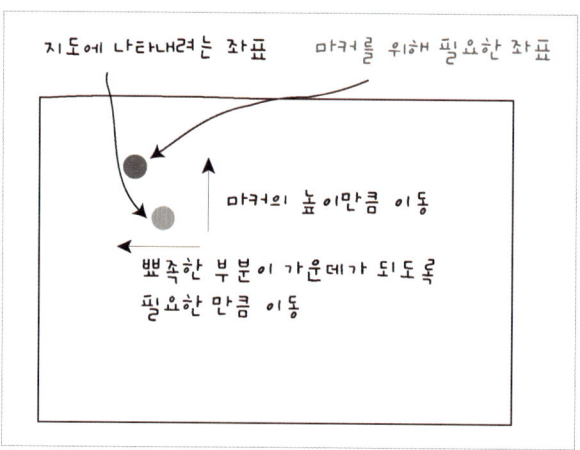

[그림 2-6] 마커를 배치할 때 반영할 값을 구하는 예

[표 2-1] 지도 서비스별 마커를 배치할 때 반영할 크기를 지정하는 예

구분	대상 객체	설정 방법

네이버	NIcon	······중략
		var url = "이미지 경로";
		var size = new NSize(가로 크기, 세로 크기);
		var offset = new NSize(좌측으로 이동할 거리, 상단으로 이동할 거리);
		var icon = new NIcon(url, size, offset);
		// 사용자 정의 마커 생성
		var marker = new NMark(point, icon);
		······중략

다음	DIcon	······중략
		var url = "이미지 경로";
		var size = new DSize(가로 크기, 세로 크기);
		var offset = new DPoint(우측으로 이동할 거리, 하단으로 이동할 거리);
		// 다음의 경우 좌측으로 이동하기 위해서는 음의 값을 지정해야
		// 한다.

[표 2-1] 지도 서비스별 마커를 배치할 때 반영할 크기를 지정하는 예(이어짐)

구분	대상 객체	설정 방법

구글	GIcon	var icon = new DIcon(url, size, offset);
		// 사용자 정의 마커 생성
		var mark = new DMark(point, {mark:icon});
		······중략
		······중략
		var icon = new GIcon();
		icon.image = "이미지 경로";
		icon.iconSize = new GSize(가로 크기, 세로 크기);
		icon.iconAnchor = new GPoint(좌측으로 이동할 거리, 상단으로 이동할 거리);
		// 사용자 정의 마커 생성
		var marker = new GMarker(point, icon);
		······중략

야후	YImage	······중략
		var url = "이미지 경로";
		var size = new YSize(가로 크기, 세로 크기);
		/*
		다음과 동일하게 x축은 우측으로 이동할 거리를 설정하지만 상단으로 이동할 거리는 이미 size의 세로 크기가 반영되어 있으니 이 점에 유의해야 한다.
		*/
		var offset = new YCoordPoint(우측으로 이동할 거리, offset의 높이 + 상단으로 이동할 거리);
		// null 처리한 부분은 smartWindow의 offset을 지정하는 부분
		var image = new YImage(url, size, null, offset);
		// 사용자 정의 마커 생성
		var mark = new YMarker(point, image);
		······중략

마커를 만드는 방법에 대해 알아봤으니, 지도에 마커를 표시해보자. [예제 2-3]은 간단하게 마커를 생성해 지도에 표시한 예이며, [그림 2-7]은 [예제 2-3]을 브라우저에서 실행한 결과다.

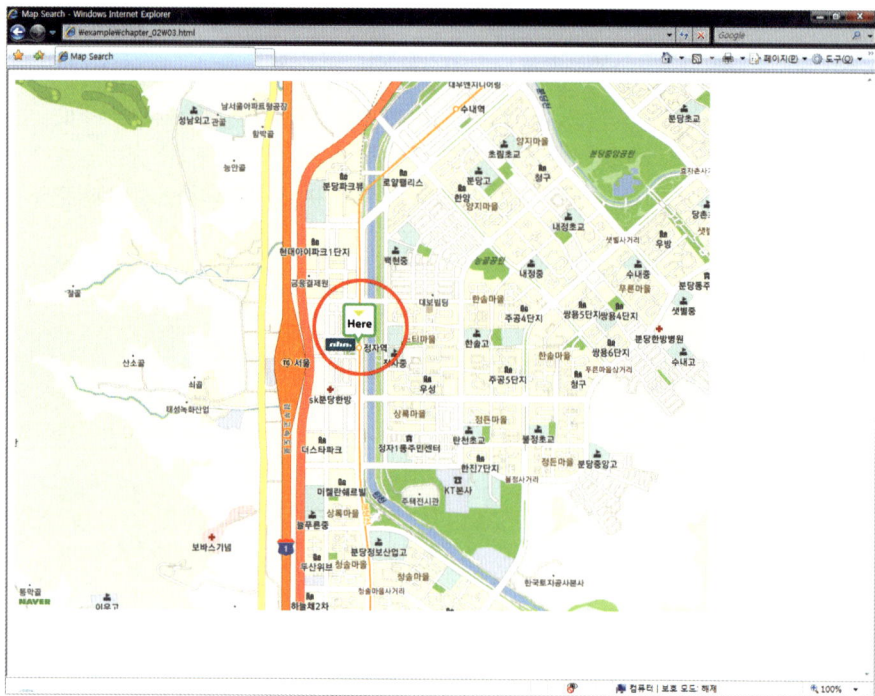

[그림 2-7] 지도에 마커를 생성해 표시한 화면

[예제 2-3] 지도에 마커 생성하기

../example/chapter_02_naver/naver_map_02.html

```
<!DOCTYPE html PUBLIC "-//W3C//DTD XHTML 1.0 Strict//EN"
  "http://www.w3.org/TR/xhtml1/DTD/xhtml1-strict.dtd">
<html xmlns="http://www.w3.org/1999/xhtml">
  <head>
    <meta http-equiv="content-type" content="text/html;
       charset=utf-8"/>
    <title>Naver Map JavaScript API Example</title>

    <script
       type="text/javascript"
       src="http://maps.naver.com/js/naverMap.naver?key=apikey">
    </script>
  </head>

  <body>
```

```
<div id='mapDiv'></div>

<script type="text/javascript">
   var naver_map =
      new NMap(document.getElementById('mapDiv'),500,500);

   // 지도에 표시할 마킹(아이콘) 만들기
   var point = new NPoint(321198,529730);
   var iconurl = "http://static.asjs.net/map/spot_green.png";
   var iconSize = new NSize(57,65);
   var iconOffset = new NSize(30,65);
   var markerIcon = new NIcon(iconurl,iconSize,iconOffset);
   var marker = new NMark(point,markerIcon);

   // 마커를 지도에 삽입하기
   naver_map.addOverlay(marker);

   naver_map.setCenterAndZoom(point,3);
</script>

</body>
</html>
```

예제 2-3 분석

1. 마커 만들기

1) var iconurl = "http://static.asjs.net/map/spot_green.png";

2) var iconSize = new NSize(57,65);

3) var iconOffset = new NSize(30,65);

4) var markerIcon = new NIcon(iconurl,iconSize,iconOffset);

5) var marker = new NMark(point,markerIcon)

위 코드는 마커의 기본 요소를 가지고 마커 객체를 생성한 것이다. [예제 2-1]에서 언급한 부분은 제외하고 새로운 부분만 설명하자면 다음과 같다.

1) 마커로 사용할 아이콘의 이미지 경로 정의

2) 아이콘의 크기로 사용할 NSize 객체 생성

   예 NSize(가로 길이, 세로 길이);

3) 좌표를 기준으로 표시할 아이콘의 NSize 객체 생성

   예 NSize(가로 길이, 세로 길이);

4) 마커의 아이콘으로 사용할 NIcon 객체 생성

   예 NIcon("이미지 경로", NSize 객체, NSize 객체)

5) 지도의 마커로 사용할 NMark 객체 생성

   예 NMark(NPoint 객체, NIcon 객체);

2. 지도 위에 마커 표시하기

자, 이제 마커를 만들었으니 지도에 마커를 표시하는 일만 남았다. 네이버 지도 API 중 NMap 객체의 `addOverlay()` 메소드는 지도에 쓰이는 여러 객체를 지도 위에 표시해주는 역할을 한다. 따라서 `naver_map.addOverlay(marker);` 부분은 `marker` 객체를 네이버 지도 위에 표시하는 것이다.

2.1.4 지도에 설명 글 달기

이제 약도를 만드는 마지막 단계까지 왔다. 이번 단계까지만 마무리하면 지도에 그림을 그리는 것이나 이벤트를 핸들링하는 것 외에는 거의 모든 걸 다 할 수 있게 된다. 이번에 할 일은 지도에 설명 글을 표시하는 일이다. 지도에 마커를 넣고 원하는 곳만 보여줘도 별 무리 없겠지만, 지도에 시간과 장소 등의 요약된 정보를 표시해야 할 경우도 적잖이 있다. 특히 약도의 경우는 더욱 그렇다. 지도에 설명 글을 표기하기 위해서는 지도에 마커를 만들 때와 마찬가지로 [리스트 2-1]처럼 설명 글을 표시할 수 있는 객체를 만드는 과정이 필요하다. [리스트 2-1]은 설명 글을 표현하는 NInfoWindow 객체를 생성하는 예다.

NInfoWindow 객체는 설명 글이 표시될 위치 정보와 설명 글을 표현할 HTML 태그 문자열 정보를 담고 있는 객체다. [리스트 2-1]에서 str 변수에 표현하고 싶은 HTML 태그 문자열을 정의했고, NInfoWindow 객체의 set 메소드를 통해서 위치 정보와 표현할 문자열을 넣어 정보창을 만들었다.

[리스트 2-1] 설명 글을 표시할 수 있는 NInfoWindow 객체를 생성하는 예

```
var point = new NPoint(321198,529730);

var infoWin = new NInfoWindow();
var str =
  "<div style='background-color:#FFFFFF;width:200px;
  height:100px;margin-bottom:45px;margin-left:-15px;
  border:4px solid #333;padding:10px'>Hello Nave Map</div>";
infoWin.set(point,str);
```

[리스트 2-1]과 같이 설명 글을 표시할 수 있는 NInfoWindow 객체를 만들어서 지도에 설명 글을 표시해보자. [예제 2-4]는 지도에 설명 글을 표시한 예이며, [그림 2-8]은 [예제 2-4]를 브라우저에서 실행한 결과 화면이다.

[그림 2-8] 지도에 설명 글을 표시한 화면

[예제 2-4] NInfoWindow 객체를 적용해 지도에 설명 글 표현하기

../example/chapter_02_naver/naver_map_03.html

```
<!DOCTYPE html PUBLIC "-//W3C//DTD XHTML 1.0 Strict//EN"
  "http://www.w3.org/TR/xhtml1/DTD/xhtml1-strict.dtd">
<html xmlns="http://www.w3.org/1999/xhtml">
  <head>
    <meta http-equiv="content-type" content="text/html;
      charset=utf-8"/>
    <title>Naver Map JavaScript API Example</title>
    <script
      type="text/javascript"
      src="http://maps.naver.com/js/naverMap.naver?key=apikey">
    </script>
  </head>

<body>
<div id='mapDiv'></div>

<script type="text/javascript">
    var naver_map =
    new NMap(document.getElementById('mapDiv'),500,500);

    // 표시할 마킹(아이콘) 만들기
    var point = new NPoint(321198,529730);
    var iconurl = "http://static.asjs.net/map/spot_green.png";
    var iconSize = new NSize(57,65);
    var iconOffset = new NSize(30,65);
    var markerIcon = new NIcon(iconurl,iconSize,iconOffset);
    var marker = new NMark(point,markerIcon);

    // 마커를 지도에 표시하기
    naver_map.addOverlay(marker);

    // 지도에 infoWindow 넣기
    var infoWin = new NInfoWindow();
    var str =
      "<div style='background-color:#FFFFFF;width:200px;
      height:100px;margin-bottom:67px;margin-left:-27px;
      border:4px solid #009966;padding:10px'>Hello Nave Map</div>";

    infoWin.set(point,str);
```

```
        // infoWindow를 지도에 표시하기
        naver_map.addOverlay(infoWin);
        naver_map.setCenterAndZoom(point,3);

        // 지도 생성 후 infoWindow 보이게 하기
        infoWin.showWindow();
    </script>

    </body>
</html>
```

[예제 2-4]의 경우 특별한 설명이 필요 없으므로 분석은 생략하겠다.

> **주의!!**
> NInfoWindow를 생성해서 NMap 객체의 addOverlay 메소드를 사용해 지도에 표시해도 생성한 설명 글이 보이지 않는다. 네이버 지도의 경우 기본적으로 NInfoWindow를 보려면 NInfoWindow 객체의 showWindow() 메소드를 호출해줘야 지도에서 설명 글을 볼 수 있다.

> **팁**
> 네이버 지도 객체 중 NInfoWindow 객체는 마커처럼 offset 값을 지정할 수 있는 메소드를 제공해주고 있지 않으며, 마커 위에 설명 글을 표시할 수 있는 메소드도 제공해주지 않으므로 마커 위에 표시된 것처럼 설명 글을 표시하려면 별도의 팁이 필요하다. 설명 글만 표시할 것이라면 관계없지만, 마커 위에 설명 글을 표시하려고 무턱대고 NInfoWindow 객체를 사용했다가는 [그림 2-9]처럼 마커와 정보창이 겹치는 원치 않는 결과를 가져올 수 있다.

[그림 2-9] margin 값을 설정하지 않았을 경우의 화면

그리고 개중에 이런 문제를 해결하기 위해 NInfoWindow의 좌표값을 마커 위에 표현하려고 마커와 다르게 설정하는 경우가 있는데, NInfoWindow 객체가 위치할 좌표값을 다르게 지정했다가는 더 큰 낭패를 볼 수도 있으므로 좋지 않은 방법이다. 그 이유는 지도의 축적에 관계없이 마커와 정보창의 크기는 똑같기 때문에 지도 좌표로 정보창의 위치를 조절했다가는 지도를 확대하거나 축소할 때 마커의 위치가 어긋나는 결과를 초래할 수 있기 때문이다. 따라서 일단 마커와 NInfoWindow 객체의 좌표값은 동일해야 하며, NInfoWindow 객체에 표현하기 위해 정의된 HTML 문자열을 정의할 때 설명 글을 담고 있는 DOM 객체에 margin 값을 설정해서 이 문제를 해결해야 지도를 확대/축소해서 보더라도 위치가 왜곡되지 않는다. 그런 이유로 [예제 2-4]에서는 정보창에 들어갈 객체를 정의할 때 다음과 같이 반영할 위치 값 margin을 설정해준 것이다.

```
var str =
   "<div style='background-color:#FFFFFF;width:200px;
   height:100px;margin-bottom:67px;margin-left:-27px;
   border:4px solid #333;padding:10px'>Hello Nave Map</div>";
```

또한 아직까지 네이버 지도의 경우 별도로 반영할 값을 정의할 수 있는 메소드를 제공해주지 않지만, 네이버를 제외한 다음, 야후, 구글 지도 API의 경우 infoWindow 같은 설명 글을 표현하는 정보창 객체들도 마커처럼 별도로 위치에 반영할 수 있는 값을 지정할 수 있도록 메소드나 그 밖의 방법을 제공해주고 있으므로 다른 지도 API를 이용할 경우에는 정식적인 방법을 사용하길 바라며, margin 값을 주는 방법은 네이버 지도에만 해당되니 네이버 지도를 사용할 때 팁으로 여겨두길 바란다.

지도에 마커와 정보창을 만들어 설명 글을 표현하는 방법도 알게 됐으니, 간단한 약도는 충분히 만들 수 있을 것이다. 카페의 정모 위치를 알리는 약도를 만들어보자. [그림 2-10]은 좌표값으로 (287353,548288)의 위치를 정의하고, 확대 단계를 0으로 설정하고, "<div style='background-color:#FFFFFF;width:150px;height:100px;margin-bottom:67px;margin-left:-27px;border:5px solid #009966; padding:10px;font-family:dotum'>카페 정모 공지

작전역 3번 출구
2009.07.21 9시

회비: 20,000원</div>"라는 HTML 문자열이 정보창에 표현되도록 약도를 표현한 예다.

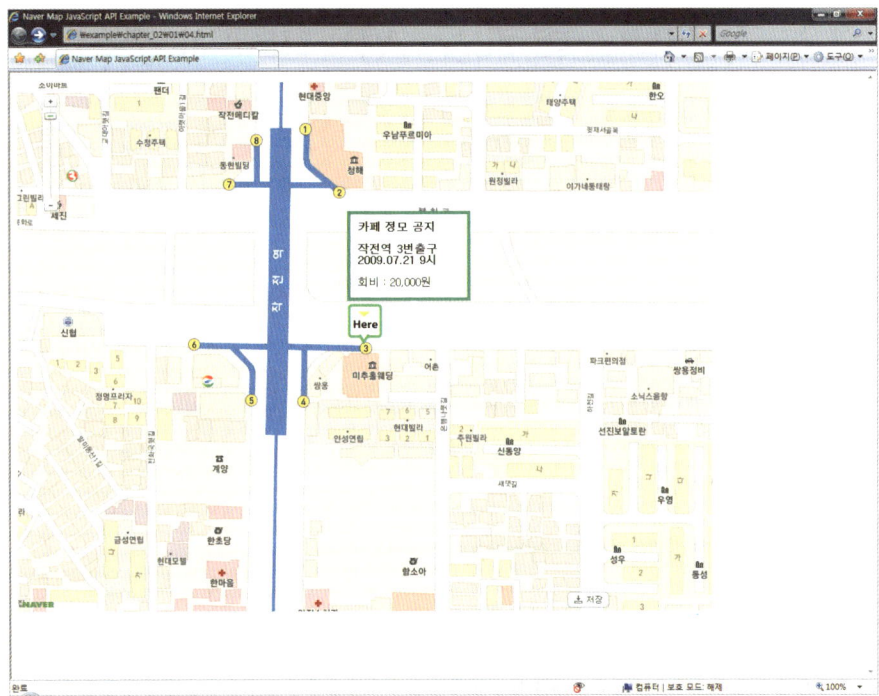

[그림 2-10] 네이버 지도로 카페 정모를 알리는 약도를 만든 예

지도 API를 들어가면서 http://dev.naver.com/openapi/apis/map/javascript API 참고문서를 언급했었다. 그때 복잡하다고 생각했던 독자가 있다면 다시 API 문서를 살펴보길 바란다. 아직 설명되지 않은 부분들이 있긴 하지만, 분명 사용했던 부분은 눈에 들어올 것이다.

이어서 다음 장으로 넘어가기 전에 지도 API를 다각도로 다뤄본다면, 다음에 소개할 그 밖의 지도 API도 쉽게 이해할 수 있을 것이다. 타 지도의 API도 약간의 차이가 있을 뿐, 커다란 틀을 놓고 보면 네이버 지도 API와 별반 다르지는 않기 때문이다. 이제 지도 API를 제공해주는 그 밖의 서비스를 비교 분석해보고 다음이나 구글, 야후의 지도 API도 이용해 약도를 만들어보겠다.

2.2 각 서비스별 지도 API 비교와 분석

처음 예제를 네이버 지도 API로 시작했지만, 지도 API를 제공하는 서비스는 네이버만 있는 것이 아니다. 다음이나 구글 그리고 야후의 지도 API도 많은 기능을 제공해주고 있으며, 서비스마다 기능이 차별화된 면도 있어 여러 지도 API를 다뤄보고 상황에 맞게 지도 API를 사용할 필요가 있다.

지도 API에서 네이버 API가 기준처럼 돼버린 건 타 API에 비해 양이 적고 정말 필요한 것만 제공해주고 있으며, 지도 API 패턴의 기준으로 삼기 좋았고, 단조로운 패턴으로 이해하기도 쉬웠기 때문이다. 네이버 지도 API는 섭렵했으니, 이제 [표 2-2]를 통해 여러 지도 API를 비교해보고 패턴을 찾아 비슷한 점이나 차이점을 알아본 후 다음, 구글, 야후 API만의 특성도 알아보자.

[표 2-2] 각 서비스별 지도 API 비교

서비스/비교대상	네이버	다음	구글	야후
지도 객체	NMap	DMap	GMap2	YMap
좌표 객체	NPoint, NLatLng	DPoint, DLatLng	GLatLng	YGeoPoint
크기 객체	NSize	DSize	GSize	YSize
이미지 객체	NIcon	DIcon	GIcon	YImage
표시 객체	NMark	DMark	GMarker	YMarker
확대 단계	0~12단계 단계가 작을수록 확대	0~12단계 단계가 작을수록 확대	0~19단계 단계가 높을수록 확대	1~16단계 단계가 작을수록 확대
정보창 객체	NInfoWindow	DInfoWindow	GInfoWindow	SmartWindow
이벤트 객체	NEvent	DEvent	GEvent	YEvent
좌표계	KTM, WGS84	KTM, WGS84, Congnamul	WGS84	WGS84
서비스 범위	국내	국내	전 세계	전 세계
위성/항공 사진	제공	제공	제공	제공
주소 변환	별도의 API로 제공	없음	지도 객체로 제공	별도의 API로 제공

각 서비스별 지도 API 참고문서 페이지

- 네이버 지도 API 참고문서

  http://dev.naver.com/openapi/apis/map/javascript

- 다음 지도 API 참고문서

  http://dna.daum.net/apis/maps/reference

- 구글 지도 API 참고문서

  http://code.google.com/apis/maps/documentation/reference.html

- 야후 지도 API 참고문서

  http://kr.open.gugi.yahoo.com/document/reference.php

> [표 2-2]를 보면 지도 API마다 좌표계가 다른 것을 볼 수 있는데, 좌표계가 무엇인지 간단하게 알아보자. 일단 지도 API를 사용하면서 알았겠지만 좌표계는 말 그대로 위치를 나타내는 좌표값을 의미한다. 좌표계는 WGS84, UTM, KTM, BESSEL 등 여러 좌표계가 있으며, 그중 네이버의 지도 API에서 많이 사용하는 KTM 좌표계는 카텍(KATECH) 좌표계 혹은 TM128 투영좌표라고도 한다. KTM 좌표계는 주로 CNS(Car Navigation System)에 이용되고 있으며, 원점이 하나기 때문에 여러 개의 지도를 이어서 붙일 경우 경계선 부분이 딱 맞게 되어 좌표를 계산할 때 원점에 대한 고민을 하지 않아도 되는 장점이 있다. 그래서 한정된 공간에 대해서는 편의성과 정확성이 어느 정도 보장된다고 할 수 있기 때문에 범용적인 지역을 대상으로 하지 않는 곳에 많이 사용되는 좌표계다.
>
> WGS84 좌표계는 현재는 거의 세계 표준이라고 봐도 될 만큼 여러 곳에서 표준으로 채택해 사용하고 있는 좌표계로, 경도와 위도를 사용하는 경위도 좌표계다. WGS84 좌표계는 군사적인 목적으로 지구를 하나의 좌표계로 통일하기 위해 만들어진 좌표계인데, 그 이유는 육해공군이 저마다 좌표계가 각기 다른 지도를 가지고 합동해서 작전을 수행할 경우 혼선이 빚어질 수도 있으므로 정확한 기준을 제시하는 기준 좌표계가 필요했기 때문이라 한다. 현재 WGS84 좌표계는 인공위성에서 측정한 데이터나 공식적인 측량 데이터를 표기할 때 표준으로 사용되고 있으며, 현재 우리나라에서도 전면적으로 사용되고 있는 추세다.

네이버 지도 API의 기본적인 사용 방식을 익혔다면, [표 2-2]를 보고도 어느 정도 비슷한 점과 차이점을 찾았을 것이다. 표의 내용을 보는 것보다 다음이나 구글, 야후의 지도 API를 이용해서 지도를 만들어보면 각 지도 API의 차이점을 더욱 확실하게 알 수 있을 것이다. 차차 알게 되겠지만, 사실 네이버를 비롯한 기타 지도 API도 보면 기본 골격은 다 거기서 거기다. 지도 API를 위한 라이브러리를 가져오고 좌표값을 설정하고 나면 기본적인 지도가 만들어지며, 표현 방법은 조금씩 다르지만, 마커와 정보창을 이용해 위치를 표시하고 설명을 할 수 있다는 맥락은 동일하기 때문이다. 그런데 커다란 틀은 비슷하지만 사용 방법이 조금씩 다르고, 지도마다의 특성이 있어 그것을 파악하는 일이 중요 포인트다.

지도 API의 기초적인 사용 방법을 계속 설명하는 것은 쓸모없는 반복이라, 매쉬업 도구로 사용될 지도 마법사라는 애플리케이션을 [그림 2-11]과 같이 만들어뒀다. 지도 마법사는 원하는 좌표를 검색하게 도와주거나, 지도의 뼈대가 될 내용을 만들어주는 역할을 할 것이며, 앞으로 다룰 예제도 지도 마법사를 이용해 기본 소스를 만들고 거기에 덧붙이는 형식으로 속도감 있게 지도 API를 다뤄보려 한다. 지도 마법사 설치는 http://asjs.net/air/mapWizard.html 페이지에서 가능하며, '지도 마법사 설치하기' 버튼을 클릭하면 쉽게 설치할 수 있다.

지도 마법사를 사용하려면 [그림 2-11]에서 보는 것처럼 네이버의 API 키뿐만 아니라 다음, 구글, 야후의 API 키도 필요하다. 매쉬업 도구인 지도 마법사를 이용하는 것이 아니더라도 뒤에서 어차피 지도 API를 이용하는 데 필요한 절차이니 API 키가 없다면 발급받아야 한다. [표 2-3]에 각 서비스별로 API 키를 발급받는 URL을 정리해뒀으므로, 각 서비스별 API 키 발급 시 참고하길 바란다.

[표 2-3] 서비스별 지도 API 키 발급 페이지

서비스	API 발급 URL
다음	http://apis.daum.net/register/myapi.daum
구글	http://code.google.com/apis/maps/signup.html
야후	http://developer.yahoo.com/wsregapp

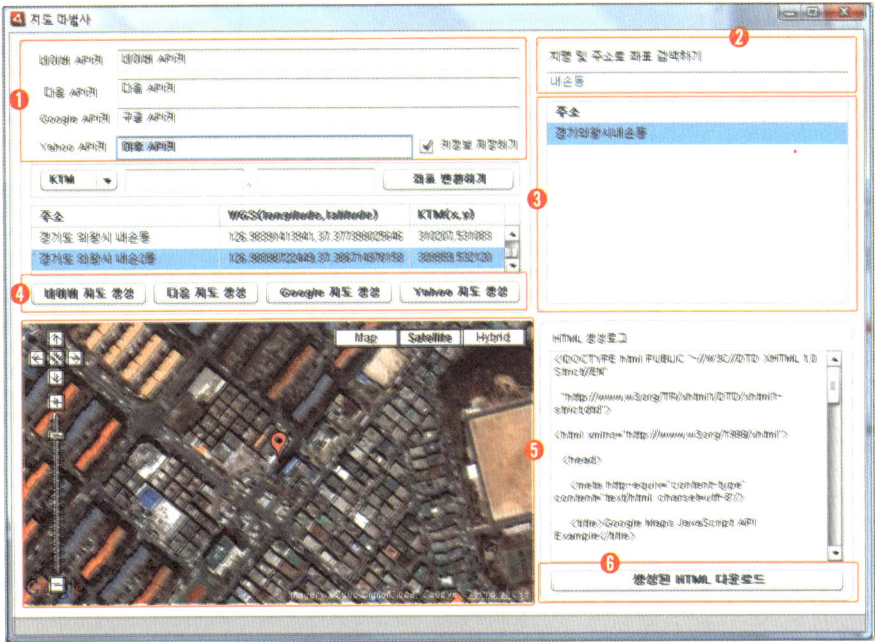

[그림 2-11] 지도 마법사

지도 마법사 사용 방법

1. ❶번 영역에 지도 API 키를 입력하고 키 정보 저장을 체크한다.

2. 특정 지도 좌표를 모른다면 ❷번 영역에서 위치를 검색한다(예: 내손동).

3. ❸번 영역에서 원하는 지역 영역의 좌표를 선택한다.

4. 만들고자 하는 서비스의 지도 생성 버튼을 누른다.

5. 생성된 지도 위에 마우스로 원하는 위치를 클릭하면 마커가 이동된다.

6. 원하는 위치에 마커를 위치시켰다면 생성된 HTML 다운로드 버튼을 클릭해 지도 소스를 원하는 위치에 저장한다.

참고

지도 마법사에 의해 생성된 소스를 보면 기존에 다루지 않았던 지도 컨트롤러가 설정돼 있다. 지도의 컨트롤러는 지도의 좌표 이동, 지도 크기 조절 및 지도의 종류를 좀 더 편리하게 변경하도록 도와주는 지도 안의 위젯이다. 각 지도 서비스에서 이런 위젯 컨트롤러를 제공해주고 있으며, 제공해주는 편의도 조금씩은 각기 다른 면도 있어 지도 API를 효과적으로 이용하려면 알아둬야 하는 부분이다. [표 2-4]를 보고 각 지도 API 서비스의 지도 컨트롤러에 대해 알아보자.

[표 2-4] 서비스별 지도 컨트롤러 정리

서비스	컨트롤러	컨트롤러 이미지	사용 방법
네이버	NZoomControl(객체) [지도 크기 조절]		NMap 객체의 addControl 메소드를 이용해 등록함
	NSaveBtn(객체) [지도를 이미지 파일로 저장]		
	NIndexMap(객체) [미니 지도 인덱스]		
구글	GMapTypeControl(객체) [지도 종류 변경]		GMap 객체의 addControl 메소드를 이용해 등록함
	GMenuMapTypeControl(객체) [지도 종류 변경]		
	GHierarchicalMapTypeControl (객체) [지도 종류 변경]		
	GLargeMapControl(객체) [지도 확대/축소 및 좌표 이동]		
	GSmallMapControl(객체) [지도 확대/축소 및 좌표 이동]		

[표 2-4] 서비스별 지도 컨트롤러 정리

서비스	컨트롤러	컨트롤러 이미지	사용 방법
	GSmallZoomControl(객체) [지도 확대/축소]		
	GScaleControl(객체) [지도 척도 표시]		
	GOverviewMapControl(객체) [미니 지도]		
야후	addTypeControl(YMap 메소드) [지도 종류 변경]		YMap.addTypeControl()
	addZoomLong(YMap 메소드) [지도 확대/축소]		YMap.addZoomLong()
	addPanControl(YMap 메소드) [지도 좌표 이동]		YMap.addPanControl()
다음	DZoomControl(객체) [지도 확대/축소]		DMap 객체의 addControl 메소드를 이용해 등록
	DIndexMapControl(객체) [미니 지도 인덱스]		

2.2.1 구글 지도 API의 특성

구글의 지도 API는 가장 오래된 API인 만큼 사용하기 편리하도록 많은 노하우가 담겨 있고 기능도 다양해 API를 이용하면서도 편리함과 사용자 배려를 많이 느낄 수 있는 API다. 일단 지도 마법사를 이용해 생성된 소스에 네이버 지도처럼 마커와 설명 글을 표현하고 약도를 만들어보면서 API의 특성을 알아보자. 정보창에 표현할 설명 글의 내용은 "Hello Google Map"이고, 지도 마법사를 통해 생성된 소스에 [예제 2-5]처럼 `marker.openInfoWindow("Hello Google Map");`을 추가하기만 하면 되며, [그림 2-12]는 [예제 2-5]를 브라우저에서 실행한 결과다.

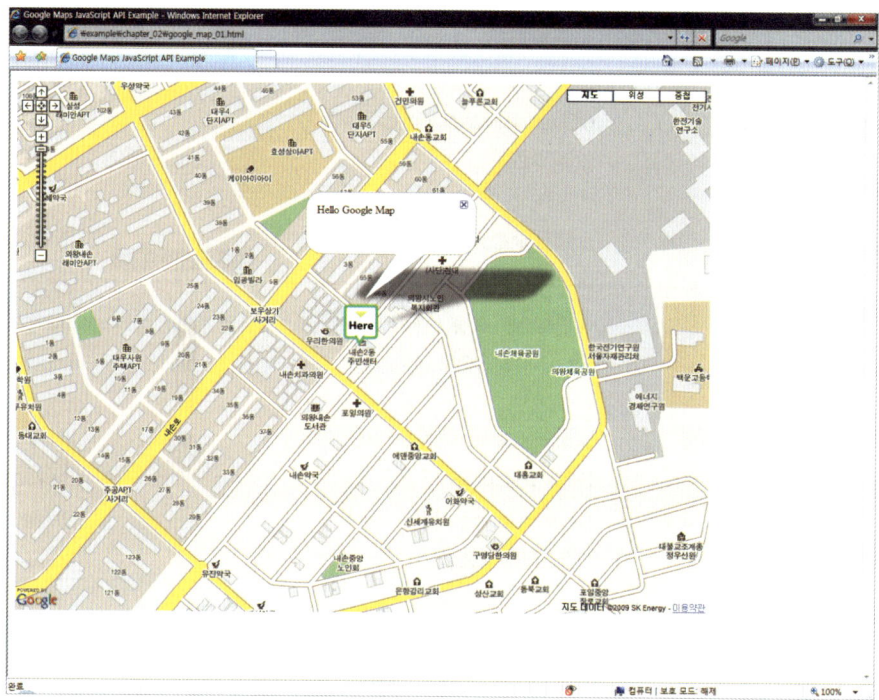

[그림 2-12] 구글 지도에 마커와 설명 글을 표현한 화면

[예제 2-5] 구글 지도에 마커와 설명 글 표시하기

../example/chapter_02_google/google_map_01.html

```
<!DOCTYPE html PUBLIC "-//W3C//DTD XHTML 1.0 Strict//EN"
  "http://www.w3.org/TR/xhtml1/DTD/xhtml1-strict.dtd">
<html xmlns="http://www.w3.org/1999/xhtml">
  <head>
    <meta http-equiv="content-type" content="text/html;
      charset=utf-8"/>
    <title>Google Map JavaScript API Example</title>

    <script
      src="http://maps.google.co.kr/maps?file=api&amp;v=2&amp;
```

02장 지도 API를 이용한 간단한 약도 만들기

```html
    key=apikey"
  type="text/javascript"></script>
</head>
<body onunload="GUnload()">
  <div id="mapDiv" style="width: 530px; height: 530px"> </div>
  <script type="text/javascript">

    if (GBrowserIsCompatible()) {

        // 구글 지도 객체 생성
        var google_map =
            new GMap2(document.getElementById("mapDiv"));
        var point =
            new GLatLng(37.386714978158,126.98098722449);

        var icon = new GIcon();
        icon.image =
           "http://static.asjs.net/map/spot_green.png";
        icon.iconSize = new GSize(57,65);

        // 마커를 배치할 때 반영될 값 설정
        icon.iconAnchor = new GPoint(30,65);

        // 정보창을 배치할 때 반영될 값 설정
        icon.infoWindowAnchor = new GPoint(30,0);

        // 마커 객체 생성
        var marker = new GMarker(point,icon);

        // 지도 위에 지도 유형 컨트롤러 추가
        google_map.addControl(new GMapTypeControl());

        // 지도 위에 확대 컨트롤러 추가
        google_map.addControl(new GLargeMapControl());

        // 지도에 표현할 중앙 좌표 설정과 지도 확대 단계 지정
        google_map.setCenter(point, 17);

        // 지도 위에 마커 추가
        google_map.addOverlay(marker);
```

```
        // 마커 위에 정보창 나타내기
        marker.openInfoWindow("Hello Google Map");
      }
    </script>
  </body>
</html>
```

예제 2-5 분석

예제의 주석으로 어느 정도 설명이 됐지만, 간단하게 [예제 2-5]를 살펴보겠다.

1. 지도 라이브러리 가져오기

```
<script
  src="http://maps.google.co.kr/maps?file=api&amp;v=2&amp;
  key=apikey" type="text/javascript"></script>
```

구글의 지도 API도 네이버의 지도 API와 마찬가지로 자바스크립트 라이브러리를 이용해야 하므로 구글의 지도 자바스크립트 라이브러리를 가져왔으며, key 매개변수에 정의된 apikey는 구글의 지도 API 키를 의미한다.

2. 지도 표현이 가능한 브라우저인지 호환성 검사

GBrowserIsCompatible() 함수를 이용하면 구글 지도로 표현이 가능한 브라우저의 호환 여부를 알 수 있으며, 표현이 가능할 경우 true 값을 그렇지 않을 경우 false 값을 반환한다. 타 지도 API와는 다르게 구글 지도 API에서만 제공하는 함수 중 하나다.

3. 지도 객체 생성

네이버에 NMap 객체가 있다면, 구글의 지도에는 GMap2 객체가 있다. NMap 객체와 동일하게 지도가 위치할 DOM 객체를 인자 값으로 전달하면, 해당 객체에 지도가 표현된다.

4. 지도 좌표 객체 생성

구글 지도에서 사용되는 좌표 객체는 GLatLng 객체로 WGS84 좌표를 기준으로 하며, 위도와 경도 좌표값을 인자로 받게 된다. 예제에서는 내손2동을 가리키는 위도 좌표값 37.386714978158과 경도 좌표값 126.98098722449를 사용했다.

5. 아이콘 객체 생성

지도 위에 표현될 마커의 이미지를 만들기 위해 아이콘 객체를 생성했으며, GIcon 객체의 이미지 경로를 설정하기 위해 image 속성에 이미지의 경로를 정의해줬고, iconSize 속성에 이미지의 가로와 세로 크기를 GSize 객체를 이용해 정의해줬다. 지도에 아이콘을 배치할 때 정확하게 표현되도록, 반영될 값을 iconAnchor 속성에 정의했으며 GPoint 객체가 이용된다. 또한 네이버 지도에서는 설명 글을 정확한 위치에 표현하기 위해 margin 값을 활용해야 했던 반면, 구글 지도의 경우 margin 값을 설정할 필요 없이 아이콘 객체의 infoWindowAnchor 속성에 정보창을 배치할 위치할 때 반영될 값을 정의하면 원하는 위치에 정보창이 표현되게 할 수 있으며, 위치 정보로 GPoint 객체가 이용된다. 구글의 정보창 객체는 마커의 크기가 어느 정도 반영되어 있어, 가로로 이동할 픽셀 값만 설정하면 마커 바로 위에 정보창 객체가 표현되며, 예제에서는 정보창 객체가 표현될 때 30픽셀 우측으로 이동해 표현되게 했다.

네이버 지도의 경우 아직까지 기본 마커를 제공해주고 있지 않아 아이콘 객체를 생성해야 마커를 만들 수 있었지만, 구글 지도에는 기본적으로 제공하는 마커가 있으므로 별도로 아이콘 객체를 생성할 필요가 없다.

6. 마커 생성

구글 지도에서 마커는 GMark 객체며, 마커가 위치할 좌표값과 아이콘 객체를 인자 값으로 설정하면 된다.

7. 지도 컨트롤 추가

구글 지도는 위성 지도, 중첩 지도 등 여러 지도 유형을 제공해준다. GMapTypeControl 객체는 구글 지도에서 쓸 수 있는 유형을 선택할 수 있도록 표현해주는 객체로, GMap2 객체의 addControl() 메소드를 이용해 등록할 수 있다. [그림 2-12]에서 우측상단에 보이는 지도, 위성, 중첩 버튼이 GMapTypeControl 객체가 지도 위에 추가됐음을 보여주고 있다.

GLargeMapControl 객체는 지도의 확대나 이동을 제어하는 객체로, [그림 2-12]에서 좌측상단에 보이는 슬라이드바와 화살표가 그려진 버튼이 추가된 GLargeMapControl 객체다.

8. 지도 위에 설명 글 표현하기

```
marker.openInfoWindow("Hello Google Map");
```

구글 지도 API는 마커 없이 정보창만 나타낼 것이 아니라 마커와 함께 정보창을 나타내고자 할 경우, 별도의 정보창 객체를 생성할 필요 없이 마커 객체의 openInfoWindow() 메소드만 사용하면 자동으로 정보창 객체가 생성되어 표현되며, 정보창에 표시될 메시지를 넣으면 해당 메시지가 표현된다. 따라서 이 예제는 "Hello Google Map"이라는 문자열을 정보창에 보여줄 수 있는 것이다.

구글의 정보창 객체는 일반적인 문자열을 넣으면 문자열 그대로 보여주지만 HTML 문자열을 넣으면 [그림 2-13]처럼 네이버 지도의 NInfoWindow와 마찬가지로 HTML로 표현된다. [그림 2-13]은 "Hello Google Map" 대신 이미지 태그 문자열로 <img src="http://static.asjs.net/map/hellomashup.jpg" width="300" height="200">을 대입한 예다. 그리고 구글의 정보창 객체는 별도로 크기를 설정하지 않아도 자동으로 크기에 맞도록 정보창이 지도에 표현된다.

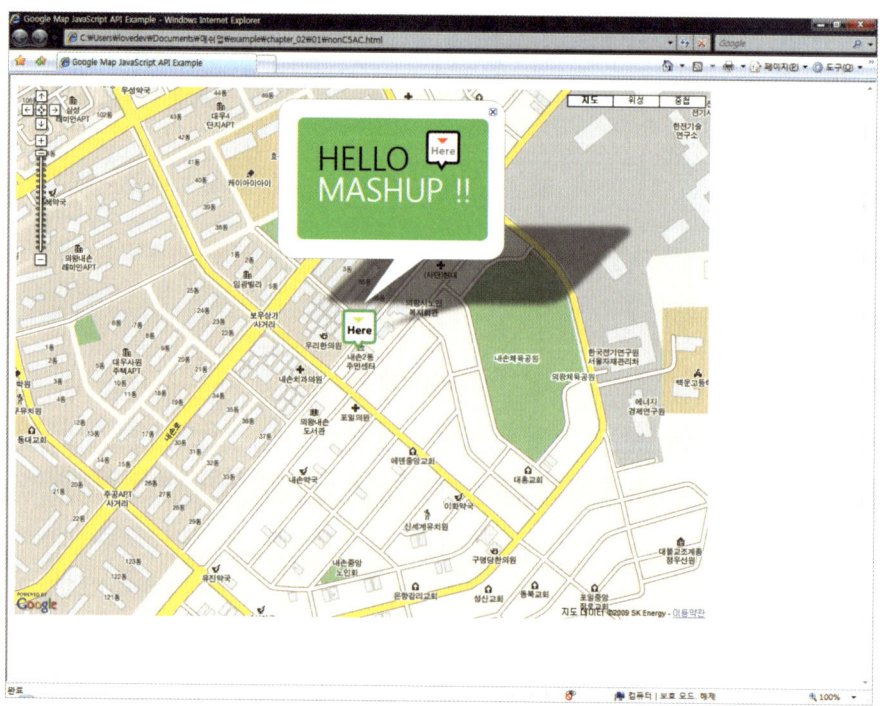

[그림 2-13] 구글 지도 정보창에 이미지를 표현한 화면

기본적인 구글의 지도 사용법을 알았으니, 지도에 마커로 위치를 나타내고, 장소를 가리키는 문구가 보이도록 해 약도로 표현해보자. [그림 2-14]는 [예제 2-5]를 기반으로

만든 약도의 예이며, 정보창에 표현될 내용으로 "`<div style='font-size:11px; width:150px;padding-top:3px;padding-left:10px'>`경기도 의왕시 내손동 757-3`<br/><b>`에이콘플레이스 빌딩 7층`</b></span>`" 문자열을 정의했고, 위도 좌표값 37.37903278416685와 경도 좌표값 126.97562456130981을 사용한 예다.

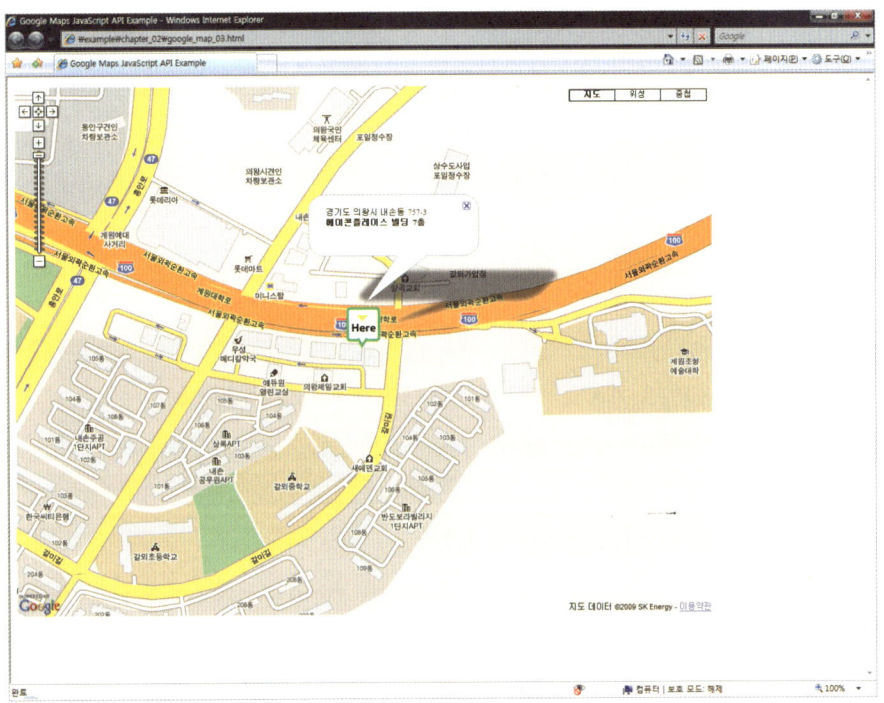

[그림 2-14] 구글 지도로 표현한 약도 화면

2.2.2 야후 지도 API의 특성

야후 지도 API를 이용해 간단한 약도를 만들어보고, 야후 지도만의 섬세한 특성을 알아보자. 야후의 지도 API는 구글의 지도 API와 비슷하면서도 야후 지도 API만의 특성을 지니고 있다. 구글 지도의 경우 지도가 간결하게 표현되어 있다면, 야후 지도는 지형 정보가 세세한 부분까지도 표현되어 있어 또 다른 매력을 느낄 수 있다. 일단 지도 마법사를 사용해 HTML 소스를 생성한 뒤 지도에 마커와 설명 글을 표시해보고 약도를 만들어보자. 정보창에 표현할 설명 글의 내용은 "Hello Yahoo Map"이고, 지도 마법사를 통해 생성된 소스에 [예제 2-6]처럼 `marker.openSmartWindow`

("Hello Yahoo Map");을 추가하기만 하면 된다. [그림 2-15]는 [예제 2-6]을 브라우저에서 실행한 결과다.

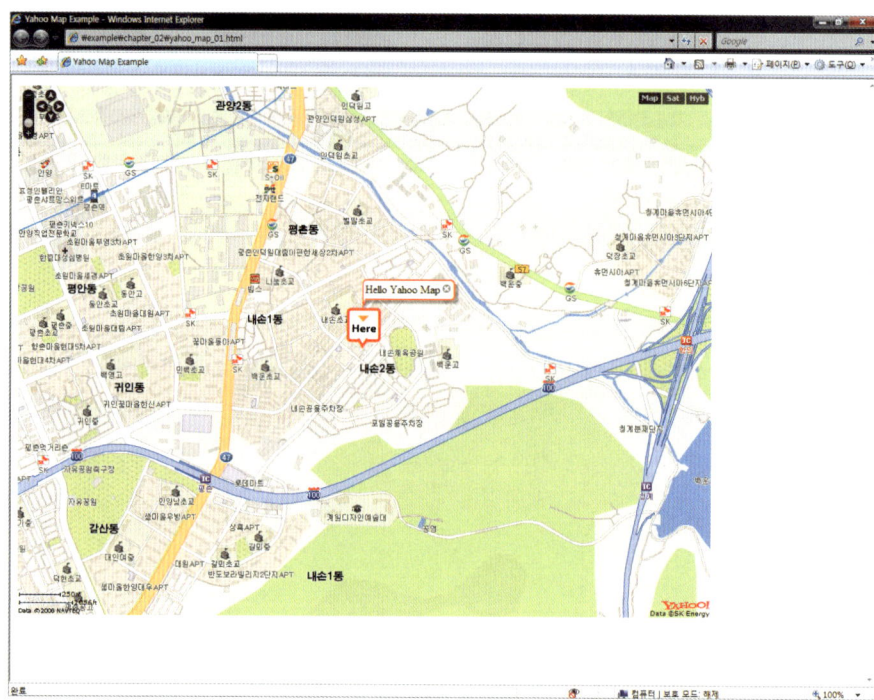

[그림 2-15] 야후 지도에 설명 글과 마커를 표현한 화면

[예제 2-6] 야후 지도에 마커와 설명 글 표시하기

../example/chapter_02_yahoo/yahoo_map_01.html

```
<!DOCTYPE html PUBLIC "-//W3C//DTD XHTML 1.0 Strict//EN"
  "http://www.w3.org/TR/xhtml1/DTD/xhtml1-strict.dtd">
<html xmlns="http://www.w3.org/1999/xhtml">
  <head>
    <meta http-equiv="content-type" content="text/html;
       charset=utf-8"/>

    <title> Yahoo Map JavaScript API Example </title>
    <script type="text/javascript"
       src="http://kr.open.gugi.yahoo.com/Client/AjaxMap.php?v=
       3.7&appid=apikey"></script>
  </head>
```

```html
<body>
<div id="mapDiv" style="width:1024px;height:768px"></div>

<script type="text/javascript">
```

```javascript
// 지도 객체 생성
var yahoo_map = new YMap(document.getElementById('mapDiv'));

// 지도 좌표 객체 생성
var point = new YGeoPoint(37.386714978158,126.98098722449);

// 마커의 이미지 경로
var url = "http://static.asjs.net/map/spot_orange.png";

// 이미지 크기 설정
var size = new YSize(57,65);

// 마커를 배치할 때 반영될 값 설정
var offset = new YCoordPoint(-27,0);

// 생성된 소스에는 정보창을 배치할 때 반영될 값이 null로 정의되어 있음
var smartWindowOffset = new YCoordPoint(27,63);
var image = new YImage(url,size,smartWindowOffset,offset);

// 마커 객체 생성
var marker = new YMarker(point, image);

// 지도 유형 컨트롤러 추가
yahoo_map.addTypeControl();

// 지도 확대/축소 컨트롤러 추가
yahoo_map.addZoomLong();

// 지도 이동 컨트롤러 추가
yahoo_map.addPanControl();

// 지정된 좌표를 지도의 중앙으로 하고 확대 단계를 3으로 설정
yahoo_map.drawZoomAndCenter(point,3);

// 지도에 마커 객체 추가
yahoo_map.addOverlay(marker);
```

```
    // 마커 위에 정보창 나타내기
    marker.openSmartWindow("Hello Yahoo Map");
    </script>
    </body>
</html>
```

예제 2-6 분석

1. 지도 라이브러리 가져오기

```
<script type="text/javascript"
    src="http://kr.open.gugi.yahoo.com/Client/AjaxMap.php?v=
    3.7&appid=apikey"></script>
```

야후의 지도 API 역시 타 지도의 API처럼 자바스크립트 라이브러리가 필요하며, appid 매개변수에 정의된 apikey는 야후의 지도 API 키를 의미한다.

2. 지도 객체 생성하기

야후의 지도 객체는 YMap 객체며, YMap 객체 역시 지도가 위치할 DOM 객체를 인자 값으로 전달하면 해당 객체에 지도가 표현된다.

3. 지도 좌표 객체 생성

야후 지도의 좌표 객체는 YGeoPoint 객체며, 위도와 경도 좌표값을 인자로 받게 된다. 예제는 내손2동을 가리키는 위도 좌표값 37.386714978158과 경도 좌표값 126.98098722449가 정의됐다.

4. 아이콘 객체 생성

야후 지도의 경우 YImage 객체가 네이버나 구글 지도에서 사용했던 아이콘 객체와 동일한 역할을 한다. YImage 객체는 마커로 사용될 이미지의 경로, 이미지의 크기가 정의된 YSize 객체, 정보창 객체가 표현될 때 반영할 값과 마커가 표현될 때 반영할 값으로 YCoordPoint 좌표 객체가 인자 값으로 정의돼야 한다.

그런데 야후 지도의 경우 마커가 지도에 위치할 때 구글이나 네이버와는 또 다른 기준을 가지고 있어 알아둘 필요가 있다. 야후 지도의 경우 마커가 지도 위에 표시될 때 마커의 크기가 미리 반영되어 있는 반면, 정보창에 반영될 값은 설정이 되어 있지 않으므로 이를 전제로 반영될 값을 설정해야 한다. 그래서 예제에서는 세로 크기는 미리 반영된 값으로 사용할 것이어서 0만큼, 가로 크기는 미리 반영된 값에서 -27픽셀만큼 이동되어 표시되도록 했으며, 정보창 객체는 미리 반영된 값이 없으므로 마커 위에 정보창이 표현되도록 지정된 좌표에서 우측으로 27픽셀만큼 상단으로 63픽셀만큼 이동되어 정보창이 표현될 수 있게 했다.

5. 마커 객체 생성

야후 지도에서 마커는 YMarker 객체며, 마커가 위치할 좌표값이 정의된 YGeoPoint 객체와 YImage 객체를 인자 값으로 설정하면 마커가 만들어진다.

6. 지도 컨트롤러 추가

야후 지도는 컨트롤러를 추가하는 방식도 조금 다른데, 타 지도 API처럼 컨트롤러 객체를 추가하는 addControl() 같은 메소드가 별도로 존재하는 것이 아니고 제공되는 컨트롤러 객체를 추가할 수 있는 메소드를 다음처럼 각각 제공하고 있다.

```
yahoo_map.addTypeControl();
yahoo_map.addZoomLong();
yahoo_map.addPanControl();
```

YMap 지도 객체의 addTypeControl() 메소드가 호출되면 일반, 위성, 중첩 지도 유형을 선택할 수 있는 컨트롤러가 추가되며, addZoomLong() 메소드 호출 시에는 지도를 확대/축소할 수 있는 컨트롤러가 추가된다. 그리고 addPanControl() 메소드 호출 시에는 지도를 이동할 수 있는 컨트롤러가 추가된다. 예제에서는 이 세 가지 컨트롤러를 모두 추가했다.

7. 지도 위에 설명 글 표현하기

야후 지도 API는 기존에 다뤘던 구글이나 네이버처럼 별도의 정보창 객체가 존재하지 않으며, 마커의 openSmartWindow() 메소드를 사용해야만 정보창을 표현할 수 있다. 사용법은 openSmartWindow() 메소드를 호출할 때 인자 값으로 표현하고 싶은 문자열이나, HTML 태그 문자열, 혹은 DOM 객체를 전달하면 지도 위에 정보창이 생성되고, 그 정보창 안에 전달한 내용이 표현되며, 구글의 정보창 객체처럼 크기는 자동으로 조절된다. 예제는 "Hello Yahoo Map" 문자열을 인자 값으로 전달해 표현한 것이다.

야후 지도도 타 지도의 정보창 객체처럼 HTML 문자열을 넣으면 HTML이 그대로 표현된다. [그림 2-16]은 "Hello Yahoo Map" 대신 이미지 태그 문자열 `<img src="http://static.asjs.net/map/hellomashup_01.jpg" width="300" height="200">`을 대입하고 확대 단계를 2로 설정한 예이며, [그림 2-17]은 구글 지도를 이용해 약도를 만들 때 사용한 내용과 좌표를 이용하고 지도의 확대 단계를 최대 확대 단계인 1로 설정해 야후 지도로 구현한 예다.

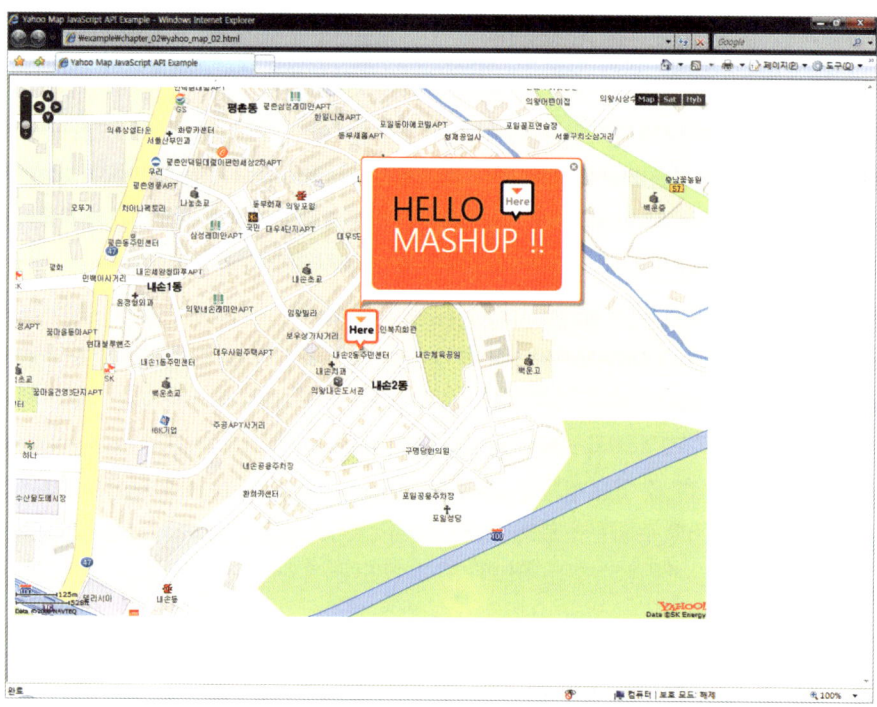

[그림 2-16] 야후 지도 정보창에 이미지를 표현한 화면

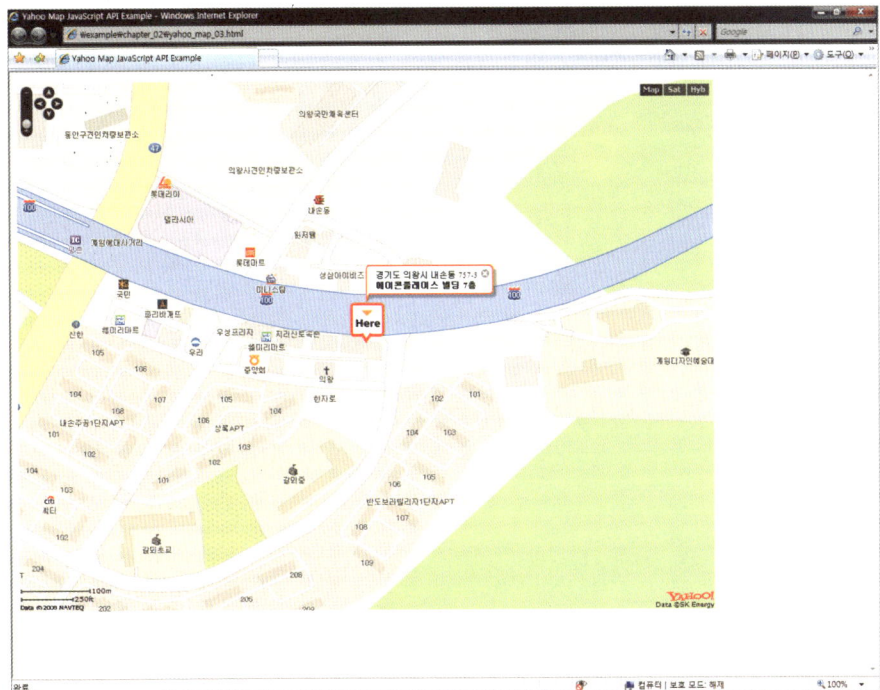

[그림 2-17] 야후 지도로 표현한 약도 화면

2.2.3 다음 지도 API의 특성

마지막으로 알아볼 API는 지도 API 중 가장 최근에 서비스된 다음 지도 API로, 타 지도 API의 특성이 혼합되어 있으면서, 버스 정류장처럼 세세한 부분까지도 지도에 보여주는 섬세함을 갖췄다. 지도 마법사를 이용해 HTML 소스를 생성한 뒤 지도에 마커와 정보창을 만들어 설명 글을 표현해보고, 다음 지도 API만의 특성을 알아보자. 설명 글의 내용은 "Hello Daum Map"이며, 지금껏 사용했던 지도 API와는 달리 설명 글을 표현하는 데 별도의 정보창 객체가 필요하다. 또한 마커 위에 정보창을 표현하기 위해서는 DInfoWindow 객체를 만들고 마커 속성에 DInfoWindow를 설정해야 마커의 정보창처럼 활용할 수 있으며, 마커 없이 정보창만 지도 위에 표현할 수도 있다. 어떻게 보면 구글과 야후의 지도 API에서 장점만 가져온 듯한 느낌이다. [예제 2-7]은 다음 지도에 마커와 "Hello Daum Map"이라는 설명 글을 표현한 예이며, [그림 2-18]은 [예제 2-7]을 브라우저에서 실행한 결과다.

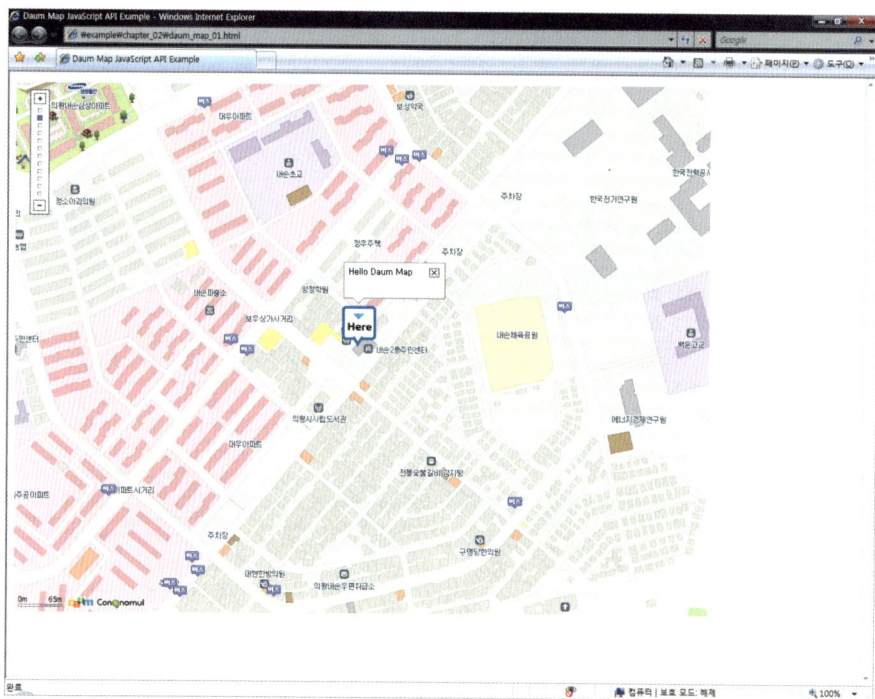

[그림 2-18] 다음 지도에 설명 글과 마커를 표현한 화면

[예제 2-7] 다음 지도에 마커와 설명 글 표시하기

../example/chapter_02_daum/daum_map_01.html

```
<!DOCTYPE html PUBLIC "-//W3C//DTD XHTML 1.0 Strict//EN"
  "http://www.w3.org/TR/xhtml1/DTD/xhtml1-strict.dtd">
<html xmlns="http://www.w3.org/1999/xhtml">
  <head>
    <meta http-equiv="content-type" content="text/html;
      charset=utf-8"/>
    <title>Daum Map JavaScript API Example</title>
  </head>

  <body>
    <script type="text/javascript"
      src="http://apis.daum.net/maps/maps.js?apikey=apikey">
    </script>

    <div id='mapDiv' style="width:1024px;height:768px"></div>

    <script type="text/javascript">
```

```
        // 지도 객체 생성
    var daum_map = new DMap("mapDiv");

        // 지도 좌표계를 wgs84 좌표계로 설정
    daum_map.setCoordinateType("wgs84");

        // 지도 좌표 객체 생성
    var point = new DPoint(126.98098722449,37.386714978158);

        // 지도 확대/축소 컨트롤러 추가
    daum_map.addControl(new DZoomControl());

        // 지정된 좌표를 지도의 중앙으로 하고 확대 단계를 1로 설정
    daum_map.setCenter(point,1);

        // 마커 이미지 경로 설정
    var url = "http://static.asjs.net/map/spot_blue.png";

        // 마커의 크기 설정
    var size = new DSize(57,65);

        // 마커를 배치할 때 반영될 값 설정
    var offset = new DPoint(-30,-65);
    var icon = new DIcon(url,size,offset);

        // 정보창 객체를 배치할 때 반영될 값 설정
    var infoWindowOffset = new DPoint(0,0);

        // 정보창 객체 생성
    var iw = new DInfoWindow('Hello Daum Map', {width:180,
        height:60, offset:infoWindowOffset, show:true});

        // 마커 객체 생성
    var marker = new DMark(point, {infowindow:iw, mark:icon});

        // 지도에 마커 객체 추가
    daum_map.addOverlay(marker);

    </script>
  </body>
</html>
```

| 예제 2-7 분석 |

1. 자바스크립트 라이브러리 가져오기

```
<script type="text/javascript"
    src="http://apis.daum.net/maps/maps.js?apikey=apikey">
</script>
```

다음의 지도 API를 사용할 때도 자바스크립트 라이브러리가 필요하며, apikey 매개변수에 정의된 apikey는 다음의 지도 API 키를 의미한다.

2. 지도 객체 생성

다음의 지도 객체는 DMap 객체며, 타 지도 API의 경우 지도가 위치할 DOM 객체를 인자 값으로 설정해줬지만, DMap 객체의 경우 지도가 위치할 DOM 객체의 아이디만 지정해주면 된다. 예제는 지도가 표현될 DOM 객체의 아이디로 "mapDiv"를 설정했다.

3. 지도 좌표 유형 설정

다음의 지도는 KTM, WGS84, Congnamul 등 여러 좌표계를 지원하고 있다. 지도 객체의 setCoordinateType() 메소드를 이용하면 원하는 좌표계로 지도 좌표를 설정할 수 있으며, 예제는 WGS84 좌표를 이용할 것이므로 설정 값을 "wgs84"로 했다. 좌표계를 설정하지 않을 경우 기본적으로 Congnamul 좌표계가 사용되며, 좌표 객체로 DPoint 객체가 아닌 DLatLng 좌표 객체를 활용할 경우에는 자동으로 WGS84 좌표계가 기준이 된다.

4. 지도 좌표 객체 생성

다음의 지도는 DPoint 객체가 좌표 객체며, WGS84 방식을 이용할 경우 DLatLng 좌표 객체를 사용할 수도 있다. 또 다음의 경우 독특한 점은 WGS84 좌표를 경도, 위도 순으로 사용해 구글이나 야후와는 인자 값의 위치가 반대이므로 주의해야 한다.

5. 아이콘 객체 생성

마커의 아이콘에 해당되는 아이콘 객체는 DIcon 객체며, 이미지의 경로와 이미지의 크기 정로를 가진 DSize 객체 그리고 마커를 배치할 때 반영될 값이 설정된 DPoint 객체를 설정해주면, 아이콘 객체를 만들 수 있다. 다음의 마커 객체는 미리 마커의 크기만큼 마커를 배치할 때 반영될 값이 설정되어 있지 않으므로 설정해줘야 하며, 예제는 좌측으로 30픽셀만큼 상단으로 65픽셀만큼 이동되어 표현하도록 했다.

6. 정보창 객체 생성

```
var infoWindowOffset = new DPoint(0, 0);

var iw = new DInfoWindow('Hello Daum Map', {width:180,
  height:60, offset:infoWindowOffset, show:true});
```

다음 지도의 경우 마커에서 표현될 정보창 객체를 별도로 생성해줘야 하며, 구글 마커 객체의 openInfoWindow() 메소드처럼 정보창을 지도에 나타내려면, 정보창 객체인 DInfoWindow 객체를 생성할 때, 예제처럼 show 속성을 true로 설정하거나, 생성된 DInfoWindow 객체의 show() 메소드를 호출하면 된다. 예제는 show 속성 값을 true로 설정해, 마커가 지도에 표현될 때 정보창의 설명 글도 함께 보이도록 했다. 다음 지도의 정보창 객체는 HTML 태그 문자열이나 문자열도 가능하지만, 같은 도메인의 url 경로를 입력할 경우 지정된 url의 컨텐트 내용을 정보창에 출력해주며, 구글이나 야후의 정보창은 크기가 자동으로 조절되지만, 다음의 정보창 객체는 width와 height 속성을 이용해 크기를 미리 지정해줘야 한다.

예제는 가로 180픽셀 세로 60픽셀로 정보창 객체의 크기를 설정했고, 지도에 정보창이 추가될 때 "Hello Daum Map" 설명 글이 바로 보이도록 했으며, 다음 지도의 경우 마커 객체가 지도에 표현될 때 반영할 값은 설정되어 있지 않았지만, 마커 객체에 등록된 정보창 객체는 마커가 위치한 곳을 기반으로 정보창이 미리 반영되어 있어 별도의 값을 설정하지 않아도 되므로 예제에서는 반영될 값을 모두 0으로 설정했다.

7. 마커 객체 생성

```
new DMark(point, {infowindow:iw, mark:icon});
```

다음 지도에서 마커는 DMark 객체며, 마커가 위치할 좌표값이 정의된 DPoint 객체 혹은 DLatLng 객체와 필수 요소는 아니지만 세부 속성 값으로 mark에는 마커로 표현될 DIcon 객체를 설정하고, 마커에 포함된 정보창 객체가 있다면 infowindow 속성에 정보창 객체를 지정해 사용할 수 있으며, 별도의 DIcon 객체가 설정되어 있지 않다면 다음 지도에서 사용되는 기본 마커 이미지가 설정된다. 이 외에도 draggable, clickable, removable 등 많은 속성을 정의할 수 있으며, 예제는 마커가 위치할 좌표와, 마커에 표현할 정보창 객체 그리고 마커의 이미지로 활용될 아이콘 객체만을 설정해 마커를 만들었다.

8. 지도 컨트롤러 추가

다음 지도 객체의 addControl() 메소드를 이용하면 지도 컨트롤러를 추가할 수 있으며, 예제는 지도를 확대/축소할 수 있는 DZoomControl 객체를 추가했다.

[그림 2-19]는 [예제 2-7]을 기반으로 만든 약속 시간과 장소를 알리는 약도의 예로, 정보창에 표현될 내용으로 "강남역 2번 출구앞

17:00까지 오세요" 문자열을 정의했고, 경도 좌표값 127.02837243110255와 위도 좌표값 37.49732312034403을 사용해 만든 예다.

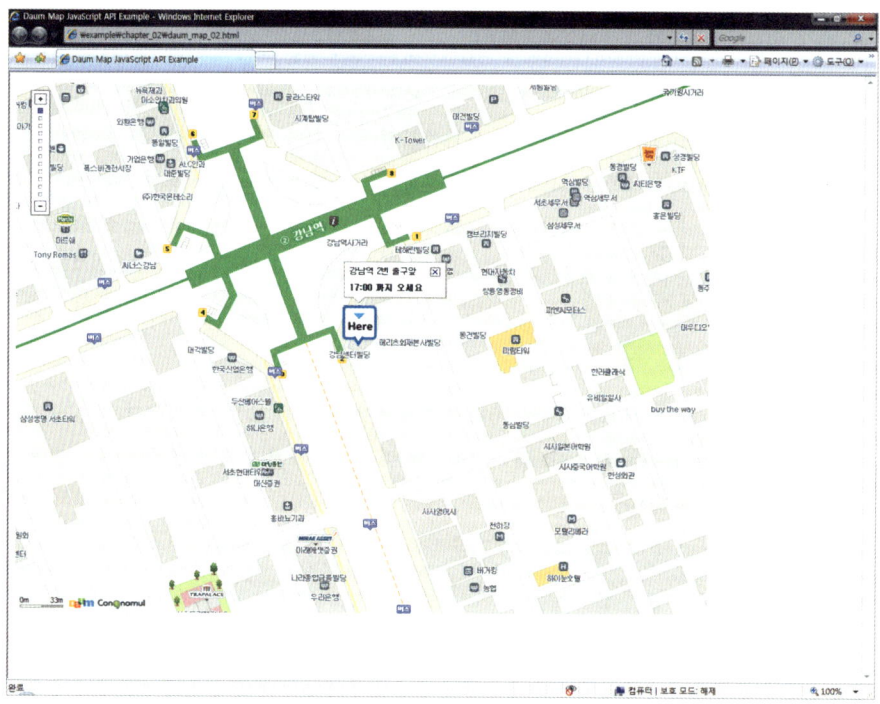

[그림 2-19] 다음 지도로 표현한 약도 화면

2.3 정리

여러 가지 지도 API를 이용해 지도에 마커를 표시한다거나 메시지를 표시하는 방법에 대해 알아보고, 서비스별로 약도를 만들어보면서 각 지도 API마다의 특성을 알 수 있었다. 마커를 좌표에 배치할 때 반영될 값을 서비스마다 다르게 설정했음을 기억하자. 또한 정보창을 만드는 방법과 정보창의 위치를 설정하는 방법, 각 정보창의 특성을 살펴봤으며, 지도마다 제공해주는 다양한 지도 유형과 지도마다 쓰이는 좌표의 특성도 알 수 있었다. 2장의 목표는 지도 API에 대한 기본기를 익히는 것으로, 이제 기본기를 다졌다면 서비스마다 제공해주고 있는 API 참고문서를 보고 좀 더 많은 부분을 다뤄보고 경험을 쌓길 바란다. 그 경험은 추후 매쉬업 애플리케이션과 어울리는 지도를 선별하는 데 많은 도움이 될 것이다. 간단히 [표 2-5]를 통해 각 서비스별 지도 API의 특성을 정리하는 것으로 2장을 마치도록 하겠다.

[표 2-5] 각 서비스별 지도 API 특성

서비스	특징
네이버	• 국내 주소를 좌표로 변환해주는 주소 좌표 변환 API 제공 • 지도를 이미지로 변환해 저장이 가능(NSaveBtn 컨트롤러) • 상세한 국내 지도
다음	• 여러 좌표계를 지원(KTM, WGS84, Congnamul) • 좌표계 변환 기능 제공(KTM, WGS84, Congnamul) • 지도에서 면적, 거리 재기 등 그리기 기능 강화 • 국내 항공 지도 • 국내 로드뷰
구글	• 다양한 지도 컨트롤러 지원 • 다양한 유형의 지도를 제공(위성, 스트리트뷰, 계층 지도, 하이브리드, 하늘이 보이는 지도 등). 사용자만의 지도를 사용할 수도 있음 • 구글 어스와 연동이 가능 • 다양한 지도 API • 구글 AdSense와의 연동 • 좌표 ↔ 주소 변환 API 제공
야후	• 버스정류장/지하철역 정보 검색 API 제공 • 대중교통 및 실시간 길 찾기 API 제공 • POI 검색 API 제공 • 좌표 ↔ 주소 변환 API 제공 • 좌표계 변환 API 제공 • 좌표값을 좌표 대신 지역명으로 설정 가능 • 풍부한 컨텐트로 국내는 물론 해외의 지도까지도 상세하게 표현

03장

이미지 API 기초
이미지 검색기 만들기

- 네이버 이미지 검색 API
- 다음 이미지 검색 API
- 플리커 이미지 검색 API
- OAuth 인증 방식의 이해
- 포토버킷 이미지 검색 API

3장에서는 오픈 API 중에서 인기 2위를 차지하고 있는 이미지 API에 대한 이야기를 하고자 한다. 이미지는 그 자체가 시각적이고 함축적이어서 내용을 전달할 때나 표현할 때 유용하게 사용할 수 있고, 서비스마다 다르지만 이미지 자체에 위치 정보가 포함되어 있는 경우 지도와 연동하면 상당히 재미있는 매쉬업도 가능하다. 또한 이미지가 나름대로의 사연을 지니고 있을 경우, 그 의미는 상당하다고 할 수 있다.

이미지 오픈 API를 제공해주는 서비스는 지도에 비하면 상당히 많은 편이다. 이미지 API를 제공하는 서비스 중에서도 플리커 API는 이미지의 양과 서비스의 질적인 측면에서 거의 최고로 인정되고 있어 많은 매쉬업 애플리케이션에서 활용되며, 플리커 외에도 포토버킷, 구글의 피카사, iStockphoto 등의 서비스도 플리커만큼이나 양질의 API를 제공해주고 있어 유용하게 사용할 수 있는 API다. 그런데 아쉽게도 국내의 경우 아직까지 이미지 공유 서비스를 API로 제공해주는 곳이 없다. 세계에서 최고로 손꼽히는 네트워크가 구축된 우리나라에 이런 공유 서비스가 없다는 사실이 내심 아쉬울 따름이다. 물론 네이버와 다음에서 이미지를 검색해주는 이미지 검색 API를 제공하고 있지만 공유에 의해 검색된 결과가 아니기에 저작권이라는 문제가 걸려 있다. 이미지 공유 서비스에서 얻은 이미지의 경우 공개 설정되어 있는 것은 거의 저작권 문제 없이 사용이 가능하지만, 국내 이미지 검색 API에서 결과로 얻은 이미지의 경우 단순한 검색 결과이기 때문에 저작권이 분명치 않아 잘못 사용했다가는 법적 책임을 져야 할 수도 있으므로 사용 시 반드시 주의를 기울여야 한다.

3.1 네이버 이미지 검색 API

네이버의 이미지 검색 API는 REST 방식으로 API를 요청해 이미지 검색을 할 수 있다. 네이버 API는 [그림 3-1]처럼 일반 API와 지도 API 두 가지로 분류되며, 지도 API 키가 있다고 하더라도 이미지 API 키는 일반 API 키에 속하므로 별도로 일반키를 발급받아야 한다. http://dev.naver.com/openapi/register 페이지에서 '일반키발급'을 선택하고 절차를 진행하면 된다.

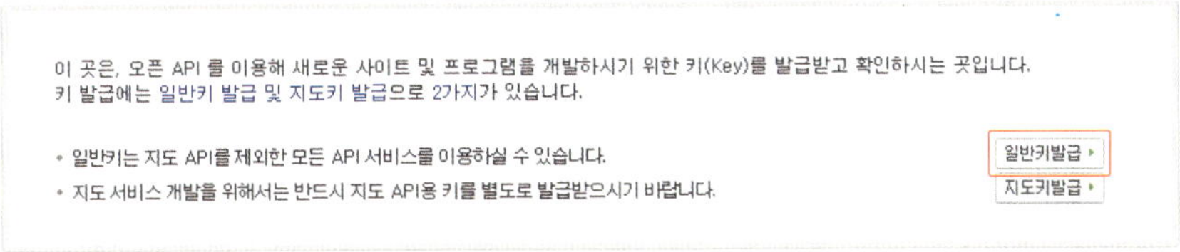

> 이 곳은, 오픈 API 를 이용해 새로운 사이트 및 프로그램을 개발하시기 위한 키(Key)를 발급받고 확인하시는 곳입니다.
> 키 발급에는 일반키 발급 및 지도키 발급으로 2가지가 있습니다.
>
> * 일반키는 지도 API를 제외한 모든 API 서비스를 이용하실 수 있습니다.
> * 지도 서비스 개발을 위해서는 반드시 지도 API용 키를 별도로 발급받으시기 바랍니다.
>
> [일반키발급 ▶]
> [지도키발급 ▶]

[그림 3-1] 네이버에서 '일반키발급'을 선택하는 화면

3.1.1 API 호출하기

API 호출 예

```
http://openapi.naver.com/search?key=api키&target=image&query=검
색어&start=1&display=10&sort=sim&filter=all
```

● 호출 형식 분석

API를 요청한 URL은 http://openapi.naver.com/search이며, API 매개변수 부분은 [표 3-1]을 참조하라.

[표 3-1] API에서 사용할 수 있는 매개변수

요청 변수	값	설명
key	String(필수)	네이버 검색 API 키
target	String(필수) image	API 서비스
query	String(필수)	검색어(UTF-8 인코딩 값)
display	Integer 기본 값: 10, 최대: 100	결과 출력 건수
start	Integer 기본 값: 1, 최대: 1000	검색 시작 위치
sort	String 기본 값: sim (sim, date)	정렬 옵션 • sim: 유사도순(기본 값) • date: 날짜순
filter	String 기본 값: all (all, large, medium, small)	이미지 크기 • all: 전체 이미지(기본 값) • large: 큰 이미지만 제공 • medium: 중간 이미지만 제공 • small: 작은 이미지만 제공

API 형식에 맞춰서 Request를 전달하면 [그림 3-2]처럼 RSS 형식의 XML을 받을 수 있다.

```
<?xml version="1.0" encoding="UTF-8" ?>
- <rss version="2.0">
  - <channel>
      <title>Naver Open API - image ::'mashup'</title>
      <link>http://search.naver.com</link>
      <description>Naver Search Result</description>
      <lastBuildDate>Thu, 31 Jul 2008 20:46:55 +0900</lastBuildDate>
      <total>110</total>
      <start>1</start>
      <display>3</display>
    - <item>
        <title>[3] 080115 mashup! MUSIO</title>
        <link>http://blogfiles.naver.net/data29/2008/1/17/69/----_gomi7076.jpg</link>
        <thumbnail>http://blogthumb2.naver.net/data29/2008/1/17/69/----_gomi7076.jpg?type=r2</thumbnail>
        <sizeheight>371</sizeheight>
        <sizewidth>499</sizewidth>
      </item>
    - <item>
        <title>Jessica Simpson - A Public Affair</title>
        <link>http://blogfiles.naver.net/data20/2006/10/3/130/3-wnos43.jpg</link>
        <thumbnail>http://blogthumb2.naver.net/data20/2006/10/3/130/3-wnos43.jpg?type=r2</thumbnail>
        <sizeheight>426</sizeheight>
        <sizewidth>554</sizewidth>
      </item>
    - <item>
        <title>앗쿤과 함께</title>
        <link>http://blogfiles.naver.net/data29/2008/2/11/169/%B4%EB%BD%C7%B8%C1%C0%CC%BE%DF%A4%BB%A4
          BB_cyanam.jpg</link>
        <thumbnail>http://blogthumb2.naver.net/data29/2008/2/11/169/%B4%EB%BD%C7%B8%C1%C0%CC%BE%DF%A4%BB%A4
          BB%A4%BB_cyanam.jpg?type=r2</thumbnail>
        <sizeheight>360</sizeheight>
        <sizewidth>480</sizewidth>
      </item>
    </channel>
  </rss>
```

[그림 3-2] 네이버 이미지 검색 API로 "mashup"을 검색한 결과 화면

● XML 분석

전형적인 RSS 2.0 형식의 XML로 <item> 노드가 반복되면서 이미지 정보를 담고 있다. RSS 내용 중 중요한 정보만 [표 3-2]에 정리했다.

[표 3-2] XML 분석 내용

필드	값(유형)	설명
total	Integer	검색된 문서의 총 개수
start	Integer	검색된 문서의 시작 번호
display	Integer	문서당 결과 출력 수
item		이미지 정보 반복 노드
- title	String	이미지 제목
- link	String	이미지의 경로
- thumbnail	String	썸네일 이미지 경로
- sizeheight	Integer	이미지 세로 길이
- sizewidth	Integer	이미지 가로 길이

주: - 표시는 하위 노드를 의미한다.

검색하는 방법과 검색 결과로 얻는 XML의 분석도 마쳤으니 간단한 검색기도 만들어보자.

3.1.2 이미지 검색기 만들기

로컬에서 AJAX를 이용해 간단하게 이미지 검색기를 구현해보자. 우리가 구현할 내용은 HTML을 만들고 AJAX로 Request를 만들어서 네이버 API를 형식에 맞춰 호출하고 결과 값을 리턴받아 결과 값을 기반으로 그림 목록을 보여주는 것이다. 일단은 로컬에서 구현하는데, 구현이 목적이므로 크로스 도메인 정책은 무시하고 구현만 생각하자. 메모장이든 에디터든 텍스트 편집기를 열고 진행하는 대로 한 단계씩 따라 해보자. naver_image.html이란 파일을 만든 후 [예제 3-1]처럼 기본 레이아웃을 정의해보자.

[예제 3-1] 따라하기 1단계

../example/chapter_03/naver_image_step01.html

```
<!DOCTYPE html PUBLIC "-//W3C//DTD XHTML 1.0 Strict//EN"
    "http://www.w3.org/TR/xhtml1/DTD/xhtml1-strict.dtd">
<html xmlns="http://www.w3.org/1999/xhtml" lang="en"
    xml:lang="en">
<head>
    <meta http-equiv="Content-Type"
        content="text/html; charset=utf-8" />
</head>
<body>

<div>
    <input type="text" id="searchQ" />
    <input type="button" value="검색" />
</div>
<ul id="resultList"></ul>

</body>
</html>
```

예제 3-1 분석

매우 기본적인 HTML 소스이니 잘 알 수 있을 것이다. 검색어에 대한 입력 값을 받을 수 있는 입력 상자를 만들고 "searchQ"라는 id를 줬다. 그리고 검색 액션을 할 버튼을 만들었다. 마지막으로 결과를 보여줄 `<ul>` 레이어를 만들고 id를 "resultList"라고 줬다.

자, 이제 네이버 API를 호출해 이미지를 검색할 스크립트를 작성해보자.

[예제 3-2] 따라하기 2단계

../example/chapter_03/naver_image_step02.html

```html
<!DOCTYPE html PUBLIC "-//W3C//DTD XHTML 1.0 Strict//EN"
    "http://www.w3.org/TR/xhtml1/DTD/xhtml1-strict.dtd">
<html xmlns="http://www.w3.org/1999/xhtml" lang="en"
    xml:lang="en">
<head>
    <meta http-equiv="Content-Type"
        content="text/html; charset=utf-8" />
</head>
<body>

<!-- 여기부터 -->
<script type="text/javascript" src="./js/ajit.js"></script>
<script type="text/javascript">
    // 전역 변수 선언
    NAVER_API_KEY = "apikey"; // 네이버 이미지 API 키
    NAVER_API_URL = "http://openapi.naver.com/search?";

    function search(q){
        var loader = new URLLoader();
        var req = new URLRequest();
        var params = new URLVariables();

        // URL 매개변수 정의
        params.parameters = {
            "key" : NAVER_API_KEY,
            "target" : "image",
            "query" : q,
            "display" : "10",
```

```
            "sort" : "sim",
            "filter" : "all"
        };
        
        // URL 정의
        req.url = NAVER_API_URL + params.toString();
        loader.load(req);
        
        // 로드 완료 시 실행할 이벤트 정의
        loader.addEvent(URLLoaderEvent.COMPLETE,
            onSearchCompleteHandler);
    }
    
    function onSearchCompleteHandler(response){
        alert(response.text);
    }
    
    // mp3를 검색하고 Response를 받아본다.
    search("mp3");
</script>
<!-- 스크립트 정의 끝 -->

<div>
    <input type="text" id="searchQ" />
    <input type="button" value="검색" />
</div>
<ul id="resultList"></ul>

</body>
</html>
```

예제 3-2 분석

1. AJIT 프레임워크 가져오기

```
<script type="text/javascript" src="./js/ajit.js"></script>
```

1장에서 소개했던 AJIT 자바스크립트 프레임워크를 가져온 것이다. AJIT 프레임워크는 기본 설정을 변경하지 않는 한 내부적으로 프레임워크의 기본 라이브러리인 ajit_lib.js도 함께 가져오게 되며, 앞으로 AJIT 프레임워크는 모든 예제의 기본적인 요소가 될 것이므로 프레임워크를 가져오는 설명은 생략하겠다.

2. 네이버 오픈 API용 전역 변수 선언

```
NAVER_API_KEY = "apikey";
NAVER_API_URL = "http://openapi.naver.com/search?";
```

NAVER_API_KEY는 네이버에서 발급받은 일반 API 키고, NAVER_API_URL은 네이버에서 제공해주는 API의 주소를 설정한 것이다. 여기서 중요한 부분은 NAVER_API_KEY를 설정하는 것이다.

3. 네이버 이미지 API로 검색을 하기 위한 함수[search(q)]

따라하기 2단계의 핵심이라 할 수 있는 부분이다. 아마 액션스크립트를 다루는 사람이라면 2단계 소스를 보고 바로 이해했을 것이란 생각이 든다. 그건 바로 액션스크립트의 객체로 존재하는 URLLoader, URLRequest, URLVariables 등이 나오며 사용법도 거의 동일하기 때문이다. 이 객체들은 ajit_lib.js에 정의되어 있는데, 단순하게 말하자면 AJAX를 사용하기 위한 객체를 Loader와 Request로 나눴다고 보면 된다.

URLLoader는 http 프로토콜을 이용해서 서버와 통신할 XmlHttpRequest 객체로 Request를 전달하고 Response를 가져오는 운반자 역할을 한다.

URLRequest는 Request 객체를 구현한 것으로 헤더와 바디 역할의 데이터를 갖고 있으며, 전달 방식(GET, POST, PUT 등)과 URL 정보를 갖게 된다.

URLVariables는 매개변수를 좀 더 쉽게 정의하기 위한 객체인데, toString() 메소드를 이용하면 인코딩된 매개변수 문자열을 반환해줘 "a=b&b=c"처럼 문자열을 길게 나열할 필요 없이 매개변수를 기술할 수 있다. 게다가 반환 시 URL 인코딩된 문자열을 반환해주므로 별도의 인코딩 절차가 필요 없다.

URLVariables.parameters는 네이버 이미지 검색 API의 호출 형식에서 매개변수 부분을 객체로 정의한 것이다. 호출 형식의 매개변수 문자열과 비교해보면 어느 것이 쉽게 구조를 파악할 수 있고 추가나 수정이 용이한지 알 수 있을 것이다.

- 네이버 이미지 검색 API 호출 매개변수 문자열

    ```
    key=apikey&target=image&query=mashup&start=1&display=10&
    sort=simm&filter=all
    ```

– URLVariables를 사용한 매개변수 객체

```
params.parameters = {
    "key" : NAVER_API_KEY,
    "target" : "image",
    "query" : q,
    "display" : "10",
    "sort" : "sim",
    "filter" : "all"
};
```

`req.url = NAVER_API_URL + params.toString();` 부분은 Request 객체인 req 의 URL을 정의한 것이다. 이젠 Request에 대한 설정도 마무리됐으니 Request를 전달하고 API의 결과 값을 가져와야 할 차례다. 이 역할은 Request를 운반하는 URLLoader 객체 `loader`의 `load()` 메소드를 호출하면 설정된 Request를 가지고 해당 URL로 접근해 결과 값을 가져오게 된다.

`loader.addEvent(URLLoaderEvent.COMPLETE,onSearchCompleteHandler);`

대개 AJAX를 이용할 경우 결과 값을 받은 후의 액션에 대해 정의할 때 Response의 http 상태 값을 체크해서 결과 값이 완전하게 전달되면 정의된 콜백 함수를 실행하는 구조를 갖게 되는데, URLLoader 객체는 이벤트 기반으로 만들어진 객체여서 그런 부분은 콜백 함수를 등록하는 것이 아닌 이벤트를 발생시키는 구조로 관리된다.

URLLoader에는 URLLoaderEvent.OPEN, URLLoaderEvent.IOERROR 등 총 7개의 이벤트를 등록할 수 있으며 자세한 사항은 AJIT 프레임워크 API 문서를 참고하길 바란다.

URLLoader 객체가 이상 없이 Response를 받게 되면 이벤트가 발생해 이벤트로 등록했던 `onSearchCompleteHandler()` 함수가 호출된다. 이벤트 발생 시에 response를 인자 값으로 반환해주며, 반환받은 response는 response.text와 response.xml 이렇게 두 가지 속성을 갖게 된다. response.xml의 경우는 response의 결과 값이 XML일 경우에만 존재한다.

4. API로 얻은 결과 값을 경고창으로 출력하기

`function onSearchCompleteHandler(response)`는 결과 값이 어떻게 오는지 확인하기 위해 [그림 3-3]처럼 간단하게 `alert()` 함수를 이용 내용을 출력했다.

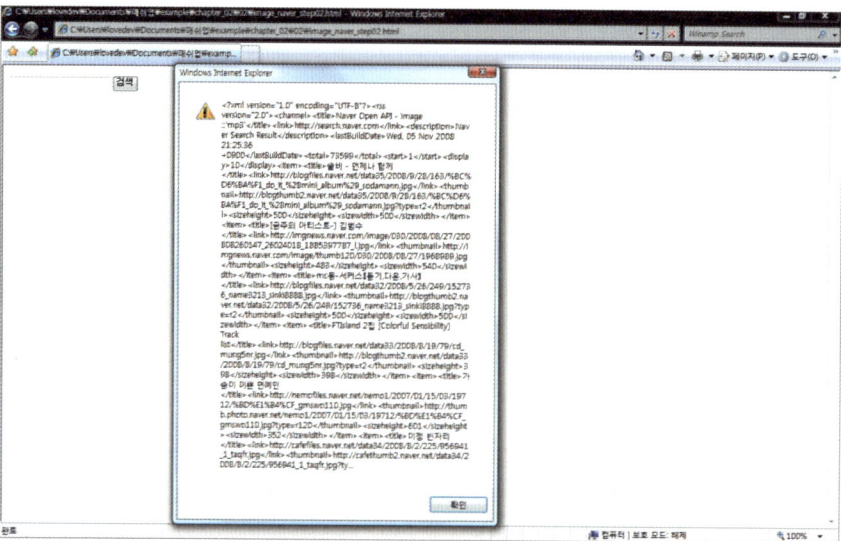

[그림 3-3] [예제 3-2]를 실행한 결과 화면

[예제 3-3] 따라하기 3단계

../example/chapter_03/naver_image_step03.html

```
<!DOCTYPE html PUBLIC "-//W3C//DTD XHTML 1.0 Strict//EN"
   "http://www.w3.org/TR/xhtml1/DTD/xhtml1-strict.dtd">
<html xmlns="http://www.w3.org/1999/xhtml" lang="en"
   xml:lang="en">
   <head>
      <meta http-equiv="Content-Type"
         content="text/html; charset=utf-8" />
   </head>
   <body>

   <script type="text/javascript" src="./js/ajit.js">
   </script>

   <script type="text/javascript">
      // XML 파서 불러오기
      $import("asjs.utils.XmlParser");

      // 전역 변수 선언
      NAVER_API_KEY = "apikey";  // 네이버 이미지 API 키
```

```
NAVER_API_URL = "http://openapi.naver.com/search?";

function search(q){
    // Request를 보낼 URLLoader 객체 선언
    var loader = new URLLoader();
    // Request 객체 선언
    var req = new URLRequest();
    // URL 매개변수 객체 선언
    var params = new URLVariables();

    // 매개변수 값을 객체로 정의
    params.parameters = {
        "key" : NAVER_API_KEY,
        "target" : "image",
        "query" : q,
        "display" : "10",
        "sort" : "simm",
        "filter" : "all"
    };

    req.url = NAVER_API_URL + params.toString();
    // Request 보내기
    loader.load(req);

    // 로드 완료 시 실행할 이벤트 정의
    loader.addEvent(URLLoaderEvent.COMPLETE,
        onSearchCompleteHandler);
}

// 로드 완료 이벤트 핸들러로 response를 인자로 받는다.
function onSearchCompleteHandler(response){
    // XML을 자바스크립트 객체로 파싱
    var xml =
        new asjs.utils.XmlParser(response.xml).toJson();

    if(xml.rss.channel.item){
        // RSS 결과로 이미지 목록 만들기
        renderImage(xml.rss.channel.item);
    }
}

// 검색 결과 이미지 배치
```

```
            function renderImage(items){

                // "resultList"의 내용 초기화
                $E("resultList").innerHTML = "";

                // 검색 결과만큼 목록 만들기
                for(var i=0; i < items.length; i++){

                    // IMG 객체 생성
                    var img = $new("img");

                    // LI 객체 생성
                    var li = $new("li");

                    // $E = document.getElementById
                    $E("resultList").addChild(li);
                    li.addChild(img);

                    // img 객체에 src 속성 정의
                    img.setAttribute("src",items[i].thumbnail.text);

                }
            }

        </script>

        <div>
            <input type="text" id="searchQ" />
            <input type="button"
                onclick="search($E('searchQ').value)"
                value="검색" />
        </div>
        <ul id="resultList"></ul>

    </body>
</html>
```

예제 3-3 분석

이미 [예제 3-2]에서 많은 설명을 했으므로 새롭게 추가된 부분만 설명하겠다.

```
$import("ajit.utils.XmlParser");
```

새롭게 등장한 $import() 메소드다. AJIT 프레임워크의 loadpkg() 메소드와 동일한 기능으로 AJIT의 기본 라이브러리인 ajit_lib.js에서 제공하는 함수다. AJIT 참고문서를 보면 알겠지만 AJIT는 자바스크립트를 패키지 형식으로 관리한다.

경로의 구분자는 점(.) 단위로, 소스에서 XmlParser 객체가 정의되어 있는 asjs/utils/XmlParser.js 파일을 가져온 것이다. XmlParser는 XML을 좀 더 쉽게 파싱하기 위해 만든 자바스크립트 유틸리티로, XmlParser를 이용하면 E4X처럼 XML 노드에 일반 자바스크립트 객체처럼 접근해 사용할 수 있다. 단 E4X처럼 XPath 같은 질의는 할 수 없다.

```
var xml = new asjs.utils.XmlParser(response.xml).toJson();
```

XmlParser에 xml 객체를 넣어주고 toJson() 함수를 호출했으며, toJson() 메소드는 XmlParser에 정의된 XML을 JSON 형태처럼 자바스크립트의 객체로 변환하는 메소드다.

예를 들어, item 노드는 rss > channel > item에 위치하는데 XmlParser에 의해 객체화된 xml에서 item 노드로 접근하려면 xml.rss.channel.item처럼 기술하면 되는 것이다. item 객체는 반복되는 노드여서 배열의 성질을 띠므로 item 노드의 0번째 title에 접근하려면 xml.rss.channer.item[0].title 같은 형식으로 접근할 수 있다. 이때 title에 정의된 값을 가져오기 위해서는, XmlParser가 텍스트 노드 정보는 text 속성에 저장하므로 xml.rss.channer.item[0].title.text처럼 text 속성을 이용하면 된다. 따라서 이제 더 이상 노드의 값을 구하려고 번거로운 for 문을 사용하거나 getElementsByTagName을 사용하지 않아도 되며, 그냥 JSON 객체를 다루듯 XML을 다루면 된다.

```
function renderImage(items){

    // "resultList"의 내용 초기화
    $E("resultList").innerHTML = "";

    // 검색 결과만큼 목록 만들기
    for(var i=0; i < items.length; i++){

        // IMG 객체 생성
        var img = $new("img");

        // LI 객체 생성
        var li = $new("li");

        // $E = document.getElementById
        $E("resultList").addChild(li);
        li.addChild(img);
```

```
            // img 객체에 src 속성 정의
            img.setAttribute("src",items[i].thumbnail.text);
        }
    }
```

마지막으로 `renderImage(items)` 부분에 대해 알아보자.

이 함수는 `<ul id="resultList"></ul>`에 `item` 객체를 받아서 이미지 목록을 만드는 역할을 하고 있다. `$E()` 함수는 `document.getElementById`의 역할이며, `$new()` 함수는 `document.createElement`의 역할을 한다. `$E()`나 `$new()` 함수로 얻어진 객체는 `addChild()`라는 메소드를 사용할 수 있으며, DOM 구조로 HTML을 볼 때 얻어진 객체에 전달된 인자의 객체를 `childNode`로 등록해주는 역할을 한다. 따라서 반복문을 통해 이미지 객체를 만들고 `<li>` 노드를 만들어서 `<ul id="resultList"></ul>`에 객체를 붙이는 것을 반복한다. 이렇게 만들어진 결과는 [그림 3-4]와 같다.

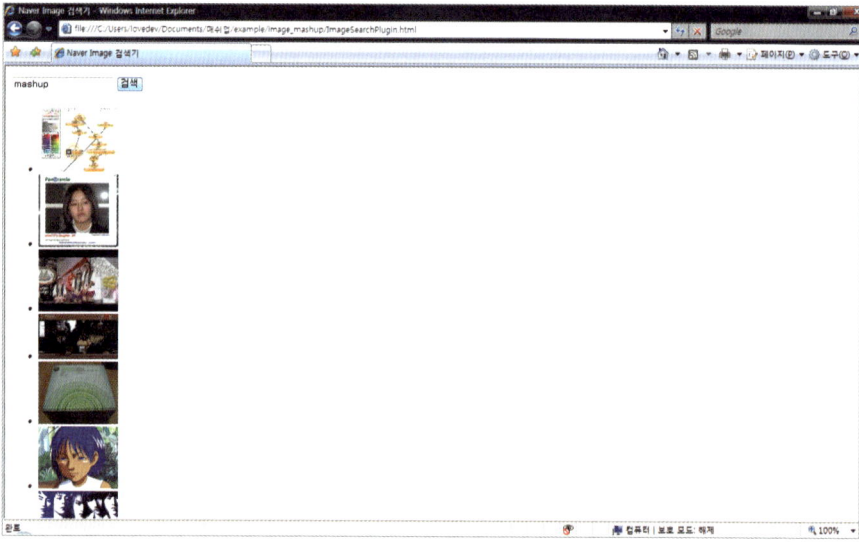

[그림 3-4] [예제 3-3]을 브라우저에서 실행한 결과 화면

이번 네이버 이미지 검색 API의 따라하기는 뒤에 플리커나 다음, 포토버킷에서 이미지 검색기를 만들 때 기반이 되는 소스이므로 만들어볼 것을 권한다.

03장 이미지 API 기초 _ 이미지 검색기 만들기 | 123

3.2 다음 이미지 검색 API

다음의 이미지 검색 API도 REST 방식으로 API를 요청해 쉽게 이미지를 검색할 수 있다. 네이버의 이미지 검색 API와 다른 점이라면 다음의 이미지 검색 API는 RSS, XML, JSON이라는 세 가지 형식의 검색 결과를 제공해준다는 점이다.

다음의 API키는 http://dna.daum.net/에서 발급받을 수 있으며, [그림 3-5]처럼 표시된 키 발급 및 관리 메뉴에서 서비스 별로 API키를 발급하고 있다. 이미지 검색 API는 검색 서비스이므로, 검색 서비스 부분에서 API키 발급 신청을 해서 발급받으면 된다.

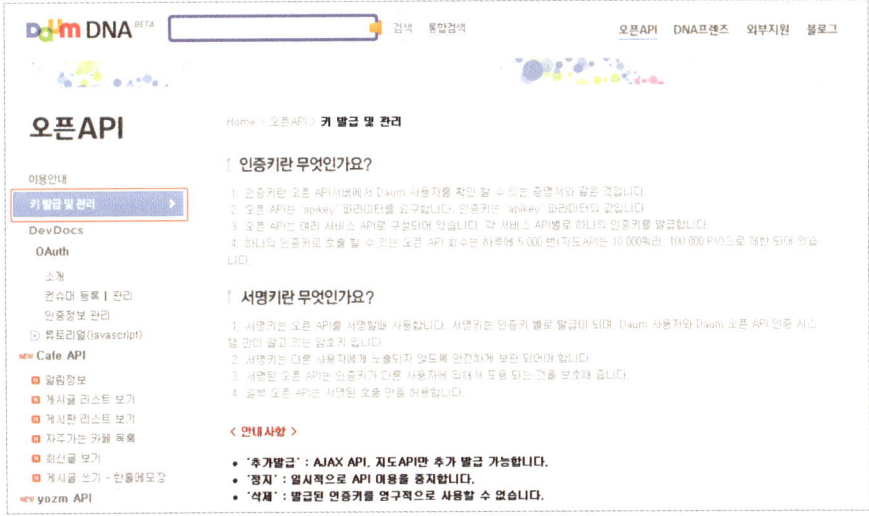

[그림 3-5] 다음 DNA에서 API키를 발급받는 화면

3.2.1 API 호출하기

API 호출 예

```
http://apis.daum.net/search/image?q=mashup&result=2&start=1&output=xml&apikey=api키
```

API를 요청한 URL은 http://apis.daum.net/search/image이며, API 매개변수 부분은 [표 3-3]을 참고하면 된다.

[표 3-3] API에서 사용할 수 있는 매개변수

요청 변수	값	설명
apikey	String(필수)	다음 검색 API 키
result	Integer 기본 값: 10, 최소: 1, 최대: 20	페이지당 결과 출력 수
pageno	Integer 기본 값: 1, 최소: 1, 최대: 500	검색 결과 페이지 번호
sort	Integer 기본 값: 1 (0, 1)	0: 최신순 1: 정확도순
output	String 기본 값: JSON (XML, JSON, RSS)	결과 형식
q	String(필수)	검색어(UTF-8 인코딩 값)

API의 결과 형식을 [그림 3-6]처럼 XML로 받았지만 JSON 형식으로도 받을 수 있다.

```xml
<?xml version="1.0" encoding="UTF-8" ?>
- <channel>
    <title>Search image Daum Open API</title>
    <desc>Daum Open API search result</desc>
    <totalCount>877</totalCount>
    <result>10</result>
    <sort>0</sort>
    <q>mashup</q>
    <pageno>1</pageno>
  - <item>
      <author>ehddn1@hanmail.net</author>
      <title>..<b>매쉬업</b> 사이트를 ..</title>
      <link>http://poom.tistory.com/412</link>
      <image>http://cfile23.uf.tistory.com/image/1146DF164A9D3D4114BA63</image>
      <thumbnail>http://image02.search.daum-img.net/01/8.8d.e5.TI_462752737_5.jpg</thumbnail>
      <width>550</width>
      <height>429</height>
      <pubDate>20090902073000</pubDate>
      <cp>7</cp>
    </item>
  + <item>
  + <item>
  + <item>
  + <item>
  + <item>
  + <item>
  + <item>
  + <item>
  + <item>
  </channel>
```

[그림 3-6] 다음 이미지 검색 API로 "mahsup"을 검색한 결과 화면

● XML 분석

XML 내용 중 중요한 정보만 [표 3-4]에 정리했다.

[표 3-4] XML 분석 내용

필드	값(유형)	설명
totalCount	Integer	검색된 문서의 총 개수
pageno	Integer	검색된 문서의 시작 번호
result	Integer	문서당 결과 출력 수
item	이미지 정보 반복 노드	
– author	String	작성자
– title	String	검색 결과 개별 제목
– image	String	이미지 원본 경로
– link	String	검색 결과 개별 경로
– thumbnail	String	썸네일 이미지 경로
– height	Integer	이미지 세로 길이
– width	Integer	이미지 가로 길이
– pubDate	String	등록일
– cp	Integer	cp 번호 (0: 플래닛, 1: 영화, 4: 텔레비전, 5: 아고라, 6: 뉴스, 7: 블로그, 8: 파이, 9: 스포츠, 10: 신지식, 12: 한국컨텐트진흥원(문화원형사전), 13: 시티엔, 15: 카페)

이렇게 해서 다음의 이미지 검색 API를 알아봤다. 뒤에 통합 검색기를 만들면서 다시 다룰 예정이므로, API 호출 형식대로 브라우저에 기입해보고 변수를 변경해가면서 결과 내용도 잘 살펴보길 바란다.

3.2.2 이미지 검색기 만들기

다음의 경우 네이버의 API 호출 방식이나 결과와 큰 차이가 없어서 네이버 이미지 검색 예제로 진행했던 소스를 조금만 변경하면 쉽게 이미지 검색기를 만들 수 있다. 기존에 만들었던 naver_image.html을 복사해서 daum_image.html이라고 만들고 [예제 3-4]처럼 다음 API에 맞게 수정해 다음 이미지 검색기를 만들어보자. [예제 3-4]는 다음 이미지 API를 활용해 이미지 검색기를 만든 예이며, [그림 3-7]은 [예제 3-4]를 브라우저에서 실행한 결과 화면이다.

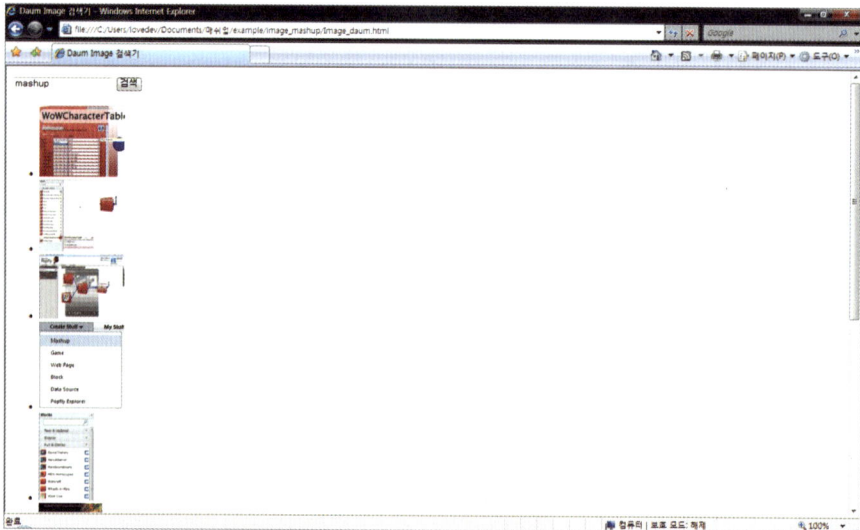

[그림 3-7] [예제 3-4]를 브라우저에서 실행한 결과 화면

[예제 3-4] 다음 이미지 API로 이미지 검색기 만들기

../example/chapter_03/image_daum.html

```
<!DOCTYPE html PUBLIC "-//W3C//DTD XHTML 1.0 Strict//EN"
   "http://www.w3.org/TR/xhtml1/DTD/xhtml1-strict.dtd">
<html xmlns="http://www.w3.org/1999/xhtml" lang="en"
   xml:lang="en">
<head>
  <meta http-equiv="content-type" content="text/html;
     charset=utf-8"/>
  <title> Daum Image 검색기 </title>
</head>
<body>

   <script type="text/javascript" src="./js/ajit.js">
   </script>

   <script type="text/javascript">
      // XML 파서 불러오기
      $import("asjs.utils.XmlParser");

      // 전역 변수 선언
      DAUM_API_KEY = "daum api key";
      DAUM_API_URL = "http://apis.daum.net/search/image?";
```

```
function search(q){
    // URL로 Request를 보내는 객체 선언
    var loader = new URLLoader();
    // Request 객체 선언
    var req = new URLRequest();
    // URL 매개변수 객체 선언
    var params = new URLVariables();

    // 매개변수 값을 객체로 정의
    params.parameters = {
        "apikey" : DAUM_API_KEY,
        "q" : q,
        "start" : "1",
        "result" : "10",
        "sort" : "0",
        "output" : "xml"
    };

    req.url = DAUM_API_URL + params.toString();

    // Request 보내기
    loader.load(req);
    // 로드 완료 시 실행할 이벤트 정의
    loader.addEvent(URLLoaderEvent.COMPLETE,
        onSearchCompleteHandler);
}

// 로드 완료 이벤트 핸들러로 response를 인자로 받는다.
function onSearchCompleteHandler(response){
    // XML을 자바스크립트 객체로 변환
    var xml =
        new asjs.utils.XmlParser(response.xml).toJson();

    if(xml.channel.item){
        // RSS 결과로 이미지 목록 만들기
        renderImage(xml.channel.item);
    }
}

// 검색 결과 이미지 배치
function renderImage(items){
    // $E => document.getElementById와 동일
```

```
            $E("resultList").innerHTML = "";

            for(var i=0; i < items.length; i++){

                // IMG 객체 생성
                // $new => document.createElement와 동일

                var img = $new("img");
                // LI 객체 생성
                var li = $new("li");

                // addChild => appendChild와 동일
                $E("resultList").addChild(li);
                li.addChild(img);

                // img 객체에 src 속성 정의
                img.setAttribute("src",items[i].thumbnail.text);

            }
        }

    </script>

    <div>
        <input type="text" id="searchQ" />
        <input type="button"
            onclick="search($E('searchQ').value)"
            value="검색" />
    </div>
    <ul id="resultList"></ul>

    </body>
</html>
```

굵은 글꼴로 표시한 부분만 다음 API에 맞도록 설정을 변경하면 [그림 3-7]과 같은 다음 이미지 검색기가 만들어진다. 네이버 이미지 API에서 다뤘던 예제와 동일한 부분이 많으므로 분석은 생략하겠다.

> [예제 3-4]에서 API의 결과 형식을 JSON 형태로 받았다면, 굳이 XmlParser 객체를 사용할 필요 없이 new asjs.utils.XmlParser(response.xml).toJson(); 부분을 eval('(' +response.text+ ')');과 같이 반환받은 텍스트 문자열을 eval() 함수를 이용해 바로 자바스크립트로 변환해서 API 반환 결과를 자바스크립트 객체처럼 사용할 수 있으니, XML만 고집할 것이 아니라 결과 형식을 여러 가지로 설정해보고 여러 결과를 다뤄보길 바란다. [예제 3-4]에서 결과 형식을 XML로 반환받는 이유는, 반환받은 객체의 구조를 파악하기 용이하고, 모든 애플리케이션에서 사용할 수 있는 표준 형식이기 때문이다. 자바스크립트로 API의 결과를 이용할 때는 별도의 파싱 과정이 필요 없는 JSON 형식이 모든 면에서 훨씬 유리하다.

3.3 플리커 API

플리커http://flickr.com는 소셜 네크워크 기반으로 사진 공유 서비스를 하는 사이트다. programmableweb.com에서 이미지 API 중 사용빈도 1위를 차지할 정도로 인기가 매우 높은데, 그 이유는 일단 풍부한 컨텐트가 가장 큰 요인이고, 저작권이 허락하는 선에서 이미지 활용이 가능하며, 많은 기능을 제공해주고, 결과 형식도 다양하게 제공하며, 이미지의 업로드나 컨텐트를 제어할 수 있는 부분이 모두 개방되어 있기 때문이다.

플리커의 API는 많은 부분을 제공해주고 여러 부분으로 활용될 수 있어 책 한 권을 써도 모자랄 만큼 설명할 내용이 많다. 하지만 이 책의 목적은 모든 API를 다루는 것이 아니라 API의 원리를 이해하고 API 문서만 보고도 바로 사용할 수 있게 하는 데 있다. 따라서 플리커의 모든 API가 아닌 기본기를 확실히 다질 수 있는 중요한 내용만 간결하게 다루려고 한다. 또한 기초 부분인데 너무 많은 이야기를 하면 쉬운 것도 복잡하게 보일 수 있다. 플리커 API의 기본이 되는 플리커의 이미지를 검색하는 방법과 이미지를 가져오는 방법에 대해 알아보겠다.

플리커의 API는 http://www.flickr.com/services/api/에서 받을 수 있는데, 플리커는 야후 계정이 있어야만 API 키 신청이 가능하다. [그림 3-8]처럼 'Apply for a new API Key' 링크를 클릭하면 API 신청 페이지가 나타나며, API 키를 신청할 수 있다.

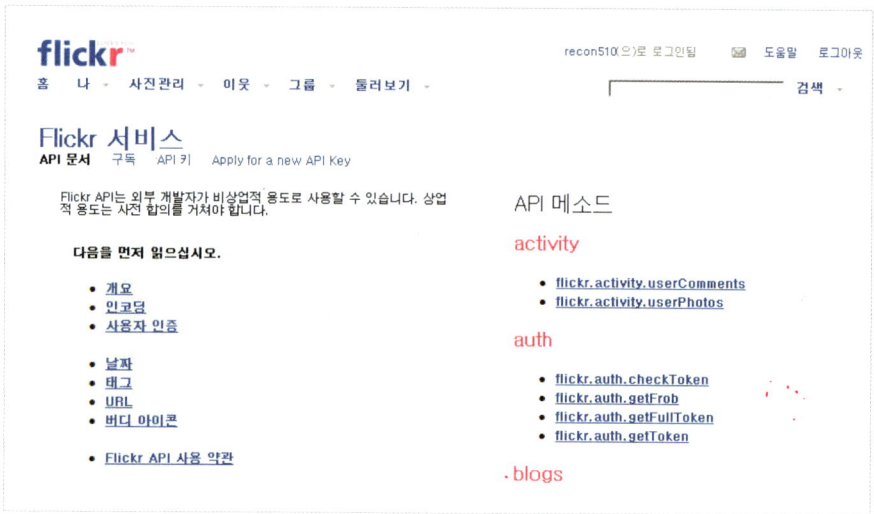

[그림 3-8] 플리커 API 키 신청 페이지에서 키를 신청하는 화면

3.3.1 API 호출하기

플리커 API는 REST 방식 외에 SOAP, XML-RPC 호출 형식도 제공하지만, 가장 많이 사용되고 쉬운 REST 방식으로 플리커 API를 호출하는 방법을 알아보겠다.

```
API 호출 예
http://api.flickr.com/services/rest/?method=flickr.photos.search&api_key=API키&per_page=20&tags=검색어
```

● 호출 형식 분석

API를 요청한 URL은 http://api.flickr.com/services/rest/이며, API 매개변수 부분은 [표 3-5]를 참조하라.

[표 3-5] API에서 사용할 수 있는 매개변수

요청 변수	값	설명
api_key	String(필수)	플리커 API 키
user_id	String	이미지를 올린 사용자의 아이디
tags	String	이미지에 걸린 태그
tag_mode	String	태그 검색 모드(any, all). 기본 값은 any다. 여러 태그를 입력해서 검색할 경우 any는 OR를, all은 AND를 의미한다.
text	String	제목이나 내용에서 검색할 검색어
min_uload_date	Unix timestamp	이미지가 플리커에 올려진 최소 날짜
max_upload_date	Unix timestamp	이미지가 플리커에 올려진 최근 날짜
min_taken_date	mysql datetime	사진을 촬영한 최소 날짜
max_taken_date	mysql datetime	사진을 촬영한 최근 날짜
license	String	콤마(,) 단위로 구분된 사진의 고유 라이선스 아이디
sort	String	정렬 순서 • date-posted-asc • date-posted-desc • date-taken-asc • date-taken-desc • interestingness-desc • interestingness-asc
privacy_filter	Integer	사진의 공개 수준. 플리커에 인증된 Request만 사용 가능하다. • 1: 공개된 사진 • 2: 친구에게만 공개 • 3: 가족에게만 공개 • 4: 가족과 친구에게 공개 • 5: 개인용 사진
bbox	String	검색할 사진이 담고 있는 위도와 경도의 범위를 콤마 단위로 지정. 기본 값: -180, -90, 180, 90
accuracy	Integer	1~16까지의 범위로 기본 값은 16이며 위치 정보에 대한 정확성의 범위를 나타냄. • 1: 세계 • ~3: 국가 • ~6: 지역 • ~11: 도시 • ~16: 거리(번지)

[표 3-5] API에서 사용할 수 있는 매개변수(이어짐)

요청 변수	값	설명
safe_search	Integer	인증되지 않은 Request는 safe 설정만 가능함. • 1: safe • 2: moderate • 3: resticted
content_type	Integer	검색할 컨텐트 유형 • 1: 사진만 • 2: 스크린샷만 • 3: 기타(others) • 4: 사진과 스크린샷만 • 5: 스크린샷과 기타(others) • 6: 사진과 기타(others) • 7: 모두 다
machine_tags	String	기계식 태그
machine_tag_mode	String	태그 검색 모드(any, all). 기본 값은 any다. 여러 태그를 입력해서 검색할 경우 any는 OR를, all은 AND를 의미한다.
group_id	String	플리커 그룹의 아이디
place_id	String	플리커가 지정해놓은 지역 아이디. bbox 매개변수를 지정하지 않았을 경우에 사용 가능하다.
media	String	검색할 미디어 종류(all, photos, videos). 기본 값은 all이다.
has_geo	String	지리 정보를 갖고 있는지 여부 (0: 없음, 1: 있음)
lat	String	위도 좌표(WGS84 기준)
lon	String	경도 좌표(WGS84 기준)
radius	String	지정된 좌표를 기준으로 검색할 반경
radius_units	String	반경 단위(mi: 마일, km: 킬로미터)
extras	String	해당 목록에 대해 추가적으로 정보를 가져올 수 있음 • license: 저작권 • date_upload: 업로드일시 • date_taken: 촬영일 • owner_name: 소유자

[표 3-5] API에서 사용할 수 있는 매개변수(이어짐)

요청 변수	값	설명
		• icon_server: 아이콘서버 • original_format: 원본형식 • last_update: 마지막 수정일 • geo: 지리정보 • tags: 태그 • machine_tags: 기계식 태그 • o_dims • views: 조회수 • media: 미디어 종류
per_page	Integer	문서당 결과 출력 수
page	Integer	검색된 문서의 시작 번호

[그림 3-9]는 설명한 API 형식에 맞추어 요청한 결과로, tags 매개변수로 "mashup"을 넣어 검색했다. 이미지 검색에 tags 매개변수를 이용한 이유는, 플리커는 text 매개변수로 검색하는 것보다 tags로 검색했을 때 더 좋은 결과를 볼 수 있기 때문이며, 그런 이유로 대부분의 매쉬업 애플리케이션에서 플리커 이미지를 검색할 때 tags 매개변수를 활용하고 있다.

```
<?xml version="1.0" encoding="utf-8" ?>
- <rsp stat="ok">
 - <photos page="1" pages="1852" perpage="5" total="9258">
    <photo id="2723344521" owner="88013568@N00" secret="370b2535fb" server="3037" farm="4" title="Robin Hood" ispublic="1" isfriend="0" isfamily="0" />
    <photo id="2722178783" owner="49503096783@N01" secret="80930d63ec" server="3047" farm="4" title="terra tegit" ispublic="1" isfriend="0" isfamily="0" />
    <photo id="2721347364" owner="85665755@N00" secret="ce739884c3" server="3065" farm="4" title="Olafur Eliasson set to Sigur Ros" ispublic="1" isfriend="0"
      isfamily="0" />
    <photo id="2718712655" owner="39474253@N00" secret="fd96dc869b" server="3226" farm="4" title="Disintegration" ispublic="1" isfriend="0" isfamily="0" />
    <photo id="2718140183" owner="88013568@N00" secret="577a96ed94" server="3095" farm="4" title="themanwithnoname" ispublic="1" isfriend="0" isfamily="0" />
   </photos>
  </rsp>
```

[그림 3-9] 플리커 API에서 "mashup" 태그로 검색한 결과

● XML 분석

플리커의 XML은 네이버나 다음의 RSS 형식과 값이 선언된 부분에서 차이가 있다. 대개 XML의 노드 값을 정의할 때 `<node>값</node>`와 같이 정의하는데, [그림 3-9]의 결과를 보면 플리커에서 반환된 XML에 노드 값이 정의된 부분을 전혀 찾아볼 수가 없다. `<node 속성="값" />`처럼 노드의 속성에 값을 정의했기 때문인데, 그 이유는 값을 속성에 정의하면 XML의 양을 줄일 수 있고 구조가 단순화되어 쉽게 파악할 수 있어서

다. [그림 3-9]의 노드 구조를 보면 photo 노드가 반복되고 노드의 속성에 이미지 정보가 담겨 있는 것을 볼 수 있으며, XML의 내용은 [표 3-6]을 참고하면 된다.

[표 3-6] XML 분석 내용

필드	값(유형)	설명
photos	전체 정보 노드	
@ page	Integer	현재 페이지
@ pages	Integer	검색된 총 페이지 수
@ perpage	Integer	페이지당 결과 개수
@ total	Integer	전체 검색 개수
Photo	이미지 정보 반복 노드	
@ id	String	이미지 아이디
@ owner	String	이미지의 소유자
@ secret	String	이미지 경로 암호 문자열
@ server	Integer	이미지 서버 번호
@ farm	Integer	서브도메인 아이디
@ title	String	이미지 제목
@ ispublic	Integer	완전 공개 여부
@ isfriend	Integer	친구에게 공개 여부
@ isfamily	Integer	가족에게 공개 여부

주: @ 표시는 노드의 속성을 의미함

3.3.2 이미지 검색기 만들기

플리커 API로 검색한 결과로 받은 XML을 이용해 기존의 이미지 검색기처럼 플리커 API로 이미지 검색기를 만들어보자. 이번엔 기존의 이미지 검색기에 CSS를 이용해 [그림 3-10]처럼 모양이 바뀔 것이며, 플리커의 XML은 속성에 값이 정의되어 있어 XML을 다루는 부분도 변화가 생긴다. 그리고 이미지 데이터를 가져오는 부분도 데이터를 가공해서 이미지 경로를 만들어야 하기 때문에, 기존 이미지 검색기와 커다란 틀은 같겠지만 내부적으로는 상당히 다른 모습을 띠게 될 것이다. [예제 3-5]는 플리커 API를 이용해 플리커 이미지 검색기를 만든 예이며, [그림 3-10]은 [예제 3-5]를 실행한 결과 화면이다.

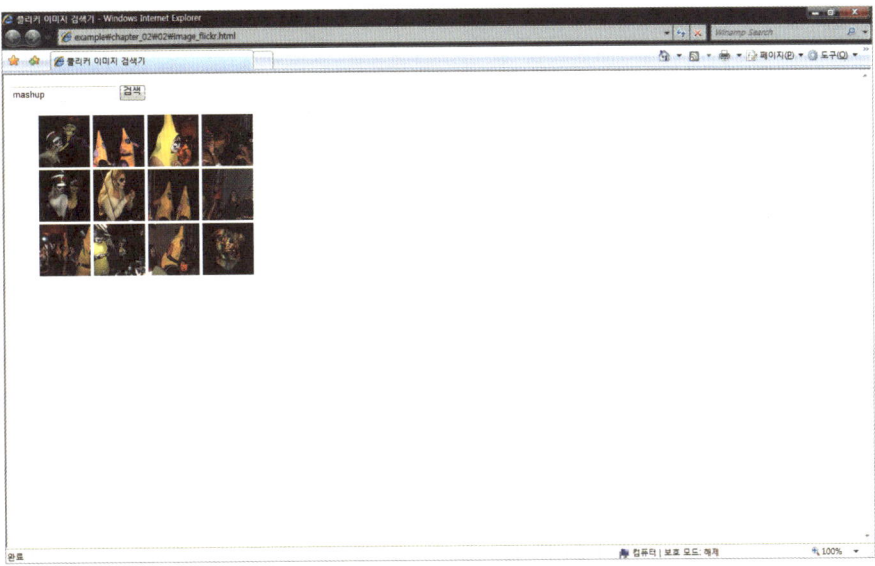

[그림 3-10] [예제 3-5]를 브라우저에서 실행한 결과 화면

> **참고**
>
> XmlParser를 이용해 객체화된 결과 객체에서 노드의 속성 값을 구하기 위해서는 다음과 같이 하면 된다.
>
> ```
> <root>
>     <node id="100987"></node>
> </root>
> ```
>
> node까지 접근하려면 root.node라고 하면 되는 것은 잘 알 것이고, 여기서 한 단계 더 나아가 노드의 속성까지 접근하기 위해 root.node.attribute.id라고 하면 node에 있는 id 속성 값을 가져오게 된다. 즉 XmlParser로 객체화된 결과에서 노드 속성을 가져올 때는 attribute로 접근하면 되는 것이다.

[예제 3-5] 플리커 이미지 검색기 만들기

../example/chapter_03/image_flickr.html

```
<!DOCTYPE html PUBLIC "-//W3C//DTD XHTML 1.0 Strict//EN"
    "http://www.w3.org/TR/xhtml1/DTD/xhtml1-strict.dtd">
<html xmlns="http://www.w3.org/1999/xhtml" lang="en"
    xml:lang="en">
```

```html
<head>
    <meta http-equiv="content-type" content="text/html;
        charset=utf-8"/>
    <title> 플리커 이미지 검색기 </title>
</head>
<body>

<script src="./js/ajit.js"></script>

<style type="text/css">
    #resultList ul {
        margin : 0px;
        padding : 0px;
        list-style : none;
    }

    #resultList li {
        float : left;
        margin : 0px 5px 5px 0px;
        width : 75px;
        height : 75px;
        border : 1px solid #ddd;
        overflow : hidden;
    }

</style>

<script type="text/javascript">
    // XML 파서 불러오기
    $import("ajit.utils.XmlParser");

    // 전역 변수 선언
    FLICKR_API_KEY = "flickr api key";
    FLICKR_API_URL =
        "http://api.flickr.com/services/rest/?";

    function search(q){
        // URL로 Request를 보내는 객체 선언
        var loader = new URLLoader();
        // Request 객체 선언
        var req = new URLRequest();
        // URL 매개변수 객체 선언
```

```js
    var params = new URLVariables();

    // 매개변수 값 정의
    params.parameters = {
        "api_key" : FLICKR_API_KEY,
        "tags" : q,
        "method" : "flickr.photos.search",
        "per_page" : "12"
    };

    req.url = FLICKR_API_URL + params.toString();

    // Request 보내기
    loader.load(req);
    // 로드 완료 시 실행할 이벤트 정의
    loader.addEvent(URLLoaderEvent.COMPLETE,
        onSearchCompleteHandler);

}

// 로드 완료 이벤트 핸들러로 response를 인자로 받는다.
function onSearchCompleteHandler(response){
    // XML을 자바스크립트 객체로 파싱
    var xml = new XmlParser(response.xml).toJson();

    if(xml.rsp.photos.photo){
        // RSS 결과로 이미지 목록 만들기
        renderImage(xml.rsp.photos.photo);
    }
}

// 검색 결과 이미지 배치
function renderImage(items){

    $E("resultList").innerHTML = "";

    for(var i=0; i < items.length; i++){
        // IMG 객체 생성
        var img = $new("img");
        // LI 객체 생성
        var li = $new("li");
```

```
                    // $E = document.getElementById
                    $E("resultList").addChild(li);
                    li.addChild(img);

                    // img 객체에 src 속성 정의
                    var url = "http://farm" +
                     items[i].attribute.farm +
                     ".static.flickr.com/" +
                     items[i].attribute.server + "/" +
                     items[i].attribute.id + "_" +
                     items[i].attribute.secret + "_s.jpg";

                    img.setAttribute("src",url);
                }
            }

        </script>

        <div>
            <input type="text" id="searchQ" />
            <input type="button"
                onclick="search($E('searchQ').value)"
                value="검색" />
        </div>
        <ul id="resultList" style="width:330px;"></ul>

    </body>
</html>
```

예제 3-5 분석

1. CSS 정의

```
<style type="text/css">
    #resultList {
        margin : 0px;
        padding : 0px;
        list-style : none;
    }
```

```
        #resultList li {
            float : left;
            margin : 0px 5px 5px 0px;
            width : 75px;
            height : 75px;
            border : 1px solid #ddd;
            overflow : hidden;
        }
    </style>
```

기존의 모습에서 정돈된 모습을 갖추기 위해 CSS를 이용해 레이아웃을 잡아줬다. `<ul>`의 목록 모양을 없애기 위해 `list-style`에 `none`을 정의하고, 그리드 모양으로 표현하기 위해 `<li>`의 모양을 정의했는데, 쉬운 부분이어서 어렵지 않게 이해할 수 있을 것이다.

2. 전역 변수 정의

`FLICKR_API_KEY`는 플리커에서 받은 API 키를 지정하면 되며, `FLICKR_API_URL`은 플리커 API의 URL 주소를 의미한다.

3. API 매개변수 정의

이미지 검색을 할 것이므로 `method`는 `flickr.photos.search`를 사용했고, 태그 검색어를 입력할 매개변수인 `tags`에 검색어가 설정됐으며, 12개의 이미지를 가져오기 위해 `per_page` 매개변수에 12를 설정했다.

4. 플리커의 이미지 URL 만들기

플리커 API는 한 번에 이미지의 전체 경로를 찾을 수 없다. API로 얻어진 결과 값을 조합하거나 별도의 API를 호출해야만 이미지의 경로를 알 수 있다. 예제는 결과 데이터의 조합으로 이미지의 경로를 구한 것이며, 다음과 같은 조합 과정을 거쳐 이미지 경로를 만들었다.

```
<photo id="1418878" owner="120373212@N01" farm="1"
    secret="1e92283336" server="2" title="test" ispublic="1"
    isfriend="0" isfamily="0" />
```

`http://farm1.static.flickr.com/2/1418878_1e92283336_m.jpg`

이미지 경로를 구할 때 조합된 속성은 다음과 같다.

- `farm-id`: 1
- `server-id`: 2
- `photo-id`: 1418878

- secret: 1e92283336
- size: m

데이터의 조합으로 이미지의 경로를 구할 수 있는 부분은 s, t, m, b 크기며, 이미지의 크기 정보는 다음과 같다.

- s → 작은 사각형 75픽셀 × 75픽셀
- t → 썸네일, 가장 긴 면이 100픽셀
- m → 소형, 가장 긴 면이 240픽셀
- b → 대형, 가장 긴 면이 1024픽셀(매우 큰 원본 이미지에만 있음)

따라서 예제는 위의 과정을 거쳐 이미지의 경로를 다음과 같이 만든 것이다.

```
var url = "http://farm" + items[i].attribute.farm
        + ".static.flickr.com/" + items[i].attribute.server
        + "/"
        + items[i].attribute.id + "_"
        + items[i].attribute.secret
        + "_s.jpg";
```

[예제 3-5]에서 이미지 경로를 구하려면 조합 과정을 거쳐야만 했는데, 조합 과정 없이 이미지의 경로를 구할 수 있는 방법으로는 `flickr.photos.getSizes` API를 이용하는 방법이 있으며, API 키와 이미지의 아이디(photo 노드의 id 속성 값)만 알면 이미지 전체 경로를 쉽게 구할 수 있다. 그런데 이미지 경로를 알기 위해 결과 데이터를 조합하느냐, 아니면 한 번 더 API를 호출해 이미지 정보를 활용하느냐의 차이는 너무도 크기 때문에 용도에 따라 적절히 사용해야 한다.

예를 들어 100개의 썸네일 이미지를 리스트에서 보여주는 데 API를 100번 호출해야 한다면, 애플리케이션을 사용하는 클라이언트의 입장에서도 부담스러울 뿐만 아니라, 잦은 Request 호출 또한 서버에 부담을 주는 행위로 간주되어 플리커에서 해당 애플리케이션에 대해 서비스를 차단해버리는 불상사가 발생할 수도 있으므로, 이런 경우 결과 데이터의 조합으로 이미지 경로를 구해야 한다. 또한 원본 이미지 혹은 크기가 큰 이미지가 필요한데 무턱대고 데이터를 조합해 경로를 구하는 것도 한계가 있으므로 용도에 맞게 API를 사용하는 지혜가 필요하다.

3.4 포토버킷 API

포토버킷http://photobucket.com은 사진이나 동영상 공유 서비스를 하는 사이트로 플리커만큼이나 유명한 서비스다. 플리커와 다른 면이 있다면 플리커는 소셜 네트워크 기반의 서비스인 반면, 포토버킷은 이미지 호스팅이나 사진 및 동영상을 공유하는 컨텐트 기반의 서비스라는 점이다. 그래서인지 포토버킷에서 이미지를 검색했을 때, 플리커보다 오히려 더 많은 결과를 얻을 수 있다. 또한 최근 포토버킷은 마이스페이스 myspace.com로 인수되어 많은 이들이 향후 추이를 주목하고 있는 서비스이기도 하다.

포토버킷의 API를 다뤄보면 알게 되겠지만, 지금껏 다룬 오픈 API처럼 쉽게 접근할 수 있는 만만한 모델은 아니다. OAuth라는 인증 방식의 이해가 요구되는 API기 때문이다. 그래서 어렵게 받아들일 수도 있겠지만, 차근차근 원리를 알아가며 풀어간다면 크게 문제되지 않을 것이다. 본론으로 들어가서 그 무시무시하다던 포토버킷의 API도 사용해보자. REST 방식으로 큰 어려움 없이 사진을 검색해볼 수 있으나, 그 안에는 OAuth라는 인증 절차가 있으니 REST 방식이라고 넘겨짚지 말고 차분히 살펴보기 바란다.

포토버킷의 API 키 발급은 http://photobucket.com/developer에서 제공되며, [그림 3-11]에서 보듯이 Step 2의 Register 버튼을 클릭하면 API를 신청할 수 있는 페이지로 접근할 수 있다. 포토버킷 역시 계정이 있어야 API 키 발급이 가능하다. 포토버킷은 지금껏 API 키를 발급받은 방식과는 조금 다르게 API 키를 발급하고 있다. API를 사용하기 위해서 API 개발자로 등록을 해야 API 키를 이메일로 통보받을 수 있으며, [그림 3-12]처럼 1개가 아닌 2개의 API 키를 발급받게 된다. 이때 발급받은 두 개의 키는 OAuth라는 인증 절차를 구현하면서 사용하게 된다.

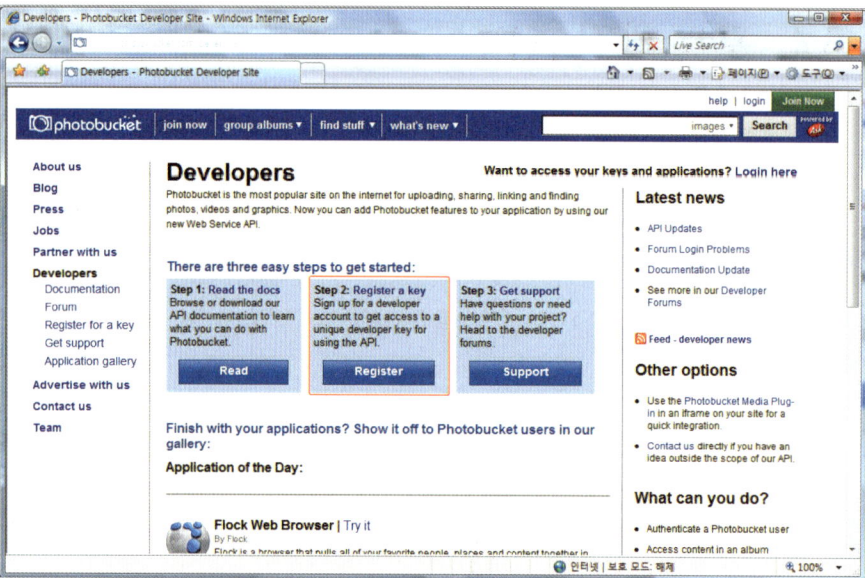

[그림 3-11] 포토버킷에서 API 키 발급 페이지를 선택하는 화면

Thank you for confirming your email address.

Here are your API keys:

API key is:
API private key is:

For instructions on how to use this with the API, please consult our documentation here:

http://photobucket.com/developer

Thank you,

The Photobucket Development Team

[그림 3-12] 포토버킷에서 API 키를 발송한 메일 내용

3.4.1 OAuth 인증 방식의 이해

포토버킷에서 제공되는 API는 OAuth라는 표준 방식을 지향하고 있어, OAuth에 대한 이해가 필요하다. OAuth란 웹 2.0이 등장하면서부터 오픈 아이디^{OpenID}와 함께 거론된 인증 방식으로, 사용자가 어떤 사이트나 애플리케이션에서 다른 사이트에 존재하는 개인의 컨텐트나 정보에 접근하고자 할 때 서비스 간에 개인의 신상 정보 등을 공유하지 않더라도 접근이 가능하도록 고안된 표준 인증 방식이다.

OAuth는 매쉬업 애플리케이션에서 인증을 구현할 때 꼬리표처럼 따라다니는 인증 방식이다. 포토버킷처럼 OAuth 인증 표준을 그대로 채택해 API를 제공해주는 서비스도 있지만, 인증할 때만 OAuth 방식을 사용한다든지, OAuth 알고리즘은 동일하게 사용하면서 서비스에 맞게 바꿔 사용하는 서비스도 많기 때문에 OAuth 자체를 알기보단, 커다란 틀에서 개념을 알고 있어야 한다.

OAuth 인증 방식은 [그림 3-13]처럼 크게 3단계로 나눌 수 있다. A와 B라는 서비스를 이용하는 사용자가 있고, B 서비스는 OAuth 인증 방식을 채택해 API로 정보를 제공해주고 있다는 가정하에 그려진 [그림 3-13]을 통해 쉽게 개념을 이해할 수 있을 것이다.

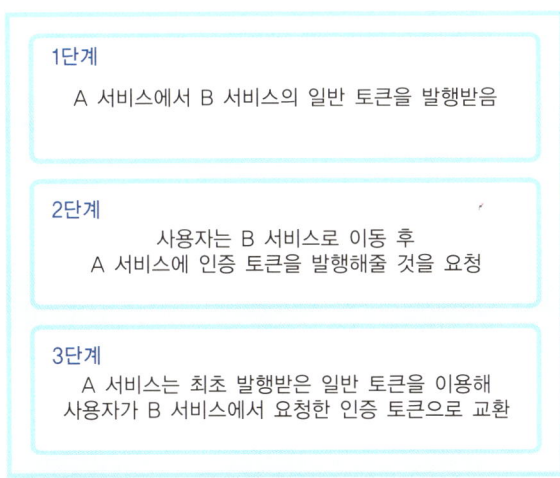

[그림 3-13] OAuth 인증 방식의 개념도

이제 개념은 알았으니, 구현 방식은 어떻게 해야 하는지 알아보자. OAuth의 흐름은 [그림 3-14]처럼, 처음에 A 서비스는 B 서비스에 일반 토큰을 요청한다. 일반 토큰은 일종의 암호화된 문자열이나, 서비스가 가진 고유 문자열로 필요한 매개변수와 함께 요청되며, 이를 바탕으로 A 서비스는 B 서비스의 API 키 같은 일반 토큰을 획득하게 된다. A 서비스가 일반 토큰을 획득하면, 사용자를 일반 토큰 정보와 함께 B 서비스의 정보 접근을 허락하는 페이지로 이동시킨다. 사용자는 B 서비스의 정보 접근 허락 페이지에서 A 서비스가 정보를 이용하려 하는데 수락할 것인지를 묻게 되며, 이때 사용자가 A 서비스가 B 서비스의 정보 접근을 허락하면, 최초 발급된 일반 토큰에 인증 토큰이 발행된다. 그리고 A 서비스는 일반 토큰에 발행된 인증 토큰을 감지할 수 없으므로, 사용자는 다시 A 서비스로 이동해 일반 토큰에 인증 토큰이 발행됐다는 사실을 A 서비스에 알리게 된다. 그러면 A 서비스는 인증 토큰이 발행된 사실을 알고 최초 발급받은 일반 토큰을 가지고 B 서비스에 발행된 인증 토큰 발행을 요청하게 되며, B 서비스는 A 서비스에 발행된 인증 토큰을 전달하게 되는 흐름이다.

[그림 3-14]에서 볼 수 있듯이 A 서비스가 B 서비스에 토큰을 요청하기 위해 사용하는 과정별로 매개변수가 달라지는데, `oauth_consumer_key`는 일종의 API 키를 의미하며, 이는 A 서비스가 B 서비스에서 API 키를 등록할 때 발급받은 API 키다. `oauth_signature_method`는 암호화 방식이고, `oauth_signature`는 암호화 방식에 의해 변환된 문자열이다. `oauth_timestamp`는 API를 요청한 시간, `oauth_nonce`는 랜덤한 문자열이고, `oauth_version`은 필수 요소가 아닌 선택적 매개변수로 OAuth의 버전을 의미한다. OAuth에 대한 자세한 내용은 포토버킷을 다루면서 설명할 것이므로 이 정도 선에서 OAuth 소개를 마치고, 실전으로 들어가서 OAuth 인증 방식을 사용해보겠다.

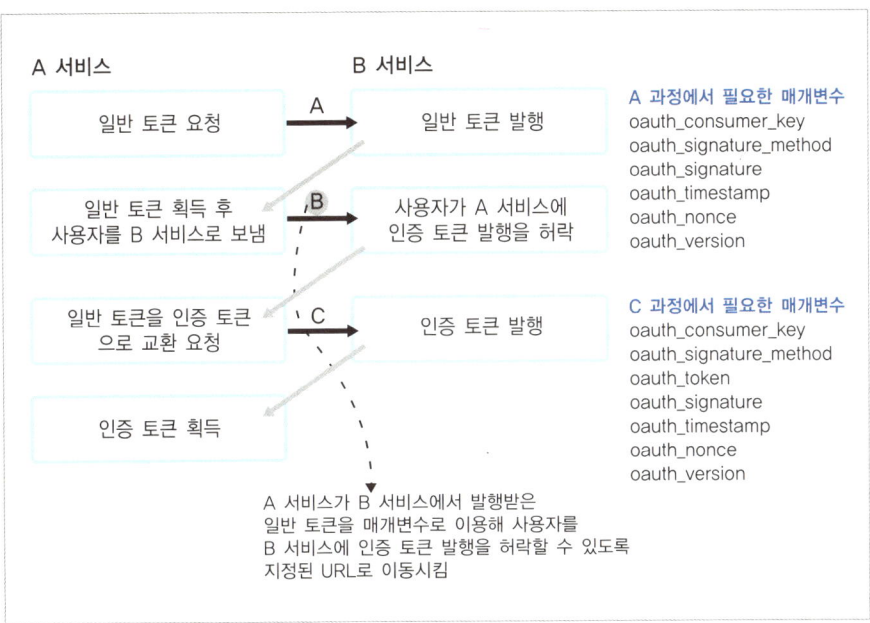

[그림 3-14] OAuth 인증 흐름도

3.4.2 API 호출하기

포토버킷 API는 인증과 관련이 없는 조회 부분의 API도 OAuth 구현 방식을 따라야 하기 때문에 [그림 3-14]에서 본 A 과정에서 필요한 매개변수는 모두 사용하게 되어, 다소 많은 매개변수를 요구하는 편이다. 하지만 실제 인증 과정은 필요 없기 때문에 오히려 OAuth 인증 방식을 쉽게 적용해 포토버킷 API를 사용하게 될 것이다. 자그럼 포토버킷 이미지 검색 API 사용법을 알아보자.

API 호출 예

```
http://api.photobucket.com/search/[검색어]?
oauth_version=1.0
&oauth_consumer_key=[API 키]
&oauth_timestamp=[현재시간을 초로 환산한 타임스탬프 값]
&oauth_nonce=[랜덤한 문자열(영문+숫자)]
&oauth_signature_method=[HMAC-SHA1]
```

```
&oauth_signature=[변수 값을 조합한 암호화 문자열]
&format=XML
&perpage=5
```

API를 요청한 URL은 http://api.photobucket.com/search/[검색어]?이며, [검색어]는 URL 인코딩된 문자열이다. 나머지 API 매개변수 부분은 [표 3-7]을 참조하라.

[표 3-7] 요청 변수 정의

요청 변수	값	설명
oauth_consumer_key	String(필수)	포토버킷 API 키
format	String(필수) (XML, JSON)	API 출력 형식
oauth_timestamp	Timestamp(필수)	요청시간 타임스탬프 값(10자리)
oauth_nonce	String(필수)	랜덤한 문자열
oauth_signature	String(필수)	매개변수와 전달 방식, 그리고 URL을 sha1 암호화 알고리즘을 사용해 변환한 문자열
oauth_version	String(필수) 1.0	OAuth 버전(1.0으로 고정)
oauth_signature_method	String(필수)	암호화 방식 (HMAC-SHA1 고정)
perpage	Integer	문서당 결과 출력 개수

'oauth_'로 시작하는 매개변수명은 OAuth 스펙에 의해 정의된 값들이며, [그림 3-15]는 포토버킷의 매개변수와 함께 OAuth 매개변수를 설정해, 포토버킷 API로 "mahsup"을 검색한 결과 화면이다.

```xml
<?xml version="1.0" encoding="UTF-8" ?>
<response>
  <status>OK</status>
  <content>
    <result page="1" perpage="5" totalpages="1256" totalresults="6276">
      <isSponsored />
      <searchSponsor />
      <primary>
        <media description_id="" name="MP3.jpg" public="1" type="image" uploaddate="1217956390" username="Patyf1">
          <browseurl>http://s331.photobucket.com/albums/l456/Patyf1/?action=view&current=MP3.jpg</browseurl>
          <url>http://i331.photobucket.com/albums/l456/Patyf1/MP3.jpg</url>
          <albumurl>http://s331.photobucket.com/albums/l456/Patyf1/</albumurl>
          <thumb>http://th331.photobucket.com/albums/l456/Patyf1/th_MP3.jpg</thumb>
          <description />
          <title>MP3</title>
          <isSponsored />
        </media>
        <media description_id="" name="005.jpg" public="1" type="image" uploaddate="1218410770" username="jinnagraham16">
          <browseurl>http://s539.photobucket.com/albums/ff354/jinnagraham16/?action=view&current=005.jpg</browseurl>
          <url>http://i539.photobucket.com/albums/ff354/jinnagraham16/005.jpg</url>
          <albumurl>http://s539.photobucket.com/albums/ff354/jinnagraham16/</albumurl>
          <thumb>http://th539.photobucket.com/albums/ff354/jinnagraham16/th_005.jpg</thumb>
          <description>mp3 player</description>
          <title>mp3</title>
          <isSponsored />
        </media>
        <media description_id="" name="Mp3.jpg" public="1" type="image" uploaddate="1218141851" username="guzanskyrodrigo">
          <browseurl>http://s515.photobucket.com/albums/t351/guzanskyrodrigo/?action=view&current=Mp3.jpg</browseurl>
          <url>http://i515.photobucket.com/albums/t351/guzanskyrodrigo/Mp3.jpg</url>
          <albumurl>http://s515.photobucket.com/albums/t351/guzanskyrodrigo/</albumurl>
          <thumb>http://th515.photobucket.com/albums/t351/guzanskyrodrigo/th_Mp3.jpg</thumb>
          <description>o primeiro MP3</description>
          <title />
          <isSponsored />
        </media>
```

[그림 3-15] 포토버킷 이미지 검색 API로 "mahsup"을 검색한 결과 화면

● XML 분석

API의 결과 값으로 반환받은 XML을 살펴보면 `<media>` 노드가 이미지 정보를 담고 있는 반복 노드이며, 타 서비스의 이미지 API 검색 결과보다 많은 정보가 담겨 있는 것을 볼 수 있다. XML에 대한 자세한 내용은 [표 3-8]을 참조하라.

[표 3-8] XML 분석 내용

필드	값(유형)	설명
result	전체 정보 노드	
@ page	Integer	현재 페이지 번호
@ totalpages	Integer	검색된 총 페이지 수
@ totalresults	Integer	검색된 이미지 수
@ perpage	Integer	페이지당 이미지 개수
Media	이미지 정보 반복 노드	
- browseurl	String	이미지 페이지 경로
- url	String	이미지 경로
- albumurl	String	이미지 앨범 경로

[표 3-8] XML 분석 내용(이어짐)

필드	값(유형)	설명
- thumb	String	썸네일 이미지 경로
- description	Integer	이미지 설명
- title	Integer	이미지 제목

주: @ 표시는 노드의 속성을 의미함

3.4.3 이미지 검색기 만들기

이제 포토버킷의 API 호출 방법과 결과 XML이 어떻게 반환되는지 알았으니, 마지막으로 포토버킷용 이미지 검색기를 만들어보자. 사실 처음부터 끝까지 모든 부분을 구현해서 포토버킷용 이미지 검색기를 만든다면 지금껏 만들었던 이미지 검색기보다 OAuth 인증 부분 때문에 많은 부분을 구현해야 하고 소스도 조금 복잡해진다. 그래서 쉽게 포토버킷의 API를 사용할 수 있도록 포토버킷용으로 OAuth 인증 방식을 구현한 PhotobucketOAuth.js 자바스크립트 라이브러리를 이용해 지금까지 만들었던 이미지 검색기의 커다란 틀은 유지하면서, 쉽게 구현할 수 있게 했다. 구현 내용은 예제 분석을 통해 자세히 알 수 있을 것이다. [예제 3-6]은 지금까지 만든 이미지 검색기 소스와 OAuth용 자바스크립트 라이브러리를 이용해 포토버킷 이미지 검색기를 구현한 예이며, [그림 3-16]은 [예제 3-6]을 브라우저에서 실행한 결과 화면이다.

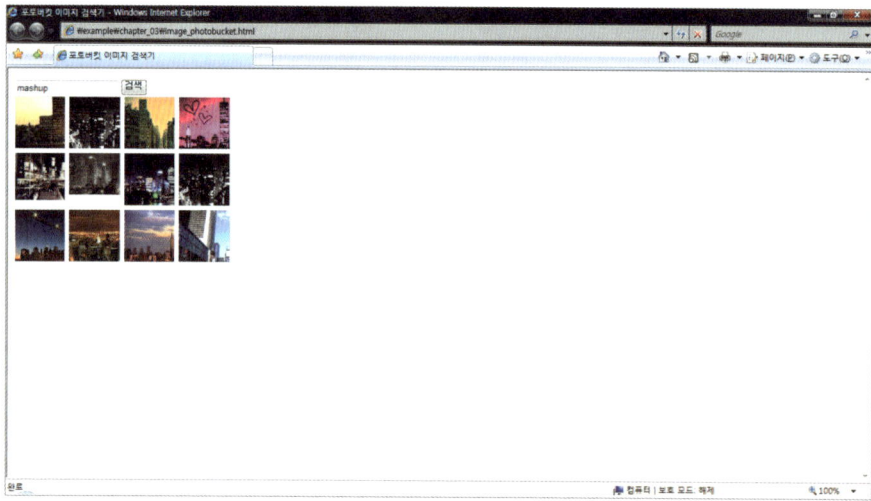

[그림 3-16] [예제 3-6]을 브라우저에서 실행한 결과 화면

[예제 3-6] 포토버킷 이미지 검색기 만들기

../example/chapter_03/image_photobucket.html

```html
<!DOCTYPE html PUBLIC "-//W3C//DTD XHTML 1.0 Strict//EN"
   "http://www.w3.org/TR/xhtml1/DTD/xhtml1-strict.dtd">
<html xmlns="http://www.w3.org/1999/xhtml" lang="en"
   xml:lang="en">
<head>
  <title> 포토버킷 이미지 검색기 </title>
</head>

<body>
   <script type="text/javascript"
      src="./js/ajit.js">
   </script>

   <style type="text/css">
   #resultList {
      margin: 0px;
      padding: 0px;
      list-style: none;
   }

   #resultList li{
      float: left;
      margin: 0px 5px 5px 0px;
      width: 75px;
      height: 75px;
      border: 1px solid #ddd;
      overflow:hidden;
   }
   </style>

   <script type="text/javascript">

      // XML 파서 불러오기
      $import("asjs.utils.XmlParser");

      // OAuthPhotobucket 불러오기
      $import("asjs.api.photobucket.PhotobucketOAuth");

      // 전역 변수 선언
```

```
OAUTH_CONSUMER_KEY = "photobucket api key";
OAUTH_SECRET_KEY = "photobucket private api key";
PHOTOBUCKET_URL = "http://api.photobucket.com/search/";

function search(q){
    // URL로 Request를 보내는 객체 선언
    var loader = new URLLoader();
    // Request 객체 선언
    var req = new URLRequest();
    var OAuth = asjs.api.photobucket.PhotobucketOAuth;

    var url = PHOTOBUCKET_URL + OAuth.encode(q);
    var method = "GET";

    var param = {
        "format" : "XML" ,
        "oauth_version" : "1.0",
        "oauth_consumer_key" : OAUTH_CONSUMER_KEY,
        "perpage" : "12"
    };

    OAuth.setKey(OAUTH_SECRET_KEY);

    var pbRequest = {
        "url" : url,
        "method" : method,
        "parameters" : param
    };

    req.url = OAuth.getSignedUrl(pbRequest);
    req.method = method;

    // Request 보내기
    loader.load(req);

    // 로드 완료 시 실행할 이벤트 정의
    loader.addEvent(URLLoaderEvent.COMPLETE,
        onSearchCompleteHandler);

    loader.addEvent(URLLoaderEvent.IOERROR,
        onFailHandler);
}
```

```javascript
function onFailHandler(response){
    // alert(response.text);
}

// 로드 완료 이벤트 핸들러로 response를 인자로 받는다.
function onSearchCompleteHandler(response){
    // XML을 자바스크립트 객체로 파싱
    var xml =
        new asjs.utils.XmlParser(response.xml).toJson();

    if(xml.response.content.result.primary.media){
        // RSS 결과로 이미지 목록 만들기
        renderImage(
            xml.response.content.result.primary.media
        );
    }
}

// 검색 결과 이미지 배치
function renderImage(items){
    $E("resultList").innerHTML = "";

    for(var i=0; i < items.length; i++){
        // IMG 객체 생성
        var img = $new("img");
        // LI 객체 생성
        var li = $new("li");
        // $E = document.getElementById
        $E("resultList").addChild(li);
        li.addChild(img);

        // img 객체에 src 속성 정의
        var url = items[i].thumb.text;

        img.setAttribute("src",url);
    }
}
</script>

<div>
    <input type="text" id="searchQ" />
```

```html
        <input type="button"
            onclick="search($E('searchQ').value)"
            value="검색" />
    </div>
    <ul id="resultList" style="width:330px;"></ul>
</body>
</html>
```

예제 3-6 분석

이미지 검색기의 전체적인 틀은 동일하므로 전체적인 분석은 생략하고 OAuth 인증 방식을 위해 구현된 부분을 중점적으로 살펴보겠다.

1. OAuth oauth_consumer_key 정의

```
OAUTH_CONSUMER_KEY = "photobucket api key";
OAUTH_SECRET_KEY = "photobucket private api key";
```

처음 포토버킷의 API를 이용하기 위해 두 가지의 API 키를 발급받았다. 이 중 OAUTH_CONSUMER_KEY에 해당되는 API 키는 서비스에서 제공한 API 키이며, OAUTH_SECRET_KEY는 API 키 외에 제공된 private key다.

2. 정확하게 URL 인코딩하기

```
var url = PHOTOBUCKET_URL + OAuth.encode(q);
```

PhotobucketOAuth.encode() 메소드는 OAuth 자바스크립트 라이브러리에서 제공하는 encodeURLComponent를 확장한 URL 인코딩 메소드로, 자바스크립트 encodeURLComponent 내장함수는 !, *, ',), (문자는 인코딩을 하지 않기 때문에 그런 부분도 인코딩이 확실하게 되도록 만든 메소드다. 따라서 예제의 OAuth.encode(q)는 검색어를 URL 인코딩하는 것이다.

3. API 매개변수 정의

```
var param = {
    "format" : "XML",
    "oauth_version" : "1.0",
    "oauth_consumer_key" : OAUTH_CONSUMER_KEY,
    "perpage" : "12"
};
```

이상하게 param 변수에 정의된 매개변수에서는 포토버킷의 OAuth 인증에 필요한 oauth_timestamp, oauth_nonce, oauth_signature 등의 매개변수를 찾아볼 수가 없다. 그 이유는 OAuth 매개변수 중 oauth_signature 암호화 키를 생성하기 위해선 데, 암호화 키가 전체 URL을 조합해서 만들어지므로 전체 URL이 완성되기 전에는 암호화 키를 만들 수 없기 때문이다. 따라서 oauth_signature를 제외한 URL을 만들어서 암호화 키를 생성해야 oauth_signature가 포함된 URL을 만들 수 있다. 이런 과정이 조금 복잡하게 보일 수 있지만 규칙이라고 생각하자. 따라서 param은 전체 매개변수를 정의하는 것이 아닌 OAuth 매개변수 외에 URL에서 쓰이는 매개변수만 정의해 전체 URL을 만드는 데 의의가 있으며, 뒤에 실제 URL로 사용할 OAuth용 매개변수는 전체 URL을 기반으로 다시 만들어진다.

4. OAuth 라이브러리를 사용한 매개변수 정의

```
$import("asjs.api.photobucket.PhotobucketOAuth");

var OAuth = asjs.api.photobucket.PhotobucketOAuth;

OAuth.setKey(OAUTH_SECRET_KEY);

var pbRequest = {
   "url" : url,
   "method" : method,
   "parameters" : param
};

req.url = OAuth.getSignedUrl(pbRequest);
```

드디어 OAuth 매개변수를 만드는 과정이다. AJIT 프레임워크의 라이브러리로 포토버킷용 OAuth 라이브러리를 만들어뒀다. 라이브러리의 위치는 [AJIT 설치 디렉토리/asjs/api/photobucket/PhotobucketOAuth.js]며, 예제는 $import() 함수를 이용해 쉽게 라이브러리를 가져온 것으로, OAuth 변수를 만들어 asjs.api.photobucket.PhotobucketOAuth 객체를 쉽게 사용할 수 있게 했다.

OAUTH_SECRET_KEY는 포토버킷에서 발급받은 private key며, 이 키는 OAuth의 암호화 방식으로 지정된 방법인 SHA-1 보안 알고리즘으로 데이터가 암호화할 때 사용된다. OAuth의 getSignedUrl() 메소드의 인자로 pbRequest 객체를 넘겨줬으며, pbRequest 객체는 url, Request 전달 방식을 가리키는 method 그리고 포토버킷 API를 위한 매개변수가 지정된 객체로 이뤄져 있다. getSignedUrl() 메소드는 이런 정보가 있는 객체로 OAuth용 URL을 만들어 반환하며, 이 URL이 포토버킷 API에 요청할 URL 이 된다. 따라서 `OAuth.getSignedUrl(pbRequest)`에서 반환된 문자열이 `req.url`이 되는 것이다. 마지막으로 완성된 URL로 Request를 만들어 API를 호출하면 결과 XML을 받을 수 있고, 이후는 타 이미지 검색기와 마찬가지로 이미지 리스트를 만들게 되며, [그림 3-16]과 같은 결과 화면을 볼 수 있다.

3.5 정리

이것으로 각 서비스별 이미지 API를 다뤄봤는데, 같은 API라도 다양한 사용 방법을 알 수 있는 계기가 됐다. 간단한 네이버나 다음의 이미지 검색 API부터, OAuth 인증 방식을 알아야 구현할 수 있었던 포토버킷 API까지 알아봤는데, 사실 이미지를 검색해서 사용한다는 것은 명분이었고, 그보다 API의 사용 방식을 익히게 하는 것이 3장의 목표였다.

이제 기본기를 다지고 응용으로 가기 위한 첫걸음을 내디딘 셈이다. 2장에서 네이버와 다음의 간단한 API를 활용해 `XmlParser`를 이용하긴 했지만, 3장을 통해 결과 데이터를 다루면서 JSON 객체를 다루는 방식에 익숙해졌을 것이다. 또한 플리커의 API를 활용해보면서 이미지 경로를 조합하는 방법과 용도에 맞는 API 사용법을 배웠으며, 포토버킷 API를 다루면서 OAuth에 대한 개념과 흐름 그리고 예제를 통해 간단한 사용법을 익힐 수 있었다.

4장부터는 API의 응용이 시작되며, 애플리케이션도 만들게 된다. 이제 자바스크립트의 또 다른 세상이 펼쳐질 것이다. 매쉬업의 응용 단계인 4장으로 들어가 보자.

2부 매쉬업 응용

04장 이미지 API 응용_이미지 검색 플러그인 만들기
05장 구글 차트 API를 이용한 동적 차트 만들기
06장 동영상 탐색기 만들기
07장 사용자 인증 방식의 구현과 이해

04장

이미지 API 응용
이미지 검색 플러그인 만들기

- 자바스크립트 객체화 방법
- 오픈에디터와 플러그인 제작
- HTML 기반의 AIR 애플리케이션 개발
- AIR 보안 샌드박스
- AIR 애플리케이션의 패키징과 배포

4장에선 네이버, 다음, 플리커, 포토버킷 이미지 검색기를 통합한 통합 이미지 검색기를 만들고 통합 이미지 검색기를 오픈에디터라는 에디터의 플러그인으로 만들게 된다. 책의 서두에서 "매쉬업은 가치가 있어야 한다"라고 했다. 사실 의미 없는 통합은 가치가 없다. 이제 매쉬업에 의미를 만들어줄 차례다. 지금부터는 디자인도 통합 검색기답게 바꾸고 여기저기에 군더더기도 없애고 소스도 체계적으로 객체화하는 단계도 거칠 것이다. 우선 이미지 통합 검색기부터 만들어보자.

우리가 만들어둔 이미지 검색기들을 통합하는 방법은 두 가지 정도가 있는데, 하나는 패턴을 공통화하는 방법이고, 나머지는 각 서비스를 캡슐화해서 통합하는 방법이다. 나는 여기서 후자를 권하고 싶다. 그 이유는 계란을 한 바구니에 담는 것은 위험한 일이기도 하고, 하나하나의 서비스가 모두 재사용이 가능한데 하나로 묶어버리면 재사용성이 현저히 감소되기 때문이다. 이제 간단한 수정으로 그간에 만들었던 것을 객체화하는 작업이 진행될 것이다.

모든 서비스를 객체화하는 예제를 다루면 동일한 내용이 반복되므로 처음 만들었던 네이버 이미지 검색기를 대표적인 예로 들고, 나머지는 완성된 소스를 가지고 통합 이미지 검색기를 만들어보겠다. 그간 만들었던 소스를 하나씩 객체화해보자.

프로토타이핑하기

매쉬업이나 애플리케이션을 만들기 전 프로토타이핑(prototyping)은 큰 도움이 된다. 나는 머릿속의 생각을 구체화하기 위해 종이 프로토타이핑을 즐겨 하는 편인데, 종이에 쓰면 수정이 용이하고 생각을 쉽게 표현할 수 있기 때문이다. 종이로 하는 프로토타이핑은 파워포인트나 마인드맵보다 훨씬 구체적인 결과를 나타낼 수 있고, 구현할 때도 구체적인 형상이 그대로 녹아 있기 때문에 체계적으로 설계하고 개발할 수 있게 된다. 이런 방식이 어색하다면, 종이가 아니더라도 어떻게 애플리케이션을 만들 것인가에 대한 정의를 구체적으로 그려볼 것을 권한다. 무엇을 만들어야 하는지를 정확하게 아는 것은 이미 개발을 50%는 끝냈다는 이야기와 같다고 할 만큼 중요하기 때문이다.

다음 그림은 4장에서 만들어볼 오픈에디터용 이미지 검색 플러그인 화면이다. 어떤 식의 구성을 할 것인가? 어떻게 보여줄 것인가? 또 검색은 어떻게 할 것인가를 미리 설계해본 그림이다.

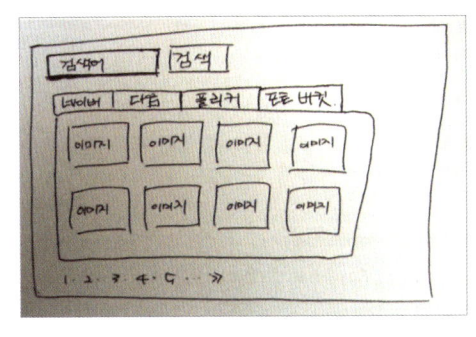

4.1 자바스크립트 객체화

[객체화하기 1단계]　객체화는 image_naver.html 파일에서 자바스크립트 부분만 해당되며, NaverImageService.js 파일을 하나 만들고 아래와 같이 작성한다. 주의할 점은 소스에 $import 부분이 있다면 소스 제일 상단에 작성해줘야 하며, 파일명과 객체명이 같도록 해야 한다는 것이다.

[리스트 4-1] 객체화하기 1단계

```
$import("asjs.utils.XmlParser");

// 자바스크립트 객체 선언
var NaverImageService = {
    // 객체화 내용 입력 공간
}
```

[객체화하기 2단계]　기존의 자바스크립트 블록 안에 있던 내용을 [리스트 4-1]의 "// 객체화 내용 입력 공간"에 대입해서 [리스트 4-2]와 같이 작성한다.

[리스트 4-2] 객체화하기 2단계

```
$import("asjs.utils.XmlParser");

var NaverImageService = {

    // 전역 변수 선언
    NAVER_API_KEY = "naver api key";
    NAVER_API_URL = "http://openapi.naver.com/search?";

    function search(q){
        // URL로 Request를 보내는 객체 선언
        var loader = new URLLoader();
        // Request 객체 선언

        // ... 이하 생략
    }
}
```

[객체화하기 3단계] 마지막으로 자바스크립트 문법에 맞도록 수정한다. 이 부분은 JSON을 설명하면서 다룬 적이 있었다. 그때는 배열을 Object 객체로 만드는 것이 었는데, 이번엔 변환 과정은 아니고 문법에 맞게 key와 value 정도만 구분해주면 된 다. [리스트 4-3]은 객체화되어 있지 않던 스크립트를 Object 객체로 만든 예다.

[리스트 4-3] 객체화하기 3단계

```
$import("asjs.utils.XmlParser");

var NaverImageService = {

    // 전역 변수 선언
    NAVER_API_KEY : "naver api key",
    NAVER_API_URL : "http://openapi.naver.com/search?",

    search : function(q){
        // URL로 Request를 보내는 객체 선언
        var loader = new URLLoader();
        // ... 이하 생략
    }
}
```

기본적으로 자바스크립트에서 Object 안에는 값을 지정할 때 =(등호) 기호가 아닌 :(콜론)을 사용하며, 멤버의 구분 단위는 ;(세미콜론)이 아닌 ,(콤마)를 사용한다.

[객체화하기 최종 결과] 객체화 순서에 따라 네이버 이미지 검색기의 스크립트를 정리해보면 [예제 4-1]과 같은 모습이 된다.

[예제 4-1] 최종 마무리된 객체화 소스

../example/chapter_04/js/NaverImageService.js

```javascript
$import("asjs.utils.XmlParser");

var NaverImageService = {

    // 전역 변수 선언
    NAVER_API_KEY : "naver api key",
    NAVER_API_URL : "http://openapi.naver.com/search?",

    // 이미지 검색 메소드
    search : function(q){

        // URL로 Request를 보내는 객체 선언
        var loader = new URLLoader();

        // Request 객체 선언
        var req = new URLRequest();

        // URL 매개변수 객체 선언
        var params = new URLVariables();

        // 매개변수 값을 객체로 정의
        params.parameters = {
            "key" : NaverImageService.NAVER_API_KEY,
            "target" : "image",
            "query" : q,
            "display" : "10",
            "sort" : "simm",
```

```
            "filter" : "all"
        };

        req.url = NaverImageService.NAVER_API_URL
            + params.toString();

        // Request 보내기
        loader.load(req);

        // 로드 완료 시 실행할 이벤트 정의
        loader.addEvent(URLLoaderEvent.onComplete,
            NaverImageService.onSearchCompleteHandler);
    },

    // 로드 완료 이벤트 핸들러로 response를 인자로 받는다.
    onSearchCompleteHandler : function (response){

        // XML을 자바스크립트 객체로 파싱
        var xml =
            new asjs.utils.XmlParser(response.xml).toJson();

        if(xml.rss.channel.item){

            // RSS 결과로 이미지 목록 만들기
            NaverImageService.renderImage(xml.rss.channel.item);
        }
    },

    renderImage : function (items){
        $E("resultList").setHTML("");
        for(var i=0; i < items.length; i++){

            // IMG 객체 생성
            var img = $new("img");

            // LI 객체 생성
            var li = $new("li");

            // $E = document.getElementById
            $E("resultList").addChild(li);
```

```
            li.addChild(img);

            // img 객체에 src 속성 정의
            img.setAttribute("src",items[i].thumbnail);

        }
    }
}
```

평범한 자바스크립트 소스를 객체화하는 방법에 대해 알아봤다. 이제 나머지 다음, 플리커, 포토버킷의 서비스까지도 지금 진행했던 방식대로 객체화해보길 바란다. 객체화가 완성된 자바스크립트 소스는 부록 코드 [../example/chapter_04/js]에 첨부되어 있으니 필요 시 내용을 참고하면 된다.

4.2 통합 이미지 검색기 만들기

이제 서비스의 객체화를 마무리 지었다면 객체화된 서비스들을 융합시키는 매쉬업을 해보자. [예제 4-2]는 객체화된 자바스크립트를 이용해 이미지 검색기를 통합한 예이며, [그림 4-1]은 [예제 4-2]를 브라우저에서 실행한 결과 화면이다.

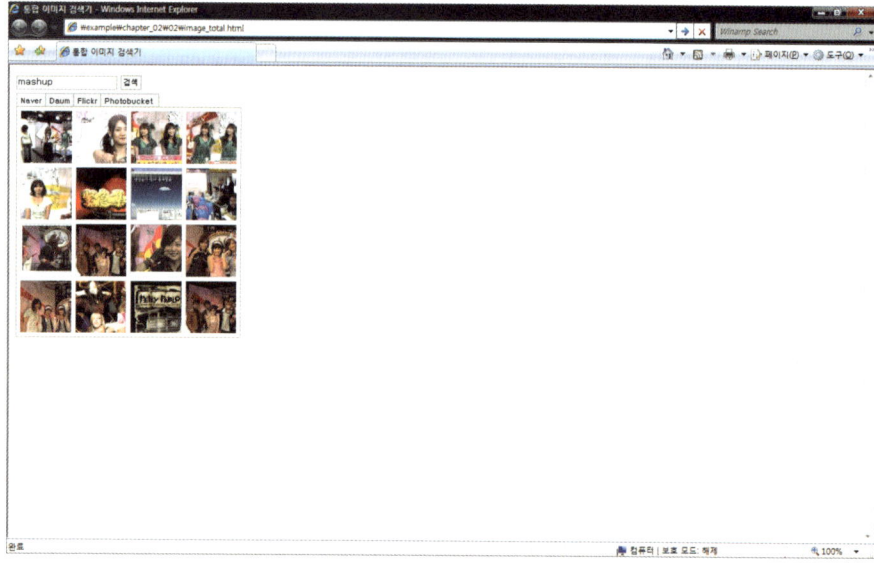

[그림 4-1] [예제 4-2]를 브라우저에서 실행한 결과 화면

[예제 4-2] 통합 이미지 검색기 만들기

../example/chapter_04/image_total.html

```
<!DOCTYPE html PUBLIC "-//W3C//DTD XHTML 1.0 Strict//EN"
   "http://www.w3.org/TR/xhtml1/DTD/xhtml1-strict.dtd">
<html xmlns="http://www.w3.org/1999/xhtml" lang="en"
   xml:lang="en">
<head>
   <title> 통합 이미지 검색기 </title>
</head>

<body>
   <script type="text/javascript" src="./js/ajit.js">
   </script>

   <script type="text/javascript" src="./js/NaverImageService.js">
   </script>

   <script type="text/javascript" src="./js/DaumImageService.js">
   </script>

   <script type="text/javascript"
         src="./js/FlickrImageService.js">
```

```
</script>

<script type="text/javascript"
        src="./js/PhotobucketImageService.js">
</script>

<style type="text/css">

#searchQ{
   border : 1px solid #aaa;
   height : 1.2em;
}

#searchBtn{
   border : 1px solid #aaa;
   font-size : 11px;
   font-family : dotum,gulim;
   padding-top : 3px;
}

#resultList{
   margin : 0px;
   padding : 5px 0px 0px 5px;
   list-style : none;
   border : 1px solid #aaa;
   width : 328px;
   height : 328px;
}

#resultList li{
   float : left;
   margin : 0px 5px 5px 0px;
   width : 75px;
   height : 75px;
   border : 1px solid #ddd;
   overflow : hidden;
}

#searchMemuTab{
   margin : 10px 0px 0px 0px;
   padding : 0px;
```

```css
    list-style : none;
}

#searchMemuTab li{
    display : inline;
    margin : 0px;
    padding : 5px 5px 0px 5px;
    font-family : dotum,gulim;
    font-size : 11px;
    background-color : #eee;
    border-top : 1px solid #aaa;
    border-left : 1px solid #aaa;
    cursor : pointer;
}

.rightLine{
    border-right : 1px solid #aaa;
}

</style>

<script type="text/javascript">

    // 기본 서비스
    var selectedService = "naver";

    function searchImage(q){

        switch(selectedService){
            case "naver" :
                    NaverImageService.search(q);
            break
            case "daum" :
                    DaumImageService.search(q);
            break
            case "flickr" :
                    FlickrImageService.search(q);
            break
            case "photobucket" :
                    PhotobucketImageService.search(q);
            break
```

```
            }
        }

        function setService(service){
            try{
                $E(selectedService+"Btn").
                    ↪ setStyle("background-color","#eee");

                $E(service+"Btn").
                    ↪ setStyle("background-color","#fff");

                selectedService = service;

                if($E('searchQ').value != ""){
                    searchImage($E('searchQ').value);
                }
            }catch(e){
                alert(e);
            }
        }
    </script>

    <div>
        <input type="text" id="searchQ" />
        <input type="button"
            id="searchBtn"
            onclick="searchImage($E('searchQ').value)"
            value="검색" />
    </div>

    <ul id="searchMemuTab">
        <li id="naverBtn"
            onclick="setService('naver')"
            style="background-color:#fff">Naver</li>
        <li id="daumBtn"
            onclick="setService('daum')">Daum</li>
        <li id="flickrBtn"
            onclick="setService('flickr')">Flickr</li>
        <li id="photobucketBtn"
            onclick="setService('photobucket')"
            class="rightLine">Photobucket</li>
```

```
        </ul>

        <ul id="resultList"></ul>

    </body>
</html>
```

예제 4-2 분석

[예제 4-2]는 검색하는 부분과 검색할 서비스를 설정하는 두 부분으로 나눌 수 있다.

1. searchImage(검색어)

이 함수는 선택된 서비스를 판별하고 해당 서비스의 API를 이용해 이미지를 검색하는 역할을 한다. 여기서 selectedService는 전역 변수로서 현재 선택된 서비스의 값을 담고 있다. 이 변수로 이용할 서비스를 파악해 검색을 한다.

2. setService(검색할 서비스)

검색할 서비스를 정의하고 해당 서비스의 메뉴 부분을 활성화한다. 메뉴 활성과 동시에 전역 변수인 selectedService의 값을 설정하고 나서 검색을 진행해야 한다면 searchImage() 함수를 호출한다.

자바스크립트를 객체화했고 패턴화가 되어 있어 쉽게 통합 검색기를 만들 수 있었다. 이제 다음 목표인, 통합 검색기를 검색에서 그치는 것이 아닌 검색된 이미지가 활용될 수 있도록 에디터의 플러그인으로 만들어보자.

4.3 WYSIWYG 웹 에디터 플러그인 만들기

드디어 플러그인 만들기다. 이미지 검색기를 오픈에디터와 결합하면 처음 목표했던 것을 이룰 수 있다. 일단 플러그인 제작 방법 및 오픈에디터의 사용법을 알아본 다음, 이미지 검색 플러그인을 만들어보자.

가끔 게시판이나 블로그에 글을 쓰다 보면 생각을 표현할 이미지가 필요한 경우가 많은데, 그때마다 이미지를 찾는 건 여간 번거로운 일이 아닐 수 없다. 이럴 때 [그림 4-2]처럼 에디터에 이미지 검색 플러그인이 있다면, 번거로움을 해결할 수 있는 좋은 방안이 될 것이다.

[그림 4-2] 오픈에디터에 이미지 통합 검색기 플러그인을 적용한 화면

> 매쉬업 책을 집필하면서 정말 많은 고민을 했다. 어떻게 해야 정확하고 쉽게 내용을 전달할 수 있을까? 어떻게 해야 실용성 있고 쓸모 있는 매쉬업을 구현하게 할 수 있을까? 수많은 고민 끝에 "매쉬업 도구를 만들어야겠다"라는 생각을 하게 됐고 AJIT라는 자바스크립트 프레임워크와 이를 기반으로 하는 라이브러리 및 WYSIWYG 웹 에디터를 만들게 됐다. 2장에서 다룬 지도 마법사도 이런 이유로 만들어진 매쉬업 도구라고 보면 된다.

4.3.1 오픈에디터

오픈에디터는 순수 자바스크립트와 DHTML로 개발된 플러그인 기반의 오픈 소스 WYSIWYG 방식의 웹 에디터로 인터넷 익스플로러, 파이어폭스, 사파리, 오페라 등 거의 모든 브라우저를 지원하고 있다. 오픈에디터란 말 그대로 모든 기능을 열어둔

에디터로, 대부분의 기능이 플러그인 기반이어서 사용자가 마음대로 설정하고 디자인하고 기능도 마음대로 추가하고 변경할 수 있다. [그림 4-3]은 오픈에디터로 간단한 글을 작성해본 화면이며, [예제 4-3]은 오픈에디터를 사용한 간단한 예다.

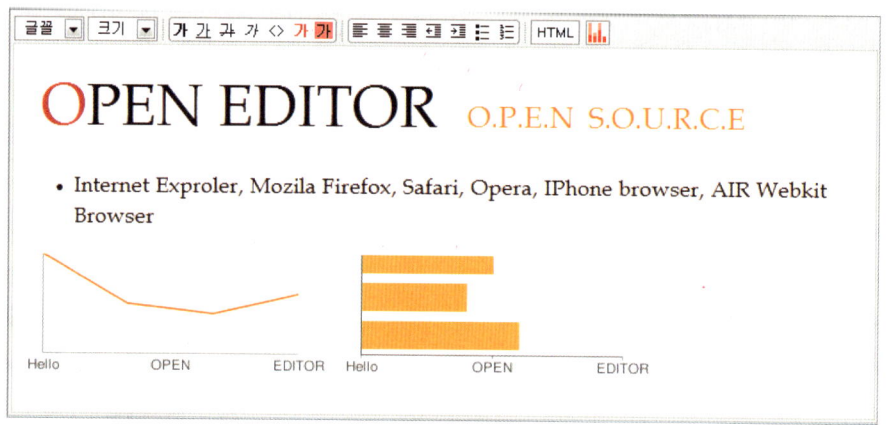

[그림 4-3] 오픈에디터에 간단한 글을 작성한 화면

> 오픈에디터 소스는 네이버 카페 http://cafe.naver.com/openeditor에서 다운로드 받을 수 있으며, 부록 코드 [../example/chapter_04/js/openeditor/]에도 포함되어 있다. 어느 것을 사용해도 무방하지만, 소스를 다운로드 받아 사용할 경우에는 오픈에디터의 경로 설정 부분을 반드시 수정해줘야 한다. 이때 OpenEditor.js의 제일 상단에 정의된 OPEN_EDITOR_PATH를 오픈에디터가 설치된 디렉터리 경로로 수정하기만 하면 된다.

[예제 4-3] 오픈에디터를 사용하는 간단한 예

../example/chapter_04/openeditor.html

```
<!DOCTYPE html PUBLIC "-//W3C//DTD XHTML 1.0 Strict//EN"
   "http://www.w3.org/TR/xhtml1/DTD/xhtml1-strict.dtd">
<html xmlns="http://www.w3.org/1999/xhtml" lang="en"
   xml:lang="en">
<head>
  <meta http-equiv=Content-Type
      content="text/html;charset=utf-8">
```

```html
    <title> 오픈에디터 </title>
</head>

<script type="text/javascript" src="./js/ajit.js"></script>

<script type="text/javascript"
        src="./js/openeditor/OpenEditor.js"></script>

<body>

  <textarea id="editorTest"></textarea>

  <script type="text/javascript">
     var editor = new OpenEditor();
     editor.write("editorTest");
  </script>

</body>
</html>
```

예제 4-3 분석

1. AJIT 자바스크립트 프레임워크 가져오기

오픈에디터는 AJIT 프레임워크를 기반으로 하고 있기 때문에 오픈에디터를 사용할 웹 페이지는 ajit.js와 기본 라이브러리인 ajit_lib.js를 항상 포함해야 한다.

2. 오픈에디터 라이브러리 로드하기

```html
<script type="text/javascript"
        src="./js/openeditor/OpenEditor.js"></script>
```

오픈에디터를 사용하는 데 필요한 오픈에디터 자바스크립트 라이브러리를 가져왔다.

3. 에디터로 표현될 textarea 객체 만들기

```html
<textarea id="editorTest"></textarea>
```

글을 작성하는 폼으로 textarea 객체를 만들고, 객체에 지정해두면 오픈에디터가 만들어질 때 아이디를 참고해서 textarea 객체를 오픈에디터로 변환하게 되므로 textarea 객체를 만들고 id를 editorTest로 설정해줬다.

4. 오픈에디터 객체 생성하기

```
var editor = new OpenEditor();
```

웹 에디터는 한 페이지 내에서도 용도에 따라 다수로 존재할 수도 있기 때문에 별도의 인스턴스를 생성해 사용하도록 되어 있다.

5. 에디터 만들기

```
editor.write("editorTest");
```

write() 메소드의 매개변수 값으로 textarea의 아이디 혹은 textarea 객체를 설정해주면 해당 textarea 객체가 오픈에디터로 표현된다.

이것으로 오픈에디터의 사용 방법은 알아봤고, 이제 에디터에 이미지 검색 플러그인을 만들어볼 차례다. 플러그인의 기본 형식은 [예제 4-4]와 같다. 여기서 중요한 것은 자바스크립트로 만들어진 플러그인 객체의 속성으로, 구현해야 할 항목들이다. 플러그인에서 구현해야 할 필수 속성은 5개 정도로, 쉽게 이해하고 구현할 수 있을 것이다.

[예제 4-4] 오픈에디터 플러그인의 기본 형식

```
var ImageSearchPlugin = {
    info : "플러그인 설명",
    main : function(oEditor){
        // 생성자
    },
    getInstance : function(){
        // 에디터에서 사용할 메뉴 객체 구현
    },
    eventListener : function(evt, obj, oEditor){
        // 에디터 메뉴 객체가 클릭됐을 때 실행할 이벤트 구현
    },
    hide : function(){
```

```
                // 에디터의 다른 메뉴가 클릭됐거나 에디터의 편집 기능이 활성화된 경우
                // 숨기거나 제거해야 할 객체 혹은 작업이 있다면 구현
        }
    };
```

예제 4-4 분석

- **info**

  에디터의 설명을 기술하는 값을 가진 변수다. 플러그인의 성격을 쉽게 알 수 있는 정보를 기술해주면 된다.

- **main**

  플러그인이 에디터에 적용될 때 호출되는 메소드로 플러그인의 생성자 역할을 한다. 따라서 에디터에 플러그인이 로드될 때 필요한 객체를 정의한다든지 선행돼야 하는 작업이 있다면 main 메소드에서 정의하면 된다.

- **getInstance**

  에디터의 툴바에 적용될 DOM 객체를 반환해주는 메소드다. 주로 이미지 객체를 생성해서 반환하며, 용도에 맞도록 설정해 객체를 만들어서 반환해주면 에디터의 툴바에서 메뉴 역할을 하게 된다.

- **eventListener**

  플러그인의 getInstance로 반환된 객체가 클릭됐을 때 일어날 이벤트를 정의한다. 이벤트는 별도로 정의할 수 있으며, 기본적으로 툴바에서 메뉴 클릭 시 eventListener 메소드가 호출된다.

- **hide**

  다른 플러그인의 객체 이벤트가 발생하거나 에디터의 편집 기능이 활성화되면 호출된다. 즉 플러그인이 종료돼야 할 때 필요한 로직을 정의하면 된다.

4.3.2 이미지 통합 검색기를 플러그인으로 전환하기

이미지 통합 검색기를 바로 오픈에디터 플러그인으로 적용해보자. 플러그인의 기능은 에디터 메뉴 버튼이 클릭되면 이미지 통합 검색기를 팝업으로 열고 편집 모드로 돌아가면 열린 팝업을 닫는 아주 간단한 기능이다. [예제 4-5]는 [예제 4-4]의 형식에 맞춰 구현한 플러그인을 오픈에디터에 적용한 예제다.

[예제 4-5] 오픈에디터용 이미지 검색 플러그인 만들기

../example/chapter_04/image_plugin.html

```html
<!DOCTYPE html PUBLIC "-//W3C//DTD XHTML 1.0 Strict//EN"
   "http://www.w3.org/TR/xhtml1/DTD/xhtml1-strict.dtd">
<html xmlns="http://www.w3.org/1999/xhtml" lang="en"
   xml:lang="en">
<head>
 <meta http-equiv=Content-Type
       content= "text/html;charset=utf-8">
 <title> 이미지 통합 검색기 플러그인 만들기</title>
</head>
<script type="text/javascript" src="./js/ajit.js"></script>
<script type="text/javascript"
        src="./js/open_editor/OpenEditor.js"></script>
<body>
  <textarea id="openeditor"></textarea>
  <script type="text/javascript">

    var ImageSearchPlugin = {
        info : "이미지 통합 검색기 플러그인",
        main : function(oEditor){
          // 생성자
        },
        getInstance : function(){
          // $new -> document.createElement
          var btn = $new("img");
          btn.setAttribute("src",
                    OPEN_EDITOR_SKIN+"imageSearchBtn.gif");

          // 스타일 정의
          btn.setStyle("margin-left","3px");
```

```javascript
                btn.setStyle("cursor","pointer");
                return btn;
        },
        eventListener : function(evt,obj,oEditor){

                ImageSearchPlugin.editor = oEditor;
                // 에디터 메뉴 객체가 클릭됐을 때 이벤트 정의
                // 이미지 검색기 팝업 윈도우 띄우기
                ImageSearchPlugin.pop =
                        window.open("image_total.html",
                            "imageSearchWindow",
                            "width=350,height=400");

        },
        hide : function(){
                // 에디터의 다른 메뉴가 클릭됐거나 에디터의 편집 기능이
                // 활성화된 경우 숨겨야 할 객체가 있다면 정의
                try{
                    if(ImageSearchPlugin.pop){
                        ImageSearchPlugin.pop.close();
                        ImageSearchPlugin.pop = null;
                        ImageSearchPlugin.editor = null;
                    }
                }catch(e){}
        }
    };

    var editor = new OpenEditor();

    // 플러그인 등록 및 적용
    editor.registPlugin(ImageSearchPlugin);
    // 에디터 적용
    editor.write("openeditor");
    </script>
  </body>
</html>
```

예제 4-5 분석

info와 main은 특별히 설정할 부분이 없으니 나머지 부분만 살펴보겠다.

1. var ImageSearchPlugin 플러그인 객체 정의

에디터의 플러그인으로 사용할 객체를 ImageSearchPlugin이란 이름으로 정의했다. ImageSearchPlugin 객체에 플러그인의 기본 형식을 하나하나 구현할 것이다.

2. 에디터 메뉴 DOM 객체 만들기

ImageSearchPlugin 객체에서 getIntance 메소드 부분이 에디터의 메뉴를 구현하는 부분이다. 오픈에디터는 플러그인이 적용되는 과정에서 플러그인의 getInstance() 메소드를 호출해 메뉴 객체를 반환받아서 반환받은 DOM 객체를 에디터의 메뉴로 사용하게 된다. 따라서 getInstance() 메소드에서는 DOM 객체를 생성하고 정의한 다음 그대로 반환해주면 되는 것이다.

```
var btn = $new("img");
btn.setAttribute("src",OPEN_EDITOR_SKIN+"imageSearchBtn.gif");
```

$new는 document.createElement를 확장한 메소드로 이미지 DOM 객체를 생성하는 것을 의미하며, 객체의 src 속성을 정의한 것이다.

OPEN_EDITOR_SKIN 환경 변수는 오픈에디터의 스킨 디렉토리 경로를 가리킨다. 기본적으로 오픈에디터를 설치하면 설치 디렉토리/Skins/Default/ 디렉토리를 가리키게 된다.

```
btn.setStyle("margin-left","3px");
btn.setStyle("cursor","pointer");
```

버튼의 스타일을 적용한 것으로 btn.setStyle은 AJIT의 기본 라이브러리인 ajit_lib.js를 사용하면 객체의 prototype으로 정의된다. 물론 모든 DOM 객체에 적용되는 것이 아니라 $E, $new 메소드를 사용한 객체에만 정의되며, 기본 문법으로 풀어 쓰면 다음과 같다.

```
btn.style.marginLeft = "3px";
btn.style.cursor = "pointer";
```

마지막으로 이렇게 스타일이 정의된 btn 객체를 반환해줬다.

3. 만들어진 메뉴 객체의 이벤트 구현하기

이 부분이 플러그인 구현의 핵심이라 할 수 있다. 기본적으로 오픈에디터에서는 메뉴 객체에서 클릭 이벤트가 발생할 경우 플러그인의 eventListener() 메소드를 호출한다. 오폼에디터는 플러그인객체.eventListener 메소드를 호출하면서 메소드의 매개변수로 발생한 이벤트 객체와 생성된 메뉴 객체 그리고 에디터 객체의 인자 값을 전달해준다. 이벤트 리스너에서는 이 3개의 인자 값을 잘 활용해서 플러그인의 기능을 정의하고 활용하면 되는 것이다.

이미지 통합 검색기 플러그인의 경우 이벤트 발생 시에 팝업으로 이미지 검색기를 띄워줄 것이므로 window.open() 메소드를 사용했으며, 플러그인이 종료될 시점에 열린 팝업을 닫기 위해 ImageSeachPlugin.pop 속성에 띄운 팝업을 정의했다.

```
ImageSearchPlugin.editor = oEditor;
```

ImageSearchPlugin.editor 속성이 현재 이벤트를 호출한 에디터를 참조하도록 했는데, 이는 팝업으로 띄워진 이미지 통합 검색기에서 ImageSearchPlugin.editor 속성을 이용해 에디터에 이미지를 삽입하기 위해서다.

4. 통합 이미지 플러그인 종료 로직 구현하기

어쩌면 이 부분은 편리성 측면에서 구현하지 않는 편이 더 사용하기 나을 것이다. 이미지를 에디터에 삽입했는데 이미지 검색 플러그인이 종료돼버린다면, 이미지를 더 삽입하고 싶을 경우 플러그인을 다시 실행해야 하므로 굉장히 번거로워질 수 있기 때문이다. 하지만 플러그인의 종료 시점이 존재한다는 데 의미를 두고 구현했으며, 에디터의 이벤트가 발생할 때 리스너에서 등록해뒀던 ImageSearchPlugin. pop이 현재 띄워진 팝업을 가리키고 있으므로 ImageSearchPlugin.pop.close()를 호출하면 팝업은 종료된다. 또한 팝업이 종료되면 ImageSearchPlugin.pop은 가리킬 팝업 객체가 존재하지 않으므로 null 값으로 처리한 것이며, editor 부분 역시 팝업이 종료됐으니 팝업을 처리한 것처럼 null 값으로 처리해줬고, 예외상황이 발생할 소지가 있으므로 try/catch 문을 활용했다.

5. ImageSearchPlugin 플러그인 객체 에디터에 적용하기

```
editor.registPlugin(ImageSearchPlugin);
```

에디터 객체의 registPlugin() 메소드를 이용하면 플러그인 객체를 에디터에 적용할 수 있다. 단, 예제처럼 에디터의 write() 메소드가 호출되기 전에 사용할 플러그인 객체를 등록해야 한다.

이것으로 에디터에 플러그인을 적용하는 부분은 끝났다. 이젠 팝업으로 띄워진 이미지 통합 검색기를 조금 손봐야 한다. 통합 검색기로 검색된 이미지를 에디터로 삽입하는 부분은 아직 정의하지 않았기 때문이다. 용도가 바뀌었으므로 객체화한 자바스크립트 파일들을 손볼 필요가 있다. 부록 코드 [..example/chapter_04/js/]에 있는 이미지 검색용 자바스크립트 파일들은 에디터 객체에 이미지를 삽입하는 부분이 이미 적용되어 있으며, 자바스크립트 파일에 공통적으로 추가된 부분을 살펴보자.

[예제 4-5]의 `ImageSearchPlugin` 플러그인 객체를 만들 때 `eventListener` 메소드에 이벤트가 발생하면 ImageSearchPlugin.editor에 현재 이벤트가 발생한 에디터 객체를 가리키도록 해뒀다. 이는 에디터 객체에서 제공되는 메소드를 사용하기 위해서였음을 알 것이다. 에디터 객체는 에디터에 컨텐트를 삽입하는 데 쓰이는 두 가지 메소드를 제공해주고 있는데, 이미지의 경로를 전달해주면 이미지를 삽입해주는 insertImage() 메소드와, HTML 태그 문자열을 전달해주면 전달된 태그를 표현해주는 insertTag() 메소드다.

에디터에 이미지를 삽입하기 위해서는 두 가지 중 어떤 것을 사용해도 무관하나 이미지를 간단하게 삽입할 수 있는 `insertImage()` 메소드를 사용하기로 하겠다. 팝업으로 띄워진 이미지 통합 검색기에서 에디터 객체의 `insertImage()` 메소드를 활용해 이미지를 에디터에 삽입하는 부분을 구현하면 이제 이미지 통합 검색기 플러그인 만들기도 끝이다. 그렇다면 구현은 어느 부분에 해야 할까? 이미지 검색용 자바스크립트 파일에는 모두 `renderImage()`라는 메소드가 존재하는데, 이 메소드는 이미지 객체를 생성해 이미지 리스트를 만들어주는 역할을 하고 있다. 이 부분에 이미지를 클릭하면 에디터에 이미지가 삽입되도록 [리스트 4-4]처럼 기능을 추가해준다면 플러그인이 완성된다.

[리스트 4-4] 에디터에 이미지 삽입 기능 추가하기

../example/chapter_04/js/DaumImageService.js

```
renderImage : function(items){
  $E("resultList").setHTML("");

  for(var i=0; i < items.length; i++){

    // IMG 객체 생성
    var img = $new("img");
```

```
    // LI 객체 생성
    var li = $new("li");

    // $E = document.getElementById
    $E("resultList").addChild(li);
    li.addChild(img);

    // img 객체에 src 속성 정의
    img.setAttribute("src",items[i].thumbnail.text);

    // 플러그인 기능을 위해 추가
    img.imagePath = items[i].image.text;
    img.addEvent("click", function(){

    // opener가 있고, opener의 이미지 플러그인에 에디터가 존재한다면
    if(opener && opener.ImageSearchPlugin.editor)
opener.ImageSearchPlugin.editor.insertImage(this.imagePath);
    });
  }
}
```

플러그인의 역할을 하기 위해 추가된 부분을 살펴보자.

```
img.imagePath = items[i].image.text;
img.addEvent("click", function(){

if(opener && opener.ImageSearchPlugin.editor)
  opener.ImageSearchPlugin.editor.insertImage(this.imagePath);
});
```

이미지 객체에 imagePath라는 속성을 부여하고 그 imagePath 속성에는 에디터에 삽입될 이미지의 경로를 정의해줬으며, addEvent() 메소드를 사용해 이미지 객체가 클릭될 때 실행될 이벤트를 등록해줬다. 이벤트의 내용은 이미지를 클릭했을 때 현재창의 부모창이 존재하고 에디터 객체가 존재한다면, 에디터에 이미지를 삽입하기 위해 ImageSearchPlugin.editor.insertImage(삽입할 이미지 경로)를 호출하는 내용이다. 이와 같은 내용을 객체화된 이미지 검색용 자바스크립트 파일에 추가하고 HTML을 브라우저에서 실행해보면 [그림 4-1]과 같은 결과 화면을 볼 수 있다.

4.4 HTML 페이지를 AIR 애플리케이션으로 정하하기

이미지 검색기가 포함된 에디터를 어디에 사용해야 할까? 실제 사용할 수 있는 부분에 적용해야 매쉬업 애플리케이션으로서의 가치가 있지 않을까? 이미지 검색 플러그인이 적용된 에디터를 실제 적용할 수 있는 곳은 자신이 운영하고 있는 블로그나 게시판의 컨텐트를 작성하는 부분일 것이다. 그런데 웹 호스팅을 받거나 서버를 운영하고 있지 않은 상태라면 웹 서비스에 에디터를 적용할 수가 없다. 잘 알겠지만 보안 관계상 컨텐트를 작성하는 부분까지 사용자에게 모두 맡기는 서비스는 없기 때문이다. 그래도 나만의 에디터를 사용할 수 있는 방법이 있지 않을까?

답은 매쉬업 애플리케이션을 클라이언트 기반의 데스크탑 애플리케이션으로 만들면 서버의 도움 없이도 사용할 수 있으며, 많은 부분에 활용할 수 있다는 것이다. 또한 클라이언트 기반이어서 크로스 도메인에 대한 제약을 받지 않고 얼마든지 오픈 API를 활용할 수 있다.

문제는 image_plugin.html을 어떻게 데스크탑 애플리케이션으로 만드느냐인데, 그건 AIR^{Adobe Integration Runtime}를 이용하면 쉽게 해결할 수 있다.

데스크탑용 응용 프로그램을 만들기가 얼마나 어려운데 HTML 파일이 데스크탑 애플리케이션이 될 수 있다고?

그렇다. 재미있게도 어렵지 않게 HTML 기반의 애플리케이션도 데스크탑 애플리케이션이 될 수 있다. 자바스크립트의 또 다른 세상인, HTML 기반의 애플리케이션을 AIR용 데스크탑 애플리케이션으로 만드는 방법을 알아보자.

4.4.1 AIR 프로젝트

AIR 애플리케이션은 AIR SDK만 있으면 얼마든지 개발이 가능하다. 그런데 AIR SDK만으로 AIR 애플리케이션을 개발할 경우 AIR SDK의 커맨드에 대한 이해가 필요할 뿐만 아니라 커맨드도 직접 입력해야 하기 때문에 AIR SDK만 이용해 애플리케이션을 만드는 경우는 드물다. 플래시나 플렉스로 AIR 애플리케이션을 만들 경우에는 플렉스 빌더나 플래시 IDE를 사용하며, HTML을 이용해 AIR 애플리케이션을 만들 경우에는 Aptana IDE를 이용한다. Aptana IDE는 자바스크립트나, 스타일시트, HTML 코딩을 할 때도 많은 도움을 주지만 AIR 애플리케이션을 개발할 때도 최적의 환경을 제공하고 있어, HTML 기반의 AIR 애플리케이션을 만들 때 많이 사용된다. 자, 그럼 Aptana IDE에서 AIR 애플리케이션을 만드는 첫 단계로 AIR 프로젝트를 만들어보자.

4.4.1.1 Aptana IDE에 AIR 플러그인 설치하기

Aptana IDE를 기본적으로 설치한 경우 AIR 플러그인이 설치되어 있지 않기 때문에, AIR 애플리케이션을 Aptana IDE에서 개발하려면 AIR 플러그인을 설치해야 한다. Aptana(1.2.1 버전 이상)를 실행한 후, [그림 4-4]에 보이는 Aptana 시작페이지에서 Plugins를 선택하고, Aptana Adobe AIR 1.5 Development 부분에서 Get It을 클릭하면 AIR 플러그인 설치가 시작된다.

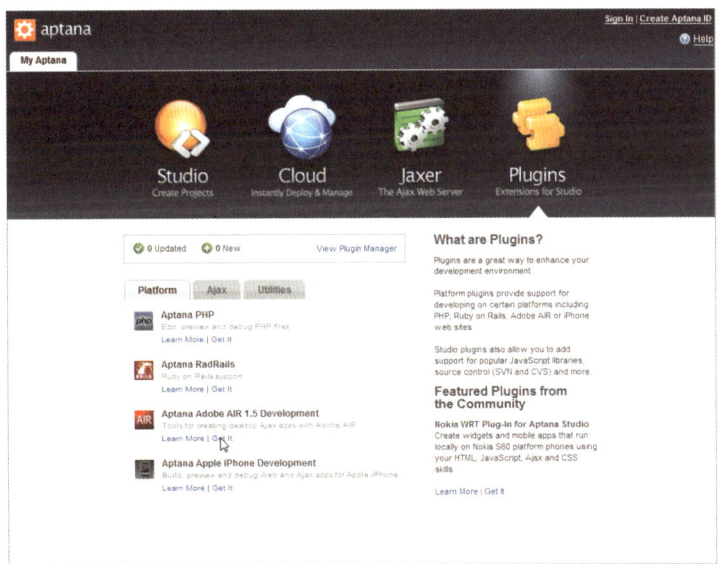

[그림 4-4] Aptana IDE에서 AIR 플러그인을 설치하는 화면

설치가 시작되면 팝업창이 나오는데, [그림 4-5]처럼 체크를 한 후 Next 버튼을 클릭한다.

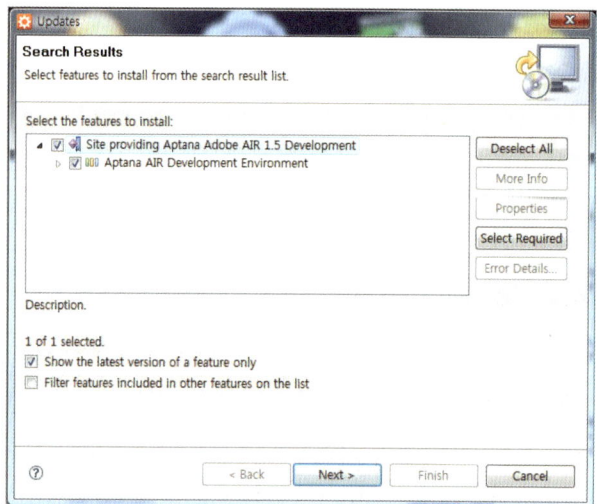

[그림 4-5] Aptana IDE에 플러그인을 설치하기 위해 AIR 플러그인을 설정하는 화면

AIR 플러그인을 설정하고 나면 [그림 4-6]과 같은 약관에 대한 동의를 구하는 화면이 나온다. [그림 4-6]처럼 선택을 한 후 Next 버튼을 클릭하고, 다음 화면에서 Finish 버튼을 클릭하면, [그림 4-7]처럼 AIR 플러그인 다운로드가 시작된다.

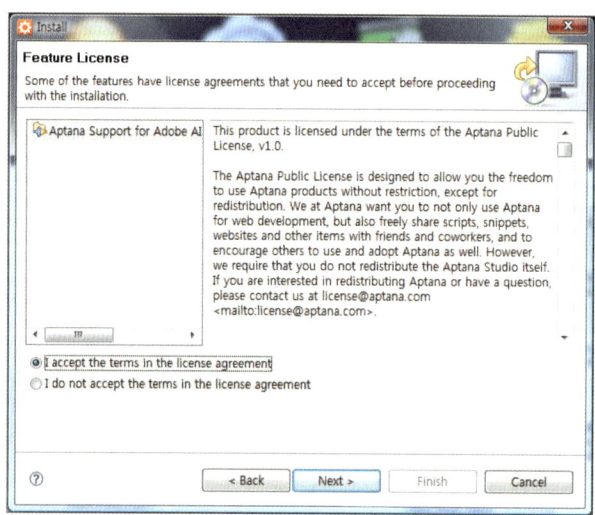

[그림 4-6] 플러그인의 저작권 준수에 대해 동의 여부를 묻는 화면

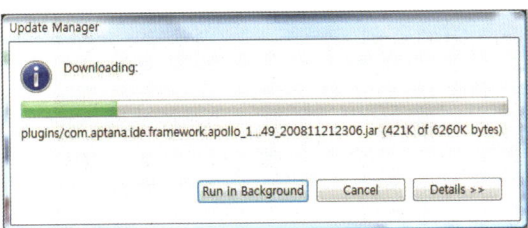

[그림 4-7] 플러그인 설정을 마치고 AIR 플러그인을 다운로드하는 화면

다운로드가 완료되면 [그림 4-8]과 같이 플러그인을 설치하는 팝업창이 실행되는데, 여기서 Install 버튼을 클릭하면 플러그인 설치가 진행된다.

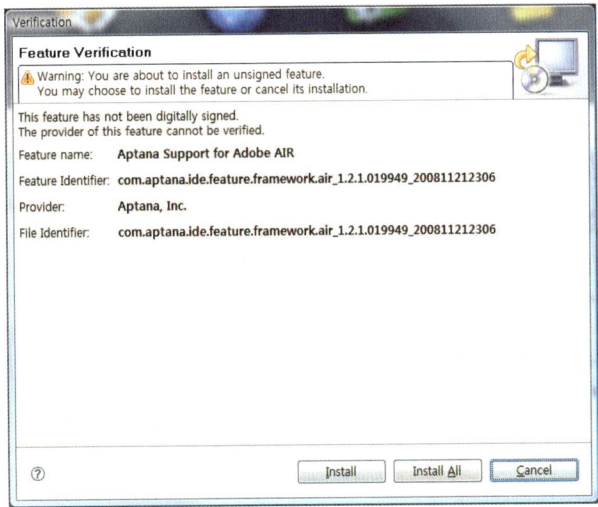

[그림 4-8] AIR 플러그인 설치를 실행하는 화면

설치가 완료되면 [그림 4-9]와 같은 메시지가 뜰 것이다. Yes 버튼을 클릭해 Aptana IDE를 재실행하면 AIR 플러그인의 설치가 완료된다.

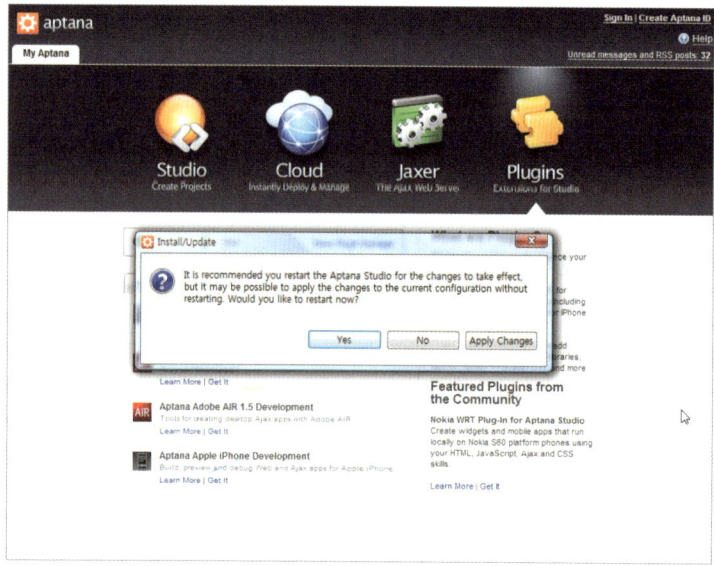

[그림 4-9] 플러그인 설치 완료 후 Aptana IDE를 재시작할 것인지 묻는 화면

4.4.1.2 AIR 프로젝트 만들기

이제 AIR 플러그인이 설치됐으니, AIR 프로젝트를 만들어서 HTML 기반의 AIR 애플리케이션을 만들 수 있게 됐다. AIR 프로젝트를 만들어보자. Aptana IDE에서 File ➤ New ➤ Project를 선택해 [그림 4-10]과 같은 프로젝트를 선택하는 화면이 나오면, Adobe AIR Project를 선택하고 Next 버튼을 클릭한다.

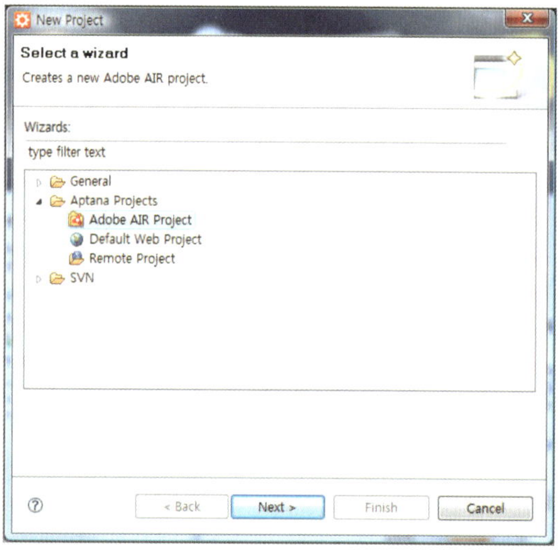

[그림 4-10] AIR 프로젝트를 선택하는 화면

AIR 프로젝트를 선택해 [그림 4-11]처럼 프로젝트를 설정하는 화면이 나오면, Project name에 RemoteWriter를 입력하고 Included Sandbox Code Sample 부분에서 Application and non-application sandbox를 선택한다. 설정을 마쳤다면 Next 버튼을 클릭한다.

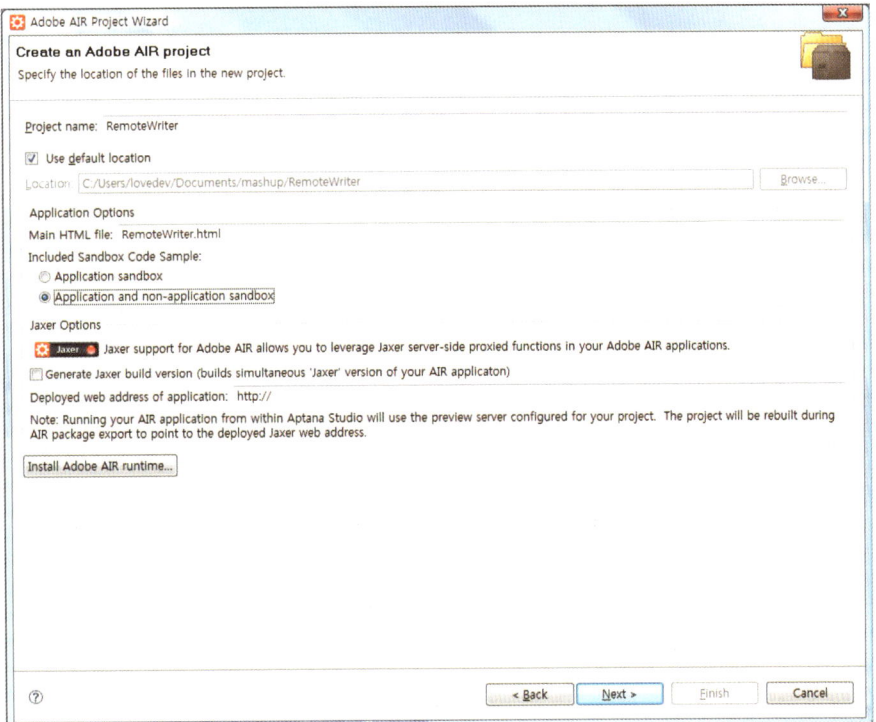

[그림 4-11] AIR 프로젝트를 설정하는 화면

AIR 프로젝트 설정이 끝나면 [그림 4-12]처럼 AIR 애플리케이션의 기본 속성을 설정하는 화면이 나오는데, AIR 애플리케이션의 ID, Description, Copyright, 버전, 그리고 애플리케이션의 아이콘을 설정할 수 있다. 특별한 주의사항은 없으며, 원하는 대로 설정을 마쳤다면 Next 버튼을 클릭한다.

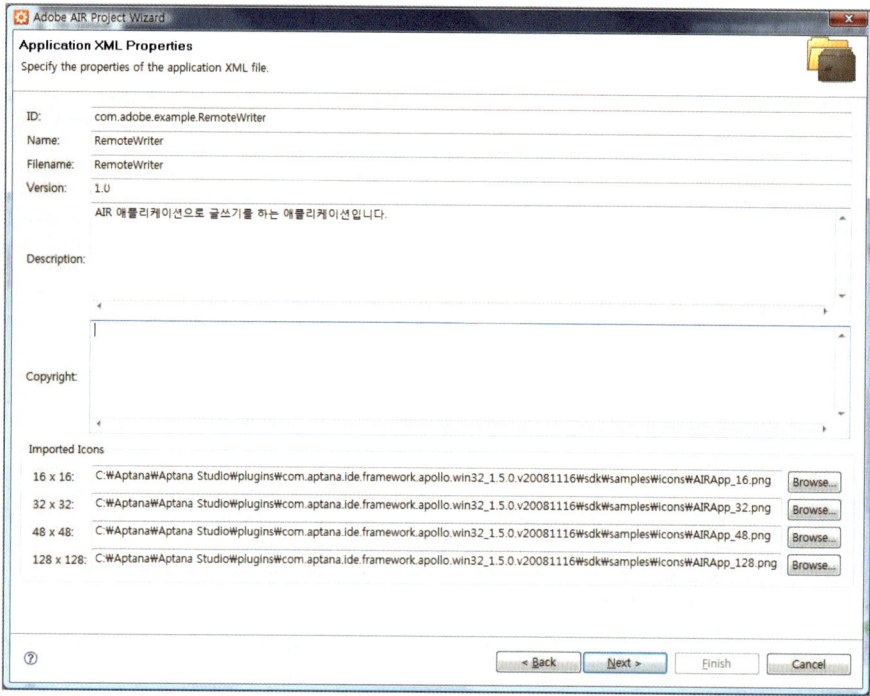

[그림 4-12] AIR 애플리케이션의 기본 속성을 설정하는 화면

기본적인 AIR 프로젝트 생성 마지막 단계다. 애플리케이션의 기본적인 크기와 최대 크기, 최소 크기, 크기 조절이 가능하게 할 것인지, 최소화가 가능하게 할 것인지, 최대화가 가능하게 할 것인지, 기본 크롬은 무엇을 사용할 것인지 기본적인 외형을 설정하는 단계다. [그림 4-13]처럼 설정하고 Finish 버튼을 클릭해 AIR 프로젝트 생성을 완료한다. 지금까지 설명한 절차 외에 2개 정도의 단계가 더 있지만, 프로젝트 생성과는 별개이므로 생략했다.

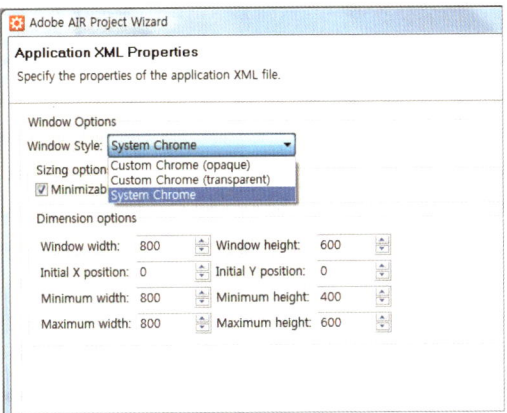

[그림 4-13] AIR 애플리케이션의 기본 외형을 설정하는 화면

프로젝트 생성이 완료되면 [그림 4-14]에서 보는 바와 같이 프로젝트가 만들어지며, 기본적인 샘플 파일이 생성됐음을 볼 수 있다.

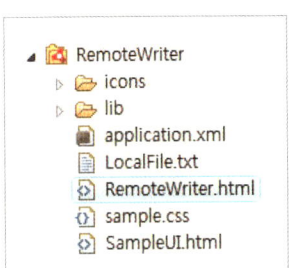

[그림 4-14] AIR 프로젝트를 생성한 화면

AIR 프로젝트가 만들어졌으니, 이미지 검색기가 내장된 오픈에디터를 AIR 애플리케이션으로 전환해보자.

4.4.2 AIR 보안 모델

AIR 애플리케이션은 데스크탑 애플리케이션으로 사용자의 시스템에 직접 설치되므로, 일반적인 웹 애플리케이션보다 강력한 권한을 갖게 된다. 따라서 애플리케이션을 개발할 때 사용자 보호를 위한 책임과 주의가 뒤따른다. 또한 우리가 만드는 AIR 애플리케이션은 HTML 기반이어서, 아무리 주의를 기울인다 해도 애플리케이션에서 외부의 데이터를 실행한다거나, HTML에 포함된 컨텐트가 AIR 애플리케이션에 직접 접근할 경우 상당한 위험이 따를 수 있다. 그래서 이런 문제가 발생할 여지를 최소화하기 위해 어도비 AIR에서는 보안 모델을 적용하고 있다. 어도비 AIR의 보안 모델에 대해 알아보자.

4.4.2.1 애플리케이션 샌드박스와 비애플리케이션 샌드박스

AIR 애플리케이션은 [그림 4-15]처럼 HTML 영역이 애플리케이션 샌드박스와 비애플리케이션 샌드박스라는 두 가지 보안 모델로 분류된다. 애플리케이션 샌드박스 영역은 로컬 자원 접근이 가능하고 파일을 읽고 쓰는 것이 가능하며, AIR API를 통해 운영체제에서 제공되는 API를 사용할 수 있는 강력한 권한을 갖는 영역이다. 이에 반해 비애플리케이션 샌드박스 영역은 파일을 읽고 쓴다든지, AIR API의 사용, 로컬 자원 접근 등이 금지되는 제한적인 영역이다.

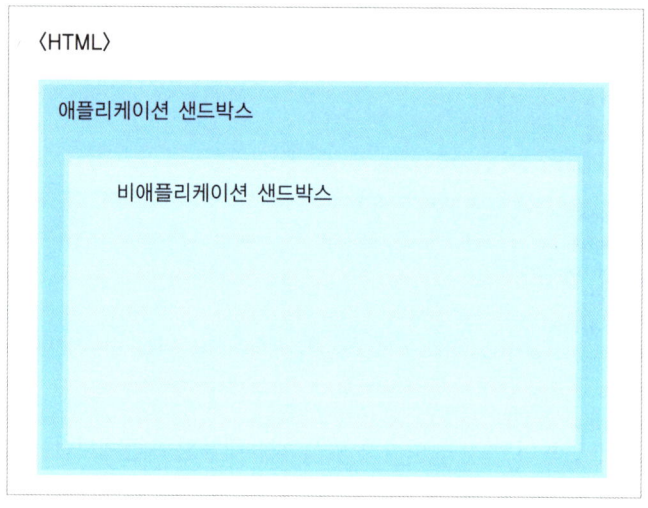

[그림 4-15] HTML 기반의 AIR 애플리케이션 보안 모델

왜 이렇게 영역이 구분되는 걸까? 그 이유는 AIR 애플리케이션의 기능을 자바스크립트로 컨트롤하기 때문이다. 처음에 이야기했듯이 AIR 애플리케이션에서는 자바스크립트로 파일을 읽고 쓰고 AIR API를 이용해 운영체제의 API를 사용할 수 있는데, 웹 기반이라면 이런 걱정은 거의 없겠지만 데스크탑 기반이므로 데스크탑에서 악의적인 코드가 실행되어 악질 바이러스처럼 위험한 일이 얼마든지 발생할 수 있으므로 보안 모델을 구분해놓은 것이다.

그런 이유로 애플리케이션 샌드박스 영역은 강력한 권한을 갖는 대신 외부의 자바스크립트를 가져오는 것을 금지하며, 문자열이 자바스크립트로 수행되는 것도 일정 부분만 허용하고 대부분 제한하고 있다. 외부의 자바스크립트가 의도적으로 변환되어 AIR 애플리케이션이 설치된 컴퓨터의 파일을 모두 삭제 혹은 수정해버린다든가, 문자열이 갑자기 실행코드로 변환되는 것도 위험한 일이기 때문이다. 또한 애플리케이션 샌드박스 영역에 애플리케이션의 홈 디렉토리에 존재하는 컨텐트만 삽입할 수 있도록 제한하고 있으며, 이 외에도 위험하다고 생각되는 document.write, innerHTML, setTimeOut, setInterval, Function 생성 등이 제한된다. 이에 반해 비애플리케이션 샌드박스 영역에서는 애플리케이션 샌드박스에서 제한받던 모든 것이 가능하다. 외부의 스크립트를 불러올 수도 있고, eval() 함수를 이용해 문자열을 자바스크립트로 수행할 수도 있다. 비애플리케이션 샌드박스에서는 데스크탑 자원에 직접적으로 접근할 수 없기 때문에 제한됐던 부분이 허용되는 것이라 보면 된다. 이런 비애플리케이션 샌드박스는 애플리케이션 샌드박스 영역에서 frame이나 iframe 태그를 이용해 생성된 영역에 해당하며, 비애플리케이션 샌드박스 영역은 애플리케이션 샌드박스 영역 내부에 존재하게 된다. 따라서 애플리케이션 샌드박스 영역에서 iframe이나 frame은 원래 개념은 잊어버리고 "비애플리케이션 샌드박스 영역이다"라고 생각하고 개발해야 실수를 범하지 않을 수 있다.

4.4.2.2 각기 다른 샌드박스와 인터랙션

AIR 애플리케이션을 만들다 보면, 비애플리케이션 샌드박스 영역에서 애플리케이션 샌드박스 영역에 해당되는 기능을 사용해야 할 경우가 생길 수 있다. 그런데 AIR의 보안 정책으로 인해 일반적인 웹 애플리케이션처럼 iframe 영역에서는 parent로 접근한다거나, 반대로 iframe의 id나 name 등으로 접근해 서로 간의 접근이 불가능하다. 일반 웹 애플리케이션에서 비일비재하게 사용하던 방식이 불가능해진 것이다. 하지만 이런 부분을 완전하게 막아놓은 것은 아니다. 이럴 경우를 대비해 어도비 AIR는 샌드박스 브리지sandboxbridge API를 제공하고 있다. 샌드박스 브리지 API를 이용하면 비애플리케이션 샌드박스 영역과 애플리케이션 샌드박스 영역 간의 통신이 가능하며, [그림 4-16]처럼 애플리케이션 샌드박스에서 비애플리케이션 샌드박스로 또는 그 반대로 이용할 수 있도록 단방향 통로를 제공한다.

일반적인 웹 애플리케이션이라면 iframe 영역에서는 parent로 접근이 가능하고 반대는 iframe의 id나 name 등으로 접근해 서로 참조하는 것이 가능하겠지만,

AIR는 보안 정책상 자유로운 접근이 허용되지 않으므로 이 같은 기능을 샌드박스 브리지 API를 통해 등록된 API끼리 통신할 수 있게 한 것이다.

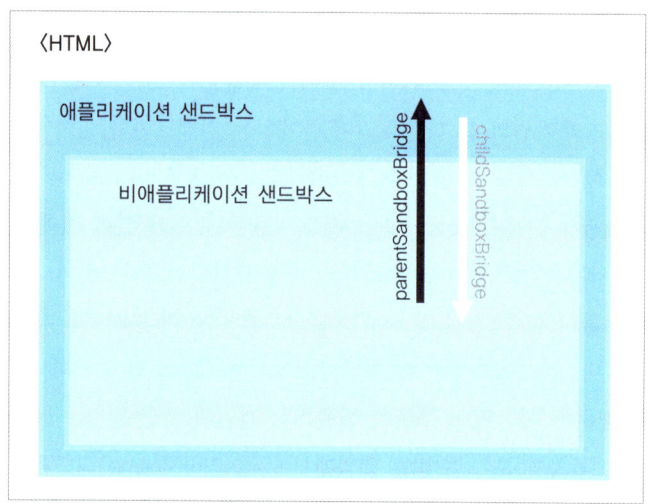

[그림 4-16] 각기 다른 샌드박스 간의 인터랙션

샌드박스 브리지 API를 사용하는 방법은 두 가지 경우로 나뉜다. 우선 애플리케이션 샌드박스 영역에서 비애플리케이션 샌드박스 영역의 함수나, 변수, 객체 등을 이용할 경우에는 비애플리케이션 샌드박스 영역에서 childSandboxBridge 객체에 키와 키에 해당되는 값을 설정하고 애플리케이션 샌드박스 영역에서 childSandboxBridge 객체에 등록된 키를 이용해 값을 참조할 수 있다. 반대로 비애플리케이션 샌드박스 영역에서 애플리케이션 샌드박스 영역의 함수나 객체를 이용할 경우에는 parentSandboxBridge 객체에 키와 키에 해당되는 값을 정의하고 비애플리케이션 샌드박스 영역에서 parentSandboxBridge 객체에 등록된 키를 이용해 값을 참조하면 된다.

이렇게 해서 샌드박스 브리지 API를 이용해 보안 정책을 피해갈 수 있는 방법에 대해 알아봤다. 주의해야 할 것이 있다면, 샌드박스 브리지 API는 위험에 노출될 수 있는 부분이 열려 있기 때문에 필요 없는 API는 샌드박스 브리지로 제공하지 말아야 하며, API를 만들 때도 보안적인 면에 착안해서 주의를 기울여야 한다는 점이다. 샌드박스 브리지 API 사용법은 앞으로 다룰 예제를 통해 자세히 알게 될 것이다. HTML 페이지를 AIR 애플리케이션으로 전환해보자.

4.4.3 AIR 애플리케이션으로 전환하기

이미지 검색기가 플러그인으로 내장된 HTML 애플리케이션을 AIR 애플리케이션으로 전환해보자. 일단 [그림 4-17]처럼 새롭게 생성한 AIR 프로젝트에 image_plugin.html 파일은 물론 관련된 파일을 모두 프로젝트로 복사하고 필요 없는 파일은 모두 삭제한다.

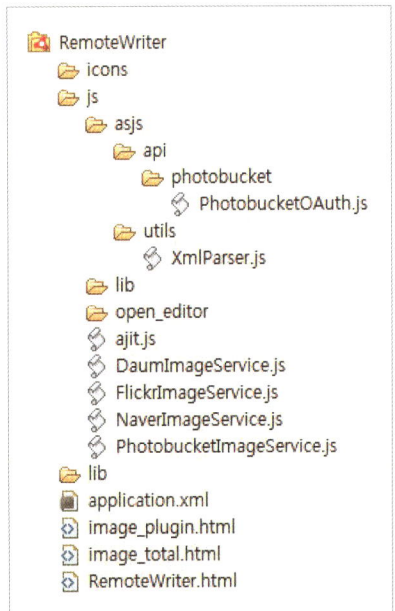

[그림 4-17] 기존 파일을 추가한 AIR 프로젝트 결과 화면

그 다음 프로젝트의 메인 파일이며 애플리케이션 샌드박스 영역에 해당되는 RemoteWriter.html을 열고, [예제 4-6]처럼 애플리케이션 샌드박스 영역을 구현해 보자.

이미지 검색기가 내장된 오픈에디터는 자바스크립트를 자유롭게 이용할 수 있어야 하므로, 애플리케이션 샌드박스 영역에서 비애플리케이션 샌드박스 영역을 생성한 다음 비애플리케이션 샌드박스 영역에서 구현돼야 한다. 또한 애플리케이션 샌드박스 영역의 기능을 활용할 수 있도록 샌드박스 간 인터랙션도 활발하게 일어나므로, 샌드박스 브리지에 대한 부분도 설정해야 한다. [예제 4-6]은 비애플리케이션 영역을 구현하기에 앞서 애플리케이션 샌드박스 영역을 구현한 예다.

[예제 4-6] 애플리케이션 샌드박스 영역 구현하기

../example/chapter_04_RemoteWriter/RemoteWriter.html

```html
<html>
  <head>
     <title>RemoteWriter</title>

     <script type="text/javascript"
         src="/lib/air/AIRAliases.js"></script>
  </head>

  <script type="text/javascript">

  // 비애플리케이션 샌드박스 영역에서 브리지로 사용할 객체 정의
  var parentMethod = {

     // 애플리케이션 샌드박스 영역의 새창 만들기
     openWindow : function(path,w,h){

        var options = new air.NativeWindowInitOptions();
        options.systemChrome = "standard";
        options.type = "normal";
        options.resizable = false;

        var windowBounds = new air.Rectangle(200,250,w,h);
        newHTMLLoader = air.HTMLLoader.createRootWindow(true,
            options, false, windowBounds);
        newHTMLLoader.load(new air.URLRequest(path));
     }
  }

  // HTML 로딩이 완료되면 실행될 이벤트
  function doOnload() {

     // 비애플리케이션 영역에서 사용할 parentSandboxBridge 설정
     document.getElementById('editorWindow').
       ↪ contentWindow.parentSandboxBridge = parentMethod;

     // 애플리케이션 영역에서 사용할 childSandboxBridge 설정
     window.childMethod =
       document.getElementById('editorWindow').contentWindow.
```

```
              ↳ childSandboxBridge;
        }
    </script>

    <body onload="doOnload();">
        <iframe id="editorWindow"
            src="image_plugin.html"
            sandboxRoot="http://asjs.net/"
            documentRoot="app:/"
            allowcrossDomainXHR="true"
            style="width:780px;height:550px">
        </iframe>
    </body>
</html>
```

예제 4-6 분석

1. AIRAliases.js 가져오기

```
<script type="text/javascript"
    src="/lib/air/AIRAliases.js"></script>
```

AIRAliases.js 자바스크립트 파일은 AIR만의 기능을 위해 복잡하게 런타임 API로 등록되어 있는 객체들을 쉽게 참고할 수 있도록 air라는 객체로 재정의된 내용을 담고 있으며, AIR의 API를 좀 더 쉽게 사용할 수 있도록 도와주는 라이브러리로 AIR 프로젝트 생성 시 기본적으로 포함되어 있다.

2. 샌드박스 브리지 설정하기

샌드박스 브리지를 설정하는 부분은 doOnload() 함수 부분이다. 샌드박스 브리지는 비애플리케이션 영역인 window 객체로 비애플리케이션 영역과 애플리케이션 영역을 이어준다.

따라서 예제는 document.getElementById('editorWindow').contentWindow 객체에 샌드박스 간에 필요에 의해 사용할 메소드나 함수를 등록한 것이며, HTML의 렌더링이 완료되어 onload 이벤트가 발생하면 비애플리케이션 샌드박스 영역에서 사용할 parentSandboxBridge에서 애플리케이션 영역의 parentMethod 객체를 참조하게 했고, 애플리케이션 샌드박스 영역에서 비애플리케이션 샌드박스 영역에 있는 메소드나 데이터를 사용하기 위해 `childSandboxBridge`를 `childMethod` 객체가 참조하게 했다.

3. 애플리케이션 샌드박스 보안 정책을 따르는 새창 만들기

비애플리케이션 샌드박스 영역에서 사용힐 `openWindow()` 메소드는 애플리케이션 샌드박스 보안 정책을 따르는 새창을 만드는 기능을 한다. 굳이 이렇게 새창을 생성하는 메소드를 만든 이유는, window.open() 메소드를 이용해 새창을 만들 경우, 보안상의 이유로 마우스 이벤트와 키보드 이벤트 같은 간단한 이벤트를 실행할 수 있는 권한 외에는 허용되지 않기 때문이다.

예제로 만든 이미지 검색기는 팝업에서 사용될 것이어서 간단한 이벤트가 허용되는 것만으로는 동작하지 않기 때문에, 많은 권한이 허용되는 새창이 있어야 한다. `openWindow()` 메소드의 내용을 간단히 알아보면, `NativeWindowInitOptions` 객체는 새로운 윈도우가 만들어질 때 초기 속성 값을 담는 객체로 새창의 모양이나 새창의 유형, 크기 조절 가능 여부 등에 대한 속성 값을 갖는다. 예제에서는 시스템에서 제공되는 크롬을 사용하도록 `"standard"`로 설정했고, 새창 유형으로 `"normal"` 형태를 설정했다. 그리고 크기 조절을 할 수 없도록 `resizable` 속성을 false로 설정해 팝업창이 생성되게 했다.

`Rectangle` 객체는 새창이 생성될 위치 값과 크기 값을 갖는다. 의미하는 내용은 Rectangle (새창이 생성될 때 위치할 가로 좌표, 새창이 생성될 때 위치할 세로 좌표, 새창의 가로 크기, 새창의 세로 크기)다.

`HTMLLoader` 객체는 브라우저 기능이 구현된 브라우저 객체라고 생각하면 된다. `HTMLLoader` 객체의 메소드 중 `createRootWindow()` 메소드는 window.open()과 비슷한 기능을 하는 팝업을 띄우는 메소드로 4개의 매개변수를 전달받는다. 첫 번째 매개변수는 새창이 보일 것인지 보이지 않을 것인지에 대한 값, 그 다음은 윈도우에 대한 기본 설정 값, 세 번째는 스크롤바를 보일 것인지 아닌지 정하는 값 그리고 마지막으로 새창의 위치와 크기를 갖는 값을 받게 된다.

마지막으로 `HTMLLoader.load()` 메소드는 브라우저의 내용이 되는 컨텐트를 가져오는 메소드로, 경로 정보가 담긴 `URLRequest` 객체를 매개변수로 받는다. 따라서 `openWindow()` 메소드에 경로와, 새창의 가로/세로 크기를 지정해 호출하면, 지정된 경로의 컨텐트가 담긴 지정한 크기의 새창이 모니터의 좌측에서 200픽셀, 상단에서 250픽셀 위치에 생성된다.

4. iframe의 비애플리케이션 샌드박스 속성 설정하기

샌드박스 보안 모델을 설명하면서, "iframe이나 frame 영역은 진짜 iframe이나 frame이 아닌 비애플리케이션 샌드박스 영역이다"라고 생각하라고 했다. 예제에서 iframe을 만든 내용을 보면, 다음과 같이 일반 웹 애플리케이션에서는 사용되지 않는 속성이 정의된 것이 보인다.

```
sandboxRoot="http://asjs.net/"
documentRoot="app:/"
allowcrossDomainXHR="true"
```

sandboxRoot 속성은 iframe 안에 있는 컨텐트가 어디서 실행되고 있는가에 대한 속성 값이다. 즉 iframe 내부의 컨텐트들은 마치 http://asjs.net 사이트에서 실행된 것처럼 인식하게 된다. Request의 출처를 정의한 것이라 보면 된다. 예를 들면 AIR 애플리케이션에서 오픈 API를 사용한다고 할 때, 애플리케이션의 입장에선 로컬에서 오픈 API로 접근하는 것이지만 오픈 API를 제공하는 입장에서는 http://asjs.net에서 오는 걸로 알게 되는 것이다.

documentRoot 속성은 iframe 안에 있는 컨텐트의 기준 경로를 제공한다. iframe 내부에 상대경로로 되어 있는 컨텐트는 documentRoot를 기준으로 접근하게 된다. iframe 엘리먼트에 documentRoot 속성 없이 sandboxRoot 속성만 존재한다면, sandboxRoot 속성 값으로 지정한 경로가 기준 경로가 된다. AIR는 필요한 경로에 쉽게 접근이 가능하도록 URI 스키마를 제공하고 있으며, http, https, fils, mailto 외에도 app, app-storage 등을 제공하고 있다. app:는 AIR 애플리케이션이 설치된 디렉토리 경로며, app-storage:는 운영체제마다 애플리케이션들의 데이터를 보관하는 애플리케이션 저장 디렉토리의 경로를 가리키게 된다.

allowcrossDomainXHR 속성은 이름만 봐도 어느 정도 알 수 있을 것이다. AJAX로 사용하는 XmlHttpRequest 객체의 외부 도메인에 대한 접근 허용 여부를 결정한다. 이 속성을 설정하면 비애플리케이션 샌드박스에서도 크로스 도메인 정책에 제한받지 않고 맘껏 AJAX를 이용해 외부 도메인에 접근할 수 있다.

[예제 4-6]은 AIR의 보안 모델에 해당되는 대부분의 경우가 함축되어 있는 알찬 예제다. 새창에서의 보안 모델까지 다루고 샌드박스 브리지도 다뤘기 때문에, [예제 4-6]을 보고 예제에서 설정한 속성이나, 새창을 생성하는 방법, 샌드박스 브리지 설정 방법을 숙지했다면 AIR의 보안 모델은 거의 이해한 것이나 다름없다. 애플리케이션 샌드박스 영역이 구현됐으니, 나머지 비애플리케이션 샌드박스 영역인 image_plugin.html을 구현해보자. 일단 팝업 생성 방법부터가 바뀌었고, 팝업창을

생성하는 데 샌드박스 브리지가 이용되므로, [그림 4-18]처럼 기존의 이벤트 흐름에 변화가 생긴다.

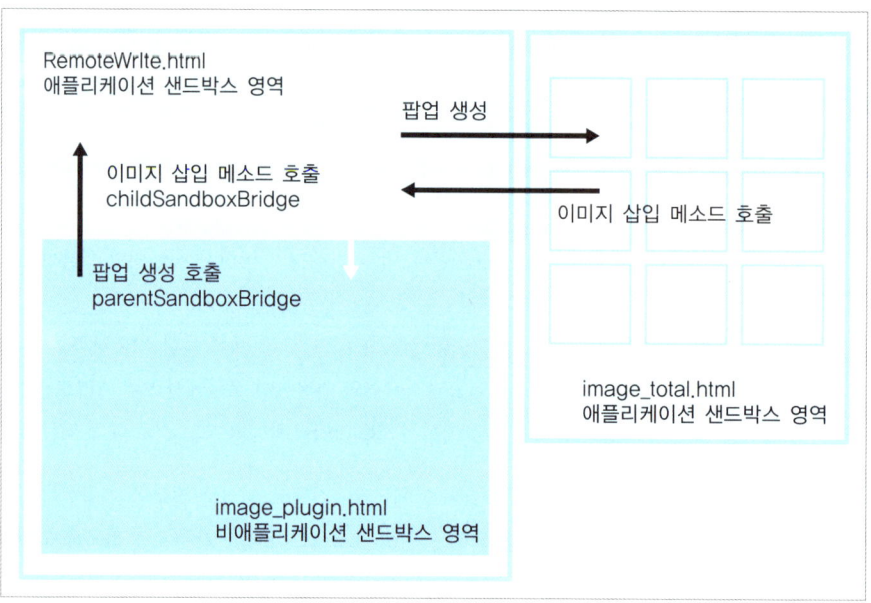

[그림 4-18] AIR 애플리케이션으로 전환하면서 변경된 이벤트 흐름

[그림 4-18]을 살펴보면, 기존에는 image_plugin.html에서 바로 새창을 생성했지만 AIR 애플리케이션으로 전환되면서 보안 모델의 제약을 받기 때문에, 샌드박스 브리지를 활용해 애플리케이션 샌드박스 영역에서 새창을 생성한다. 그 다음 새창에서 이미지를 검색 후 이미지 삽입 메소드를 호출해야 하는데, 이때도 AIR의 보안 모델 정책 때문에 image_plugin.html과 새창은 서로 접근이 불가능하다. 따라서 새창에서 RemoteWrite.html의 샌드박스 브리지를 이용해 image_plugin.html의 이미지 삽입 메소드를 호출한다. 이것이 [그림 4-18]의 이벤트 흐름 내용이다. image_plugin.html을 이벤트의 흐름에 맞도록 변경해야 할 부분을 알아보고 수정해보자.

우선 애플리케이션 샌드박스 영역에서 호출할 비애플리케이션 영역의 샌드박스 브리지인 `childSandboxBridge` 객체가 참조는 됐지만, 비애플리케이션 샌드박스 영역에서 구현이 되지 않은 상태다. 애플리케이션 샌드박스 영역에서 필요한 메소드는 비애플리케이션 샌드박스 영역에 존재하는 에디터에 이미지를 삽입할 수 있는 메소드로, [리스트 4-5]는 애플리케이션 샌드박스 영역에서 사용할 `childSandboxBridge`를 image_plugin.html에서 설정한 예다.

[리스트 4-5] childSandboxBridge를 설정한 예

```
var childMethod = {
  insertImage : function(src){
     editor.insertImage(src);
     return "success";
  }
};

window.childSandboxBridge = childMethod;
```

이것으로 애플리케이션 샌드박스 영역에서 비애플리케이션 샌드박스 영역에 존재하는 에디터에 이미지를 삽입할 수 있게 됐다. 이번엔 이미지 검색기에서 검색된 이미지를 선택하면, 비애플리케이션 샌드박스 영역에 존재하는 에디터에 이미지를 삽입해야 한다. 이미지가 삽입되는 흐름도 변경됐으니, 이에 맞도록 수정하자. [리스트 4-6]은 새창에 해당되는 image_total.html에서 비애플리케이션 샌드박스의 childSandboxBridge 객체에 등록된 insertImage() 메소드를 호출하는 예다. [리스트 4-6]에서 중요하게 볼 부분은 새창에서 부모창에 접근하는 방식인데, 일반적으로 window.open() 함수로 새창을 생성할 경우 opener 객체가 부모창 객체가 되어 부모창에 접근할 수 있다. 하지만 AIR API로 생성된 새창의 경우는 부모와 자식 관계가 아닌 서로 동등한 관계라서 부모창이라는 개념이 없다. [리스트 4-6]에서 어떻게 부모창에 해당되는 RemoteWrite.html에 접근하는지 자세히 살펴보자.

[리스트 4-6] childSandboxBridge 객체에 등록된 insertImage() 메소드를 호출하는 예

```
function insertImage(src){

  var rootWin =
     air.NativeApplication.nativeApplication.openedWindows[0];

  // opener 설정
  var opener = rootWin.stage.getChildAt(0).window;
  // opener의 비애플리케이션 샌드박스 영역에 있는 insertImage() 메소드 호출
  opener.childMethod.insertImage(src);
}
```

[리스트 4-6]의 insertImage() 함수는 window.open() 메소드를 사용한 것처럼 하는 팝업의 opener를 설정하는 rootWin 변수를 정의하는 부분과 opener 변수를 정의하는 부분 그리고 부모창의 childSandboxBridge에 등록된 insertIamge() 메소드를 호출하는 opener.childMethod.insertImage(src) 내용이 담겨 있다. 쉽게 이해되지 않는 부분은 rootWin 변수와 opener 변수를 정의하는 부분일 것이다. 앞에서 새창은 부모와 자식 관계가 아닌 동등한 관계라고 했다. AIR 애플리케이션에서 새창은 새로운 애플리케이션 영역이라고 생각하면 된다. AIR는 새창이라는 개념에 부모와 자식이라는 종속관계는 없지만, 동등한 관계상에서 서로 간에 접근할 수 있는 방법이 있다.

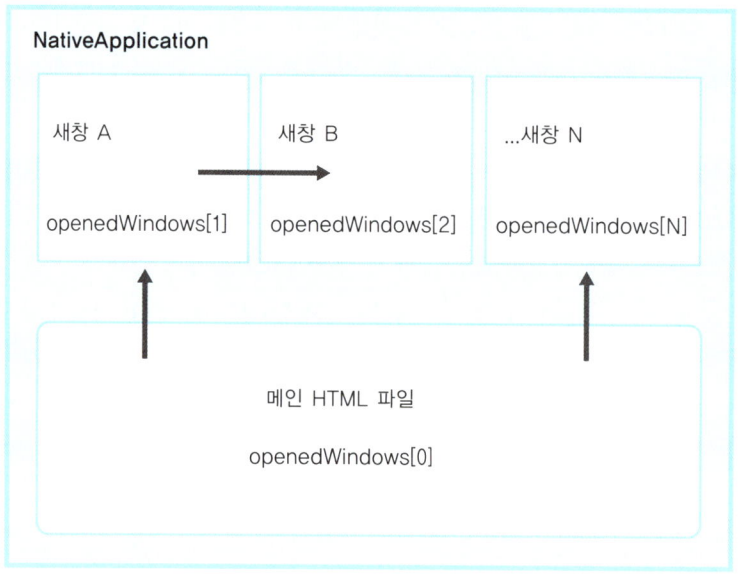

[그림 4-19] 메인 애플리케이션과 새창의 관계

[그림 4-19]에서 보듯이 AIR에서 애플리케이션 영역은 모두 NativeApplication 객체에 존재한다. 그리고 NativeApplication 객체의 nativeApplication 속성은 현재 AIR 애플리케이션의 정보와 상태 정보를 갖고 있으며, 애플리케이션으로 열린 창은 openedWindows 속성에 배열 값으로 저장되고, 창이 열린 순서대로 기록된다. 따라서 rootWin 변수는 AIR 애플리케이션 중 가장 처음 열린 창을 가리키는 것이며, 그 창은 메인 HTML인 RemoteWriter.html이 되므로, 부모와 자식 관계는 아니지만 인덱스 정보로 부모창에 접근한 것이다. 또한 [그림 4-19]에서 새창 A와 새창 B도 인덱스만 알면 얼마든지 서

로 간의 접근이 가능하다. HTML의 새창 개념과 너무도 달라 혼란스러울 수 있지만, 창 간의 접근이 더욱 자유로워진 거라 생각하면 오히려 장점으로 느껴질 것이다.

새창에서 부모창에 접근했지만, 애플리케이션에 접근한 것이지 바로 부모창의 window 객체에 접근할 수 있는 것은 아니다. 그래서 opener 변수는 부모창의 window 객체를 참조하게 했는데, AIR를 잘 모른다면 이해하기 어려운 부분이다. 간단히 설명하자면, HTML 기반의 AIR 애플리케이션은 HTMLLoader 객체를 기반으로 만들어지는데 HTMLLoader 객체가 표현되려면 stage가 필요하고, stage는 애플리케이션의 가장 기반이 되는 객체로 플래시 영역에 해당된다. 또한 HTMLLoader를 브라우저라고 본다면, 브라우저의 window 객체가 바로 우리가 원하는 opener 객체가 되는 것이다. 따라서 AIR 애플리케이션에서 window까지 접근을 하려면 rootWin.stage.getChildAt(0).window처럼 되는데, getChildAt(0)은 제일 처음 stage에 표현된 객체를 뜻하는 것으로, HTML 기반의 AIR 애플리케이션에서 stage.getChildAt(0)은 HTMLLoader를 가리키게 된다. 뒤에 다룰 예제에서 자세하게 설명할 것이므로, 이 부분의 이해가 어렵다면 인지만 하고 넘어가도 된다.

마지막으로 각 이미지 검색 스크립트 파일에서 이미지를 클릭하면 이미지를 에디터에 직접 삽입하는 부분을 변경해야 한다. 이젠 iframe 내에 있는 에디터에 그림을 삽입하기 위해 직접적으로 접근할 수 없어서 opener에 존재하는 샌드박스 브리지를 활용해야 하기 때문이다. 따라서 예제를 진행하면서 만들었던 이미지 검색용 자바스크립트 파일의 내용 중 opener로 접근하던 부분을 image_total.html에 추가된 함수인 insertImage() 함수를 호출할 수 있도록 수정해야 한다.

```
if(opener)
    opener.ImageSearchPlugin.editor.insertImage(this.imagePath);
```

이 부분을 `insertImage(this.imagePath)`라고 수정해주면 된다.

이로써 AIR 애플리케이션으로 태어나기 위한 변환 작업이 마무리됐다. 설명이 다소 길긴 했지만 막상 해보면 짧은 시간에 할 수 있는 부분이다. 이제 HTML이 데스크탑 애플리케이션으로 변환됐는지 테스트해봐야 한다. [그림 4-20]에 표시된 ◐ 부분을 클릭해 AIR 애플리케이션을 실행하면, [그림 4-21]처럼 HTML 페이지가 AIR 애플리케이션으로 변환된 화면을 볼 수 있을 것이다.

[그림 4-20] Aptana IDE에서 AIR 애플리케이션을 실행하는 화면

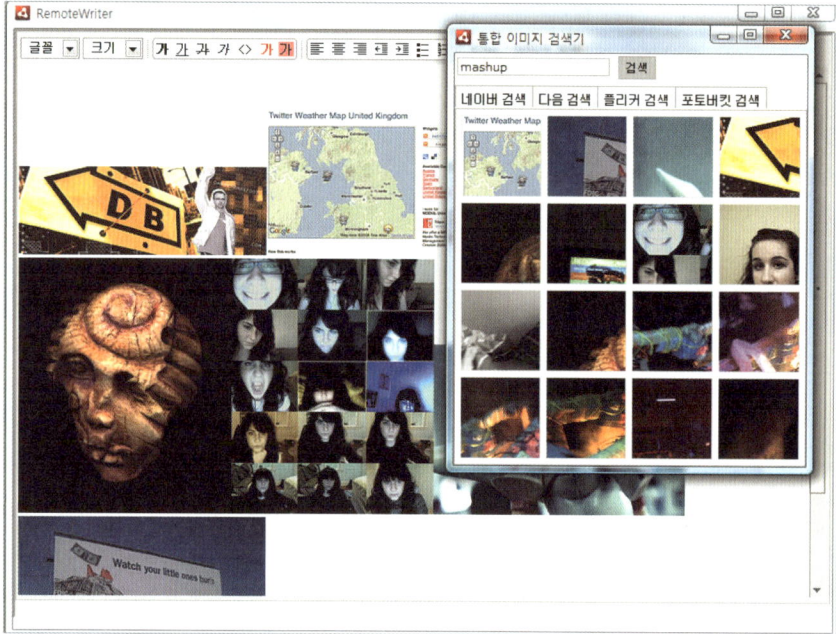

[그림 4-21] AIR 애플리케이션을 실행한 화면

4.4.4 AIR 애플리케이션의 패키징과 배포

Aptana IDE에서 AIR 애플리케이션을 실행하는 것만으로 모든 것이 마무리된 것은 아니다. AIR 애플리케이션이 데스크탑에 설치될 수 있도록 패키징하는 작업과 AIR 애플리케이션이 데스크탑에 쉽게 설치될 수 있도록 배포 배지를 만드는 일이 남았다. AIR 애플리케이션을 패키징하는 방법과 배포 배지를 만드는 방법에 대해 알아보자.

4.4.4.1 AIR 인증서 생성하기

AIR 애플리케이션을 패키징하려면 기본적으로 인증서가 필요하다. 인증서는 AIR 애플리케이션의 신뢰성에 영향을 미치는 역할을 한다. 예로 검증된 인증기관에서 발급된 인증서를 이용할 경우, 사용자가 AIR 애플리케이션을 설치할 때 애플리케이션의 정확한 출처를 알 수 있어 어느 정도 검증이 가능하다. 반면 자가 인증서를 이용할 경우 사용자는 애플리케이션의 정확한 출처를 알 수 없기 때문에, 애플리케이션의 신뢰성이 떨어진다. 따라서 테스트나 개발을 목적으로 할 경우 자가 인증서를 사용해도 무방하지만, 대중적으로 사용될 애플리케이션이라면 검증된 인증기관의 인증서를 권하고 있다.

우리가 만들 AIR 애플리케이션은 개발을 목적으로 하는 것이기에 자가 인증서를 만들어서 사용할 것이다. 사실 인증서라는 것이 신뢰성 외에는 자가 인증서나 검증된 기관의 인증서나 애플리케이션에 미치는 영향은 없다. Aptana IDE를 이용하면, 간단히 자가 인증서를 만들 수 있다. 인증서 만드는 방법을 알아보자.

[그림 4-22]처럼 AIR 프로젝트가 선택된 상태에서 Window ➤ Preferences를 선택한다.

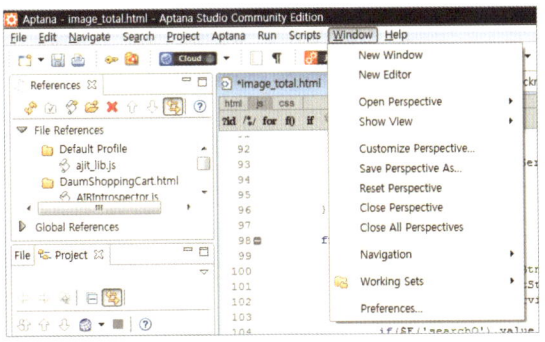

[그림 4-22] Aptana IDE에서 Window ➤ Preferences를 선택하는 화면

Preferences를 선택하면, [그림 4-23]과 같이 AIR 프로젝트 환경 설정을 하는 화면이 나타난다. AIR Certificates를 선택한 후 Add 버튼을 클릭해 인증서를 만들어보자.

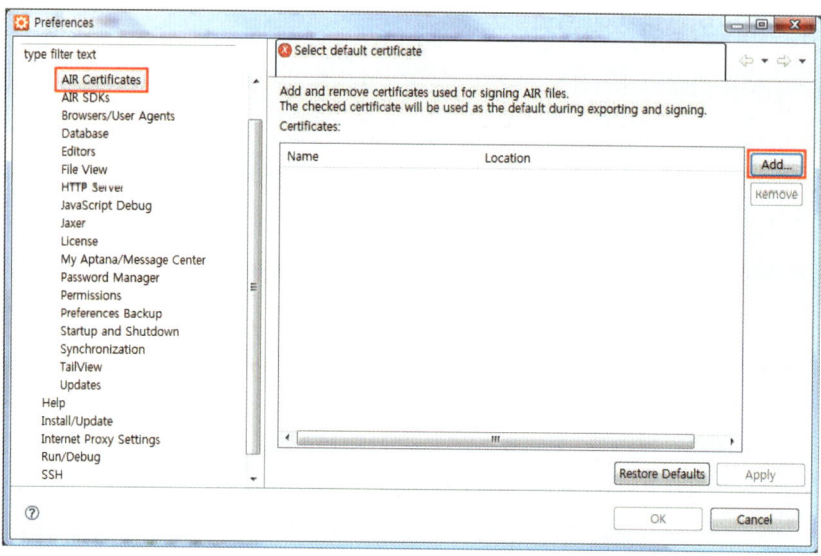

[그림 4-23] AIR 프로젝트에 인증서를 추가하는 화면

Add 버튼을 클릭하면, [그림 4-24]와 같이 인증서를 설정하는 화면이 나타난다. [그림 4-24]처럼 인증서 이름Certificate Name을 넣고 Create new certificate를 선택한다. 그 다음 발행자Publisher Name 등의 인증서 내용을 원하는 대로 기입하고, Country에서 KR(대한민국)을 선택한다. 선택을 마쳤다면, 마지막으로 인증서의 암호를 설정하고 OK 버튼을 클릭한다. 인증서의 암호는 AIR 애플리케이션을 패키징할 때 사용하게 되므로 기억하고 있어야 한다.

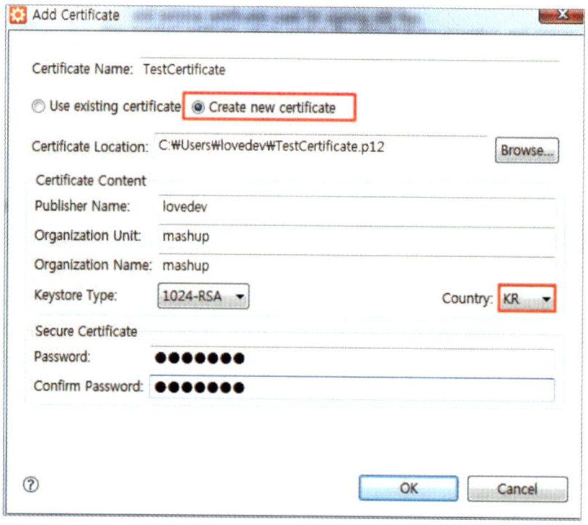

[그림 4-24] Aptana IDE에서 인증서를 생성하는 화면

모든 설정을 정확하게 했다면 [그림 4-25]처럼 인증서가 생성될 것이다. 이렇게 만든 자가 인증서를 이용해 AIR 애플리케이션을 패키징해보자.

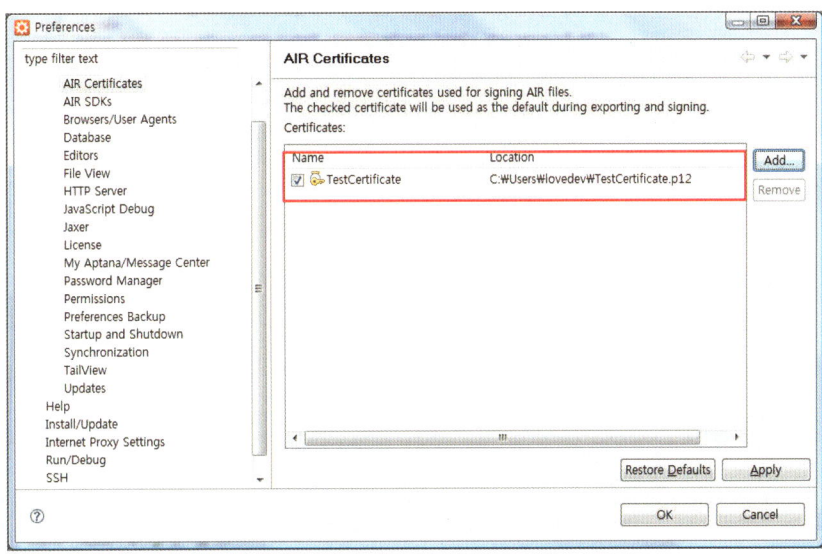

[그림 4-25] 자가 인증서 생성이 완료된 화면

4.4.4.2 AIR 애플리케이션 패키징하기

패키징 작업은 애플리케이션이 하나의 파일로 구성되는 것이 아니므로 설치가 용이하도록 모든 파일을 하나의 파일로 묶어주는 작업이라 보면 된다. Aptana IDE를 이용하면 AIR 애플리케이션 패키징 작업을 간단하게 할 수 있다. Aptana IDE에서 [그림 4-26]처럼 RemoteWriter 프로젝트 > 마우스 우클릭 > 컨텍스트 메뉴 > Export를 선택한다.

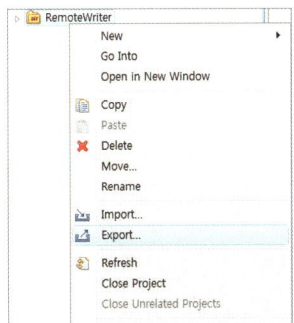

[그림 4-26] 패키징을 위해 Export 메뉴를 선택하는 화면

Export가 선택되면 [그림 4-27]과 같은 화면이 나타나며, Adobe AIR > Adobe AIR Package를 선택하고 Next 버튼을 클릭한다.

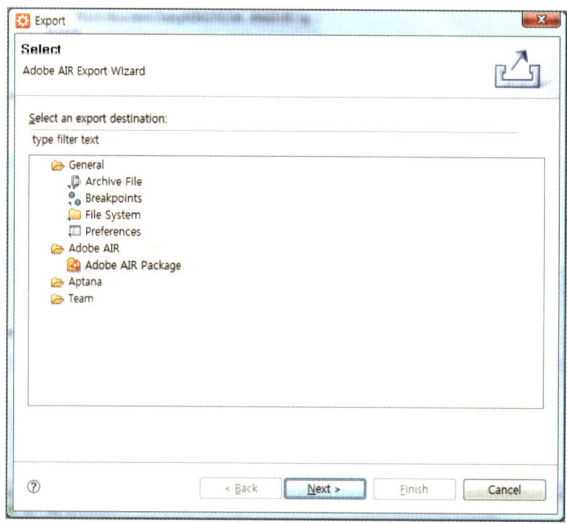

[그림 4-27] AIR 애플리케이션 패키지를 선택하는 화면

AIR 패키지가 선택되면, [그림 4-28]과 같이 AIR 패키징을 위한 설정 화면이 나타난다. 어떤 AIR 프로젝트를 패키징할 것인지, 설정 파일은 어느 것인지, AIR SDK로 어떤 것을 사용할지에 대한 설정 화면이며, 별도의 설정이 필요치 않은 한 Next 버튼을 클릭한다.

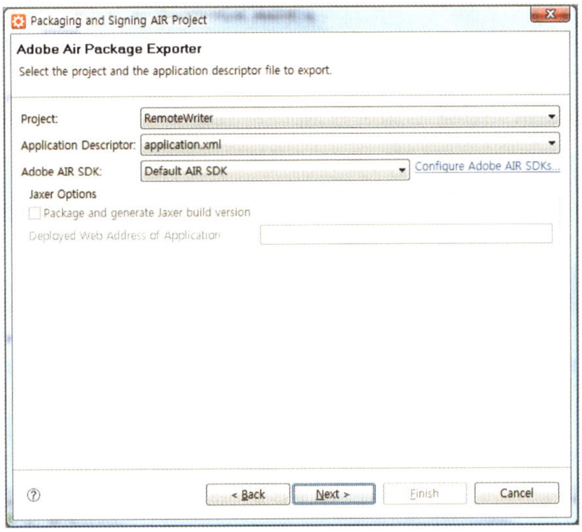

[그림 4-28] AIR 패키지 환경 설정 화면

다음 순서는 AIR 애플리케이션을 패키징할 때 사용할 인증서를 선택할 차례다. [그림 4-29]처럼 앞에서 만들어둔 인증서를 선택하고 인증서의 암호를 기입한 후 Next 버튼을 클릭한다.

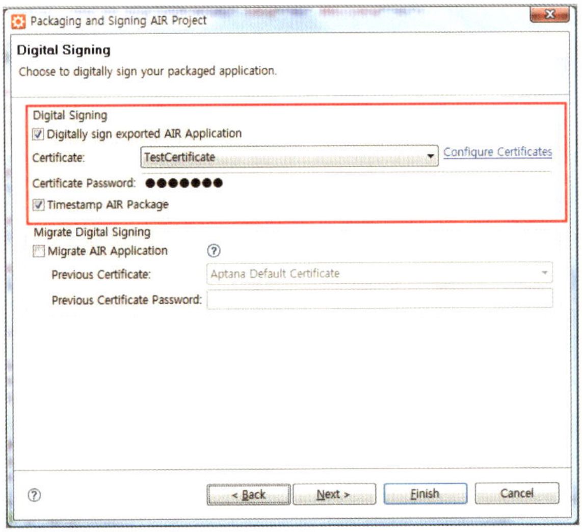

[그림 4-29] 선택된 인증서를 만들 때 사용한 암호를 기입해야 한다

마지막 단계로 [그림 4-30]처럼 패키징할 파일을 선택하는 화면이 나타난다. 이 부분

에서 패키징 시 필요 없는 파일이라면 해당 파일은 제외되고 패키징이 된다. 우리가 만든 AIR 프로젝트에는 모두 필요한 파일만 있으므로, 패키징 시 제외해야 할 파일은 없다. 자, 이제 Finish 버튼을 클릭하면 Aptana IDE에서 AIR 프로젝트의 패키징이 시작된다.

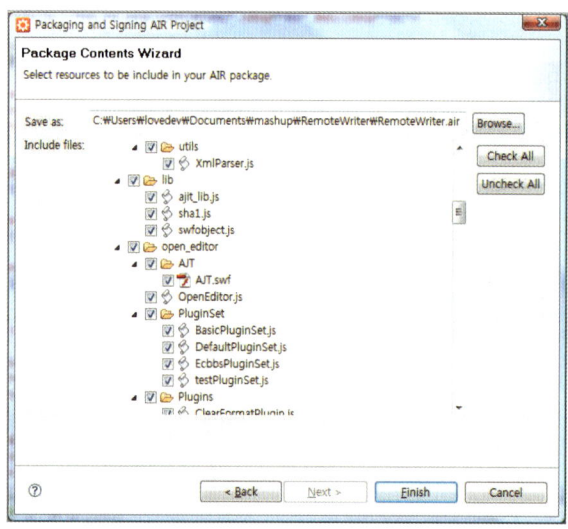

[그림 4-30] 패키징할 파일을 선택하는 화면

패키징이 완료되면 [그림 4-31]과 같은 RemoteWriter.air 파일을 볼 수 있을 것이다. HTML이 데스크탑 애플리케이션으로 새롭게 태어난 순간이다. 패키징해서 나온 air 파일은 직접 실행해서 설치하는 방법이 있고, 웹에 배지 형태로 배포해 설치되게 하는 방법이 있다. 파일을 직접 실행해서 설치할 경우 반드시 AIR 런타임이 설치돼 있어야 하며, AIR 런타임이 없을 경우 http://get.adobe.com/kr/air/ 페이지로 접속해 설치해야 한다. AIR 런타임은 윈도우, 맥, 리눅스 등 대부분의 운영체제를 지원하고 있다.

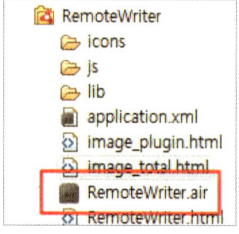

[그림 4-31] 패키징이 완료되어 RemoteWriter.air가 생성된 화면

4.4.4.3 배지를 이용한 AIR 애플리케이션 배포

AIR 애플리케이션은 air 파일을 직접 실행해서 데스크탑에 설치할 수도 있지만, 배지 형태의 플래시 컨텐트를 활용해서 배포가 가능하다. 배지 형태로 배포할 경우의 장점이라면, AIR 런타임이 설치되어 있지 않은 경우 런타임까지 설치되게 할 수 있다는 점과 쉽게 웹상에서 바로 AIR 애플리케이션을 설치하고 실행할 수 있다는 점이다. 배포 배지는 플래시 IDE나 플렉스 빌더를 이용해 만들 수도 있지만, 배지를 만드는 부분은 책의 범위를 넘어서는 것이어서, 범용으로 사용할 수 있도록 만들어진 배지를 가지고 활용하는 방법을 알아보겠다.

http://www.adobe.com/devnet/air/articles/badge_for_air.html 페이지로 가서 [그림 4-32]처럼 배지를 다운로드 받는다.

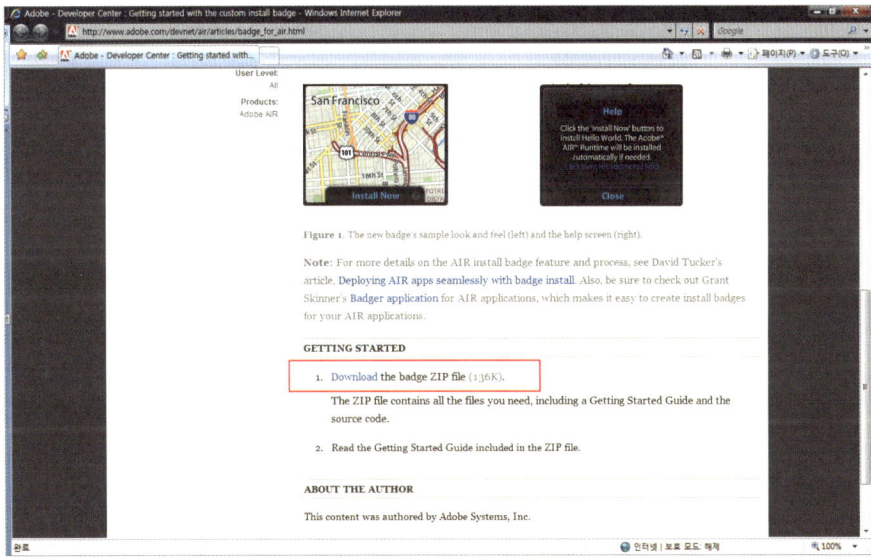

[그림 4-32] 배포 배지를 다운로드 받는 화면

다운로드를 완료하고 압축을 풀어보면, [그림 4-33]과 같이 내용이 구성되어 있을 것이다. [그림 4-33]에서 빨간색으로 표시한 파일은 필요 없는 파일이므로 삭제한다.

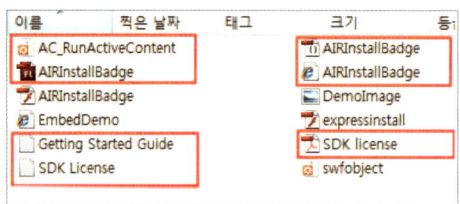

[그림 4-33] 배지를 만들기 위해 다운로드 받은 내용

다운로드 받은 내용에서 EmbedDemo.html을 열어 [리스트 4-7]처럼 해당되는 내용만 수정한 후, 디렉토리 전체를 웹상에 업로드하고 테스트해보자.

[리스트 4-7] 배지를 만들기 위해 EmbedDemo.html에서 변경한 부분

```
// AIR 런타임 버전
so.addVariable("airversion", "1.5");

// AIR 애플리케이션명
so.addVariable("appname", "RemoteWriter");

// 패키징된 air 파일 경로로 반드시 http 혹은 https를 가진 절대경로여야 함
so.addVariable("appurl",
    "http://mydomain.com/RemoteWriter.air");

// AIR 프로젝트를 만들 때 설정했던 AIR 애플리케이션 아이디
so.addVariable("appid", "mashup.example.RemoteWriter");

// AIR 애플리케이션의 버전
so.addVariable("appversion", "0.1");
```

[리스트 4-7]과 같이 설정한 후 웹에 올리면 [그림 4-34]의 화면을 볼 수 있다. [그림 4-34]의 예제 페이지는 http://static.asjs.net/air/EmbedDemo.html에서 확인이 가능하며, 예제 페이지는 샘플이미지 대신 RemoteWriter 애플리케이션을 캡처한 이미지를 활용했다.

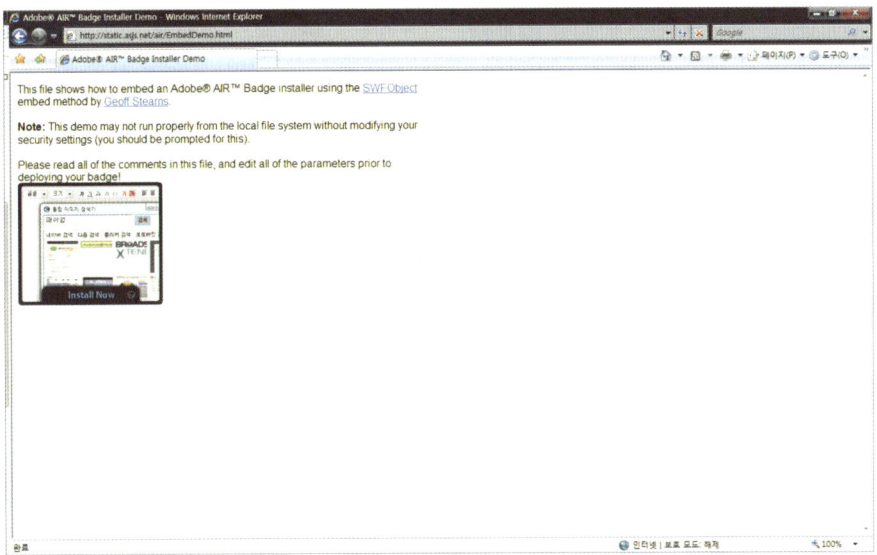

[그림 4-34] 다운로드 받은 배지를 설정한 후 웹에서 테스트한 화면

이렇게 배지를 이용하면 웹상에서 쉽게 AIR 애플리케이션을 설치할 수 있는데, 예제는 배지로 활용할 수 있는 극히 일부분을 다뤘을 뿐이다. 배지는 설치뿐만 아니라 AIR 애플리케이션이 실행되게 한다거나, 자동으로 AIR 애플리케이션이 업데이트되게 하는 용도로 활용할 수 있으며, 배지가 만들어진 내용을 알면 직접 원하는 형태의 배지를 만들 수도 있으므로 활용 범위가 상당히 넓다. 가령 웹상의 특정 페이지에 사용자가 접속했을 때, AIR로 만든 MP3 플레이어나 동영상 플레이어 등 사용자 편의성 애플리케이션을 실행하게 하는 기능이 가능하다. 쉽게 말해 ActiveX처럼 활용할 수 있다.

4.5 [도전 매쉬업] 플리커 API + 야후 지도 API

앞으로 알아가야 할 API가 많지만, 지금까지 다뤘던 API만으로도 충분히 매쉬업이 가능하므로 간단한 매쉬업을 하나씩 만들어보자. 위치 정보가 있는 이미지를 갖고 있는 플리커 API와 멋진 야후 지도 API를 매쉬업한다면 [그림 4-35]처럼 멋진 매쉬업 애플리케이션을 만들 수 있다. 도전할 매쉬업은 관심 있는 지역을 지도에서 보다가 지역과 관련된 이미지를 찾는 것을 도와주는 간단한 매쉬업 애플리케이션이다. 이번에 만들 매쉬업 애플리케이션의 특징이라면, 지역과 관련된 이미지가 검색될 것이므로 여행과 관련된 이미지나, 그 외에도 음식, 유적지, 지역에 특화된 이미지가 검색될 확률이 높은 매쉬업 애플리케이션이라는 점이다.

[그림 4-35] 플리커 API와 야후 지도 API를 조합한 매쉬업 애플리케이션

에펠탑이 어디에 있는지를 보는 것도 좋지만 에펠탑에 관련된 이미지를 함께 볼 수 있다면 에펠탑을 궁금해하는 사람에겐 더 흥미로운 정보가 될 것이다. 지금까지 진행한 예제의 내용을 토대로 매쉬업 애플리케이션을 만들면 된다. 기존 예제를 기반으로 만든 것이어서 별도의 설명은 필요 없을 듯하다.

> **플리커에서 위치 정보가 있는 사진을 검색하는 방법**
>
> 플리커 이미지 검색 예제를 진행할 때 API의 매개변수로 method와 tags만 사용해서 이미지를 검색했는데, [표 3-5]를 자세히 살펴본다면 플리커의 이미지를 검색하는 매개변수는 tags만 있는 것이 아님을 알 수 있다. tags 외에도 각 매개변수마다 쓰임새가 존재하는데, 이 매개변수를 잘 활용하면 플리커에서 위치 정보가 있는 이미지만 검색이 가능하다. 플리커 검색 API에서 위치와 관련된 대표적인 매개변수는 has_geo, bbox, extras다. [예제 4-7]에서 플리커의 이미지를 검색하는 부분인 searchImage() 함수와 [표 3-5]를 참고하면 어떻게 검색해야 할지 알 수 있을 것이다.

> **플리커 API로 얻은 이미지의 크기 알아내기**
>
> 플리커 이미지 검색을 다루면서 플리커의 이미지 URL을 만드는 법에 대해 설명했었다. 그러나 원본이 존재하는지, 어떤 크기가 있는지 정확하게 알고 이미지의 URL을 만든 것이 아니었다. 그래서 플리커 API는 검색 결과로 얻은 이미지의 원본이 존재하는지 어떤 크기가 있는지를 정확하게 알 수 있는 API를 제공하고 있으며, 그 API는 flickr.photos.getSizes다. flickr.photos.getSizes를 이용할 때 필요한 매개변수는 photoid며, photoid는 이미지 검색 결과에서 얻은 id 값을 이용하면 된다. [예제 4-7]의 getImageSize() 함수가 flickr.photos.getSizes를 이용해서 이미지의 크기 정보를 가져오고 있다.

[예제 4-7] 플리커 API와 야후 지도 API를 매쉬업한 지역 이미지 검색기

../example/chapter_04_yahoo_mashup/index.html

```
<!DOCTYPE html PUBLIC "-//W3C//DTD XHTML 1.0 Strict//EN"
    "http://www.w3.org/TR/xhtml1/DTD/xhtml1-strict.dtd">
<html xmlns="http://www.w3.org/1999/xhtml" lang="en"
    xml:lang="en">

<head>
  <meta http-equiv="content-type" content="text/html;
    charset=utf-8"/>
  <title> 플리커 야후 매쉬업 지역 이미지 검색기 </title>
</head>

<script type="text/javascript" src="/js/ajit.js"></script>
<script type="text/javascript"
    src="http://kr.open.gugi.yahoo.com/Client/AjaxMap.php?v=3.7&ap
    pid=apikey">
</script>

<style type="text/css">

        body{
          margin : 0px;
          padding : 0px;
          font-size : 12px;
        }

        input{
          font-size : 12px;
```

```css
  border : 1px solid #000;
}

ul{
  margin : 0px;
  padding : 0px;
  list-style : none;
}

#map{
  width : 950px;
  height : 640px;
}

#layout{
  width : 1200px;
  height : 670px;
  border : 1px solid #000;
}

#areaSearchForm{
  height : 30px;
  border-bottom : 1px solid #000;
}

#areaQ{
  width : 300px;
}

#mapFrame{
  width : 950px;
  height : 644px;
  float : left;
}

#searchFrame{
  width : 250px;
  height : 670px;
  float : right;
  clear : both;
  border-left : 1px solid #000;
```

```css
        }

        #searchForm{
          height : 30px;
          border-bottom : 1px solid #000;
        }

        #resultList{
          width : 243px;
          height : 634px;
          overflow : auto;
          margin : 5px 0px 0px 5px;
        }

        #resultList li{
          clear : both;
          margin-bottom : 5px;
        }

        .imgBox{
          width : 75px;
          height : 75px;
          float : left;
          border : 1px solid #000;
        }

        .txtBox{
          width : 135px;
          height : 67px;
          float : right;
          font-family : dotum;
          padding : 4px;
          background-color : #CCCCFF;
          margin : 0px 0px 0px 5px;
        }

        .formBox{
          margin : 4px 0px 0px 4px;
        }

    </style>
```

```
<body>
    <ul id="layout">
       <li id="mapFrame">
         <div id="areaSearchForm">
           <div class="formBox">지역 검색
            <input type="text" id="areaQ"> 
            <input type="button" value="검색" onclick="searchArea()">
           </div>
         </div>
         <div id="map"></div>
       </li>
       <li id="searchFrame">
         <div id="searchForm" >
            <div class="formBox">이미지 검색 :
              <input type="text" id="tagQ"> 
              <input type="button" value="검색"
                   class="button" onclick="searchImage();">
            </div>
         </div>
         <ul id="resultList"></ul>
       </li>
    </ul>

    <script type="text/javascript">
        // XML 파서 불러오기
        $import("asjs.utils.XmlParser");

        // 전역 변수 선언
        FLICKR_API_KEY = "flickr api key";
        FLICKR_API_URL =
           "http://api.flickr.com/services/rest/?";
        YAHOO_APPID = "yahoo api key";
        YAHOO_POI_API_URL =
           "http://kr.open.gugi.yahoo.com/service/poi.php?";

        // 가져온 이미지 정보를 저장할 객체
        var photoMap = {};

        function getAPIResult(req,callback){
          var loader = new URLLoader();
```

```
    loader.addEvent(URLLoaderEvent.COMPLETE, callback);
    loader.load(req);
}

function searchArea(){
   var q = $E("areaQ").value;
   var req = new URLRequest();
   var params = new URLVariables();

   // 매개변수 정의
   params.parameters = {
        "appid" : YAHOO_APPID,
        "q" : q,
        "encoding" : "utf-8",
        "output" : "xml",
        "results" : "1v
   };

   req.url = YAHOO_POI_API_URL + params.toString();

   // API 결과 가져오기
   getAPIResult(req,searchAreaCallbackHandler);
}

function searchAreaCallbackHandler(response){

  var xml =
     new asjs.utils.XmlParser(response.xml).toJson();

  var point =
     new YGeoPoint(
         xml.ResultSet.locations.item.latitude.text,
         xml.ResultSet.locations.item.longitude.text);

   getBoundAndGetImage(point);
}

function getBoundAndGetImage(point){
   // 지도의 중심 맞추기
   yahoo_map.drawZoomAndCenter(point,16);
   searchImage();
```

```
}

function searchImage(){
    var q = $E("tagQ").value;
    if(q == "")return;

    var bound = yahoo_map.getBoundsLatLon();
    // Request 객체 선언
    var req = new URLRequest();
    // URL 매개변수 객체 선언
    var params = new URLVariables();

    // 매개변수 정의
    params.parameters = {
        "api_key" : FLICKR_API_KEY,
        "tags" : q,
        "method" : "flickr.photos.search",
        "per_page" : "30",
        "has_geo" : "true",
        "bbox" : bound.LonMin + ","
            + bound.LatMin + ","
            + bound.LonMax + ","
            + bound.LatMax,
        "extras" : "geo"
    };

    req.url = FLICKR_API_URL + params.toString();

    // API 결과 가져오기
    getAPIResult(req,searchImageCallbackHandler);
}

// API 로드 완료 이벤트 핸들러 response를 인자로 받는다.
function searchImageCallbackHandler(response){

    // XML을 자바스크립트 객체로 파싱
    var xml =
        new asjs.utils.XmlParser(response.xml).toJson();

    if(xml.rsp.photos.photo){
        // RSS 결과로 이미지 목록 만들기
```

```
            renderImage(xml.rsp.photos.photo);
    }
}

// 검색 결과 이미지 배치
function renderImage(items){

    for(var i=0; i < items.length; i++){
        var photoid = items[i].attribute.id;
        // 이미 마커로 지정되어 있다면 continue
        if(photoMap[photoid]) continue;
        // 이미지 경로 만들기
        var url = "http://farm" + items[i].attribute.farm
                + ".static.flickr.com/"
                + items[i].attribute.server + "/"
                + items[i].attribute.id + "_"
                + items[i].attribute.secret
                + "_s.jpg";

        // 이미지 좌표
        var point =
            new YGeoPoint(items[i].attribute.latitude,
            items[i].attribute.longitude);

        // 불러온 이미지 캐시에 저장하기
        photoMap[photoid] = {
          "point" : point,
          title : items[i].attribute.title,
          path : url
        };
        // 마커 만들기
        addMarker(photoid);
    }
}

function addMarker(photoid){
    var size = new YSize(75,75);
    // 마커 offset 설정
    var offset = new YCoordPoint(0,0);
    // smartWindow offset 설정
    var smartWindowOffset = new YCoordPoint(0,75);
```

```
        // 마커로 사용할 이미지 정의
        var image = new YImage(photoMap[photoid].path,size,
            smartWindowOffset,offset);
        // 마커 생성
        var marker = new YMarker(photoMap[photoid].point,
            image,photoid);
        // 지도에 마커 붙이기
        yahoo_map.addOverlay(marker,photoid);
        // 검색 리스트 만들기
        $E("resultList").addChild(getListLayout(photoid));

    }

    function getListLayout(photoid){

        // 이미지 리스트로 사용한 DOM 객체 정의
        // $new =>document.createElement
        var li = $new("li");
        var imgBox = $new("div");
        var txtBox = $new("div");
        var img = $new("img");

        li.className = "clear";
        imgBox.className = "imgBox";
        txtBox.className = "txtBox";

        imgBox.addChild(img);

        txtBox.setHTML(photoMap[photoid].title);
        li.addChild(imgBox);
        li.addChild(txtBox);

        img.src = photoMap[photoid].path;
        img.point = photoMap[photoid].point;
        img.id = photoid;
        img.addEvent("click",markClickHandler);

        return li;
    }

    function markClickHandler(event){
```

```
        // 리스트 클릭 시 해당 좌표로 지도 중심 이동
        yahoo_map.panToLatLon(this.point);
        // 이미지 크기 정보 가져오기
        getImageSize(this.id);

    }

    function getImageSize(photoid){

        photoMap.clickedMark =
            yahoo_map.getMarkerObject(photoid);

        var req = new URLRequest();
        var params = new URLVariables();

        // 매개변수 정의
        params.parameters = {
            "api_key" : FLICKR_API_KEY,
            "photo_id" : photoid,
            "method" : "flickr.photos.getSizes"
        };

        req.url = FLICKR_API_URL + params.toString();

        // API 결과 가져오기
        getAPIResult(req,getImageSizeHandler);
    }

    function getImageSizeHandler(response){
      var url, w, h;
      var xml = new
        asjs.utils.XmlParser(response.xml).toJson();

      for(var i=0;i < xml.rsp.sizes.size.length;i++){

        // 이미지 크기가 중간 크기가 아니라면 continue
        if(xml.rsp.sizes.size[i].attribute.label!="Medium")
        continue;

        url = xml.rsp.sizes.size[i].attribute.source;
        w = xml.rsp.sizes.size[i].attribute.width;
```

```
                    h = xml.rsp.sizes.size[i].attribute.height;

                    // 클릭된 이미지 마커의 smartWindow에 이미지 나타내기
                    photoMap.clickedMark.openSmartWindow(
                    '<img src="'+url+'" width="'+w+'" height="'+h+'">');
                    break;

                }
            }

            var yahoo_map = new
            YMap(document.getElementById('map'),YAHOO_MAP_HYB);
            var point =
              new YGeoPoint(37.386714978158,126.98098722449);

            yahoo_map.addTypeControl();
            yahoo_map.addZoomLong();
            yahoo_map.addPanControl();
            yahoo_map.drawZoomAndCenter(point, 16);
        </script>
    </body>
</html>
```

4.6 정리

4장에선 이미지 검색 플러그인을 만든다는 전제로 많은 내용을 다뤘다. 자바스크립트를 객체화하고 패턴화해서 복잡한 구조를 통합하는 방법을 다뤘고, 통합한 이미지 검색기가 쓰임새 있도록 오픈에디터의 플러그인으로 만들어봤다. 또한 우리가 만든 웹 애플리케이션 기반의 컨텐트를 서버 없이 활용하기 위해 HTML 페이지를 AIR 애플리케이션으로 전환하는 방법도 알아봤다. HTML 페이지를 AIR 애플리케이션으로 전환하면서, Aptana IDE를 이용해 AIR 프로젝트를 만들고, 애플리케이션을 패키징하고, 패키징할 때 필요한 자가 인증서도 만들었다. 그리고 AIR 애플리케이션 개발에 있어 가장 중요한 보안 모델을 자세히 살펴봤으며, AIR 애플리케이션을 배포하고 설치하는 방법도 다뤘다. 4장의 내용은 여러분이 앞으로 만들어갈 AIR 애플리케

이션의 기본이 될 것이며, 자바스크립트를 객체화하고 통합하는 데 있어 복잡한 구조의 매쉬업도 체계적으로 구현할 수 있는 발판이 될 것이다.

이미지 플러그인을 만들고 난 후 마지막으로, 만든 AIR 애플리케이션을 활용하면서 무언가 부족하고 불편한 면을 직접 찾아보기 바란다. 예를 들어 프로토타이핑을 할 때 그려져 있던 페이징 기능이라든가, 플리커 이미지 검색기에서 에디터로 입력한 그림이 크기가 작았다라든가, 이미지의 제목을 볼 수 없던 것 등이 있을 수 있겠다. 불편한 부분을 계속 찾아보자. 이미지 검색기의 페이징 기능은 일부러 독자의 몫으로 남겨둔 부분이다.

이렇게 불편한 부분을 찾아보라고 하는 이유는 "매쉬업 애플리케이션은 편리성을 제공해야 한다"라는 매쉬업 제2법칙 때문이다. 앞에서 나열한 불편함을 해결하는 과정에서 얻은 경험이 가치 있는 매쉬업을 만들기 위한 좋은 밑바탕이 됐으면 하는 바람이다.

05장 구글 차트 API를 이용한 동적 차트 만들기

- 구글 차트 API를 이용한 차트 만들기
- 차트 꾸미기
- 차트 데이터 인코딩

이번에 소개할 내용은 구글에서 제공하는 API 중 차트 API에 대한 이야기다. 차트는 주로 데이터를 시각화하는 수단으로 사용된다. 통계자료를 산출해서 한눈에 볼 때나, 서비스에 대한 모니터링을 하는 경우, 연속적인 데이터를 추측해서 볼 경우 등 다양한 곳에서 활용되고 있다. 서비스마다 목적이 다르듯이 차트 또한 동일한 데이터를 표현하더라도 용도에 따라 시각화하는 방법이 다를 수 있기 때문에 차트들 구현하는 일은 많은 시간과 요구사항이 항상 뒤따르게 된다. 나의 경우 실제 업무를 하면서 플래시나 플렉스 때론 자바스크립트로 많은 차트를 만들어본 편인데, 만들 때마다 매번 요구사항이 다 달랐다. 디자인이나 기능 등이 달랐던 것이다. 물론 범용으로 만들어서 대부분 적용할 수 있게끔 만들어둬도 결국 디자인이 문제였다.

그래서 많은 이들이 디자인 좋고 범용으로도 쓰기 좋은 차트 솔루션을 구입해서 사용하고 있는 실정인데, 구글에선 그런 차트를 API를 이용해 무료로 제공하고 있으니 감개무량할 따름이다. 그래서인지 구글의 차트 API가 공개된 후 국내의 블로그나 카페 등 여러 곳에서 많이 소개가 됐다. 하지만 아쉽게도 잘못 알고 소개하는 경우가 허다했다. 한글지원이 안 된다든지 숫자 입력에 제한이 있다는 등 너무도 잘못된 정보가 많았다. 이렇게 좋은 API가 잘못 알려져 있다니 안타까울 따름이었다. 존재만으로도 가치가 있는 구글의 차트 API를 정확하게 알아보는 시간이 됐으면 한다. 구글의 차트 API에 대해 알아보자.

5.1 라인 차트 만들기

차트 API를 이용해서 처음으로 만들어볼 차트는 [그림 5-1]과 같은 라인 차트다. 라인 차트는 데이터상에서 수치 변화를 알아볼 때 주로 쓰이는 차트로 매출의 변화, 시청률의 변화, 주가의 변화 등을 표현할 때 이용된다. 구글의 차트 API를 써서 이미지 객체에 API 형식에 맞게 작성된 URL을 정의해주면 멋진 차트가 완성된다. 자, 그럼 라인 차트 API를 자세히 살펴보자.

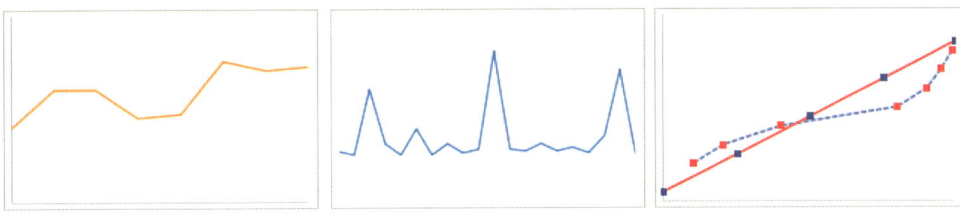

[그림 5-1] 예제로 구현할 라인 차트의 예

5.1.1 라인 차트 API

호출 형식

```
http://chart.apis.google.com/chart?cht=[차트 유형]&chs=[차트 크
기]&chd=[차트 데이터]&chl=[차트 라벨]
```

우선 가볍게 시작하는 맘으로 가장 쉬운 라인 차트를 그려보자. API를 요청한 URL은 http://chart.apis.google.com/chart며, API 매개변수에 대한 내용은 [표 5-1]에 정리했다.

[표 5-1] 라인 차트 호출 형식에서 사용된 매개변수

요청 변수	값	작성 형식 및 설명
cht	String	차트 유형
		lc 기본 라인 차트
		ls 축이 없는 라인 차트

[표 5-1] 라인 차트 호출 형식에서 사용된 매개변수(이어짐)

요청 변수	값	작성 형식 및 설명
		lxy X, Y 좌표를 이용한 라인 차트 직접 X, Y 좌표 기술해 차트를 만들 때 사용한다. 차트 데이터는 X 좌표, Y 좌표가 쌍을 이루게 해 작성한다. 예 chd=t:x1,x2,x3,x4,x5|y1,y2,y3,y4,y5
chs	String	차트 크기 예 chs=250x300
chd	String	차트:데이터 ,(콤마) 단위로 데이터를 작성하며, 데이터 그룹은 |(파이프) 단위로 구분한다. 차트의 데이터는 처음 문자열에 의해 데이터의 인코딩이 결정된다. • t: – 텍스트 인코딩(text encoding) • s: – 간단한 인코딩(simple encoding) • e: – 간단한 인코딩을 확장한 인코딩 (extended encoding) 예 chd=t:25,30,50,100,60,5|..n
chds	String	차트 데이터의 최소/최대값 범위 차트 데이터가 백분율을 기반으로 한, 즉 최소값 0, 최대값 100을 기준으로 한 데이터가 아니라면, 차트 데이터에서 표현할 최대값과 최소값을 반드시 정의해줘야 차트가 올바르게 표현되며, 범위를 지정하지 않으면 기본적으로 0, 100이 차트의 기본 범위가 된다. 예 데이터의 범위는 -80~19000까지며, 이를 표현하기 위한 차트의 최소/최대값은 -100~20000까지 정의한다. chd=t:-80,90,2000,19000,1000 &chds=-100,20000 2개 이상의 데이터 그룹이 존재한다면

[표 5-1] 라인 차트 호출 형식에서 사용된 매개변수(이어짐)

요청 변수	값	작성 형식 및 설명
		chd=t:-80,90,2000,19000,1000|20,30,80,10,120 &chds=-100,20000,0,150 차트의 최소, 최대값을 데이터 그룹에 맞춰 그대로 작성하면 된다.
chl	String	차트 라벨 |(파이프) 단위로 작성한다. 예 chl=1월 매출|2월 매출|3월 매출

5.1.2 간단한 라인 차트 만들기

[예제 5-1]은 호출 형식에 맞춰 간단하게 그려본 라인 차트의 예이며, [그림 5-2]는 [예제 5-1]을 실행한 결과다.

일반 라인 차트   축이 없는 라인 차트   X, Y 좌표를 정의한 라인 차트

[그림 5-2] [예제 5-1]을 실행한 결과 화면

[예제 5-1] 간단한 라인 차트 만들기

../example/chapter_05/lineChart_01.html

```
<!DOCTYPE html PUBLIC "-//W3C//DTD XHTML 1.0 Strict//EN"
   "http://www.w3.org/TR/xhtml1/DTD/xhtml1-strict.dtd">
<html xmlns="http://www.w3.org/1999/xhtml" lang="en" xml:lang="en">
  <head>
      <meta http-equiv="Content-Type" content="text/html;
          charset=utf-8" />
      <title>구글 라인 차트 예제</title>
      <script type="text/javascript" src="/js/ajit.js"></script>
```

```html
</head>

<style type="text/css">
    ul{
        margin : 0px;
        padding : 0px;
    }

    li{
        display : inline;
    }
</style>

<body>
    <ul id="chartContainer">
        <li id="lcLI"></li>
        <li id="lsLI"></li>
        <li id="lxyLI"></li>
    </ul>

    <script type="text/javascript">
        // 차트 API 기본 URL
        var API_URL = "http://chart.apis.google.com/chart?";

        // 이미지 객체 생성
        var lcChart = $new("img");

        // URL 매개변수 객체 생성
        var vars = new URLVariables();

        // 매개변수 정의
        vars.parameters = {
            // 일반 라인 차트
            "cht" : "lc",

            // 차트 크기
            "chs" : "200x200",

            // 차트 라벨 정의
            "chl" : "|일반 라인 차트|",
```

```
        // 차트 데이터 정의
        "chd" : "t:60,60,50,55,50,45,60,60,50,55,50,45",

        // 차트 데이터의 최소/최대 범위
        "chds" : "0,70"
};
lcChart.setAttribute("src",API_URL + vars.toString());
$E("lcLI").addChild(lcChart);

// 이미지 객체 생성
var lsChart = $new("img");

// URL 매개변수 객체 생성
var vars = new URLVariables();

// 매개변수 정의
vars.parameters = {
        // 축이 없는 라인 차트
        "cht" : "ls",

        // 차트 크기
        "chs" : "200x200",

        // 차트 라벨 설정
        "chl" : "|축이 없는 라인 차트|",

        // 차트 데이터 정의
        "chd" : "t:60,60,50,55,50,45,60,60,50,55,50,45",

        // 차트 데이터의 최소/최대 범위
        "chds" : "0,70"

};
lsChart.setAttribute("src",API_URL + vars.toString());
$E("lsLI").addChild(lsChart);

// 이미지 객체 생성
var lxyChart = $new("img");

// URL 매개변수 객체 생성
var vars = new URLVariables();
```

```
            // 매개변수 정의
            vars.parameters = {
                // x, y축 좌표를 정의한 라인 차트
                "cht" : "lxy",

                // 차트 크기
                "chs" : "200x200",

                // 차트 라벨 정의
                "chl" : "|X,Y 좌표를 정의한 라인 차트|",

                // 차트 데이터 X|Y 쌍을 이뤄 정의
                "chd" : "t:10,25,40,60,70,100|20,30,10,140,50,60",

                // 차트 데이터의 최소/최대 범위
                "chds" : "0,150"
            };

            lxyChart.setAttribute("src",API_URL +
                vars.toString());
            $E("lxyLI").addChild(lxyChart);
        </script>
    </body>
</html>
```

너무도 쉽게 라인 차트를 만들었다. 차트의 속성은 이미 [표 5-1]에서 설명했으므로, 상세한 분석은 생략하겠다. 일단 간단한 차트는 만들었는데, 아직 머릿속으로 그리던 멋진 차트는 아니다. 차트에 원하는 색상을 넣고 싶기도 하고, 차트 Y축의 라벨 정의가 없어 데이터 값이 얼마인지 짐작할 수 없기 때문에 Y축 라벨도 정의하고 싶다. 좀 세부적으로 들어가서 차트를 꾸밀 수 있는 부가적인 매개변수에 대해 알아보자.

5.1.3 라인 차트 꾸미기

차트를 만드는 건 데이터를 시각화하려는 목적도 있지만, 표현에 따라 가독성과 시각화된 차트의 데이터 표현력이 달라지기 때문에 차트를 꾸미는 일은 겉포장이 아닌 차트의 데이터 표현 능력과 가독성을 높이는 데 필수적인 과정이다. [표 5-2]에 정리된 라인 차트의 세부적인 설정에 쓰이는 API 매개변수를 살펴보면, 차트의 표현 방식이 상당히 다양하다는 사실을 알 수 있다. [표 5-2]를 통해 부가적인 매개변수를 자세히 살펴보자.

[표 5-2] 라인 차트의 부가적인 매개변수

요청 변수	값	작성 형식 및 설명
chf	String	차트 배경색 |(파이프) 단위로 구분한다. [채우기 유형] • bg - 차트 배경색 지정 • c - 차트 영역만 지정 • a - 배경 투명
		일반적인 스타일 작성 방법 [채우기 유형],s,[색상] 예 chf=bg,s,FFCC00 (차트 배경색만 지정) 다수 지정 시 예 chf=bg,s,FFCC00|c,s,000000 (차트 배경색은 FFCC00, 차트 표현 부분의 배경색은 000000로 표현)
		그레이디언트 스타일 작성 방법 [채우기 유형],lg,[각도],[시작 색상 n], [시작 위치],[종료 색상],[종료 위치] - [시작 위치 n]: 0이면 가장 오른쪽, 1이면 가장 왼쪽을 의미(범위: 0~1) 예 chf= c,lg,45,FFFFFF,0,FFCC00,0.75 |bg,s,CCCCCC

[표 5-2] 라인 차트의 부가적인 매개변수(이어짐)

요청 변수	값	작성 형식 및 설명	
		줄무늬 스타일	작성 방법 [채우기 유형],ls,[각도],[색상 n],[가로 길이 n] - [가로 길이 n]: 0이면 가장 오른쪽, 1이면 가장 왼쪽을 의미(범위: 0~1) - [각도]: 0이면 가로 줄무늬, 90이면 세로 줄무늬 예 chf= c,ls,90,999999,0.25,cccccc, 0.25,f2f2f2,0.25
chco	String	차트의 선 색상 |(파이프) 단위로 구분한다. 예 chco=FFCC00,FF0000 색상의 투명도 설정 방법 투명도를 조절하기 위해서는 마지막에 두 자리를 추가하면 되며, 투명도의 범위는 00~FF(00일 때는 불투명, FF일 때는 완전 투명)다. 예 FFCC0000: 불투명 FFCC00FF: 완전 투명 FFCC0044(00~FF 사이 값): 반투명	
chtt	String	차트 제목 예 chtt=차트명	
chts	String	차트 제목 색상과 크기 작성 방법 [색상],[크기] 예 chts=FF0000,20	
chdl	String	차트 범례 |(파이프) 단위로 구분되어 작성되며, chco 매개변수로 설정된 색상이 반영된다.	

[표 5-2] 라인 차트의 부가적인 매개변수(이어짐)

요청 변수	값	작성 형식 및 설명
		예 chdl=봄|여름|가을|겨울
chdlp	String	차트 범례 위치 • b - 범례가 하단에 위치함 • t - 범례가 상단에 위치함 • r - 범례가 우측에 위치함 • l - 범례가 좌측에 위치함 예 chdlp=l
chg	String	차트 가이드라인 작성 방법 [셀의 가로 크기],[셀의 세로 크기],[점선 길이],[점선 간격] 예 50×20셀 조각 단위로 그리고 5픽셀짜리 점선을 3픽셀 간격으로 가이드라인을 그린다. chg=50,20,5,3 결과
chma	String	차트 여백 작성 방법 [좌측 여백],[우측 여백],[상단 여백],[하단 여백]|[범례 가로 크기],[범례 세로 크기] 예 chma=30,30,30,30 결과 범례 크기를 지정한 예 chma=30,30,30,30|80,20

[표 5-2] 라인 차트의 부가적인 매개변수(이어짐)

요청 변수	값	작성 형식 및 설명	
chm	String	차트의 마커	
		도형 마커	작성 방법 [마커 유형],[색상],[데이터 블록 인덱스],[데이터 인덱스],[마커 크기],[우선순위] |(파이프) 단위로 구분한다. [마커 유형] • a – 화살표 모양 • c – 십자 모양 • d – 다이아몬드 모양 • o – 동그라미 모양 • s – 사각형 모양 • v – X축에서 데이터 값 지점까지 선으로 그림 • V – X축에서 데이터 값 지점을 통과해 그래프 끝까지 라인을 그림 • h – Y축에서 데이터 값 지점을 통과해 그래프 끝까지 라인을 그림 • X – X 표시 모양 [데이터 인덱스] • -1 • -n 예 chm= c,FF0000,0,1,20.0| d,80C65A,0,2,20.0| a,990066,0,3,9.0| o,FF9900,0,4,12.0| s,3399CC,0,5,11.0| v,BBCCED,0,6,1.0| V,3399CC,0,7,1.0| x,FFCC33,0,8,20.0| h,000000,0,0.30,0.5

[표 5-2] 라인 차트의 부가적인 매개변수(이어짐)

요청 변수	값	작성 형식 및 설명
		결과
	범위 마커	**작성 방법** [범위 유형],[색상],0,[범위 시작 값],[범위 종료 값] |(파이프) 단위로 구분한다. [범위 유형] • R – 가로 범위 유형 • r – 세로 범위 유형 **예** chm=r,FFCC00,0,0.75,0.6 **결과**
	비교 범위 마커	**작성 방법** F,[색상],[데이터 그룹 인덱스],[데이터 인덱스],[우선순위] 적어도 4개 이상의 데이터 그룹이 필요하며, 색상을 지정하지 않으면 자동으로 기본 색상이 지정된다. 지정된 데이터 그룹과 다음 데이터 그룹이 자동으로 비교되며, 지정된 데이터 그룹 인덱스를 시작으로 2번째, 3번째 뒤에 위치하는 데이터는 비교 범위로 그려지는 사각형의 세로선이 그려진다. 따라서 비교 범위로 지정할 데이터 그룹은 적어도 다음 비교 데이터 그룹, 세로선이 그려질 데이터 그룹까지 3개 이상이 필요하다.

[표 5-2] 라인 차트의 부가적인 매개변수(이어짐)

요청 변수	값	작성 형식 및 설명
		색상 지정 시 예 chd=t:20,10,15,25,17,30| 0,5,10,7,12,6| 35,25,45,47,24,46| 15,40,30,27,39,54| 70,55,63,59,80,60 &chds=0,100,-50,100 &chm=F,FFCC00,1,1:4,20 결과 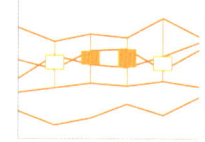 색상 미 지정 시 예 &chm=F,,1,1:4,20 결과 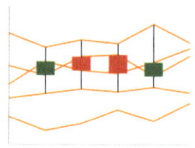
	채우기 마커	라인 차트만 가능 작성 방법 [b|B],[채울 색상],[채우기 시작할 라인의 데이터 그룹 인덱스],[채우기를 종료할 라인의 데이터 그룹 인덱스],0 |(파이프) 단위로 구분한다. • b - 선 면적 칠하기(다수의 데이터 그룹이 존재) • B - 선 면적 칠하기(단일 데이터 그룹만 존재) 차트 데이터 작성 시 그룹의 시작을 ....(점 4개)로 시작하고 선 면적 마커를 정의하면 차트의 상단부터 처음

[표 5-2] 라인 차트의 부가적인 매개변수(이어짐)

요청 변수	값	작성 형식 및 설명
		시작하는 라인까지 색상이 칠해지며, 차트 데이터의 마지막을 AAAA로 지정하면 제일 하단에 그려진 라인의 채우기 색상으로 차트의 하단까지 색상이 자동으로 채워진다. 차트 데이터의 시작과 끝을 지정한 작성 예 chd=t: ...., 20,25,30,32,20,19,25| 30,35,40,42,30,29,35| 40,45,50,52,40,39,45| AAAA &chm= b,76A4FB,0,1,0| b,224499,1,2,0| b,FF0000,2,3,0| b,80C65A,3,4,0 결과 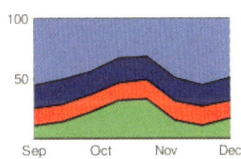 미지정 시 예 chd=t:20,25,30,32,20,19,25| 30,35,40,42,30,29,35| 40,45,50,52,40,39,45 &chm= b,224499,1,2,0| b,FF0000,2,3,0| b,80C65A,3,4,0

[표 5-2] 라인 차트의 부가적인 매개변수(이어짐)

요청 변수	값	작성 형식 및 설명
		결과 단일 데이터 그룹 차트 데이터의 예 chm=B,76A4FB,0,0,0 결과
	라인 마커	라인 차트의 라인처럼 많은 설정은 할 수 없지만 간단한 라인을 그릴 수 있는 용도의 마커다. 작성 방법 D,[색상],[데이터 그룹 인덱스],[데이터 인덱스],[두께],[우선순위] 예 chm= D,C6D9FD,1,0,8| D,4D89F9,0,0,4 결과
	텍스트 마커	작성 방법 t[텍스트],[색상],0,[데이터 그룹 인덱스],[데이터 인덱스],[폰트 크기] 예 chm=텍스트마커,000000,0,-1,12

[표 5-2] 라인 차트의 부가적인 매개변수(이어짐)

요청 변수	값	작성 형식 및 설명
		결과 (텍스트마커 이미지)
chls	String	차트의 선 모양 작성 방법 [선 두께],[점선 길이],[점선 간격] |(파이프) 단위로 구분한다. 예 chls=3,6,3 결과
chxt	String	차트의 축 유형 • x – 하단 좌표축 • y – 좌측 좌표축 • r – 우측 좌표축 • t – 상단 좌표축 ,(콤마) 단위로 구분한다. 예 chxt=x,y,r,t 결과
chxl	String	차트의 축 라벨 작성 방법 [축 인덱스]:|[n번째 라벨]|... [축 인덱스]: 단위로 정의하고, 라벨은 |(파이프) 단위로 구분한다.

[표 5-2] 라인 차트의 부가적인 매개변수(이어짐)

요청 변수	값	작성 형식 및 설명
		예 chxt=x,r,y &chxl=0:|1월|2월|3월|,1:|가|나|다| 결과
chxp	String	차트 축 라벨 위치 지정 작성 방법 [축 인덱스],[n번째 라벨 위치 값]... 예 chxt=x,y,r &chxl=2:|가|나|다&chxp=2,20,35,70 결과
chxr	String	차트 축 라벨 범위 지정 작성 방법 [축 인덱스],[범위 시작 값],[범위 종료 값] |(파이프) 단위로 구분한다. 예 chxy=x,y,r &chxr=0,0,400|1,1000,100|2,10,0 결과

[표 5-2] 라인 차트의 부가적인 매개변수(이어짐)

요청 변수	값	작성 형식 및 설명
chxs	String	차트 축 모양 작성 방법 [축 인덱스],[축 색상],[글씨 크기],[정렬],[축 눈금 그리기 설정 값],[축 눈금 색상] |(파이프) 단위로 구분한다. 예 chxt=x,y,r&chxr=0,0,400|1,1000,100|2,10,0 &chxs=2,FF0000,14 결과
chxtc	String	차트 축 눈금 길이 설정 작성 방법 [축 인덱스],[축 눈금 길이] 눈금의 길이는 25 이상 넘어갈 수 없으며, 마이너스 값도 정의할 수 있다. 예 chxt=x,y,r &chxr=0,0,400|1,1000,100|2,10,0 &chxs=2,FF0000,14 &chxtc=1,10|3,-200 결과

이제 차트를 멋지게 표현할 수 있는 방법을 알았으니, 상세한 매개변수를 이용해 멋진 차트를 만들어보자.

5.1.4 순이익 대비 영업 달성률 차트 만들기

[예제 5-2]는 라인 차트의 API를 활용한 예이며, [그림 5-3]은 [예제 5-2]의 결과다. [표 5-1]과 [표 5-2]에 정리된 내용을 참고하면 [예제 5-2]는 쉽게 이해할 수 있으므로 분석은 생략하고 다음 내용으로 바로 넘어가겠다.

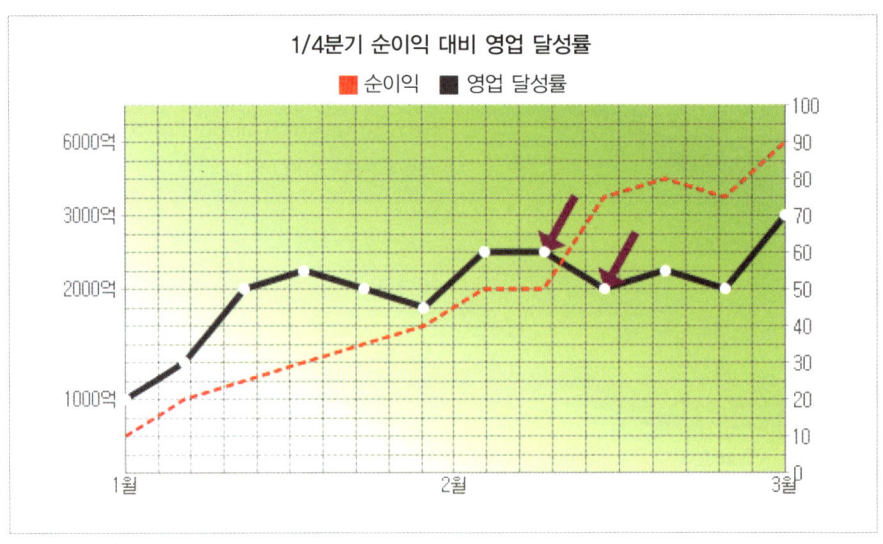

[그림 5-3] [예제 5-2]를 실행한 결과 화면

[예제 5-2] 순이익 대비 영업 달성률 차트 구현하기

../example/chapter_05/lineChart02.html

```
<!DOCTYPE html PUBLIC "-//W3C//DTD XHTML 1.0 Strict//EN"
    "http://www.w3.org/TR/xhtml1/DTD/xhtml1-strict.dtd">
<html xmlns="http://www.w3.org/1999/xhtml" lang="en"
    xml:lang="en">
    <head>
        <meta http-equiv="Content-Type" content="text/html;
            charset=utf-8" />
        <title>구글 라인 차트 예제</title>
        <script type="text/javascript"
            src="http://static.asjs.net/js/ajit.js"></script>
    </head>
```

```html
<body>
    <div id="chartContainer"></div>
    <script type="text/javascript">
        var API_URL =
            "http://chart.apis.google.com/chart?";
        var lineChart = $new("img");
        var vars = new URLVariables();
        vars.parameters = {
            "cht" : "lc",
            "chs" : "500x300",
            "chd" : "t:20,30,50,55,50,45,60,60,50,55,50,70
                    |10,20,25,30,35,40,50,50,75,80,75,90",
            "chco" : "424242,FF0000",
            "chls" : "4,3,0|2,5,3",
            "chxt" : "x,y,r",
            "chf" : "c,lg,45,99CC00,1,FFFFFF,0",
            "chxp" : "1,20,50,70,90",
            "chxl" : "0:|1월|2월|3월|1:|1000억|2000억|3000억
                    |6000억",
            "chdl" : "영업 달성률|순이익",
            "chdlp" : "t",
            "chtt" : "1/4분기 순이익 대비 영업 달성률",
            "chg" : "5,5,3,1",
            "chm" : "o,FFFFFF,0,-1.0,7
                    |a,990066,0,7,10,1
                    |a,990066,0,8,10,1",
            "chma" : "50,30,30,30"
        }
        lineChart.setAttribute("src",API_URL +
         vars.toString());
        $E("chartContainer").addChild(lineChart);
    </script>
</body>
</html>
```

5.2 막대 차트 만들기

라인 차트가 한 가지 종류의 데이터 변화를 나타내는 것이었다면, 막대 차트는 한 가지가 아닌 여러 데이터의 수치를 나타내어 데이터 간의 비교를 할 때 주로 사용된다. 예를 들면 각 나라의 인구 수, 연도별 판매량, 각 브랜드별 핸드폰 판매량 등이다. 막대 차트 API에 대해 알아보자.

5.2.1 막대 차트 API

> **호출 형식**
> http://chart.apis.google.com/chart?cht=[차트 유형]&chs=[차트 크기]&chd=[차트 데이터]&chco=[차트 색상]

API를 요청한 URL은 http://chart.apis.google.com/chart며, API 매개변수에 대한 내용은 [표 5-3]에 정리했다.

[표 5-3] 막대 차트 호출 형식에서 사용된 매개변수

요청 변수	값	작성 형식 및 설명
cht	String	차트 유형
		bhs 가로형 막대 스타일
		bvs 세로형 막대 스타일

[표 5-3] 막대 차트 호출 형식에서 사용된 매개변수(이어짐)

요청 변수	값	작성 형식 및 설명
		bhg — 가로 그룹형 막대 스타일 두 개 이상의 데이터 그룹이 필요하다. bvg — 세로 그룹형 막대 스타일 두 개 이상의 데이터 그룹이 필요하다.
chs	String	차트 크기 예 chs=250x300
chd	String	차트 데이터 ,(콤마) 단위로 데이터를 작성하며, 데이터 그룹은 |(파이프) 단위로 구분한다. 차트의 데이터는 처음 문자열에 의해 데이터의 인코딩이 결정된다. • t: - 텍스트 인코딩 • s: - 간단한 인코딩 • e: - 간단한 인코딩을 확장한 인코딩 예 chd=t:25,30,50,100,60,5|..n
chco	String	차트의 막대 색상 예 chco=FFCC00 색상의 투명도 설정 방법 투명도를 조절하기 위해서는 마지막에 두 자리를 추가하면 되며, 투명도의 범위는 00~FF(00일 때는 불투명, FF일 때는 완전 투명)다. 예 FFCC0000: 불투명 FFCC00FF: 완전 투명 FFCC0044(00~FF 사이 값): 반투명

5.2.2 여러 종류의 막대 차트 만들기

[예제 5-3]은 호출 형식에 맞춰 다양한 막대 차트를 그려본 예이며, [그림 5-4]는 [예제 5-3]의 결과다.

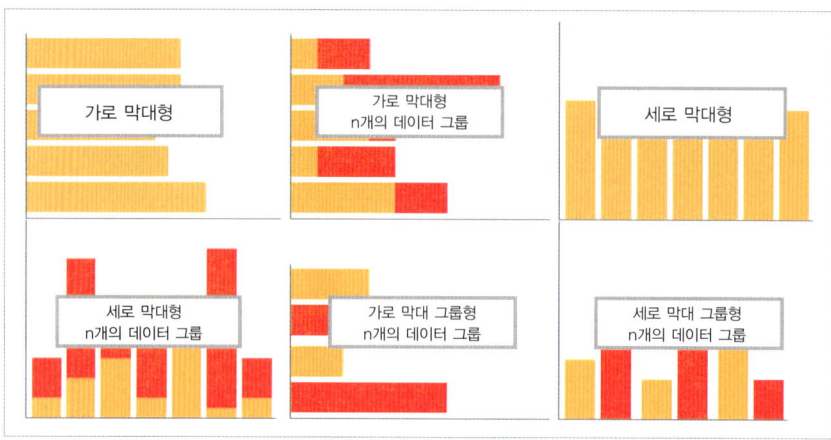

[그림 5-4] [예제 5-3]을 실행한 결과 화면

[예제 5-3] 다양한 막대 차트 구현하기

../example/chapter_05/barChart01.html

```
<!DOCTYPE html PUBLIC "-//W3C//DTD XHTML 1.0 Strict//EN"
   "http://www.w3.org/TR/xhtml1/DTD/xhtml1-strict.dtd">
<html xmlns="http://www.w3.org/1999/xhtml" lang="en"
   xml:lang="en">
  <head>
      <meta http-equiv="Content-Type" content="text/html;
        charset=utf-8" />
      <title>구글 막대 차트 예제</title>
      <script type="text/javascript"
        src="http://static.asjs.net/js/ajit.js"></script>
   </head>

   <style type="text/css">
      ul{
         margin : 0px;
         padding : 0px;
         width : 700px;
```

```
        }
    li{
        display : inline;
        }
</style>

<body>
    <ul id="chartContainer">
        <li id="bhsLI"></li>
        <li id="bhs2LI"></li>
        <li id="bvsLI"></li>
        <li id="bvs2LI"></li>
        <li id="bhgLI"></li>
        <li id="bvgLI"></li>
    </ul>

    <script type="text/javascript">

        var API_URL = "http://chart.apis.google.com/chart?";

        // 가로 막대형 스타일 1
        var bhsChart = $new("img");
        var vars = new URLVariables();
        vars.parameters = {
            "cht" : "bhs",
            "chs" : "200x150",
            "chd" : "t:60,60,50,55,70"
        };
        bhsChart.setAttribute("src",API_URL + vars.toString());
        $E("bhsLI").addChild(bhsChart);

        // 가로 막대형 스타일 2
        var bhs2Chart = $new("img");
        var vars = new URLVariables();
        vars.parameters = {
            "cht" : "bhs",
            "chs" : "200x150",
            "chd" : "t:10,20,30,10,40|20,60,10,30,20",
            "chco" : "FFCC00,FF0000"
        };
        bhs2Chart.setAttribute("src",API_URL +
```

```
        vars.toString());
$E("bhs2LI").addChild(bhs2Chart);
// 세로 막대형 스타일 1
var bvsChart = $new("img");
var vars = new URLVariables();
vars.parameters = {
        "cht" : "bvs",
        "chs" : "200x150",
        "chd" : "t:60,60,50,55,60,50,55"
};
bvsChart.setAttribute("src",API_URL +
  vars.toString());
$E("bvsLI").addChild(bvsChart);

// 세로 막대형 스타일 2
var bvs2Chart = $new("img");
var vars = new URLVariables();
vars.parameters = {
        "cht" : "bvs",
        "chs" : "200x150",
        "chd" : 20,30,10,40,5,10
            |20,60,10,30,20,80,20",
        "chco" : "FFCC00,FF0000"
};
bvs2Chart.setAttribute("src",API_URL +
  vars.toString());
$E("bvs2LI").addChild(bvs2Chart);

// 가로 막대 그룹형 스타일
var bhgChart = $new("img");
var vars = new URLVariables();
vars.parameters = {
        "cht" : "bhg",
        "chs" : "200x150",
        "chd" : "t:30,20|50,60",
        "chco" : "FFCC00,FF0000"
};
bhgChart.setAttribute("src",API_URL +
  vars.toString());
$E("bhgLI").addChild(bhgChart);
```

```
            // 세로 막대 그룹형 스타일
            var bvgChart = $new("img");
            var vars = new URLVariables();
            vars.parameters = {
                    "cht" : "bvg",
                    "chs" : "200x150",
                    "chd" : "t:30,20,50|50,60,20",
                    "chco" : "FFCC00,FF0000"
            };
            bvgChart.setAttribute("src",API_URL +
              vars.toString());
            $E("bvgLI").addChild(bvgChart);

        </script>
    </body>
</html>
```

막대 차트가 라인 차트보다 종류가 많을 뿐, 라인 차트를 만드는 방법과 별반 차이가 없다. 막대 차트 역시 라인 차트처럼 '라인 차트에서 사용된 모든 매개변수'를 사용할 수 있으며, 라인 차트에서 제공되던 매개변수 외에 막대 차트 설정용 매개변수 세 가지가 추가로 제공된다. [표 5-4]에는 막대 차트에 추가적으로 제공된 API 매개변수를 정리해봤다.

[표 5-4] 막대 차트의 부가적인 매개변수

요청 변수	값	작성 형식 및 설명
chbh	String	차트의 막대 가로 크기와 간격
		작성 방법
		[가로 크기],[막대 간의 간격],[그룹 간의 간격]
		[가로 크기]
		• 숫자의 경우 – 정의된 픽셀로 막대가 그려짐
		• a – 자동으로 측정되어 막대가 그려짐
		• r – 정의된 비율을 기준으로 막대가 그려짐(비율을 정의할 때 1.0은 100%를 의미)
		예 1
		chbh=10,5,10

[표 5-4] 막대 차트의 부가적인 매개변수(이어짐)

요청 변수	값	작성 형식 및 설명
		막대 크기는 10픽셀, 막대 간의 간격은 5픽셀, 그룹 간의 간격은 10픽셀로 차트를 그린다. 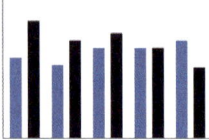 예 2 chbh=a 자동으로 그림 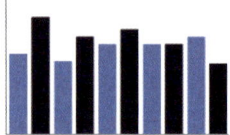 예 3 chbh=r,0.5,1.5 비율로 그리되 막대 간의 간격은 막대의 50%, 그룹 간의 간격은 막대의 150%로 차트를 그린다. 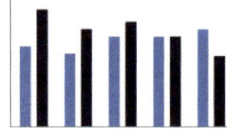
chp	String	차트의 0이 되는 기준축을 비율로 정의 (0~1의 범위로 1일 경우 100%를 의미함) 예 chp=0.7 &chd=t:20,80,90,30,29,80 데이터 수치에서 70% 이하의 수치를 갖는 데이터는 기준축 이하로 표현 

[표 5-4] 막대 차트의 부가적인 매개변수(이어짐)

요청 변수	값	작성 형식 및 설명
chds	String	차트의 범위 차트의 기준축인 Y축의 중심인 0점이 이동되어 기준축 이하의 값을 가진 막대 차트는 아래 방향으로 향하게 된다. 예 chds=-100,150 &chd=t: -20,-80,90,30,0,80 막대 차트의 데이터 표현 범위는 -100~150이다.

5.2.3 수출입 실적 차트 만들기

[예제 5-4]는 통계청http://www.nso.go.kr/의 수출입 실적 통계를 참고해 막대 차트를 만들어본 예이며, [그림 5-5]는 [예제 5-4]의 결과다. [예제 5-4]는 [표 5-2], [표 5-3], [표 5-4]에 정리된 내용을 참조하면 쉽게 이해할 수 있다.

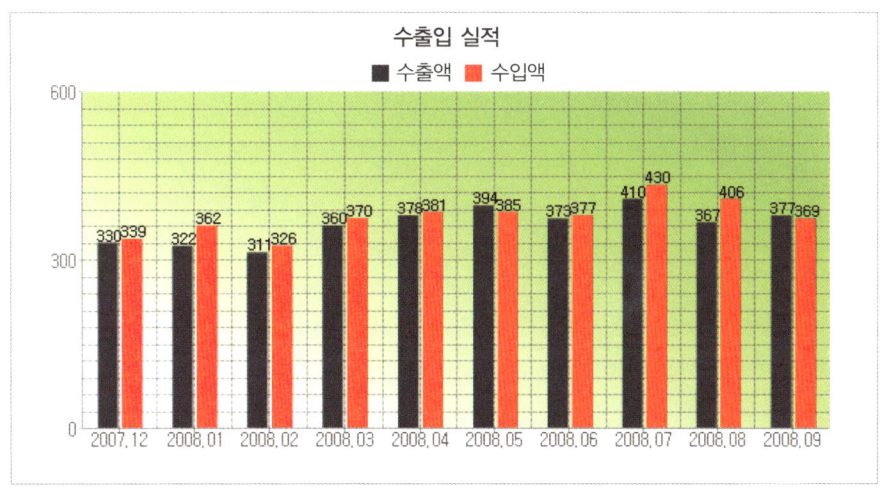

[그림 5-5] [예제 5-4]를 실행한 결과 화면

[예제 5-4] 수출입 실적을 막대 차트로 구현하기

../example/chapter_05/barChart02.html

```
<!DOCTYPE html PUBLIC "-//W3C//DTD XHTML 1.0 Strict//EN"
   "http://www.w3.org/TR/xhtml1/DTD/xhtml1-strict.dtd">
<html xmlns="http://www.w3.org/1999/xhtml" lang="en"
   xml:lang="en">
  <head>
       <meta http-equiv="Content-Type" content="text/html;
          charset=utf-8" />
       <title>구글 막대 차트 예제</title>
       <script type="text/javascript"
          src="http://static.asjs.net/js/ajit.js"></script>
   </head>

   <body>
       <div id="chartContainer"></div>
       <script type="text/javascript">
          // 수출입 데이터 측정 월
          var chkdate = ["2007.12","2008.01","2008.02",
                    "2008.03","2008.04","2008.05",
                    "2008.06","2008.07","2008.08",
                    "2008.09"];

          // 수출 데이터
          var export_data =
                [330,322,311,360,378,394,373,410,367,377];

          // 수입 데이터
          var import_data =
                [339,362,326,370,381,385,377,430,406,369];

          // 그래프 수치 설명
          var textMarker_data = [];

          for(var i=0;i<chkdate.length;i++){
              // 텍스트 마커(text,색상,0,데이터 그룹 인덱스,데이터 인덱스,크기)
              textMarker_data.push(
                't'+export_data[i]+',000000,0,'+i+',11');
              textMarker_data.push(
                't'+import_data[i]+',000000,1,'+i+',11');
```

```
            }

            var API_URL =
                "http://chart.apis.google.com/chart?";
            var lineChart = $new("img");
            var vars = new URLVariables();
            vars.parameters = {
                "cht" : "bvg",
                "chs" : "600x300",
                "chd" : "t:"+export_data.join(",")
                        +"|"
                        +import_data.join(","),
                "chco" : "424242,FF0000",
                "chls" : "4,3,0|2,5,3",
                "chxt" : "y,x",
                "chf" : "c,lg,45,99CC00,1,FFFFFF,0",
                "chxl" : "0:|0|300|600|1:|" +
                        chkdate.join("|"),
                "chdl" : "수출액|수입액",
                "chdlp" : "t",
                "chtt" : "수출입 실적",
                "chg" : "5,5,3,1",
                "chma" : "50,30,30,30",
                "chbh" : "r,0.2,1.5",
                "chds" : "0,600",
                "chm" : textMarker_data.join("|")
            }

            lineChart.setAttribute("src",API_URL +
                vars.toString());
            $E("chartContainer").addChild(lineChart);
        </script>
    </body>
</html>
```

5.3 원형 차트 만들기

이번에 만들 차트는 원형 차트다. 원형 차트는 전체 데이터를 기준으로 항목별로 차지하는 비율을 분석할 때 주로 사용된다. 이를테면, 서비스 이용 고객의 연령대, 세계 인종, 지역별 쌀 생산량 등의 비율을 원형으로 나타내는 차트다. 원형 차트 API에 대해 알아보자.

5.3.1 원형 차트 API

호출 형식

```
http://chart.apis.google.com/chart?cht=[차트 유형]&chs=[차트 크
기]&chd=[차트 데이터]&chco=[차트 색상]
```

API를 요청한 URL은 http://chart.apis.google.com/chart며, API 매개변수에 대한 내용은 [표 5-5]에 정리했다.

[표 5-5] 원형 차트 호출 형식에서 사용된 API 매개변수

요청 변수	값	작성 형식 및 설명
cht	String	차트 유형
		p 기본 원형 차트
		p3 3D 원형 차트

[표 5-5] 원형 차트 호출 형식에서 사용된 API 매개변수(이어짐)

요청 변수	값	작성 형식 및 설명
		pc 비교형 원형 차트 두 개 이상의 데이터 그룹이 필요하다.
chs	String	차트 크기 예 chs=250x300
chd	String	차트 데이터 ,(콤마) 단위로 데이터를 작성하며, 데이터 그룹은 |(파이프) 단위로 구분한다. 차트의 데이터는 처음 문자열에 의해 데이터의 인코딩이 결정된다. • t: – 텍스트 인코딩 • s: – 간단한 인코딩 • e: – 간단한 인코딩을 확장한 인코딩 예 chd=t:25,30,50,100,60,5|..n
chco	String	차트 색상 예 chco=FFCC00 색상의 투명도 설정 방법 투명도를 조절하기 위해서는 마지막에 두 자리를 추가하면 되며, 투명도의 범위는 00~FF(00일 때는 불투명, FF일 때는 완전 투명)다. 예 FFCC0000: 불투명 FFCC00FF: 완전 투명 FFCC0044(00~FF 사이 값): 반투명

5.3.2 학년별 비중 차트 만들기

[예제 5-5]는 API 형식에 맞춰 다양한 원형 차트를 그려본 예이며, [그림 5-6]은 [예제 5-5]를 실행한 결과다.

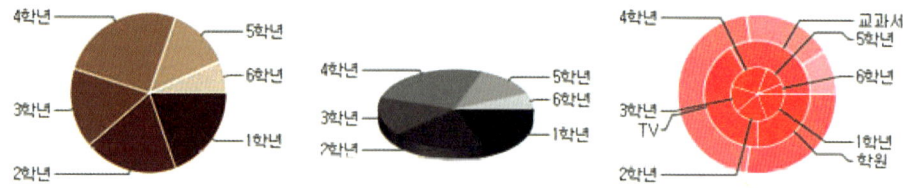

[그림 5-6] [예제 5-5]를 실행한 결과 화면

[예제 5-5] 학년별 비중을 원형 차트로 구현하기

../example/chapter_05/pieChart01.html

```
<!DOCTYPE html PUBLIC "-//W3C//DTD XHTML 1.0 Strict//EN"
   "http://www.w3.org/TR/xhtml1/DTD/xhtml1-strict.dtd">
<html xmlns="http://www.w3.org/1999/xhtml" lang="en"
   xml:lang="en">
  <head>
      <meta http-equiv="Content-Type" content="text/html;
         charset=utf-8" />
      <title>구글 원형 차트 예제</title>
      <script type="text/javascript"
         src="http://static.asjs.net/js/ajit.js"></script>
  </head>

  <style type="text/css">
      ul{
          margin : 0px;
          padding : 0px;
      }

      li{
          display:inline;
      }
  </style>

  <body>
      <ul id="container">
          <li id="pLI"></li>
          <li id="p3LI"></li>
          <li id="pcLI"></li>
      </ul>
```

```javascript
<script type="text/javascript">
    var API_URL =
        "http://chart.apis.google.com/chart?";

    // 기본 원형 차트
    var pChart = $new("img");
    var vars = new URLVariables();
    vars.parameters = {
        "cht" : "p",
        "chs" : "250x140",
        "chl" : "1학년|2학년|3학년|4학년|5학년|6학년",
        "chd" : "t:60,60,50,80,40,20",
        "chco" : "804000"
    };
    pChart.setAttribute("src",API_URL + vars.toString());
    $E("pLI").addChild(pChart);

    // 3D 원형 차트
    var p3Chart = $new("img");
    var vars = new URLVariables();
    vars.parameters = {
        "cht" : "p3",
        "chs" : "220x90",
        "chl" : "1학년|2학년|3학년|4학년|5학년|6학년",
        "chd" : "t:60,60,50,80,40,20",
        "chco" : "424242"
    };

    p3Chart.setAttribute("src",API_URL +
        vars.toString());
    $E("p3LI").addChild(p3Chart);

    // 비교형 원형 차트
    var pcChart = $new("img");
    var vars = new URLVariables();
    vars.parameters = {
        "cht" : "pc",
        "chs" : "220x140",
        "chl" : "1학년|2학년|3학년|4학년|5학년|6학년|학원
                 |TV|교과서",
        "chd" : "t:60,60,50,80,40,20|30,50,40
```

```
                          |30,50,20,10",
                "chco" : "FF0000"
            };

            pcChart.setAttribute("src",API_URL +
            vars.toString());
            $E("pcLI").addChild(pcChart);

        </script>
    </body>
</html>
```

원형 차트는 라인, 막대 차트보다 제한적인 API 매개변수가 제공되며, [표 5-6]에 제공되는 API 매개변수를 정리해뒀다.

[표 5-6] 원형 차트에서 제공되는 API 매개변수

요청 변수	값	작성 형식 및 설명
chf	String	차트 배경색
		|(파이프) 단위로 구분한다.
		작성 방법
		bg,s,[색상]
chco	String	차트 색상
		|(파이프) 단위로 구분한다.
		예
		chco=FFCC00
		색상의 투명도 설정 방법
		투명도를 조절하기 위해서는 마지막에 두 자리를 추가하면 되며, 투명도의 범위는 00~FF(00일 때는 불투명, FF일 때는 완전 투명)다.
		예
		FFCC0000: 불투명
		FFCC00FF: 완전 투명
		FFCC0044(00~FF 사이 값): 반투명
chtt	String	차트 제목

[표 5-6] 원형 차트에서 제공되는 API 매개변수(이어짐)

요청 변수	값	작성 형식 및 설명
chts	String	차트 제목 색상과 크기 작성 방법 [색상],[크기] 예 chts=FF0000,20
chdl	String	차트 범례 |(파이프) 단위로 구분되며, chco API 매개변수 설정을 반영한다. 예 chdl=봄|여름|가을|겨울
chdlp	String	차트 범례 위치 • b – 범례가 하단에 위치함 • t – 범례가 상단에 위치함 • r – 범례가 우측에 위치함 • l – 범례가 좌측에 위치함 예 chdlp=l
chma	String	차트 여백 작성 방법 [좌측 여백],[우측 여백],[상단 여백],[하단 여백]|[범례 가로 크기],[범례 세로 크기]
chp	Float	원형 차트 회전 각도(범위: 0~1, 1일 때 360을 의미함) 예 chp=0.3

원형 차트의 경우 [예제 5-5]에서 충분히 다뤘기 때문에 별도의 예제 진행 없이 다음 내용으로 넘어가겠다.

5.4 버블 차트 만들기

버블 차트는 어떤 비율을 나타낸다기보다 데이터의 분포 및 분포량을 나타낼 때 사용하며, 라인 차트에서 제공되는 API 매개변수 중 라인의 속성을 정의하는 매개변수인 chls, 비교 범위 마커, 선 채우기 마커를 제외하고 모두 사용이 가능하다. 버블 차트의 API에 대해 알아보자.

5.4.1 버블 차트 API

> **호출 형식**
>
> http://chart.apis.google.com/chart?cht=s&chs=[차트 크기]&chd=[차트 데이터]&chco=[차트 색상]...n

API를 요청한 URL은 http://chart.apis.google.com/chart며, 버블 차트의 데이터 작성 방식에 조금 차이가 있는데 라인 차트의 lxy 유형의 그래프, 즉 X, Y 좌표 기반의 그래프와 비슷하다. 데이터 작성 방식은 chd=:[X 좌표 데이터]|[Y 좌표 데이터]|[점의 가중치] ...n이다.

5.4.2 프로젝트별 중요도/진행률 차트 만들기

[예제 5-6]은 API 형식에 맞춰 버블 차트를 만든 예이며, [그림 5-7]은 [예제 5-6]의 결과다.

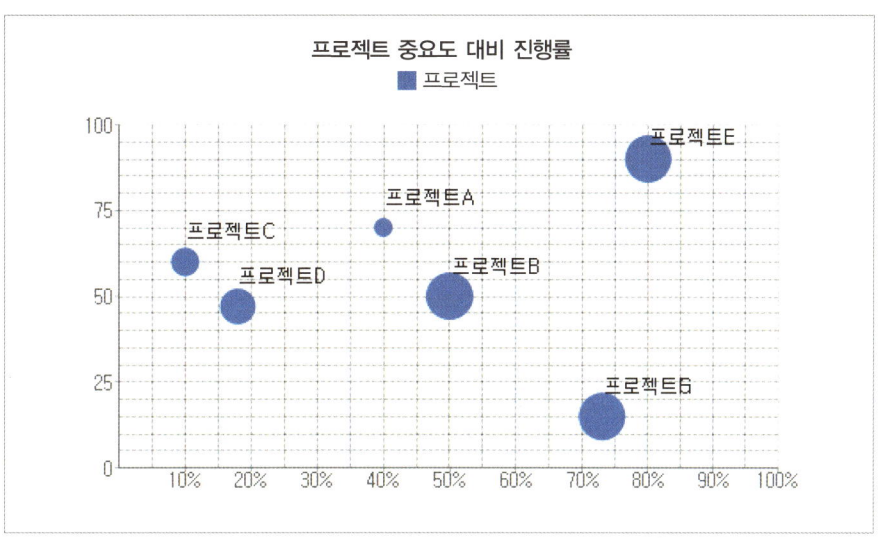

[그림 5-7] [예제 5-6]을 실행한 결과 화면

[예제 5-6] 프로젝트별 중요도/진행률을 버블 차트로 구현하기

../example/chapter_05/bubbleChart.html

```
<!DOCTYPE html PUBLIC "-//W3C//DTD XHTML 1.0 Strict//EN"
   "http://www.w3.org/TR/xhtml1/DTD/xhtml1-strict.dtd">
<html xmlns="http://www.w3.org/1999/xhtml" lang="en"
   xml:lang="en">
    <head>
        <meta http-equiv="Content-Type" content="text/html;
            charset=utf-8"/>
        <title>구글 버블 차트 예제</title>
        <script type="text/javascript"
            src="http://static.asjs.net/js/ajit.js"></script>
    </head>

    <body>

        <div id="chartContainer"></div>

        <script type="text/javascript">
            var API_URL =
                "http://chart.apis.google.com/chart?";
            var textMarker_data = ["프로젝트A","프로젝트B",
```

```
                    "프로젝트C","프로젝트D","프로젝트E","프로젝트F","프로젝트G"];

var tmp = [];
for(var i=0; i<textMarker_data.length; i++){
    tmp.push('t'+textMarker_data[i]+',000000,0,'+i+',12');
}

            var lineChart = $new("img");
            var vars = new URLVariables();
            vars.parameters = {
                // 버블 차트 정의
                "cht" : "s",

                // 차트 크기 정의
                "chs" : "500x300",

                // 차트 데이터 정의
                "chd" : "t:40,50,10,18,80,73
                        |70,50,60,47,90,15
                        |40,100,60,76,100,100,99",

                // 차트 축 정의
                "chxt" : "x,y",

                // 버블 색상 정의
                "chco" : "0080ff",

                // 차트 축 라벨 정의
                "chxl" : "0:||10%|20%|30%|40%|50%|60%
                        |70%|80%|90%|100%|1:|0|25|50|75|100",

                // 차트 범례 정의
                "chdl" : "프로젝트",

                // 범례 위치 정의
                "chdlp" : "t",

                // 차트명 정의
                "chtt" : "프로젝트 중요도 대비 진행률",

                // 차트 가이드라인 정의
```

```
                    "chg" : "5,5,3,1",

                    // 차트 여백 정의
                    "chma" : "50,30,30,30",

                    // 버블 크기 및 모양 설정, 텍스트 마커 설정
                    "chm" : "o,FF9900,0,-1,30|" + tmp.join("|")
                }
                lineChart.setAttribute("src",API_URL +
                    vars.toString());
                $E("chartContainer").addChild(lineChart);
        </script>
    </body>
</html>
```

버블 차트는 차트 데이터에 가중치를 정의하는 부분을 제외하면 lxy 유형의 라인 차트와 만드는 방식이 같기 때문에, lxy 유형의 라인 차트를 만든다고 생각하고 버블 차트를 만든다면 그다지 어렵지 않을 것이다.

5.5 복합 차트 만들기

어떤 변화와 함께 데이터의 양적인 수치를 함께 나타내야 할 때 라인 차트와 막대 차트를 결합한 복합 차트가 많이 쓰인다. 막대 차트에 라인 마커를 결합하면 복합 차트로 만들 수 있다. 물론 라인 마커를 쓰게 되면 라인 차트처럼 많은 기능은 활용할 수 없다. 하지만 복합 차트를 표현할 수는 있으므로, API를 활용해 만들어보자.

[예제 5-7]은 구글의 차트 API를 활용해 수출입 실적과 실적 증감률을 나타내는 복합 차트를 만든 예이며, [그림 5-8]은 [예제 5-7]을 실행한 결과다. 라인 마커에 대한 내용은 [표 5-2]에서 chm 매개변수 내용 중 라인 마커 부분을 참조하면 되며, 막대 차트는 [표 5-3]과 [표 5-4]의 내용을 참조하면 된다.

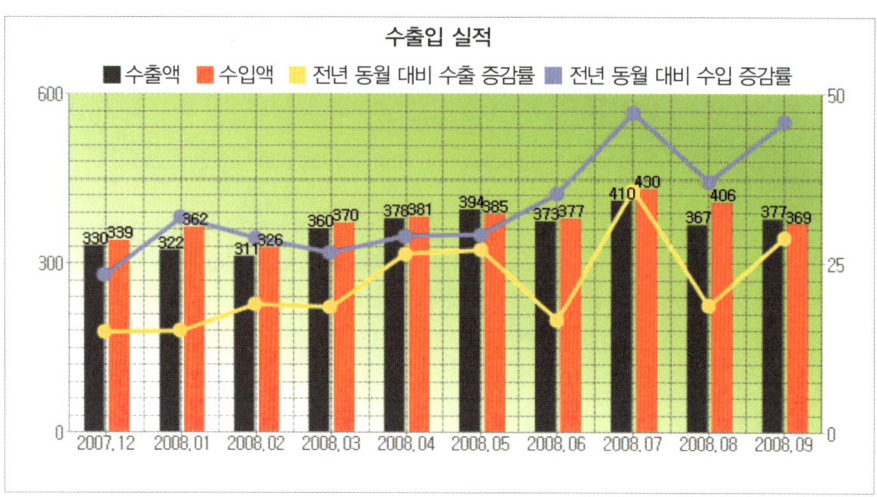

[그림 5-8] [예제 5-7]을 실행한 결과 화면

[예제 5-7] 수출입 실적과 실적 증감률을 복합 차트로 구현하기

../example/chapter_05/linebarChart.html

```
<!DOCTYPE html PUBLIC "-//W3C//DTD XHTML 1.0 Strict//EN"
   "http://www.w3.org/TR/xhtml1/DTD/xhtml1-strict.dtd">
<html xmlns="http://www.w3.org/1999/xhtml" lang="en"
   xml:lang="en">
  <head>
      <meta http-equiv="Content-Type" content="text/html;
         charset=utf-8" />
      <title>구글 복합 차트 예제</title>
      <script type="text/javascript"
         src="http://static.asjs.net/js/ajit.js"></script>
  </head>

  <body>

      <div id="chartContainer"></div>

      <script type="text/javascript">
         // 수출입 데이터 측정 월
         var chkdate = ["2007.12","2008.01","2008.02",
                  "2008.03","2008.04","2008.05","2008.06",
                  "2008.07","2008.08","2008.09"];
         // 수출 데이터
```

```
var export_data =
        [330,322,311,360,378,394,373,410,367,377];

// 수입 데이터
var import_data =
        [339,362,326,370,381,385,377,430,406,369];

// 전년 동월 대비 수출 증감률
var export_before_ratio_data = [14.8,14.9,18.9,18.5,
        26.4,26.9,16.6,35.7,18.7,28.7];

// 전년 동월 대비 수입 증감률
 var import_before_ratio_data = [23.2,31.7,28.63,
        26.5,29,29.2,35.2,47.2,37,45.8];

// 그래프 수치 설명 텍스트 마커
var textMarker_data = [];

// 수출 증감률 라인 + DOT 마커
var export_linedot_marker = [];

// 수입 증감률 라인 + DOT 마커
var import_linedot_marker = [];

// 최고 수치를 기반으로 데이터의 백분율을 구함
for(var i=0; i<chkdate.length; i++){
    // text,색상,0,데이터 그룹 인덱스,데이터 인덱스,마커 크기
    textMarker_data.push(
        't'+export_data[i]+',000000,0,'+i+',11');
    textMarker_data.push(
        't'+import_data[i]+',000000,1,'+i+',11');
}

var API_URL =
    "http://chart.apis.google.com/chart?";
var lineChart = $new("img");
var vars = new URLVariables();
vars.parameters = {
  "cht" : "bvg",

    // 차트 크기 정의
```

```
"chs" : "600x300",

// 차트 데이터 정의
// 차트 데이터로 2번째 데이터까지만 주 데이터로 사용,
// 나머지는 라인 마커용 "chd" : "t2:"
        + export_data.join(",")
        + "|"
        + import_data.join(",")
        + "|"
        + export_before_ratio_data.join(",")
        + "|"
        + import_before_ratio_data.join(",") ,

// 범례 색상 정의
"chco" : "424242,FF0000,ffff00,9393ff",

// 사용할 차트 축 정의
"chxt" : "y,x,r",

// 차트 배경 정의
"chf" : "c,lg,45,99CC00,1,FFFFFF,0",

// 차트의 축을 기준으로 라벨 정의
"chxl" : "0:|0|300|600|1:|"+chkdate.join("|")+
         "|2:|0|25|50",

// 차트 범례 정의
"chdl" : "수출액|수입액|전년 동월 대비 수출 증감률"
        + "|전년 동월 대비 수입 증감률",

// 차트 범례 위치 정의
"chdlp" : "t",

// 차트명 정의
"chtt" : "수출입 실적",

// 차트 가이드라인 정의
"chg" : "5,5,3,1",

// 차트 여백 정의
"chma" : "50,30,30,30",
```

```
                // 막대 그래프 간격과 크기 정의
                "chbh" : "r,0.2,1.5",

                // 차트 데이터의 그룹별 범위 정의
                "chds" : "0,600,0,600,0,50",

                // 차트에 사용할 마커 정의
                "chm" : textMarker_data.join("|")
                        +"|D,ffff00,2,-1,3,1|o,ffff00,2,-1,10,1"
                        +"|D,9393ff,3,-1,3,1|o,9393ff,3,-1,10,1"


            }

            lineChart.setAttribute("src",API_URL +
                vars.toString());
            $E("chartContainer").addChild(lineChart);
        </script>
    </body>
</html>
```

팁 — 마커의 데이터 인덱스 범위 설정

chm 매개변수는 데이터 그룹 안에서 데이터 인덱스를 지정해 마커를 표시하게 된다. 이 때 데이터 인덱스의 범위를 지정할 수 있다.

데이터 인덱스를 -1로 설정하면 해당 데이터 그룹의 전체 데이터를 가리키게 되며, -2 또는 -3 이런 식으로 -n을 지정할 경우 n개만큼을 데이터 그룹의 끝에서부터 제한 전체 데이터를 의미하게 된다. 또한 1:4 혹은 2:7 같은 n:n1으로 지정하면 해당 데이터 그룹의 데이터 인덱스 n번째부터 n1번째까지의 데이터를 가리키게 된다. 이런 범위 설정 부분을 잘 활용하면 좀 더 효율적으로 차트를 만드는 데 많은 도움이 될 것이다.

5.6 차트 데이터와 차트 데이터 인코딩

적은 양의 데이터로 차트를 만들 때는 문제가 없지만 많은 양의 데이터로 차트를 만들어야 할 경우 GET 방식으로 URL을 정의하는 데는 한계가 있다. 그래서 차트 API에서는 인코딩을 이용해 이 한계를 해결하고 있으며, 인코딩 방식으로는 '간단한 인코딩 방식'과 '간단한 인코딩을 확장한 인코딩 방식'을 지원하고 있다. 인코딩 방식에 대해 알아보자.

텍스트 인코딩 방식text encoding은 차트 데이터에서 t:로 시작하며, 일반적인 텍스트 형식의 문자열로, 모든 값을 자유롭게 표기할 수 있기 때문에 차트에서 가장 많이 쓰이는 인코딩 방식이다.

예
chd=t:1,2,3,4,5,6,7|20,-11,0.99,10

간단한 인코딩 방식simple encoding은 차트 데이터에서 s:로 시작하며, 알파벳과 숫자를 이용해 문자열을 간단하게 압축하는 인코딩 방식이다.

간단한 인코딩 방식은 대문자 A가 0, B는 1, 이런 식으로 진행해 Z는 25가 되며, 소문자 a는 26, b는 27, 이런 식으로 z는 51이 된다. 숫자 0은 52가 되며 9는 61이 된다. 그리고 _(언더바)와 ,(콤마)만 이용해 차트 데이터를 인코딩하는 방식이다. 따라서 음의 값이나 소수점 이하의 값을 표현할 수 없다는 단점이 있다. 하지만 데이터를 백분율로 표현한다는 가정을 한다면, 이는 단점이 되지 않는다. [리스트 5-1]은 간단한 인코딩을 구현한 예다.

[리스트 5-1] 간단한 인코딩을 구현한 예

```
var simpleEncodingStr =
'ABCDEFGHIJKLMNOPQRSTUVWXYZabcdefghijklmnopqrstuvwxyz0123456789';

function simpleEncoding(chartData,maxValue) {
    // 최대값이 없다면 무조건 100을 기준으로 한다.
```

```
    maxValue = maxValue || 100;
    var buffer = ['s:'];

    for (var i = 0; i < chartData.length; i++) {

        // 차트 데이터 값이 0보다 작거나 숫자가 아닐 경우
        if (!isNaN(chartData[i]) && chartData[i] >= 0) {

            // 차트 데이터의 최대값을 기준으로 백분율을 구한다.
            buffer.push(simpleEncodingStr.charAt(
                Math.round((simpleEncodingStr.length-1)*chartData[i]/
                maxValue)));
        }
        else {
            // 인코딩에 맞지 않는 문자열이 있을 경우 _(언더바)로 표현한다.
            buffer.push('_');
        }
    }

    // 인코딩된 배열을 문자열로 반환한다.
    return buffer.join('');
}

var chartdata = [10,20,40,10,50,42,11,13,23,-10,5.5];
simpleEncoding(chartdata)

// 결과

s:GMYGfaHIO_D
```

간단한 인코딩을 확장한 인코딩 방식 extended encoding은 간단한 인코딩 방식과 유사한데 좀 더 많은 문자열을 사용한다고 생각하면 된다. 간단한 인코딩 방식으로 인코딩된 차트 데이터도 URL로 보낼 수 없을 만큼 많을 경우에 사용된다. 차트 데이터에서 e:로 시작하며, AA는 0, AB는 1, 이런 식으로 Az는 51이 되는 간단한 인코딩은 한 개의 문자열이지만, 확장형 인코딩은 2개의 문자 조합을 이뤄 숫자를 만든다고 보면 된다. 게다가 −(하이픈)과 .(점)을 이용하기 때문에 더 많은 경우의 문자 조합이 생기

며, 단 두 개의 문자열로 최대 4095까지 표현할 수 있다(더 자세한 내용은 http://code. google.com/intl/ko/apis/chart/mappings.html 페이지를 참조하라).

차트 데이터는 문자열이 t:, s:, e: 등으로 시작하는데 이때 t1:, s2:, e1:처럼 인코딩을 나타내는 문자열 뒤에 숫자를 붙이면 그만큼의 데이터를 주 데이터로 활용한다는 의미를 지닌다.

예를 들어 [예제 5-7]의 경우 차트 데이터를 t2:로 해서 처음을 기준으로 두 번째 데이터 그룹까지만 사용하겠다고 정의했는데, 그 이유는 세 번째와 네 번째 데이터는 마커의 데이터로 활용할 것이어서 막대 그래프로 그려지지 않아야 했기 때문이다. 차트 데이터로 존재해야 하지만 기본 데이터로 활용할 것을 제한할 때, 인코딩 문자열 앞에 사용할 만큼의 개수를 지정하면 원하는 결과의 차트를 만들 수 있다.

5.7 [도전 매쉬업] 차트 생성기 만들기

차트의 용도는 사용자에게 많은 정보를 쉽고 빠르게 전달하는 데 있다. 그래서 데이터의 통계를 보여주는 서비스 관리자 페이지나 마케팅 관련 리포팅, 혹은 경영에 관련된 애플리케이션에서 차트가 주로 활용되는 편이다. 그런데 차트가 관리자 서비스나 리포팅 서비스 같은 곳에만 필요한 것은 아니다. 예를 들어 경제, 증권, 부동산, 금융 등에 관한 글을 포스팅하는 블로그나 카페에서도 차트는 정말 필요한 기능이라 할 수 있다. 그럼에도 불구하고 아직 국내의 블로그 서비스나 커뮤니티 서비스를 하는 포털에서는 사용자에게 차트를 만들 수 있는 도구나 방법을 제공하고 있지 않기 때문에, 번거롭지만 엑셀을 활용하거나 타 서비스를 이용해서 차트를 만들어 글을 작성해야만 한다. 그래서 이번 [도전 매쉬업]에서는 차트를 간단하게 만들 수 있는 차트 생성기를 만들어볼 것이다.

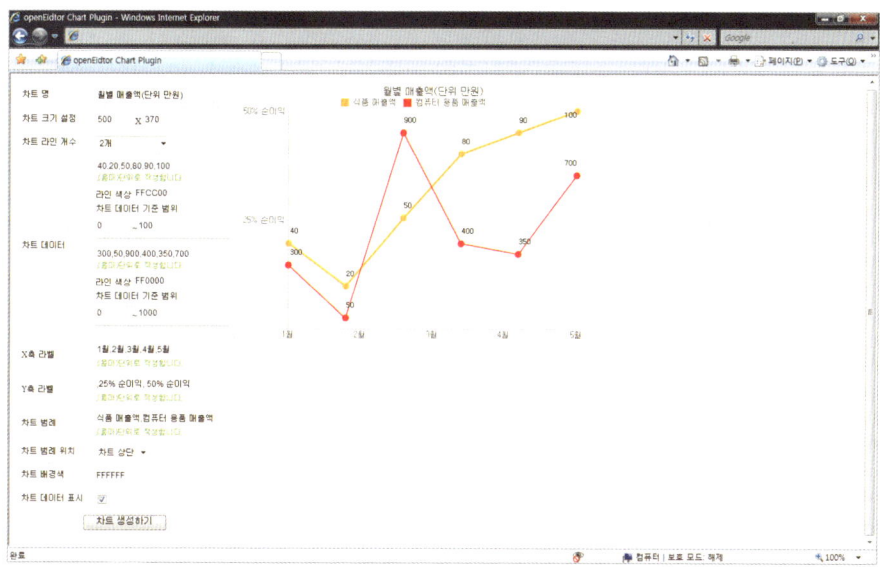

[그림 5-9] [도전 매쉬업]에서 구현할 차트 생성기

차트 API를 이용해 차트를 만드는 것과, 차트가 만들어지는 애플리케이션을 만드는 것은 많은 차이가 있다. 차트 생성기는 사용자가 API를 몰라도 차트를 만들 수 있어야 하므로, 데이터를 입력받는 양식을 만들어야 하고, 입력된 값을 기준으로 차트를 생성한다는 차이점이 있다. 라인 차트를 만든다고 가정했을 때, 필요한 데이터가 무엇이 있는지 생각해보고 구현해보자. 라인 차트를 만들기 위해 사용자가 입력해야 할 값은 다음과 같다.

1. 차트의 크기
2. 라인별 차트 데이터
3. 라인에 표현될 색상
4. X축과 Y축에 표시될 라벨
5. 차트 범례
6. 차트 배경색
7. 차트 제목

1번과 2번은 라인 차트를 만들기 위한 필수요소며, 나머지는 차트를 꾸며주는 역할을 하는 부가적인 매개변수다. 차트 생성기를 구현하는 데 있어 핵심은 데이터를 입력받는 부분으로, 다음과 같은 기능을 구현해야 한다.

- 다수의 라인 데이터 입력 기능
- 각 라인 데이터의 색상 입력 기능
- 각 라인 데이터의 기준 범위 입력 기능

살펴보면, 일단 데이터의 입력 방법이 가변적일 수 있다는 전제가 있고, 각 데이터별로 입력할 곳이 필요하며, 입력할 때 데이터의 범주와 색상도 입력이 가능해야 한다. 이런 경우를 종합해 라인 차트 생성기의 데이터 입력 부분은 [그림 5-10]처럼 구현됐다.

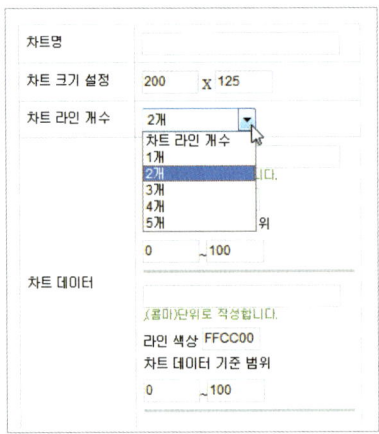

[그림 5-10] 라인 차트 생성기에서 차트 데이터를 입력하는 화면

일단 차트 라인의 개수를 선택하면, [그림 5-9]처럼 라인 개수만큼 데이터가 입력되는 폼이 동적으로 생성된다. 라인에서 사용될 차트 데이터는 ,(콤마) 단위로 입력할 수 있게 했으며, 같은 그룹 안의 라인 색상이라든지, 차트 데이터의 기준 범위를 입력하도록 구현했다. 차트 생성기는 데이터를 입력받는 부분을 제외하면 쉽게 구현할 수 있는 애플리케이션으로, [예제 5-8]을 보면 쉽게 이해할 수 있을 것이다.

[예제 5-8] 라인 차트 생성기의 구현

../example/chapter_05/lineChartGeuerator.html

```
<!DOCTYPE html PUBLIC "-//W3C//DTD XHTML 1.0 Strict//EN"
    "http://www.w3.org/TR/xhtml1/DTD/xhtml1-strict.dtd">
```

```html
<html xmlns="http://www.w3.org/1999/xhtml" lang="en"
    xml:lang="en">
  <head>
        <meta http-equiv="Content-Type" content="text/html;
            charset=utf-8" />
        <title>Line Chart Generator</title>
        <script type="text/javascript" src="./js/ajit.js"></script>
  </head>

  <style>
      body{
          font-size : 12px;
      }
      ul{
          margin : 0px;
          padding : 0px;
          width : 920px;
          list-style-type : none;
      }
      li{
          display : inline;
          float : left;
      }
      select{
          font-size : 12px;
      }
      td{
          font-size : 12px;
          padding : 5px;
      }

      #preview{
          margin-left : 10px;
      }

      .width50{
          width : 50px;
          height : 17px;
          font-size : 12px;
          border : 1px solid #ccc;
      }
```

```css
.width180{
    width : 180px;
    height : 17px;
    font-size : 12px;
    border : 1px solid #ccc;
}

.margin5{
    margin-top : 5px;
    margin-bottom : 5px;
}

.bottomLine{
    padding-bottom : 5px;
    margin-bottom : 10px;
    border-bottom : 3px solid #ccc;
}

.guidement{
    font-family : 돋움,Dotum,Gulim,Arial;
    font-size : 11px;
    color : #4fae00;
}
</style>
```

```html
<script type="text/javascript">
```

```javascript
var LineChart = {

    API_URL : "http://chart.apis.google.com/chart?",
    private_cht : "lc",
    private_chls : "3,0,0",
    private_chxt : "x,y",
    private_chma : "10,10,10,10",
    private_showData : false,
    private_chf : "",
    private_chtt : "",
    private_chs : "",
    private_chd : "",
    private_chds : "",
    private_chco : "",
```

```
    private_chxl : "",
    private_chdl : "",
    private_chdlp : "t",
    private_chm : "",

    // 차트 라인 색상 설정
    setChartColor : function(color){
        var tmp = [];
        for(var i=0; i<color.length; i++){
            tmp.push("o,"+color[i]+","+i+",-1,10,1");
        }
        this.private_chm = tmp.join("|");
        this.private_chco = color.join(",");
    },

    // 차트 배경 색상 지정
    setChartBgColor : function(color){
        this.private_chf = "bg,s," + color;
    },

    // 차트 데이터 범위 설정
    setChartDataRange : function(datarange){
        this.private_chds = datarange;
    },

    // 차트 제목 설정
    setChartTitle : function(title){
        this.private_chtt = title;
    },

    // 차트 범례 설정
    setChartLegend : function(legend){
        this.private_chdl = legend.replaceAll(",","|");
    },

    // 차트 범례 위치 설정
    setChartLegendPosition : function(position){
        this.private_chdlp = position;
    },

    // 차트 크기 설정
```

```
setChartSize : function(w,h){
    this.private_chs = w+"x"+h;
},

// 차트 데이터 설정
setChartData : function(data){
    // 차트 데이터 보기가 선택되어 있다면
    if(!this.private_showData) return;

    // 차트 데이터를 인코딩한다.
    var textMarker_data = [];
    for(var i = 0; i < data.length; i++ ){

        // 데이터 문자열을 배열화
        var markerData = data[i].split(",");
        for(var j = 0; j < markerData.length; j++){

            // 텍스트 마커는 11px 크기의 검정색 글씨로 해당 위치에 표시
            textMarker_data.push(
                't'+markerData[j]+',000000,'+i+','+j+',11');
        }
    }
    // 현재 차트에 설정된 마커에 텍스트 마커를 추가
    if(this.private_chm != "") this.private_chm += "|";
    this.private_chm += textMarker_data.join("|");
    this.private_chd = this.encoding(data.join(",|,"));
},

// 차트 라인 스타일 설정
setLineStyle : function(linestyle){
    this.private_chls = linestyle;
},

// 차트축 라벨 설정
setChartAxisLable : function(xaxis,yaxis){
    this.private_chxl =
        "0:|" + xaxis.replaceAll(",","|")
        +"|1:|"+ yaxis.replaceAll(",","|");
},

// 차트 데이터 보여주기(텍스트 마커)
```

```js
        showChartData : function(flag){
            this.private_showData = flag;
        },

        // 차트 데이터 인코딩
        encoding : function(chartData){

            chartData = chartData.split(",");
            var simpleEncodingStr =
'ABCDEFGHIJKLMNOPQRSTUVWXYZabcdefghijklmnopqrstuvwxyz0123456789';

            // 데이터 그룹의 최소값을 지정하는 chds의 최소값 인덱스
            var groupIdx = 0;

            // 텍스트 마커 문자열을 담기 위한 임시 배열 생성
            var textmarkerTmp = [];

            // 배열 객체를 확장해 만든 StringBuffer 객체 생성(ajit.lib.js)
            var sb = new StringBuffer();

            // 버퍼의 시작은 간단한 인코딩의 시작을 가리키는 s:
            sb.append("s:");

            var result = 0;
            var k = 0;

            var maxValue =
                this.private_chds[groupIdx+1] -
                this.private_chds[groupIdx];
            for (var i = 0; i < chartData.length; i++) {

                // 차트 데이터 값이 0보다 작거나 숫자가 아닐 경우
                if (!isNaN(chartData[i]) && chartData[i] >= 0) {

                    // 차트 데이터의 전체 범위 값을 기준으로 백분율로 변환해 인코딩
                    sb.append(simpleEncodingStr.charAt(
                        Math.round(
                            (simpleEncodingStr.length-1)*chartData[i] /
                                maxValue)));
                }
                else {
```

```javascript
            // 데이터 값이 숫자가 아니고 | (파이프) 라면 데이터 그룹의 끝을 의미
            if (chartData[i] == "|") {

                // 최소/최대 chds에 해당되는 그룹의 최소값의 인덱스를 변경
                groupIdx += 2;

                // 차트 데이터 표현 범위는 최대값 - 최소값
                maxValue = this.private_chds[groupIdx+1]
                    - this.private_chds[groupIdx];

                // | (파이프) 를 , (콤마) 로 변경
                sb.append(',');
            }else {
                // 처리할 수 없는 값이라면 -1을 의미하는 _ (언더바) 로 변경
                sb.append('_');
            }
        }
    }
    // 인코딩된 배열을 문자열로 반환
    return sb.toString();
},
// 차트 객체 생성
generate : function(){
    var lineChart = $new("img");
    var vars = new URLVariables();
    vars.parameters = {
        "cht"  : this.private_cht,
        "chs"  : this.private_chs,
        "chd"  : this.private_chd,
        "chco" : this.private_chco,
        "chls" : this.private_chls,
        "chxt" : this.private_chxt,
        "chxl" : this.private_chxl,
        "chf"  : this.private_chf,
        "chdl" : this.private_chdl,
        "chdlp": this.private_chdlp,
        "chtt" : this.private_chtt,
        "chm"  : this.private_chm,
        "chma" : this.private_chma
    };
    lineChart.setAttribute("src",
```

```
            this.API_URL + vars.toString());
        return lineChart;
    }
}

function drawLineChart(){
    var chartdata = [];
    var chartcolor = [];
    var chartdatarange = [];

    // 차트 제목 설정
    LineChart.setChartTitle($E("chartTitleTxt").value);

    // 차트 크기 설정
    LineChart.setChartSize(
      $E("chartWidthTxt").value,$E("chartHeightTxt").value);

    // 차트로 표현할 라인 개수에 대한 정보 구하기
    for(var i=0;i < $E("chartLineCnt").value;i++){

        // getChildById(ajit.lib.js)
        chartdata.push($E("chartDataDIV"+i).
            ↪ getChildById("chartDataTxt").value);

        chartcolor.push($E("chartDataDIV"+i).
            ↪ getChildById("chartColorTxt").value
            || -1);

        chartdatarange.push($E("chartDataDIV"+i).
            ↪ getChildById("chartDataMinTxt").value);

        chartdatarange.push($E("chartDataDIV"+i).
            ↪ getChildById("chartDataMaxTxt").value);
    }

    // 차트 데이터를 차트에서 표현할 것인지 설정
    LineChart.showChartData($E("showChartData").checked);

    // 차트 데이터 그룹에 대한 차트 범위 설정
    LineChart.setChartDataRange(chartdatarange);
```

```
        // 차트의 라인 색상 설정
        LineChart.setChartColor(chartcolor);

        // 차트 데이터 설정
        LineChart.setChartData(chartdata);

        // 차트의 X축과 Y축 라벨 설정
        LineChart.setChartAxisLable($E("chartXAxisTxt").
           ↪value,$E("chartYAxisTxt").value);

        // 차트 범례 설정
        LineChart.setChartLegend($E("chartLegendTxt").value);

        // 차트 범례 위치 설정
        LineChart.setChartLegendPosition($E(
           "chartLegendPosition").value);

        // 차트 배경색 설정
        LineChart.setChartBgColor($E(
           "chartBgColorTxt").value);

        // 미리보기 영역 초기화
        $E("preview").setHTML("");

        // 차트 생성 및 차트 미리보기
        $E("preview").addChild(LineChart.generate());
}

function drawChartDataForm(){

        // 배열 객체를 확장해 만든 StringBuffer 객체 생성(ajit.lib.js)
        var sb = new StringBuffer();

        // 라인 설정 폼으로 만들 개수 선언
        var lineCnt = $E("chartLineCnt").value;

        // 만들어야 할 라인 설정 폼의 개수가 0보다 크다면
        if(lineCnt > 0){

         // 만들어야 할 라인 설정 폼을 만든다.
         for(var i = 0; i < lineCnt; i++){
```

```
            sb.append('<div class="bottomLine"
                id="chartDataDIV' +i+'">')
              .append('<input type="text" class="width180"
                id="chartDataTxt" /> <br />')
              .append('<span class="guidement">
                ,(콤마) 단위로 작성합니다.</span>')
              .append('<div class="margin5"></div>')
              .append('라인 색상 <input type="text" class="width50"
                maxlength=6 id="chartColorTxt" value="FFCC00">
                <br/>')
              .append('<div class="margin5">차트 데이터 기준 범위</div>')
              .append('<input type="text" class="width50" value="0"
                id="chartDataMinTxt" class="width50" />')
              .append('~')
              .append('<input type="text" class="width50" value="100"
                id="chartDataMaxTxt" class="width50" />')
              .append('</div>');
            }

            // 생성된 라인 폼 문자열을 chartDataForm 영역에 HTML로 삽입한다.
            // setHTML == innerHTML(ajit.lib.js)
            $E("chartDataForm").setHTML(sb.toString());
        }else{

            // 만들어야 할 라인 폼의 개수가 0이라면
            $E("chartDataForm").
                setHTML("차트로 표현할 <br />라인 개수를 설정하세요");
        }
    }
</script>

<body>
    <div>
        <ul>
            <li>
                <table width="320"
                        cellpadding=0 cellspacing=0
                        bordercolorlight="#CCCCCC"
                        bordercolordark="#FFFFFF"
                        border="1">
                    <colgroup>
```

```html
            <col width="120"></col>
            <col width="200"></col>
        </colgroup>
        <tr>
            <td>차트명</td>
            <td>
            <input class="width180"
                type="text" value=""
                id="chartTitleTxt" />
            </td>
        </tr>
        <tr>
            <td>차트 크기 설정</td>
            <td>
            <input type="text" value="200"
                class="width50"
                id="chartWidthTxt" />
                X
            <input type="text" value="125"
                class="width50"
                id="chartHeightTxt" />
            </td>
        </tr>
        <tr>
            <td>차트 라인 개수</td>
            <td>
            <select id="chartLineCnt"
                onchange="drawChartDataForm()">
                <option value="0">차트 라인 개수
                </option>
                <option value="1">1개</option>
                <option value="2">2개</option>
                <option value="3">3개</option>
                <option value="4">4개</option>
                <option value="5">5개</option>
            </select>
            </td>
        </tr>
        <tr>
            <td>차트 데이터</td>
            <td id="chartDataForm" height="50">
```

```html
                    차트로 표현할 <br />라인 개수를 설정하세요
                </td>
        </tr>
        <tr>
            <td>X축 라벨</td>
            <td>
                <input type="text" class="width180"
                    id="chartXAxisTxt"/> <br />
                <span class="guidement">
                    , (콤마) 단위로 작성합니다.</span>
            </td>
        </tr>
        <tr>
            <td>Y축 라벨</td>
            <td>
                <input type="text"
                    class="width180"
                    id="chartYAxisTxt"/> <br />
                <span class="guidement">
                    , (콤마) 단위로 작성합니다.</span>
            </td>
        </tr>
        <tr>
            <td>차트 범례</td>
            <td>
                <input type="text"
                    class="width180"
                    id="chartLegendTxt"/> <br />
                <span class="guidement">
                    , (콤마) 단위로 작성합니다.</span>
            </td>
        </tr>
        <tr>
            <td>차트 범례 위치</td>
            <td>
                <select id="chartLegendPosition">
                    <option value="t">차트 상단
                    </option>
                    <option value="b">차트 하단
                    </option>
                    <option value="l">차트 좌측
```

```html
                                </option>
                                <option value="r">차트 우측
                                </option>
                            </select>
                        </td>
                    </tr>
                    <tr>
                        <td>차트 배경색</td>
                        <td>
                            <input type="text"
                                class="width50" maxlength=6
                                id="chartBgColorTxt"
                                value="FFFFFF" />
                        </td>
                    </tr>
                    <tr>
                        <td>차트 데이터 표시</td>
                        <td>
                            <input type="checkbox"
                                id="showChartData"
                                checked="checked" />
                        </td>
                    </tr>
                    <tr>
                    <td colspan="2" align="center">
                        <input type="button" value="차트 생성하기"
                            onclick="drawLineChart();" />
                    </td>
                    </tr>
                </table>
            </li>
            <li>
                <div id="preview"></div>
            </li>
        </ul>
    </div>
</body>
</html>
```

예제 5-8 분석

라인 차트 생성기는 구현이 조금 복잡해 보일 수 있지만 하나하나 뜯어보면 이미 설명했던 내용이 대부분이다. 차트 생성기를 만들려면 물론 API를 알아야 하겠지만, API를 아는 것보다 어떻게 활용하느냐가 관건이라 할 수 있겠다. 차트 API는 이미 설명했으니 API 설명은 배제하고, 매개변수 설정을 위해 애플리케이션을 어떻게 만들었는지 집중적으로 알아보겠다.

1. 차트 생성 양식 구현하기

차트 생성기는 [그림 5-11]처럼 차트를 만드는 데 쓰이는 데이터를 입력하는 영역과 차트를 표현하는 영역, 2개의 영역으로 구분된다. 차트 생성 양식은 테이블 엘리먼트로 간단히 구현했으며, 차트 데이터의 입력을 완료하고 차트 생성하기 버튼을 클릭하면, 차트가 표현될 공간에 차트 이미지가 생성되는 구조다.

[그림 5-11] 차트 생성기의 기본 레이아웃

데이터 입력을 위해 라인 개수를 선택하면 LineChart 객체의 drawChartDataForm() 메소드가 호출되고, drawChartDataForm() 메소드는 사용자가 선택한 수만큼 반복문을 돌면서 입력 폼을 생성할 문자열을 만들고, innerHTML을 이용해 지정된 영역에 입력 폼을 생성한다. 그리고 입력폼을 만들기 위한 문자열은 ajit_lib.js의 StringBuffer 객체를 사용했다.

StringBuffer 객체는 기본 배열 객체를 확장해 만든 객체로, 문자열을 버퍼에 저장해 담고 있기 때문에 +(더하기)를 이용해 문자열을 추가적으로 더하는 것보다 훨씬 성능적으로 뛰어나다(+를 이용할 경우 내부적으로는 문자열의 끝을 계산하고 끝 이후부터 문자열을 추가적으로 더하기 때문에 시간과 자원이 소요되는 데 비해, `StringBuffer` 객체는 문자열을 배열에 담아두기 때문에 문자열의 끝을 계산하는 것보다 훨씬 적은 연산과 자원이 필요하다).

2. 차트 생성하기

차트 생성하기 버튼이 클릭되면, `LineChart` 객체의 `drawLineChart()` 메소드가 호출되며, 입력 양식에 작성된 데이터를 이용해 관련된 메소드를 호출한다. `setChartColor()` 메소드는 차트의 색상을 설정하고, `setChartTitle()` 메소드는 차트의 데이터를 설정하며, `setChartSize()` 메소드는 차트의 크기를 설정하는 식으로 **차트에 표현할 기능은 메소드 단위로 구현해 애플리케이션이 유연하게 작동할 수 있게 했다**. `drawLineChart()` 메소드에서는 차트 데이터를 재가공하는 부분을 주의 깊게 봐야 한다.

일반적으로 동적 폼에서 생성된 데이터를 이용할 때는 반복적으로 DOM 객체에 인덱스를 부여해 찍어낸 후, 반복할 때 부여한 인덱스를 참고해 객체의 값을 가져오는 식으로 구현한다. 따라서 8번째 인덱스에 해당되는 폼과 관련된 값을 수정하면, 08번째 DIV 안에 있는 `08_name` 아이디를 가진 텍스트 필드 값을 수정하고 `08_email` 아이디를 가진 텍스트 필드 값을 수정하는 소스를 만들게 된다.

그런데 이런 방식에는 문제가 있다. 소스에서 08이라는 의미 없는 인덱스가 항상 따라다니며, HTML 태그가 어긋나 아이디가 엇갈리는 경우에는 애플리케이션이 오작동할 수 있어 명확성이 떨어질 뿐만 아니라 문제의 소지도 많다. 사실 정말 하고 싶은 일은 08번째 DIV 안에 있는 `name` 텍스트 필드 값을 수정하고 `email` 텍스트 필드 값을 수정하는 것인데 말이다.

이런 이유로 예제에서는 ajit_lib.js에서 제공되는 `getChildById()`를 이용해 해당 객체에 접근하고 값을 가져온다. `getChildById()` 메소드는 DOM 객체를 기준으로 해당 DOM 객체 내부의 DOM 객체를 아이디로 조회할 수 있게 해주는 메소드다. 해당 DOM 객체 안에서 조회하는 것이기에 위에서 말한 문제점이 발생하지 않는다. 이렇게 라인 차트로 생성할 데이터와 차트별 색상 값 및 범위를 가져오고, 해당 값을 이용해 차트가 표현될 영역에 차트를 생성하게 된다.

> **참고**
>
> **DOM 객체 생성과 표현 그리고 innerHTML**
>
> 매쉬업 책이지만 자바스크립트로 모든 예제를 다루고 있어, 자바스크립트에 대한 기본적인 이야기를 하나 하고 넘어갈까 한다. 바로 DOM 객체 생성과 표현 그리고 innerHTML에 관한 이야기다. 자바스크립트로 `document.createElement()` 메소드를 이용해 DOM

> 객체를 생성해서 사용하면 속성, 스타일, 이벤트 등을 직관적으로 정의할 수 있어서 좀 더 명확한 개발이 가능해진다. 그래서 어떤 개발자는 innerHTML로 작성된 스크립트 소스를 DOM 객체로 변환하는 스크립트를 HTML로 표현하도록 바꾸기도 한다. 그런데 문제는 명확한 소스 작성보다 효율성이라는 측면에 있다.
>
> DOM으로 모든 객체를 표현하는 것도 좋지만 이것이 서비스 자체가 느려지는 요인이 될 수 있다면, 다시 생각해봐야 하지 않을까? 물론 명확한 소스는 서비스를 유지/보수하는 데 있어 한몫을 할 수 있겠지만, 그것은 개발적인 측면의 관점이고 서비스가 느려지는 것은 사용자가 느껴야 하는 몫이 되어 그것은 고스란히 서비스의 이미지가 되기 때문이다. 매쉬업 애플리케이션을 만들다 보면 이런 일은 비일비재한데, 때론 DOM 객체를 생성해 표현하는 것보다 복잡하거나 많은 객체를 생성해야 할 경우 innerHTML을 잘 활용하기를 권하고 싶다.
>
> http://www.quirksmode.org/dom/innerhtml.html 페이지는 DOM 객체를 생성해 표현할 때와 innerHTML로 HTML을 표현할 때의 성능을 브라우저별로 잘 분석해놓았는데, innerHTML로 HTML을 표현했을 때가 성능적으로 훨씬 우월함을 알 수 있다. 이런 문제점을 일찍 눈치 챈 국내 일부 대형 사이트의 경우도 innerHTML을 효율적으로 사용하기 위해 자바스크립트 템플릿 엔진까지 도입해서 개발을 하고 있다. 그렇다고 DOM을 생성해 사용하지 말라는 뜻이 아니라, 때에 따라 적재적소에 DOM과 innerHTML을 잘 활용할 수 있었으면 한다.

라인 차트 생성기를 기반으로 다른 종류의 차트 생성기도 만들어보기 바란다. 다른 종류의 차트 생성기 구현까지 예제로 들면 너무 많은 내용이 반복되므로, 표현을 가장 풍부하게 할 수 있는 라인 차트 생성기를 대표 예로 들었다. 책의 부록 코드에 라인, 막대, 원형 차트가 구현된 예제 소스가 있으니, 다른 종류의 차트 생성기를 구현할 때 참고하기 바란다.

차트 생성기는 일종의 자동화를 하기 위한 과정으로 보면 된다. 차트 생성기를 완성했다면, 다음 수순은 여러분의 서비스에 접목시키는 일이다. 차트 생성기의 입력 부분에 해당되는 `LineChart`의 `drawChart()` 메소드를 잘 활용하면 쉽게 차트를 활용할 수 있을 것이다. 가변적인 데이터를 받아도 언제든 차트를 생성할 수 있는 기반을 갖췄기 때문에 어느 곳이든 차트를 만들어 적용할 수 있다. 특히 구글의 차트 API로 제공되는 것은 이미지이므로, 이미지 데이터를 표현할 수 있는 곳이라면 어떤 디바이스에서든 차트를 표현할 수 있다는 이점이 있으니 잘 활용하기 바란다.

5.8 정리

5장을 통해 그동안 잘못 알고 있었던 구글의 차트 API를 올바르게 인식할 수 있는 계기가 됐으면 한다. 이미지 주소만으로 만들어지는 차트지만 그 안에 많은 규칙이 있다는 것을 알았고, 주소를 만드는 데 많은 로직이 필요하다는 사실도 알았다. 그리고 차트 데이터가 방대할 경우 인코딩을 통해 많은 양의 데이터도 전달할 수 있었다.

구글의 차트 API 중 가장 많이 쓰이는 라인, 막대, 원형 차트 API만 다뤘는데, 이외에 벤다이어그램, 지도, 레이더 등 다양한 종류의 차트도 API로 제공되고 있으므로, http://code.google.com/apis/chart 페이지의 문서를 참조하고 활용해보길 바란다.

끝으로 차트 API를 이용해 차트를 생성해보면 알 수 있듯이 차트로 표현할 수 있는 크기에 한계가 있다든가, 범례를 사용했을 때나 라벨을 정의했을 때 적절한 차트 크기를 설정해줘야 하는 등의 부족함이 있긴 하지만, 그래도 많은 부분을 표현할 수 있고, 이미지만으로 표현되는 것이어서 웹뿐만이 아닌 여러 디바이스에서 사용할 수 있다는 장점을 고려한다면 차트 API는 존재만으로도 그 가치가 있다고 봐야 할 것이다.

06장

동영상 탐색기 만들기

- 유튜브 동영상 검색 API
- 유튜브 동영상 플레이어 API
- Chromless 플레이어를 이용한 동영상 플레이어 만들기
- AIR의 SQLite 로컬 데이터베이스 사용 방법

웹 2.0과 함께 한때 가장 많이 쓰인 단어를 든다면 UCC$^{User\ Created\ Content}$가 아닐까 싶다. 여기저기 웹에 올려진 UCC 동영상은 많은 화제를 불러일으켰고, UCC 스타까지도 만들어낼 만큼 강력했다. 또한 이를 방증하기라도 하듯, 2008년 11월 매쉬업 애플리케이션 통계를 보면 동영상 API가 가장 많이 사용되는 것으로 나타난다([그림 6-1] 참조).

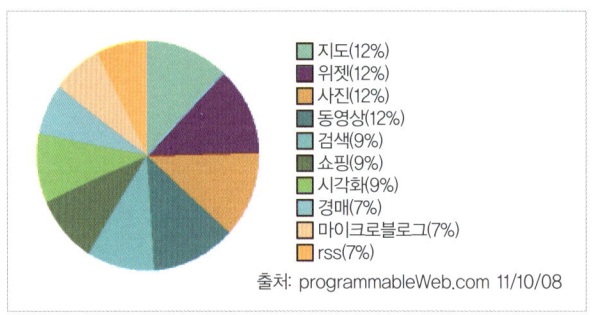

[그림 6-1] 최근 사용되는 매쉬업 종류의 통계

동영상이라는 소재가 생동감 있는 싱싱한 소재면서 정보 전달력이 뛰어나기 때문에 매쉬업에서 많이 사용되지 않을까 하는 생각이 든다. 6장에서는 간단하게 동영상 컨텐트를 검색하고 검색된 동영상을 바로 볼 수 있는 동영상 탐색기를 만들 것이다. 동영상 탐색기에 필요한 API를 알아보고, [그림 6-2]와 같은 동영상 탐색기를 구현해 보자.

[그림 6-2] 6장에서 구현할 동영상 탐색기

6.1 유튜브 동영상 검색 API

우리가 만들 동영상 탐색기는 유튜브^{YouTube} API를 이용한다. 유튜브는 무료 동영상 공유 사이트로 동영상 공유라는 것을 상상도 할 수 없던 시절, 사용자가 동영상을 업로드할 수 있도록 공간을 만들어주고, 동영상을 공유하거나 감상할 수 있게 해줘 인터넷 문화의 한 획을 그은 사이트다. 유튜브에 업로드된 동영상은 영화나 TV 프로그램, 강좌, 뮤직 비디오 등 매우 다양한 컨텐트로 구성되어 있으며, 유튜브 API는 [그림 6-3]에서 보듯이 2008년 다시 programmableweb.com에 등록된 전체 오픈 API의 사용 통계에서 3위를 차지할 만큼, 많은 매쉬업 애플리케이션에서 사용되고 있다. 물론 국내에도 동영상을 공유하거나 감상할 수 있는 서비스는 많지만, 유튜브보다 제공되는 정보의 범위도 한정적이고, 컨텐트도 유튜브가 훨씬 풍부하기 때문에 우리가 만들 동영상 탐색기는 활용도가 높은 유튜브 API를 이용한다. 자, 그럼 유튜브 API의 사용법부터 알아보자.

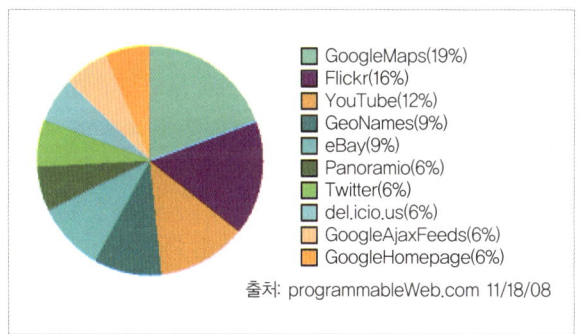

[그림 6-3] 매쉬업 애플리케이션에서 가장 많이 사용하는 API

6.1.1 API 호출하기

호출 형식

```
http://gdata.youtube.com/feeds/api/videos?q=word&orderby=published
&start-index=1&max-results=10&v=2
```

API를 요청한 URL은 http://gdata.youtube.com/feeds/api/videos며, 호출 형식에서 요청한 매개변수는 [표 6-1]을 참조하면 된다.

[표 6-1] 유튜브 동영상 검색 API에서 사용되는 매개변수

요청 변수	값	설명
alt	String 기본 값: atom (atom, rss, json, json-in-script)	결과 형식
author	String	비디오를 업로드한 사용자 ID
max-result	Integer	페이지당 최대 결과 출력 수
start-index	Integer	검색 결과의 처음 시작 위치
strict	Boolean	잘못된 매개변수가 존재하면 API의 사용을 거부하게 함
category	String	분류
v	String	GData 형식 버전
client	String	유튜브에서 발급받은 클라이언트 ID
format	Integer(1, 5, 6)	비디오 형식
location	String (WGS84 좌표값: 위도, 경도)	WGS84 형식의 좌표값으로 위치와 관련된 검색을 할 때 사용되며, location-radius 매개변수와 함께 사용된다.
location-radius	String (km, m, ft, mi)	location 매개변수로 지정한 좌표의 반경 범위다. 단, 1000km보다 넓은 범위 지정은 불가하다.
lr	String	특정 언어로 쓰인 제목이나 본문 키워드를 가진 비디오를 세밀하게 검색할 때 사용하며, ISO 639-1에 의해 정의된 국가 코드 [참고] http://www.loc.gov/standards/iso639-2/php/code_list.php
orderby	String	검색 정렬 방식 relevance, published, viewCount, rating 또는 ISO 639-1에 의해 정의된 국가 코드
q	String	URL 인코딩된 검색어

[표 6-1] 유튜브 동영상 검색 API에서 사용되는 매개변수(이어짐)

요청 변수	값	설명
restriction	String	비디오를 볼 수 있는 IP 주소 또는 ISO 639-1에 의한 국가 코드
safeSearch	String 기본 값: moderate (moderate, none, strict)	미성년자에게 부적합한 동영상을 필터링
sortorder	String (acending, descending)	비디오에 달린 코멘트 정렬 순서
time	String	top_rated, top_favorites, most_viewed, most_popular, most_discussed, most_linked, most_responded 피드에만 적용되고, 매개변수 값은 today(1day), this_week(7 days), this_moth(1 month), all_time 등이 올 수 있으며, 기본 값은 all_time이다.
uploader	String	유튜브의 파트너명

API 호출 형식에 맞춰 URL을 만들어서 Request를 전달하면 [그림 6-4]와 같은 Atom 기반의 GData 형식을 갖춘 XML을 전송받게 된다. [그림 6-4]는 "Mashup"을 검색어로 해서 API를 호출한 결과다.

```
<?xml version="1.0" encoding="UTF-8" ?>
- <feed xmlns="http://www.w3.org/2005/Atom" xmlns:openSearch="http://a9.com/-/spec/opensearch/1.1/" xmlns:gml="http://
    xmlns:georss="http://www.georss.org/georss" xmlns:media="http://search.yahoo.com/mrss/" xmlns:batch="http://schemas.
    xmlns:yt="http://gdata.youtube.com/schemas/2007" xmlns:gd="http://schemas.google.com/g/2005" gd:etag="W/"CUIDR3<
    <id>tag:youtube.com,2008:videos</id>
    <updated>2008-11-19T08:32:56.000Z</updated>
    <category scheme="http://schemas.google.com/g/2005#kind" term="http://gdata.youtube.com/schemas/2007#video" />
    <title>YouTube Videos matching query: wondergilrs</title>
    <logo>http://www.youtube.com/img/pic_youtubelogo_123x63.gif</logo>
    <link rel="alternate" type="text/html" href="http://www.youtube.com" />
    <link rel="http://schemas.google.com/g/2005#feed" type="application/atom+xml" href="http://gdata.youtube.com/feeds
    <link rel="http://schemas.google.com/g/2005#batch" type="application/atom+xml" href="http://gdata.youtube.com/feeds
    <link rel="self" type="application/atom+xml" href="http://gdata.youtube.com/feeds/api/videos?q=wondergilrs&start-index
        results=10&orderby=published&v=2" />
    <link rel="service" type="application/atomsvc+xml" href="http://gdata.youtube.com/feeds/api/videos?alt=atom-service&v
-   <author>
        <name>YouTube</name>
        <uri>http://www.youtube.com/</uri>
    </author>
    <generator version="2.0" uri="http://gdata.youtube.com/">YouTube data API</generator>
    <openSearch:totalResults>8</openSearch:totalResults>
    <openSearch:startIndex>1</openSearch:startIndex>
    <openSearch:itemsPerPage>10</openSearch:itemsPerPage>
-   <entry gd:etag="W/"CUIDR347eCp7ImA9WxRUEEU."">
        <id>tag:youtube.com,2008:video:livzL5mx58c</id>
        <published>2008-10-27T02:27:05.000Z</published>
        <updated>2008-11-19T08:32:56.000Z</updated>
        <category scheme="http://gdata.youtube.com/schemas/2007/keywords.cat" term="dance" />
        <category scheme="http://schemas.google.com/g/2005#kind" term="http://gdata.youtube.com/schemas/2007#video" />
        <category scheme="http://gdata.youtube.com/schemas/2007/keywords.cat" term="mirotic" />
        <category scheme="http://gdata.youtube.com/schemas/2007/keywords.cat" term="shin" />
        <category scheme="http://gdata.youtube.com/schemas/2007/keywords.cat" term="show" />
        <category scheme="http://gdata.youtube.com/schemas/2007/categories.cat" term="Entertainment" label="엔터테인먼트" />
```

[그림 6-4] "Mashup"을 검색어로 API를 호출한 결과

● XML 분석

유튜브의 API는 GData라는 구글의 API 제공 표준 형식에 따라 API를 서비스하고 있다. GData는 쉽게 말해 구글만의 XML 표준 규격이며, RSS 형식의 확장판이라고 보면 된다. GData를 좀 더 자세히 설명하려면 골치 아픈 XML에 관한 원론적인 이야기가 필요한데, 그런 부분은 책의 범위를 넘어서므로 이 정도 선에서 정리하고 넘어가겠다.

API의 결과로 받은 XML의 <entry> 노드가 동영상의 중요한 정보를 담고 있는 반복 노드며, <entry> 노드와 함께 중요 노드 정보만 정리해서 [표 6-2]에 기술했다. [표 6-2]에 정리되지 않은 상세 정보는 http://code.google.com/apis/youtube/2.0/reference.html의 XML element definitions 부분에 상세하게 정리되어 있으니 어느 정도까지 결과를 제공해주는지도 볼 겸 해서 참고문서를 살펴보기 바란다.

[표 6-2] XML 분석 내용

필드	값(유형)	설명
openSearch:totalResults	Integer	검색된 비디오의 총 개수
openSearch:startIndex	Integer	전체 검색 결과에서 검색 결과의 시작 위치
openSearch:itemsPerPage	Integer	페이지당 아이템 수
■ entry		비디오 정보 반복 노드
- published	Date(UTC 형식)	비디오 게시일
- updated	Date(UTC 형식)	최종 수정일
- title	String	비디오 제목
- author		
@ name	String	비디오를 업로드한 사용자명
@ uri		비디오를 업로드한 사용자의 홈페이지 주소
- media:group		비디오 상세 정보 반복 노드
- media:title	String	제목
- media:description	String	본문
- media:keywords	String	대표 키워드
- yt:duration		
@ second	Integer	총 재생 시간

[표 6-2] XML 분석 내용(이어짐)

필드	값(유형)	설명
- yt:videoid	String	비디오 아이디
- yt:uploaded	Date(UTC 형식)	업로드한 시각
- media:player		
@ url	String	비디오를 제공하는 유튜브 주소
- media:content		
@ url	String	비디오 플레이어 경로
@ duration	Integer	총 재생 시간
@ yt:format	Integer	비디오 형식
- ■ media:thumbnail		
@ url	String	썸네일 경로
@ height	Integer	썸네일 세로 크기
@ width	Integer	썸네일 가로 크기
@ time	String	썸네일과 연관된 비디오의 큐 포인트 시간
- yt:statistics		
@ viewCount	Integer	조회 수
@ favoriteCount	Integer	즐겨찾기 수
- gd:comments		
- gd:feedLink		
@ href	String	코멘트 피드 주소
@ countHint	Integer	코멘트 개수

주: - 표시는 하위 노드, @는 노드의 속성, ■는 반복 노드를 의미한다.

6.1.2 동영상 탐색기 만들기

[그림 6-5]와 같은 유튜브의 컨텐트를 검색하고 볼 수 있는 동영상 탐색기 애플리케이션을 만들어보자. 이전에 이미지 API를 다룰 때 만든 이미지 검색기 플러그인과 비슷한 부분이 많아 처음보다 쉽게 예제를 이해하고 구현할 수 있을 것이다. 동영상 탐색기의 기능은 검색어를 입력하면 유튜브의 동영상 검색 결과가 이미지 리스트로 나타나며, 리스트의 이미지를 클릭하면 해당 동영상을 볼 수 있는 간단한 HTML 기반의 AIR 애플리케이션이다.

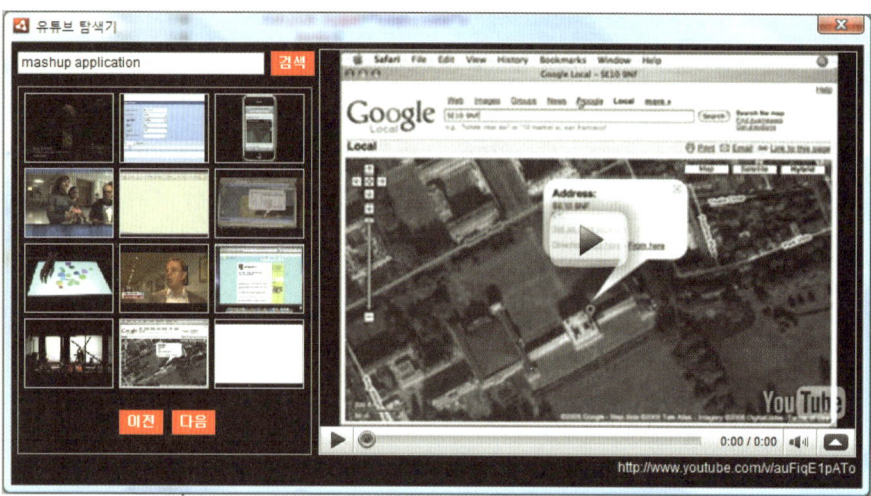

[그림 6-5] 예제로 구현할 유튜브 동영상 탐색기

[AIR 프로젝트 설정하기]

1. Aptana에서 새로운 AIR 프로젝트를 생성한다.
2. 프로젝트명을 YoutubeExplorer로 설정한다.
3. 'Application sandbox'를 선택한 후 다음 단계로 이동한다.
4. Application XML Properties를 다음 그림과 같이 설정한다.

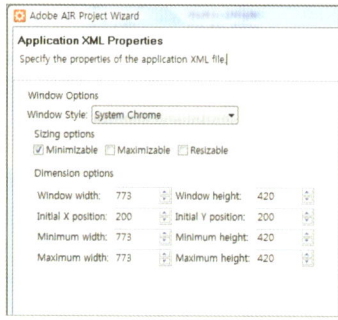

5. Finish 버튼을 클릭해 프로젝트를 생성한다.

유튜브 동영상 탐색기는 [그림 6-6]처럼 동영상 검색 영역, 동영상 리스트 영역, 동영상 플레이어 영역이라는 세 부분으로 나눌 수 있으며, [예제 6-1]은 [그림 6-6]의 기본 레이아웃을 기준으로 구현한 유튜브 동영상 탐색기다.

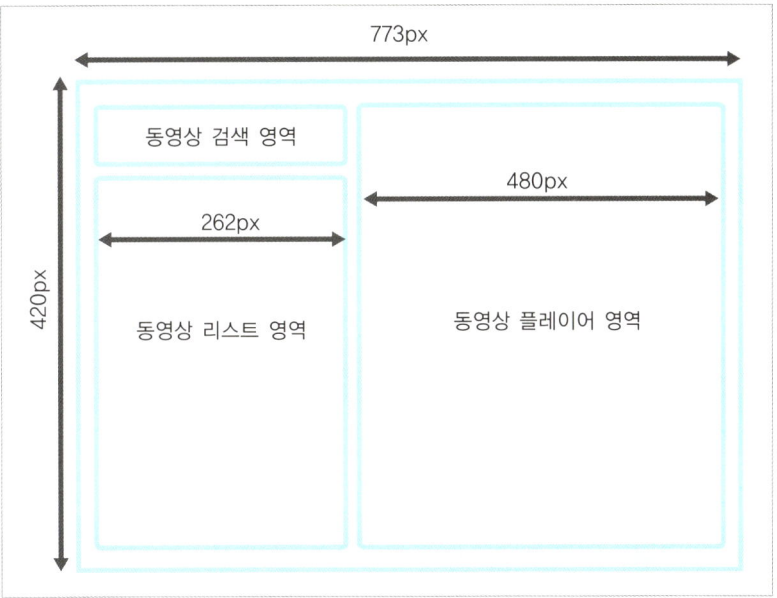

[그림 6-6] 유튜브 동영상 탐색기의 기본 레이아웃

[예제 6-1] 유튜브 동영상 탐색기의 구현

.. /example/chapter_06_YouTubeExplorer/YouTubeExplorer.html

```html
<html>
  <head>
    <title>유튜브 탐색기</title>
    <style type="text/css">

    body{
      margin-top : 5px;
      margin-left : 5px;
      background : #000;
    }

    #searchForm{
      margin-bottom : 8px;
    }

    #searchQ{
      height : 20px;
      font-family : Gulim,Dotum,Arial;
```

```css
  font-size : 12px;
  width : 225px;
}

input[type=button]{
  border : 1px solid #ff0000;
  background : #ff0000;
  color : #fff;
  font-family : Gulim,Dotum,Arial;
  font-size : 12px;
  font-weight : bold;
}

#pageNavi{
  text-align : center;
  width : 265px;
  height : 30px;
  position : absolute;
  left : 10px;
  top : 325px;
}

#videoWrap{
  position : absolute;
  top : 5px;
  left : 280px;
  width : 480px;
  height : 360px;
  margin : 0px;
  padding : 0px;
  border : 1px solid #ccc;
}

#videoList {
  margin : 0px;
  padding : 5px 0px 0px 5px;
  width : 262px;
  height : 321px;
  border : 1px solid #aaa;
  list-style : none;
}
```

```css
#videoList li{
  float : left;
  margin : 0px 5px 5px 0px;
  width : 80px;
  height : 60px;
  border : 1px solid #ddd;
  overflow : hidden;
}

#nowUrl{
  color : #fff;
  font-size : 12px;
  font-family : Gulim,Dotum,Arial;
  text-align : right;
  padding-right : 5px;
  padding-top : 2px;
}
```

```html
</style>

<script type="text/javascript" src="/js/ajit.js"></script>
<script type="text/javascript">
  // AIR용 라이브러리
  $include("/lib/air/AIRAliases.js");

  // swf 오브젝트 삽입용
  $include("/js/lib/swfobject.js");
</script>

<script type="text/javascript">

 // 유튜브 검색 API URL
 YOUTUBE_SEARCH_URL =
      "http://gdata.youtube.com/feeds/api/videos?";

 // API 결과로 반환받은 객체
 var json = null;

 // API 결과 시작 페이지
 var startPage = 1;
```

```
// API 결과
var totalResults = 0;

// API 페이지당 결과 출력 수
var itemPerPage = 12;

// 검색 결과를 가져오는 함수로 URLRequest와 Callback 함수를 인자로 받음
function getAPIResult(req,callback){
  var loader = new URLLoader();
  loader.addEvent(URLLoaderEvent.onComplete,callback);
  loader.load(req);
}

// 비디오 검색 함수(검색 결과 시작 값을 인자로 받음)
function searchVideo(page){

  // 검색 시작 시 Loading 문자열을 보여준다.
  $E("videoList").setHTML("<span
      style='color:#fff'>Loading...</span>");

  // 시작 페이지 설정
  page = page || startIdx;

  // 검색어 설정
  var q = $E("searchQ").value;
  var req = new URLRequest();
  var params = new URLVariables();

  // API 매개변수 설정
  params.parameters = {
    "q" : q.split(" ").join("+"),
    "orderby" : "published",
    "start-index" : (page - 1)*itemPerPage + 1,
    "max-results" : itemPerPage,
    "v" : 2,
    "alt" : "json"
  };

  // 검색 시작 위치 저장
  startPage = page;
  req.url = YOUTUBE_SEARCH_URL + params.toString();
```

```
    req.method = "GET";
    // API를 호출하고 결과를 onCompleteSearchHandler() 함수로 전달
    getAPIResult(req,onCompleteSearchHandler);
}


function onCompleteSearchHandler(response){
    // JSON 문자열 자바스크립트 객체화하기
    json = eval('('+response.text+')');
    // 비디오 리스트 만들기
    renderVideoList();
}

function renderVideoList(){
    // 비디오 리스트 내용 초기화
    $E("videoList").setHTML("");

    var entry = json.feed.entry;
    // 전체 검색된 결과 개수
    totalResults = json.feed.openSearch$totalResults.$t;

    for(var i=0; i < entry.length; i++){
        var li = $new("li");
        var img = $new("img");
        $E("videoList").addChild(li);

        img.setAttribute("src", entry[i]["media$group"]
            ["media$thumbnail"][0].url);
        img.setAttribute("width",80);
        img.setAttribute("height",60);
        img.setAttribute("alt",entry[i].title.$t)

        // img.style.cursor = "pointer";
        img.setStyle("cursor","pointer");
        li.addChild(img);

        img.video_id =
            entry[i]["media$group"]["yt$videoid"].$t;
        img.addEvent("click",imgClickHandler);

        // 목록에서 제일 처음에 위치하는 비디오를 기본으로 보여준다.
```

```
      if(i == 0 && startIdx == 1)showVideo(img.video_id);
  }
}

// 이미지 클릭 시 이벤트 정의
function imgClickHandler(evt){
  showVideo(this.video_id);
}

function showVideo(video_id){

 // 플레이어 영역 초기화
 $E("videoWrap").setHTML("");

 // 플레이어가 삽입될 DIV 엘리먼트 생성
 var video = $new("div");
 video.setAttribute("id","video");
 $E("videoWrap").addChild(video);

 // 비디오 플레이어의 URL 설정
 var video_url = "http://www.youtube.com/v/"+ video_id +
         "&f=gdata_videos&playerapiid=videoPlayer&
          enablejsapi=1";
 var params = { allowScriptAccess: "always" ,
             wmode : "transparent"};
 var atts = { id: "videoPlayer" };

 // 유튜브 동영상 플레이어 삽입
 swfobject.embedSWF(video_url,
     "video", "480", "360", "8", null, null, params, atts);

 // 현재 재생되고 있는 동영상의 주소를 보여준다(확인용).
 $E("nowUrl").setHTML("http://www.youtube.com/v/"+video_id);
}

// 다음 목록 보기
function getNext(){
  if (totalResults < (itemPerPage * startIdx)) return;
  startPage++;
  searchVideo();
```

```
      }

      // 이전 목록 보기
      function getPrev(){
        startPage--;
        searchVideo();
      }

      // 화면의 검색 필드에서 엔터키 입력 시 검색하기
      function keyUpEventHandler(evt){
        evt = evt || window.event;
        if(evt.keyCode == 13){
          searchVideo(1);
        }
      }

    </script>
  </head>
  <body>
    <div id="searchForm">
      <input type="text" value=""
          id="searchQ" onkeyup="keyUpEventHandler();">
      <input type="button" value="검색"
          onclick="searchVideo(1)"></div>
    <div>
        <ul id="videoList"></ul>
        <div id="videoWrap"></div>
        <div id="pageNavi">
          <input type="button" value="이전" onclick="getPrev()">
          <input type="button" value="다음" onclick="getNext()">
        </div>
    </div>
    <div id="nowUrl"></div>
  </body>
</html>
```

예제 6-1 분석

1. 기본적으로 필요한 자바스크립트 라이브러리 가져오기

AIR 애플리케이션 개발에 필요한 AIRAliases.js를 가져왔고 플래시 컨텐트를 페이지에 삽입해주는 기능을 하는 swfobject.js를 가져왔다. swfobject.js는 자바스크립트 라이브러리로 플래시 컨텐트를 사용함으로 인해 일어날 수 있는 버그 문제를 해결해주기 때문에 플래시 컨텐트를 HTML 문서에 삽입할 때 많이 쓰인다. SWFObject는 http://code.google.com/p/swfobject/에서 다운로드 받을 수 있으며, 현재 유튜브 API 참고 사이트에서도 유튜브 플레이어를 삽입할 때 추천하는 라이브러리다.

2. 전역 변수와 상수 정의

```
// 유튜브 검색 API URL
YOUTUBE_SEARCH_URL =
    "http://gdata.youtube.com/feeds/api/videos?";

var json = null;
var startPage = 1;
var totalResults = 0;
var itemPerPage = 12;
```

전역 변수 json은 API의 결과인 JSON 문자열을 객체화한 객체며, startPage, totalResults, itemPerPage 전역 변수는 비디오 리스트에서 '이전', '다음' 같은 페이지 기능을 구현하기 위해 선언했다.

3. 동영상 검색하기

searchVideo(page) 함수는 유튜브 API를 이용해서 동영상 컨텐트를 가져오는 함수며, page를 매개변수로 받고 있다. page 매개변수는 이전, 다음 페이지를 가져올 때는 유튜브 동영상 플레이어를 초기화하지 않고 새로운 검색어를 입력할 경우에만 플레이어를 판별하는 요소로 사용된다.

```
// 매개변수 정의
params.parameters = {
    "q" : q.replaceAll(" ","+"),
    "orderby" : "published",
    "start-index" : (page - 1)*itemPerPage + 1,
    "max-results" : itemPerPage,
    "v" : 2,
    "alt" : "json"
};
```

q.replaceAll("","+") 처럼 검색어의 공백을 +로 치환한 이유는 유튜브 사이트와 동일한 검색 결과가 나오게 하기 위해서다. 유튜브 검색어에서 '+'는 AND, '-'는 NOT, '|'는 OR 검색을 의미한다.

(page - 1)*itemPerPage + 1은 전체 검색 결과에서 검색한 결과가 시작될 위치를 의미한다. 유튜브 동영상 탐색기는 1페이지당 12개의 결과를 보여줄 것이기 때문에 1페이지의 시작 위치는 1, 2페이지는 13, 3페이지는 25와 같은 식이 돼야 한다. 따라서 시작 위치는 (page - 1) * itemPerPage + 1과 같은 수식이 성립된다.

4. 동영상 리스트 만들기

유튜브의 XML 형식은 네임스페이스가 적용되어 openSearch:startIndex처럼 노드명 중간에 :(콜론)이 들어가 있다. 그런데 이 부분이 XML이 아닌 JSON 형태로 받게 되면 콜론이 $로 변환되어 있고 텍스트 노드는 $t 속성에 값이 할당되어 있다. 잘 이해되지 않을 경우, XML 결과와 JSON에 대한 상세한 비교가 정리된 http://code.google.com/apis/gdata/json.html 페이지를 참조하고 [표 6-2]의 XML 분석 내용을 토대로 본다면 패턴을 찾을 수 있을 것이다.

renderVideoList() 함수는 검색 결과를 받아 이미지 검색 플러그인을 만들 때처럼 `<ul id="videoList"></ul>`에 `<li>` 엘리먼트를 만들어 붙이고, 그 안에 `<img>` 엘리먼트를 생성해 이미지의 속성과 이벤트를 정의했다. 검색된 결과만큼 이런 작업을 반복하면 [그림 6-5]에서 보는 것과 같은 썸네일 동영상 리스트가 완성된다.

5. SWFObject 사용하기

썸네일 이미지가 클릭되어 showVideo(video_id) 함수가 호출되면 videoWrap DIV 엘리먼트에 video DIV 엘리먼트가 생성되고 그곳에 유튜브 동영상 플레이어가 삽입된다. 유튜브 동영상 플레이어를 videoWrap에 삽입할 때 swfobject를 사용하게 되며, 사용법은 다음과 같다.

```
swfobject.embedSWF(
    swfUrlStr,
    replaceElemIdStr,
    widthStr,
    heightStr,
    swfVersionStr,
    xiSwfUrlStr,
    flashvarsObj,
    parObj,
    attObj
);
```

- `swfUrlStr`: swf의 경로
- `replaceElemIdStr`: swf 객체와 바뀔 엘리먼트 아이디
- `widthStr`: 가로 크기 문자열
- `heightStr`: 세로 크기 문자열
- `swfVersionStr`: swf가 사용될 최소 요구 플래시 플레이어 버전. 만약 swf를 플레이 할 수 있는 플래시 플레이어 버전이 9인데 사용자 PC의 플래시 플레이어 버전은 8인 경우, **xiSwfUrlStr 매개변수가 설정되어 있다면 바로 업그레이드가 되며**, 그렇지 않은 경우 기본 메시지가 출력된다.
- `xiSwfUrlStr`: express_install.swf 경로로 swfobject에서 제공하는 express_install. swf는 플래시 플레이어의 버전을 업그레이드하는 기능이 있다.
- `flashvarsObj`: FlashVars 객체
- `parObj`: <Object> 태그의 Param에 해당되는 매개변수를 정의한 객체
- `attObj`: <Object> 태그의 속성을 정의한 객체

6. 이전, 다음 페이지 기능 구현하기

`getPrev()` 함수는 전역 변수로 정의된 `startPage`의 값이 0보다 클 경우 `startPage`의 값을 1만큼 차감하고 `searchVideo()` 함수를 호출하며, 그렇지 않은 경우는 함수 실행을 중지한다. 이와 반대로 `getNext()` 함수는 `startPage`의 값에 페이지당 보여질 개수를 곱하고 난 값이 전체 검색 결과 개수보다 작을 경우 함수가 실행되며, `startPage`의 값을 1만큼 증가시킨 후 `searchVideo()` 함수를 호출한다.

7. 키 이벤트 정의하기

`keyUpEventHandler()` 함수는 검색 텍스트 필드에서 키가 눌리면 발생되는 이벤트를 정의한 함수다. 함수의 내용은 검색 텍스트 필드에서 **눌린 키의 코드 값이 엔터키의 고유 값인 13인지 판별하고 맞다면 searchVideo() 함수가 실행**되는 것으로, 검색어를 작성한 다음 엔터키를 입력하면, 바로 검색 버튼을 클릭한 것과 같은 편의를 주기 위해 구현했다.

이것으로 유튜브 동영상 탐색기를 만들어봤다. 사실 애플리케이션을 구현하는 데 있어 어렵다고 생각하면 한도 끝도 없다. 애플리케이션은 복잡하게 생각하면, 진짜 소스도 길어지고 복잡해진다. 아무리 복잡해 보이더라도 최대한 간단하게 생각하고 정리하는 것이 좋다. 그러기 위해선 일단 커다란 줄기를 잡고, 코드 의존성을 최대한

줄여, 간결하게 하나씩 만들어가면, 복잡하게만 보이던 유튜브 동영상 탐색기를 구현한 것처럼 쉽게 만들 수가 있다.

6.1.3 동영상 플레이어 컨트롤하기

[예제 6-1]을 통해 유튜브의 동영상을 검색하고 검색된 동영상을 감상할 수 있었다. 하지만 유튜브의 동영상 플레이어가 맘에 들지 않을 수도 있고, 때론 서비스 자신만의 동영상 플레이어가 필요할 경우도 있다. 그런 경우를 위해 유튜브는 [표 6-3]처럼 동영상 플레이어 API를 제공하고 있으며, 동영상 플레이어도 사용자가 마음대로 만들어 사용할 수 있도록 [그림 6-7]처럼 인터페이스만 있는 Chromeless 플레이어를 제공하고 있다.

[그림 6-7] 일반 유튜브 플레이어와 인터페이스만 구현된 Chromeless 플레이어 비교 화면

[표 6-3] 유튜브 동영상 플레이어 API

유튜브 동영상 플레이어 자바스크립트 API
Player.playVideo() 　　동영상을 플레이한다.
Player.pauseVideo() 　　동영상을 일시정지한다.
Player.stopVideo() 　　플레이를 종료한다.
Player.clearVideo() 　　정지 상태에서 보이는 영상을 지운다.

[표 6-3] 유튜브 동영상 플레이어 API(이어짐)

유튜브 동영상 플레이어 자바스크립트 API

Player.getVideoBytesLoaded()
　동영상을 위해 다운로드된 바이트 양을 반환한다.

Player.getBytesTotal()
　동영상을 위해 다운로드할 전체 바이트 양을 반환

Player.mute()
　동영상을 음소거한다.

Player.unMute()
　동영상의 음소거 상태를 해지한다.

Player.isMute()
　동영상의 음소거 상태를 반환한다.

Player.setVolume(volume)
　volume 값의 범위는 0~100이며, 지정된 volume만큼 동영상의 볼륨을 조절한다.

Player.getVolume()
　현재 동영상의 볼륨 크기를 반환한다.

Player.seekTo(seconds, allowSeekAhead)
　동영상을 지정한 시간만큼 이동시킨다.

Player.getPlayerState()
　플레이어의 상태를 반환한다.
　-1(시작 전)/0(종료)/1(상영 중)/2(일시정지)/3(버퍼링)/5(준비 완료)

Player.getDuration()
　동영상의 전체 시간을 반환한다.

Player.getCurrentTime()
　현재 플레이하는 시간을 반환한다.

Player.addEventListener(eventType, listener)
　플레이어의 이벤트에 listener를 등록한다.
　이벤트로는 현재 동영상의 상태를 체크하는 onStateChange 이벤트와, 오류가 발생했을 때 알수 있는 onError 이벤트가 제공된다. onError의 경우 오류 코드는 다음의 두 가지다.
　• 100: 요청된 동영상이 삭제됐거나 찾을 수 없는 등의 이유로 플레이가 불가능함
　• 101: 임베딩된 플레이어에서 동영상의 플레이가 불가능함
　이 밖에 동영상 플레이어에서 플레이 준비가 완료되면 호출되는 onYouTubePlayReady(playerid)라는 이벤트성 함수가 있으며, 이 함수는 플레이어에 매개변수로 전달한 playerid를 참고해서 페이지에 onYouTubePlayReady(playerid) 함수가 구현되어 있다면 자동으로 호출한다.

Player.setSize(width,height)
　플레이어의 크기를 조정한다.

[표 6-3] 유튜브 동영상 플레이어 API(이어짐)

유튜브 동영상 플레이어 자바스크립트 API
Player.getVideoUrl() 　현재 플레이되는 동영상의 주소를 반환한다.
Player.getVideoEmbedCode() 　현재 동영상을 임베딩하는 소스 코드를 반환한다.

6.1.4 그 밖의 API

유튜브 API는 검색뿐만 아니라 최근 올라온 동영상 리스트가 담긴 피드, 가장 인기 있는 동영상 피드, 가장 많이 본 동영상 피드 등 다양한 정보를 API로 제공하고 있으며, 크게 동영상 관련 피드, 기본으로 제공하는 피드, 사용자 관련 피드 등 세 가지 정도로 구분된다. 이와 같이 유튜브 API를 크게 세 가지로 분류해 [표 6-4]에 정리해뒀다.

[표 6-4] 그 밖의 유튜브 API

분류	API URL		설명	인증 여부
동영상 관련 피드	http://gdata.youtube.com/feeds/api/			
	videos		동영상 검색	
	video_id/complaints		해당 동영상 신고	인증 필요
	video_id/ratings		해당 동영상 평가	인증 필요
	video_id/related		해당 동영상의 관련 동영상 검색	
	video_id/responses		해당 동영상의 응답 동영상 검색, 등록, 삭제	검색 외 인증 필요
	video_id/comments		해당 동영상의 코멘트 검색, 등록	검색 외 인증 필요
표준 피드	http://gdata.youtube.com/feeds/api/standardfeeds/			
	most_recent		가장 최근 동영상 검색	
	most_viewed		가장 많이 본 동영상 검색	
	top_rated		가장 평가가 좋은 동영상 검색	
	most_discussed		가장 논란이 많은 동영상 검색	
	top_favorites		즐겨찾기로 많이 등록된 동영상 검색	

[표 6-4] 그 밖의 유튜브 API(이어짐)

분류	API URL	설명	인증 여부
	most_linked	가장 많이 퍼진 동영상 검색	
	recently_featured	최근 호감 가는 동영상 검색	
	most_responded	가장 응답이 많은 동영상 검색	
	watch_on_mobile	휴대폰에서 본 동영상 검색	
사용자 관련 피드	http://gdata.youtube.com/feeds/api/users/		
	사용자아이디	사용자의 프로필 정보 가져오기	
	사용자아이디/favorites	사용자가 즐겨찾기한 동영상 검색, 등록, 삭제	검색 외 인증 필요
	사용자아이디/contacts	사용자가 등록한 친구 검색, 등록, 삭제	검색 외 인증 필요
	사용자아이디/inbox	사용자의 메모 검색, 등록, 삭제	인증 필요
	사용자아이디/playlists	사용자의 플레이 리스트 검색, 등록, 수정, 삭제	검색 외 인증 필요
	사용자아이디/subscriptions	사용자의 서명 검색, 등록, 삭제	검색 외 인증 필요
	사용자아이디/uploads	사용자가 업로드한 동영상 검색, 삭제	검색 외 인증 필요

6.2 [도전 매쉬업] 유튜브 미디어센터 만들기

유튜브에서 동영상을 자주 본다면 알겠지만, 볼 때마다 클릭을 해서 봐야 하고 동영상을 보는 도중 다른 동영상을 검색하려면 새창을 띄워 검색을 해야 해서 불편한 점이 한둘이 아니다. IPTV처럼 자동으로 플레이되는 기능도 있으면서 검색과 시청을 동시에 할 수 있다면, 좀 더 편리한 유튜브 서비스가 되지 않을까? 이번에 도전할 매쉬업은 이런 불편한 점을 해소할 수 있는 [그림 6-8]과 같은 유튜브 미디어센터를 만드는 것이다.

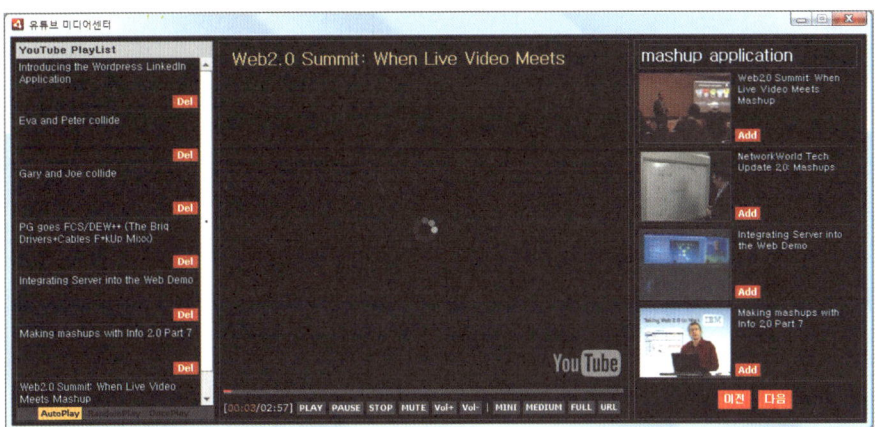

[그림 6-8] [도전 매쉬업]에서 구현할 유튜브 미디어센터

매쉬업이라는 게 두 가지 이상의 서비스를 혼합해서 새로운 가치를 만들어내는 일인데, 이번에 만들 매쉬업은 두 가지 이상의 API를 다루지 않고 오직 유튜브 API만 이용해서 매쉬업 애플리케이션을 만든다. 그렇다면 매쉬업이 아니지 않느냐고 반문할 수도 있을 것이다.

매쉬업이란 반드시 두 개 이상의 API를 사용하는 것이 아니라 두 가지 이상의 서비스를 융합해 새로운 가치를 만들어내는 것이다. API가 서비스의 일부분이 될 수는 있지만 서비스가 반드시 API여야만 하는 것은 아니라는 말이다. 또한 자기만의 서비스 위에 다른 서비스를 융합한 매쉬업 애플리케이션은 다른 사람들도 쉽게 따라 할 수 없는 독창성이 있기 때문에 API만 결합해서 만든 매쉬업 애플리케이션보다 그 가치가 훨씬 더 높다고 봐야 한다. 하우징맵의 교훈을 기억하길 바란다. 유튜브 API와 미디어센터라는 플랫폼이 결합되면 API와 플랫폼이 결합된 매쉬업 애플리케이션이 되고 실제 서비스에는 없는 기능이 구현되는 것이어서 새로운 가치가 만들어진다. 다 만들고 보면 그 가치가 무엇인지 알게 될 것이다. 유튜브 미디어센터를 만들어보자. 이번에 만드는 유튜브 미디어센터는 HTML 기반의 AIR 애플리케이션으로 구현되며, 크게 구현될 사항은 다음과 같이 정리된다.

- 동영상 검색 기능(동영상 탐색기와 동일)
- 로컬 데이터베이스 SQLite를 이용한 플레이 리스트 기능 구현
- 플레이 리스트에 의한 전체 순환 재생 기능, 랜덤 재생 기능

- 미니 모드, 동영상 모드 같은 크기 조절 기능
- Chromeless 플레이어를 이용한 사용자 정의 플레이어 구현

이번 미디어센터의 경우 구현해야 할 내용들이 어렵진 않지만 다소 많은 편이어서 전체적인 예제를 바탕으로 하지 않고, 컴포넌트 단위 혹은 커다란 틀에 중점을 두고 설명한다. 전체적인 구현은 독자의 몫으로 남겨두겠다.

6.2.1 기본 레이아웃 설계

미디어센터는 [그림 6-9]처럼 크게 플레이 리스트 영역, 동영상 플레이어 영역, 동영상 검색 영역으로 구분된다.

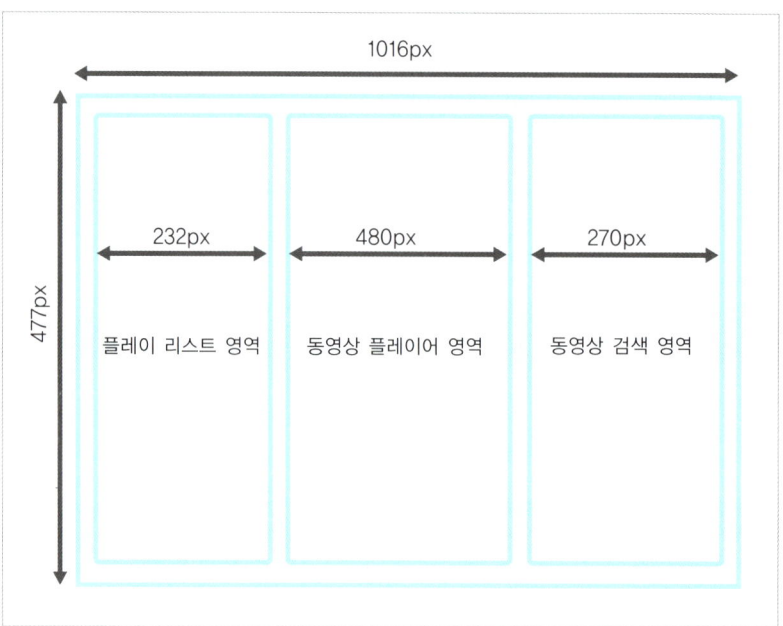

[그림 6-9] 유튜브 미디어센터 기본 레이아웃

[리스트 6-1]은 [그림 6-9]를 구현한 예로, 스타일시트로 HTML 엘리먼트의 레이아웃을 컨트롤하는 일반적인 예다.

[리스트 6-1] 유튜브 미디어 탐색기의 기본 레이아웃을 구현한 예

```css
<style type="text/css">

body{
   margin : 0px;
   padding : 0px;
   background : #000;
   overflow : hidden;
}

/*플레이 리스트 영역*/
#playerContainer{
   position : absolute;
   top : 5px;
   left : 245px;
   border : 1px solid #424242;
   width : 480px;
   height : 440px;
}

/*동영상 플레이어 영역*/
#playlistWrap{
   border : 1px solid #424242;
   overflow : hidden;
   width : 232px;
   height : 440px;
   position : absolute;
   left : 5px;
   top : 5px;
}

/*동영상 검색 영역*/
#searchForm{
   position : absolute;
   left : 733px;
   top : 5px;
   width : 270px;
   height : 440px;
   border : 1px solid #424242;
}
```

```
</style>

<div id="playlistWrap">플레이 리스트 영역</div>
<div id="playerContainer">동영상 플레이어 영역</div>
<div id="searchForm">동영상 검색 영역</div>
```

이것으로 유튜브 미디어센터의 커다란 틀은 구현됐고, 이제부터 각 영역에 해당되는 기능을 하나씩 구현해보자.

6.2.2 유튜브 미디어센터 검색 영역 구현

기존 유튜브 동영상 탐색기를 사용해보면서 느꼈을지 모르지만 동영상 탐색기의 검색 목록은 썸네일 이미지만 보여서 어떤 내용의 동영상인지 구분하기 힘들었으며, 검색창이 작은 편이어서 검색어를 입력하는 부분이 눈에 띄지 않았다. 이런 불편한 부분을 개선하기 위해 [그림 6-10]과 같이 변경해봤다. 변경 전과 변경 후, 어느 쪽이 눈에 더 잘 들어오고 더 편하게 느껴지는지 눈여겨보길 바란다. 같은 동영상 검색을 하는데도 편의성이나 가독성이 이렇게 달라질 수 있다. 물론 두 가지 모두 장단점은 존재하지만, 적어도 검색이라면 검색 결과를 빨리 찾을 수 있어야 한다. 변경 전의 모습이 이미지를 검색하는 이미지 검색이라면 이미지를 찾는 것이 목적이기 때문에 맞는 표현 방법일 수 있지만, 후자의 경우 동영상은 제목과 이미지 모두 중요한 결과에 대한 판단 요소가 되기 때문에 제목과 이미지가 함께 보이는 게 맞다. 이런 표현의 옳고 그름을 따지고 싶은 것은 아니다. 적어도 매쉬업 애플리케이션을 만들 때 구현보다도 이런 부분 하나하나를 냉정하고 깊이 있게 따져보라는 것이다. 바로 이런 요소 하나하나가 애플리케이션의 완성도를 높여주기 때문이다. [리스트 6-2]는 [그림 6-10]의 변경 작업을 구현하기 위한 소스 코드다.

[그림 6-10] 변경 전의 검색 폼과 변경 후의 검색 폼 비교 화면

[리스트 6-2] 유튜브 미디어센터의 검색 영역을 구현한 예

```css
<style type="text/css">

  /*비디오 리스트 영역*/
  #videoList {
    margin : 0px;
    padding : 5px 0px 0px 5px;
    width : 265px;
    height : 370px;
    list-style : none;
    overflow : hidden;
  }

  /*비디오 리스트 개별 영역*/
  #videoList li{
    float : left;
    margin : 0px 0px 5px 0px;
    padding : 0px 0px 5px 0px;
    width : 257px;
    height : 80px;
    font-family : dotum,돋움,gulim,Arial;
    font-size : 11px;
    border-bottom : 1px dotted #424242;
    overflow : hidden;
  }

  /*비디오 리스트의 썸네일*/
```

```css
#videoList li .thumbnailBtn{
  border : 1px solid #424242;
  width : 107px;
  float : left;
  height : 80px;
  cursor : pointer;
}

/*비디오 리스트의 제목*/
#videoList li .videoTitleTxt{
  float : right;
  width : 140px;
  display : block;
  color : #fff;
  border : 1px solid #ffff;
  width : 140px;
  height : 65px;
  overflow : hidden;
}

/*비디오 리스트의 플레이 리스트 추가 버튼*/
#videoList li .addBtn{
  margin-left : 5px;
  cursor : pointer;
}
</style>
```

```html
<script>

  function renderVideoList(){
    // 리스트 영역 초기화
    $E("videoList").setHTML("");

    var entry = json.feed.entry;
    totalResults = json.feed.openSearch$totalResults.$t;

    for(var i=0; i < entry.length; i++){
      // 리스트를 위해 필요한 DOM 객체 생성
      var li = $new("li");
      var thumbnail = $new("img");
      var div = $new("div");
```

```
            var contents = $new("div");
            var btnWrap = $new("div");
            var addBtn = $new("img");

            // 변수 정의
            var thumbnail_url =
                entry[i]["media$group"]["media$thumbnail"][0].url;
            var video_id = entry[i]["media$group"]["yt$videoid"].$t;
            var title = entry[i]["media$group"]["media$title"].$t;

            // 검색 리스트 영역에 DOM 객체 리스트 추가하기
            $E("videoList").addChild(li);
            li.addChild(thumbnail);
            li.addChild(div);
            div.addChild(contents);
            div.addChild(btnWrap);
            btnWrap.addChild(addBtn);

            // 동영상 제목 쓰기
            contents.setHTML(title);
            contents.className="videoTitleTxt";

            // 동영상 썸네일 속성/클래스명/이벤트 정의
            thumbnail.setAttribute("src",thumbnail_url);
            thumbnail.className = "thumbnailBtn";
            thumbnail.addEvent("click",thumbnailClickHandler);

            // 동영상 추가 버튼 속성/클래스명/이벤트 정의
            addBtn.video_id = thumbnail.video_id = video_id;
            addBtn.video_title = thumbnail.video_title = title;
            addBtn.video_thumbnail = thumbnail_url;
            addBtn.className="addBtn";
            addBtn.setAttribute("src","./img/addBtn.jpg");
            addBtn.addEvent("click",addBtnClickHandler);
        }
    }
</script>

<div id="searchForm">
    <input type="text" value="검색어를 입력하세요" id="searchQ"
        onclick="chkWord()" onkeyup="keyUpEventHandler()" />
```

```
    <ul id="videoList"></ul>
    <div id="pageNavi">
      <input type="button" value="이전" onclick="getPrev()" />
      <input type="button" value="다음" onclick="getNext()" />
    </div>
</div>
```

6.2.3 SQLite를 활용한 플레이 리스트 구현

유튜브 API에도 사용자의 플레이 리스트를 가져올 수 있는 API가 있지만 유튜브 미디어센터는 유튜브의 API가 아닌 AIR 내장되어 있는 로컬 데이터베이스를 이용해 플레이 리스트 기능을 구현한다. 플레이 리스트를 구현하는 데 유튜브의 API를 사용하지 않는 이유는, 로컬 데이터베이스에 저장해두면 어느 경로에 있는 동영상이라도 플레이 리스트로 등록할 수 있도록 확장성을 고려했기 때문이다.

> **참고**
>
> SQLite 데이터베이스는 경량 데이터베이스로 단순하고 가볍지만 트랜잭션을 지원하고 서브쿼리도 지원하는 등 SQL92 표준이 대부분 지원되고, 트리거와 뷰까지 지원해주고 있어 무시 못할 강력한 기능을 자랑하는 파일 기반의 데이터베이스다. 그래도 대용량 서비스에는 상용 데이터베이스에 비해 성능이 떨어지므로 소규모의 애플리케이션을 개발할 때 사용할 것을 추천한다. SQLite에 대한 자세한 내용은 http://sqlite.org를 참고하면 되며, AIR에서 SQLite를 사용하는 방법에 대한 설명은 http://help.adobe.com/en_US/AIR/1.5/devappshtml/ 페이지에서 Files and data › Working with local SQL databases 메뉴를 참고하면 된다.

자, 이제 미디어센터에서 SQLite를 이용한 부분을 살펴보자. [리스트 6-3]에서 설명하는 getConnection() 함수의 내용은 데이터베이스를 생성하고 연결한 후 데이터베이스가 연결된 SQLConnection 객체를 반환해주는 예다.

[리스트 6-3] SQLite를 사용하기 위해 SQLConnection 객체를 반환받는 예

```
function getConnection(){

    // 데이터베이스 파일이 존재하는 혹은 존재해야 할 경로
    DB_LOCATION = air.File.applicationStorageDirectory.
            ↪resolvePath("youtubeList.db");

    // 데이터베이스와 연결된 객체가 존재하지 않는다면
    if(dbConnection == null){

        // 데이터베이스와 연결을 담당할 커넥션 객체 생성
        dbConnection = new air.SQLConnection();

        // 데이터베이스 파일과 생성된 커넥션 객체를 비동기 연결
        dbConnection.openAsync(DB_LOCATION);

        // 데이터베이스 파일이 연결됐을 때의 이벤트 정의
        dbConnection.addEventListener(air.SQLEvent.OPEN,
            dbReadyHandler);

        // 데이터베이스 파일과 연결 오류 시 이벤트 정의
        dbConnection.addEventListener(air.SQLErrorEvent.ERROR,
            onSQLError);
    }

    // 데이터베이스와 연결된 커넥션 객체 반환
    return dbConnection;
}
```

AIR의 File 객체

File 객체는 디렉토리나 파일에 접근해 데이터를 읽거나, 생성, 수정, 삭제 등을 할 수 있게 해주는 객체로, 파일이나 디렉토리에 관련된 작업을 할 때 사용한다. File 객체는 시스템에서 자주 사용되는 디렉토리로 쉽게 접근할 수 있도록 상수를 제공하며, 사용 방식은 다음과 같다.

```
air.File.applicationDirectory  → AIR 애플리케이션이 설치된 경로
air.File.desktopDirectory      → 시스템의 바탕화면 경로
air.File.documentsDirectory    → 시스템 내 문서 경로
```

> air.File.userDirectory : 시스템 → 사용자 계정 경로
> air.File.applicationStorageDirectory → 시스템에서 제공하는 애플리케이션 전용 저장 경로
>
> air.File.applicationDirectory는 읽기 권한만 주어지며, 나머지 경로는 읽기와 쓰기가 가능하다. 이 외에도 임시 파일이나 디렉토리를 생성한다든지, 파일을 복사한다든지, 디렉토리의 파일 리스트를 가져오는 기능 등 상당히 유용한 기능이 많이 있으므로, http://livedocs.adobe.com/labs/air/1/jslr/ 페이지에서 File 객체에 대한 API를 살펴보기 바란다.

getConnect() 함수를 이용해 데이터베이스와 연결된 air.SQLConnection 객체를 얻을 수 있게 됐다. 플레이 리스트 정보가 저장될 테이블을 만들어보자. [리스트 6-4]는 미디어센터 애플리케이션에서 플레이 리스트를 저장할 테이블과 테이블을 구성하는 컬럼을 작성할 SQL 구문을 구현한 예다. dbInitialIze() 함수는 플레이 리스트에 필요한 데이터를 저장하기 위해 유튜브의 동영상 아이디가 들어갈 동영상 아이디 컬럼과 제목, 썸네일 경로 그리고 플레이 리스트에 등록된 시간을 입력할 수 있는 컬럼을 만든다. 사용된 SQL 구문이 일반적인 SQL 구문과 별반 차이가 없어 쉽게 이해할 수 있을 것이다.

[리스트 6-4] SQLConnection 객체를 반환받고 간단한 쿼리를 만들어 실행하는 예

```
function dbInitialIze(){
    // SQL 구문을 담을 객체 생성
    var stmt = new air.SQLStatement();
    // SQL 구문이 실행될 데이터베이스의 커넥션 객체 정의
    stmt.sqlConnection = getConnection();

    var sql = 'CREATE TABLE IF NOT EXISTS "playlist" (';
    sql+= '"videoId" VARCHAR PRIMARY KEY NOT NULL ,';
    sql+= '"title" VARCHAR NOT NULL DEFAULT "untitle",';
    sql+= '"thumbnail" VARCHAR NOT NULL ,';
    sql+= '"regdate" DATETIME NOT NULL)';

    // SQLStatement 객체에 SQL 구문 정의
    stmt.text = sql;

    try{
```

```
    // SQL 실행
    stmt.execute();
  }catch(E){
    // 예외 처리
  }
}
```

이제 데이터가 들어갈 수 있는 테이블이 생성됐다. 테이블에 데이터를 넣어보자. [리스트 6-5]는 유튜브 미디어센터의 검색 결과 리스트에서 'add' 버튼을 클릭했을 때, playlist 테이블에 동영상 정보를 저장하는 addItem() 함수 부분이다.

[리스트 6-5] playlist 테이블에 동영상 정보를 저장하는 예

```
function addItem(videoId,title,thumbnail){
  (!checkPlayList(videoId)) return;

  stmt = new air.SQLStatement();
  stmt.sqlConnection = getConnection();

  // INSERT와 UPDATE를 한 번에 할 수 있는 REPLACE 구문을 이용해 SQL 작성
  stmt.text =
  "REPLACE INTO playlist VALUES(?, ?, ?,CURRENT_TIMESTAMP)";

  // SQL 구문에 ? 부분과 매칭시킬 매개변수 정의
  stmt.parameters[0] = videoId;
  stmt.parameters[1] = title;
  stmt.parameters[2] = thumbnail;

  // addItem() 함수 내부에서만 실행되며, INSERT가 완료되면 실행될 이벤트
  function onCompleteAddItemHandler(evt){
    drawListItem(videoId,title,thumbnail,playList.length);
    playList.push({"videoId":videoId,
        "title":title,"thumbnail":thumbnail});
  }

  // SQL 구문이 실행 완료되면 실행될 이벤트 정의
  stmt.addEventListener(air.SQLEvent.RESULT,
      onCompleteAddItemHandler);
```

```
// SQL 구문 실행 실패 시 실행될 이벤트 정의
stmt.addEventListener(air.SQLErrorEvent.ERROR,
    onSQLError);

try{
  // SQL 실행
  stmt.execute();
}catch(E){
  // 예외 처리
}
}
```

데이터베이스에 정보를 저장할 수 있게 됐다. 이젠 저장된 데이터가 존재한다는 가정하에 저장된 데이터를 가져와 플레이 리스트를 만드는 기능을 구현해보자. [리스트 6-6]은 playlist 테이블에서 가져온 결과 데이터로 플레이 리스트를 만들어주는 함수인 drawList()를 호출하는 부분이다. [리스트 6-6]에서 눈여겨볼 부분은 evt.target.getResult().data다. evt.target은 이벤트를 발생시킨 stmt 객체고, stmt 객체의 SQL 구문 실행 결과 값을 가져오는 getResult() 함수를 호출한다. getResult() 함수가 호출되면 SQLResult라는 검색 결과에 대한 정보를 담고 있는 객체를 반환받게 되는데, 그 실행 결과 정보 중 결과 레코드 값을 갖는 data를 가져온다. data의 유형은 배열 객체며, drawList() 함수에서 사용하는 arrayList 인자 값이 이용되는 것을 보면 쉽게 알 수 있다.

[리스트 6-6] 데이터베이스에서 정보를 가져오는 예와 가져온 정보를 사용하는 예

```
function getListData(){
    stmt = new air.SQLStatement();
    stmt.sqlConnection = getConnection();

    // SQL 작성
    stmt.text = "SELECT * FROM playlist ORDER BY regdate";

    // getListData() 함수 내에서만 사용될 SQL 실행 완료 시 이벤트
    function onCompletePlaylistResult(evt){
        drawList(evt.target.getResult().data);
```

```
    }
    
    // SQL 구문이 실행 완료되면 실행될 이벤트 정의
    stmt.addEventListener(air.SQLEvent.RESULT,
        onCompletePlaylistResult);
    
    try{
      // SQL 실행
      stmt.execute();
    }catch(E){
      // 예외 처리
    }
}

function drawList(arrayList){
    
    // arrayList가 null이라면 함수 실행을 중지한다.
    if(arrayList == null) return;
    
    // 플레이 리스트의 재사용을 위해 임시 저장
    playList = arrayList;
    
    // 배열의 길이가 0보다 크다면
    if(arrayList.length > 0){
        
        // 플레이 리스트 영역을 초기화
        $E("youtubeList").setHTML("");
        
        for(var i =0; i < arrayList.length; i++){
            
            // 플레이 리스트의 구성요소를 만든다.
            drawListItem(arrayList[i].videoId,
                arrayList[i].title, arrayList[i].thumbnail, i);
        }
    }
}
```

6.2.4 자동/랜덤 재생 기능 구현

유튜브 서비스에는 없고 유튜브 미디어 플레이어에만 있는 기능 중 하나인, 플레이리스트에 등록된 동영상들을 자동으로 때로는 랜덤하게 재생해주는 기능이다. 이 부분에서 필요한 기술은 유튜브 플레이어 API에 있다. 플레이어 API를 보면 API를 이용해 플레이어를 사용할 수 있는 시점이 되면 플레이어가 onYouTubePlayerReady() 함수를 자동으로 호출한다. 그래서 이 함수에 플레이어의 상태가 변경될 때마다 onytplayerStateChangeHandler() 함수를 호출할 수 있도록 이벤트를 등록했고, 이벤트가 발생해 onytplayerStateChangeHandler()가 실행되면 플레이어의 동영상이 종료됐는지 재생 중인지 상태 코드를 보고 바로 알 수 있기 때문에, 동영상이 종료가 됐다면 다음 동영상을 바로 실행할 수 있도록 만든 것이다. 이것이 바로 [리스트 6-7]에 구현된 내용이다.

[리스트 6-7] 자동/랜덤 재생을 구현한 예

```
function onYouTubePlayerReady(playerId){

    ytplayer = document.getElementById("videoPlayer");

    // 플레이어의 상태가 변경될 때마다 실행될 이벤트 정의
    ytplayer.addEventListener("onStateChange",
      "onytplayerStateChangeHandler");

    // 플레이어에서 오류가 발생하면 일어날 이벤트 정의
    ytplayer.addEventListener("onError",
      "onErrorEventHandler")
}

function onytplayerStateChangeHandler(state){
    // 상태 코드가 1이면 재생, 0이면 종료, 그 외는 버퍼링이나 일시 정지를 의미
    switch(state){
      case 1:
        // 0.25초마다 현재 플레이어의 정보를 가져오기 위한 함수 호출
        updateIntervalId = setInterval(updateytplayerInfo, 250);
        updateytplayerInfo();
        break;
      case 0:
        // 플레이어가 종료된 것이므로 정보를 가져오는 함수 해제
```

```javascript
            clearInterval(updateIntervalId);
            // 플레이어가 종료됐으므로 다음 동영상을 보기 위해 videoPlayOrStop 실행
            videoPlayOrStop();
            break;
        default:
            // 재생 중이 아니므로 정보를 가져오는 함수 해제
            clearInterval(updateIntervalId);
            break;
    }
}

// 동영상 재생 여부 파악
function videoPlayOrStop(){
    var videoInfo = null;

    // 현재 플레이 모드가 auto면
    if (playMode == "auto") {

        // 플레이 리스트에서 현재 순서 다음의 동영상 정보를 가져온다.
        videoInfo = getNextItem();

    // 현재 플레이 모드가 랜덤이면
    }else if(playMode == "random") {

        // 플레이 리스트에서 랜덤하게 동영상 정보를 가져온다.
        videoInfo = getRandomItem();
    }

    // 비디오 정보를 가져오지 못했다면
    if(!videoInfo){
        // 현재 종료된 동영상의 처음 큐로 돌아간다.
        ytplayer.cueVideoById(playing_videoId,0);

        // 함수 호출 중지
        return;
    }

    // 동영상 보기
    showVideo(videoInfo.videoId, videoInfo.title);
}
```

[그림 6-11]처럼 버튼을 만들고 [리스트 6-7]에서 구현된 함수를 이용해 버튼이 클릭되면, 동영상 재생 방법을 제어하는 playMode 전역 변수의 상태 값을 변경하는 방법으로 구현했다.

[그림 6-11] 자동 재생 / 랜덤 재생 / 한 번 재생 기능을 제어하는 버튼 화면

6.2.5 미니 모드와 동영상 모드 구현

이번에 구현할 기능도 미디어센터에만 있는 기능으로, 용도에 맞게 플레이어의 크기를 제어하는 기능이다. 동영상을 보다 보면 개인적인 취향이나 환경 또는 동영상의 성격 때문에 동영상만 보이는 플레이어가 필요할 경우도 있고, 영어나 일본어 같은 외국어를 공부하기 위해 일부러 영상 없이 음성만 듣고 싶은 경우도 있을 것이다. 이런 여러 가지 경우를 고려해서 [그림 6-12]처럼 동영상만 보이는 중간 단계의 미디엄 모드와, [그림 6-13]처럼 재생 컨트롤만 가능한 작은 크기의 미니 모드를 구현했다.

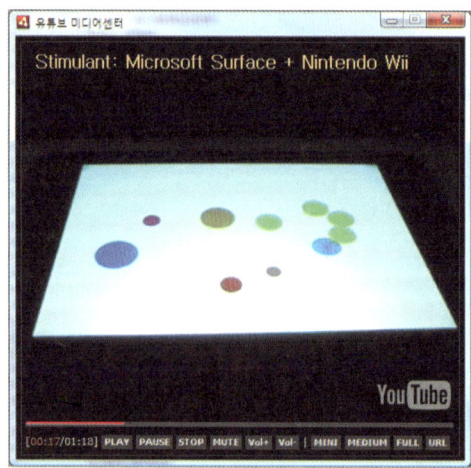

[그림 6-12] 동영상만 보이는 미디엄 모드 화면

[그림 6-13] 재생 컨트롤만 가능한 미니 모드 화면

애플리케이션의 창 크기를 조절하는 방법에는 여러 가지가 있지만, [리스트 6-8]의 예는 크기 조절 시 보이지 않아야 할 부분은 창의 범위를 벗어나게 해서 보이지 않게 하고, 보여야 할 부분만 보이는 위치로 옮겨서 애플리케이션의 창 크기가 조절되면 원하는 부분만 볼 수 있도록 구현했다. 이런 표현 방법은 개인차에 따라 구현 방식이 다를 수 있으므로 참고만 하고 각자의 취향대로 구현하길 바란다. 최초 애플리케이션의 레이아웃을 영역 컨트롤이 쉽도록 세 영역으로 구분해놓았기 때문에 간단한 조작만으로도 원하는 대로 표현할 수 있을 것이다.

창 크기는 window.resizeTo() 함수를 이용해서 조절할 수도 있지만 이 경우엔 줄일 수 있는 크기에 제한이 있기 때문에, 제한 없이 창 크기를 조절하려면 실질적인 창 객체인 window.nativeWindow 객체의 가로 크기와 세로 크기를 컨트롤해야 한다. 실제 window.resizeTo()를 이용해 크기를 조절해보면 가장 작은 미니 모드의 경우 허용된 최소 크기 이상 조절되지 않는 것을 확인할 수 있다.

[리스트 6-8] 애플리케이션의 크기를 조절하는 예

```
function setSize(w,h){
    // 애플리케이션의 창 크기 조절하기
    window.nativeWindow.height=h;
    window.nativeWindow.width=w;
}

function minimode(){
    //document.getElementById("playlistWrap").setyle.left = "1024px";
    $E("playlistWrap").setStyle("left","1024px");

    // 플레이어의 하단만 보여주기 위해 창의 위치를 벗어나게 해서 표현한다.
    $E("playerContainer").setStyle("top","-402px");
    $E("playerContainer").setStyle("left","5px");
    $E("searchForm").setStyle("left","1024px");
    setSize(498,70);
}
```

6.2.6 동영상 플레이어 만들기

동영상 탐색기에서 사용된 기본 유튜브 플레이어의 경우 동영상 컨트롤에는 문제가 없지만 동영상이 끝나고 난 후 혹은 동영상 위에 마우스를 가져다 대면 보고 있는 동영상과 관련된 동영상이 보인다든가, 보고 있는 동영상을 클릭하면 새창으로 유튜브 페이지가 나온다든가 하는, 사람에 따라 혹은 서비스에 따라 기본 플레이어는 원치 않는 기능이 있을 수 있다.

그런 경우가 있기 때문에 유튜브는 Chromeless 플레이어를 제공하고 있으며, 여러 매쉬업에서 사용되고 있다. 그런데 Chromeless 플레이어를 사용하면 동영상 재생 외에는 제어할 수 있는 요소가 전혀 없기 때문에 동영상의 진행상황부터 볼륨 조절 부분 같은 세세한 기능을 동영상 플레이어 API를 이용해 구현해야 한다.

[그림 6-10]에서 보이는 동영상 플레이어가 Chromeless 플레이어로 구현한 동영상 플레이어다. 동영상의 다운로드 상태를 볼 수 있는 프로그래스바부터 볼륨 조절 기능까지 구현됐다. [리스트 6-9]는 [표 6-3]에 정리된 플레이어 API를 이용해 동영상 플레이어를 컨트롤하는 예다. 유튜브 플레이어 객체인 ytplayer는 [리스트 6-7]에서 onYouTubePlayerReady() 함수를 호출할 때 이미 정의됐으며, 자세한 내용은 주석으로 설명해뒀으니 함께 보면서 참고하길 바란다.

[리스트 6-9] 플레이어 API를 이용해 동영상 플레이어를 구현한 예

```
function play() {
    if (ytplayer) {
        // 현재 재생 중인 동영상은 없고 플레이 리스트에 등록된 동영상이 있다면
        if(!playing_videoId && playList.length > 0){

            // 플레이 리스트의 첫 번째 동영상을 보여준다.
            showVideo(playList[0].videoId, playList[0].title);

            // 더 이상 함수를 진행하지 않는다.
            return;
        }

        // 동영상을 재생한다.
        ytplayer.playVideo();
    }
```

```
}

function pause() {
    if (ytplayer) {
      // 동영상을 일시정지한다.
      ytplayer.pauseVideo();
    }
}

function stop() {
    if (ytplayer) {
      // 다시 재생이 가능하도록 정지가 아닌 동영상의 처음으로 돌아가서 일시정지한다.
      seekTo(0);
      pause();
    }
  }

function getPlayerState() {
    if (ytplayer) {
      // 현재 동영상의 상태 값을 반환한다.
      return ytplayer.getPlayerState();
    }
}

function seekTo(seconds) {
    if (ytplayer) {
      // 재생 중인 동영상을 원하는 시간부터 재생한다.
      ytplayer.seekTo(seconds, true);
    }
}

function getBytesLoaded() {
    if (ytplayer) {
      // 동영상 재생을 위해 로딩된 바이트 수를 반환한다.
      return ytplayer.getVideoBytesLoaded();
    }
}

function getBytesTotal() {
    if (ytplayer) {
      // 동영상 재생을 위해 로딩해야 할 전체 바이트 수를 반환한다.
```

```
            return ytplayer.getVideoBytesTotal();
        }
    }

    function getCurrentTime() {
        if (ytplayer) {
            // 현재 동영상이 재생되고 있는 시간을 반환한다.
            return ytplayer.getCurrentTime();
        }
    }

    function getDuration() {
        if (ytplayer) {
            // 현재 동영상의 전체 재생 시간을 반환한다.
            return ytplayer.getDuration();
        }
    }

    function mute() {
        if (ytplayer) {
            // 동영상 플레이어가 음소거 상태라면
            if(isMute){
                // 음소거 상태를 해제한다.
                ytplayer.unMute();
                isMute = false;
            }else{
            // 음소거 상태가 아니라면 플레이어를 음소거 상태로 변경한다.
                ytplayer.mute();
                isMute = true;
            }
        }
    }

    function volup(){
        if (ytplayer) {
            // 동영상 플레이어의 볼륨을 10만큼 증가시킨다.
            ytplayer.setVolume(ytplayer.getVolume()+10);
        }
    }

    function voldn(){
```

```
    if (ytplayer) {
       // 동영상 플레이어의 볼륨을 10만큼 증감시킨다.
       ytplayer.setVolume(ytplayer.getVolume()-10);
    }
}
```

이런 과정을 거쳐 유튜브 미디어센터가 완성됐으며, 부록 소스 중 ../example/chapter_06_YouTubeMediaCenter 프로젝트를 참고하면 된다. 소소한 부분을 제외하고 유튜브 미디어센터를 구현하는 데 있어 핵심이 되는 내용은 모두 다뤘다. 지금껏 다룬 핵심 내용을 바탕으로 완성된 파일을 보지 않고 스스로 구현해보자. 이를 위해 AIR의 참고문서뿐만 아니라 유튜브 API도 다시 한 번 꼼꼼하게 살펴봐야겠지만, 예제로 구현된 유튜브 미디어센터보다 훨씬 더 멋진 애플리케이션을 만들 수 있을 거라 생각하고 자신만의 미디어센터를 만들어봤으면 한다. 애플리케이션을 구현하는 데 정답은 없다. 정답은 여러분이 만들어가는 것이다. 자신만의 미디어센터를 만들면서 노하우도 쌓고 많은 경험을 해보기 바란다.

6.3 정리

6장에서는 동영상 API의 대표격이라 할 수 있는 유튜브 API에 대해 알아봤다. 유튜브 API로 동영상 컨텐트를 검색하고, 유튜브 동영상 플레이어를 이용해 바로 볼 수 있는 탐색기를 만들었으며, Chromeless 플레이어를 이용해 나만의 동영상 플레이어도 만들었다. AIR에서 제공되는 SQLite 데이터베이스를 이용해 플레이 리스트 기능을 구현해봤으며, 유튜브 서비스에서는 제공되지 않는 동영상 플레이어 크기 조절 기능이라든지, 자동/랜덤 재생 기능을 구현해보면서 매쉬업의 본질을 이해할 수 있는 계기가 됐다. 매쉬업이란 프로그램 개발과 똑같다. 언어의 스펙과 오픈 API를 아무리 잘 알고 있더라도, 적재적소에 사용할 수 없다면 소용이 없다. 중요한 것은 API를 얼마나 이해하고 있느냐에 달렸다. 예제를 단순히 지나칠 것이 아니라 잘 이해하고 넘어가길 바라며, API를 그저 외울 것이 아니라 API를 살펴보면서 이해의 폭을 넓히기 바란다.

07장

사용자 인증 방식의 구현과 이해

- 다양한 인증 방식
- HTTP 기본 인증 방식
- multipart/form-data 인코딩
- 자바스크립트에서 액션스크립트 라이브러리 사용하기
- AIR와 플래시 그리고 자바스크립트의 관계
- EncryptedLocalStore의 사용 방법

7.1 사용자 인증 구현

오픈 API를 다루는 데 있어 제일 커다란 장벽으로 작용하는 것이 바로 인증 부분이다. 대부분 오픈 API 인증은 웹사이트에 로그인하는 것처럼 한 번에 인증이 해결되는 경우는 극히 드물다. 2장에서 포토버킷 API를 다룰 때의 OAuth 인증 방식을 기억하는가? 일반 토큰을 얻고 일반 토큰에 대해 인증을 수락하는 과정을 거치고 일반 토큰을 인증 토큰으로 바꾸고, 인증 문자열을 만드는 과정이 필요했다. 다소 복잡하고 어렵게 느껴질 수 있는 부분이긴 하지만 파일 업로드 기능이나 글을 작성하는 기능, 개인적인 정보 조회는 모두 인증 과정을 거쳐야만 사용할 수 있는 기능이라서, 매쉬업 애플리케이션을 만드는 데 인증은 필수적인 부분이라 할 수 있다. 군대 용어긴 하지만 "피할 수 없다면 즐겨라"라는 말이 있다. 인증도 막상 구현해보면, 별거 아님을 알게 될 것이다. API의 모든 인증 케이스를 다루는 것은 무리가 있으므로, 대표적인 사례로 플리커와 미투데이 서비스의 사용자 인증을 구현해보겠다.

7.1.1 플리커 사용자 인증

2장에서 플리커 API는 인증 없이 사용할 수 있는 이미지 관련 검색 API만 다뤘다면, 7장에선 이미지를 업로드하고 글을 작성하는 부분까지 다루게 된다. 플리커 API로 플리커에 글을 작성하거나, 파일을 업로드하려면 인증은 반드시 거쳐야 하는 부분이다. 이제 플리커의 인증 방식을 알아보고 사용자 인증을 구현해보자. 플리커의 사용자 인증은 [그림 7-1]처럼 크게 3단계를 거치게 된다. OAuth 인증 방식의 일반 토큰 같은 frob을 발행받고 발행받은 frob을 이용해 사용자를 인증과 관련된 API의 사용을 허락하는 페이지로 보낸다. 그러면 사용자는 해당 서비스의 로그인을 하고, 사용하고 있는 애플리케이션의 API 사용을 수락하고 다시 애플리케이션으로 돌아온다. 그 다음 애플리케이션에서 사용자가 API의 사용을 수락한 것을 알게 되면, 최초 발행받은 frob을 인증 토큰으로 교환해 발행받는다.

[그림 7-1] 플리커 API의 사용자 인증 3단계

지금 플리커의 인증 방식을 알아보면서 뭔가 비슷하다는 느낌을 받았을 것이다. 그렇다. 2장에서 다룬 OAuth 인증 방식이다. 앞에서 OAuth 인증 방식을 다룰 때 OAuth 인증 방식의 사용법보다 OAuth 인증 방식의 개념을 중요하게 생각하라고 한 적이 있다. 바로 이런 플리커 같은 API의 인증 방식을 두고 이야기한 것이다. 플리커의 사용자 인증 방식은 OAuth 인증 방식은 아니지만, 플리커만의 성격과 OAuth 인증 방식이 적절히 결합되어 있다고 보면 된다. 또한 플리커의 인증 방식은 웹 애플리케이션, 데스크탑 애플리케이션, 모바일 애플리케이션에 따라 인증 방식이 약간의 차이를 보이는데, 플랫폼에 따른 인증 방식의 차이일 뿐 커다란 줄기는 거의 동일하다고 보면 된다. 예제는 나열한 세 가지 플랫폼 중 HTML 기반의 AIR 애플리케이션으로 구현될 것이므로 데스크탑 애플리케이션의 인증 방식을 사용한다. 플리커의 사용자 인증 방식이 어떻게 구현되는지 알았다면, 플리커의 사용자 인증을 구현해보자. 플리커의 사용자 인증을 구현하려면 플리커 API 키가 필요하며, [그림 7-2]와 같이 API 키의 인증 모드를 데스크탑으로 설정해줘야 한다.

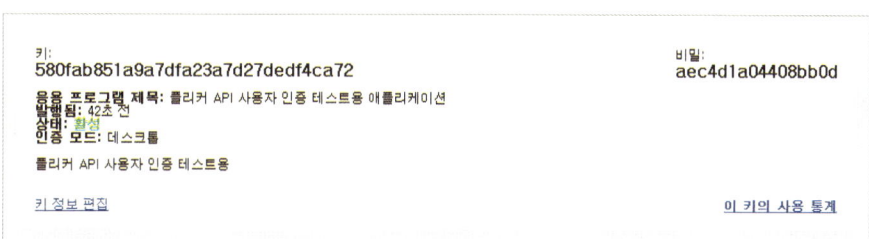

[그림 7-2] 플리커 API 키의 인증 모드를 데스크탑으로 설정한 화면

[AIR 프로젝트 설정하기]
1. Aptana IDE에서 새로운 AIR 프로젝트를 생성한다.
2. 프로젝트명을 FlickAuth로 설정하다
3. Finish 버튼을 클릭해 프로젝트를 생성한다.

7.1.1.1 frob 요청과 발행

플리커의 사용자 인증 첫 단계는 frob을 요청하고 발행받는 단계다. frob은 플리커 API 중 flickr.auth.getFrob 메소드를 이용해 요청하고 발행받을 수 있으며, API를 이용할 때 OAuth에서는 SHA1 암호화 방식으로 매개변수를 조합해 암호화 문자열을 만들었지만, 플리커 API의 사용자 인증은 MD5 암호화 방식을 이용해 암호화 문자열을 만든다. MD5 암호화 알고리즘이 구현된 자바스크립트 라이브러리는 http://pajhome.org.uk/crypt/md5 페이지에서 다운로드 받을 수 있으며, AJIT의 기본 라이브러리로 제공되고 있으니, MD5 알고리즘 구현에 대한 부담은 갖지 않아도 된다. [예제 7-1]은 플리커 API를 이용해 frob을 요청하고 발행받는 예이며, [그림 7-3]은 [예제 7-1]을 실행한 결과다.

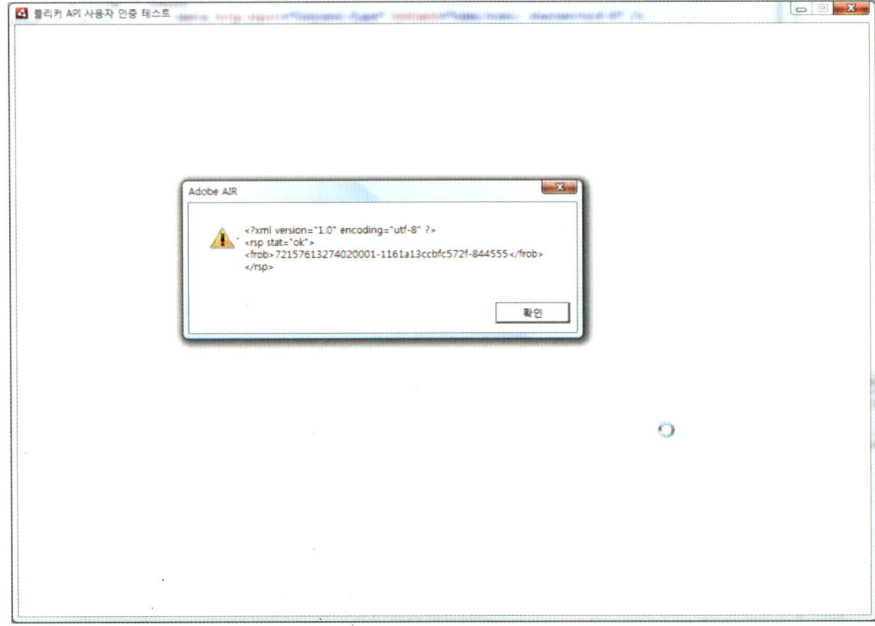

[그림 7-3] [예제 7-1]을 실행한 결과 화면

[예제 7-1] 플리커 API를 이용해 frob을 요청하고 발행받기

../example/chapter_07_frobTest/frobTest.html

```html
<!DOCTYPE HTML PUBLIC "-//W3C//DTD HTML 4.01 Transitional//EN"
    "http://www.w3.org/TR/html4/loose.dtd">
<html xmlns="http://www.w3.org/1999/xhtml">
    <head>
        <meta http-equiv="Content-Type"
            content="text/html; charset=utf-8" />
        <title>플리커 API 사용자 인증 테스트</title>
        <script src="/js/ajit.js" type="text/javascript">
        </script>

        <script type="text/javascript">
            $include("/lib/air/AIRAliases.js");

            // MD5 라이브러리
            $include("/js/lib/md5.js");
        </script>

    </head>
    <body>

    <script type="text/javascript">

        FLICKR_API_KEY = "플리커 API 키";
        FLICKR_SECRET_KEY = "플리커 API 비밀키";

        // 플리커 기본 API URL
        FLICKR_API_URL = "http://api.flickr.com/services/rest/?";

        var loader = new URLLoader();
        var req = new URLRequest();
        var params = new URLVariables();

        // API와 관련된 암호화 문자열 정의
        var api_sig = hex_md5(FLICKR_SECRET_KEY
                + "api_key" + FLICKR_API_KEY
                + "methodflickr.auth.getFrob");

        // API 호출을 위한 매개변수 정의
```

```
        params.parameters = {
                "api_key" : FLICKR_API_KEY,
                "method" : "flickr.auth.getFrob",
                "api_sig" : api_sig
        };

        // API URL 정의
        req.url = FLICKR_API_URL + params.toString();
        req.method = "GET";

        // 로드 완료 시 실행할 이벤트 정의
        loader.addEvent(URLLoaderEvent.COMPLETE,
                onCompleteHandler);

        // API 호출
        loader.load(req);

        // 로드 완료 시 실행할 이벤트
        function onCompleteHandler(response){

                // API Response 결과 확인
                alert(response.text);
        }

    </script>
  </body>
</html>
```

예제 7-1 분석

이미 플리커 API는 어느 정도 다뤄본 경험이 있기 때문에 기본적인 사용 방법은 생략하고 API를 이용해 frob을 요청하고 발행받을 때 중요한 부분만 살펴보겠다.

1. **API와 관련된 암호화 문자열 만들기**

   플리커 API는 인증과 관련된 API를 호출할 때 규칙에 맞게 MD5로 암호화한 문자열을 반드시 전달해줘야 한다. 암호화된 문자열은 `api_sig` 매개변수의 값이 되며, 문자열을 암호화하는 규칙은 다음과 같다.

A. 매개변수에서 api_sig 매개변수는 제외한다.

B. 매개변수를 오름차순으로 정렬한 문자열을 만든다.

C. 정렬된 문자열에서 매개변수를 연결해주던 "=", "&", "?" 문자열을 제거한다.

D. 플리커 API 비밀키 문자열은 문자열의 처음에 위치한다.

따라서 api_sig 변수는 규칙에 의해 만들어진 문자열을 MD5 라이브러리에 있는 hex_md5() 함수를 이용해 암호화 문자열이 만들어지며, 인증과 관련된 API를 이용할 경우 항상 이와 같은 방식이 적용된다.

2. API 매개변수 정의하기

frob을 발행받기 위해 method 매개변수에는 flickr.auth.getFrob을, api_key 매개변수에는 플리커에서 발행받은 API 키를 정의했다. 그리고 인증과 관련된 api_sig 매개변수를 정의했다.

3. frob 발행

정의된 API 매개변수를 기반으로 URL을 만들고 GET 방식으로 API를 호출해 frob을 발행받았다. API를 호출해서 반환받은 XML은 다음과 같다.

```
<?xml version="1.0" encoding="utf-8" ?>
<rsp stat="ok">
     <frob>72157613275270671-4291d2d46f360af0-844555</frob>
</rsp>
```

반환받은 XML에서 <frob>의 노드 값이 frob 값이 되며, 이 frob 값을 이용해 다음 인증 단계를 진행한다.

7.1.1.2 사용자에게 API 접근 동의 얻기

frob을 발행받았다면, 다음 단계는 사용자를 애플리케이션이 API를 사용할 수 있도록 [그림 7-4]와 같은 수락 페이지로 보내 사용자가 API의 접근을 수락할 수 있게 만드는 단계다. API 접근 수락 페이지 주소를 만드는 방법을 알아보고 구현해보자.

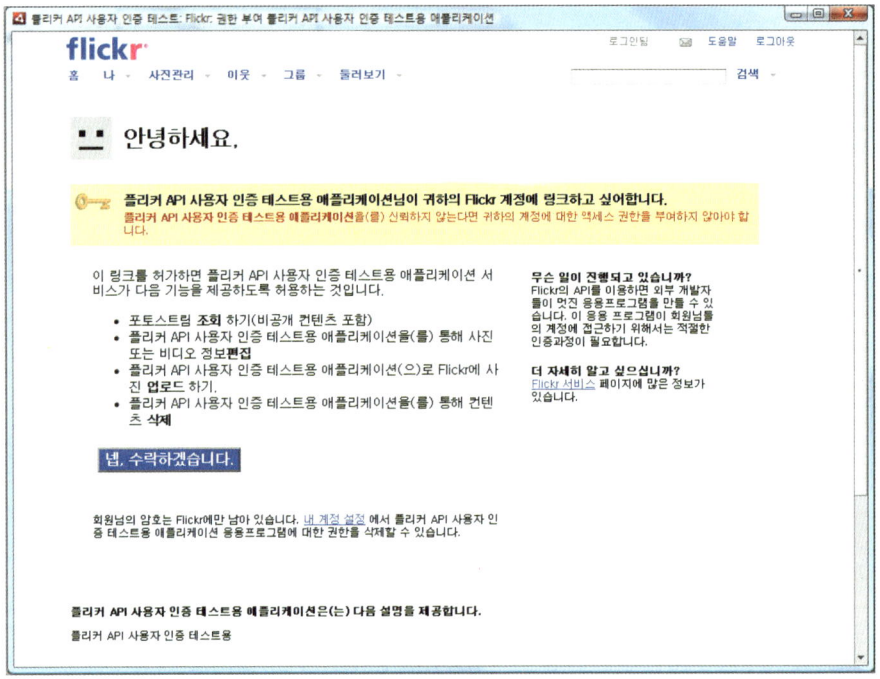

[그림 7-4] 애플리케이션을 사용하는 사용자가 API 접근을 수락하는 페이지 화면

API 접근 수락 페이지 경로는 다음과 같은 기본 URL과 매개변수의 조합으로 만들어진다.

기본 URL 경로: http://www.flickr.com/services/auth/
필요한 매개변수: api_key, frob, api_sig, perms

api_key는 플리커의 API 키며, frob은 발행받은 frob 값, api_sig는 매개변수가 암호화된 문자열이고 마지막 perms는 권한을 말한다. perms는 읽기read, 쓰기write, 삭제delete 권한으로 설정할 수 있으며, 읽기 권한은 읽는 것만 가능하며, 쓰기 권한은 데이터를 읽고 추가하고 편집할 수 있는 권한이 가능하고, 삭제 권한은 최고의 권한으로 쓰기 권한과 더불어 데이터를 삭제할 수 있는 권한을 의미한다. [리스트 7-1]은 [예제 7-1]의 onCompleteHandler() 함수를 재정의한 내용이며, 기본 URL 경로와 필요한 매개변수를 정의하고, window.open() 함수를 이용해 새창으로 페이지로 띄운 예로, 해당 페이지를 보기 전 로그인 절차를 먼저 거친 후 해당 페이지를 보게 된다.

[리스트 7-1] frob을 반환받고 API 접근 수락 페이지 경로를 만들어 팝업으로 띄운 예

```
<script type="text/javascript">
    // XML 파싱을 위해 추가함
    $import("asjs.utils.XmlParser");
</script>

<script type="text/javascript">

 …중략

 // frob을 재사용하기 위해 frob 값이 저장될 전역 변수 선언
 var frob = "";

 function onCompleteHandler(response){
  var xml = new asjs.utils.XmlParser(response.xml).toJson();

  // 반환받은 XML에서 frob 추출
  frob = xml.rsp.frob.text;

  // API와 관련된 암호화 문자열 정의
  var sig = hex_md5(FLICKR_SECRET_KEY
         + "api_key" + FLICKR_API_KEY
         + "frob" + frob
         + "permswrite");

  var url = http://www.flickr.com/services/auth/?api_key=
         + FLICKR_API_KEY
         + "&perms=write&frob="
         + frob + "&api_sig=" + sig;

  window.open(url);
 }

</script>
```

[리스트 7-1]처럼 수정하고 AIR 애플리케이션을 실행하면 서비스 로그인 페이지가 나오고, 로그인을 완료하면 [그림 7-4]와 같은 페이지를 볼 수 있으며, API의 접근을 수락하면 [그림 7-5]처럼 수락이 완료됐다는 내용을 알리는 화면을 볼 수 있다.

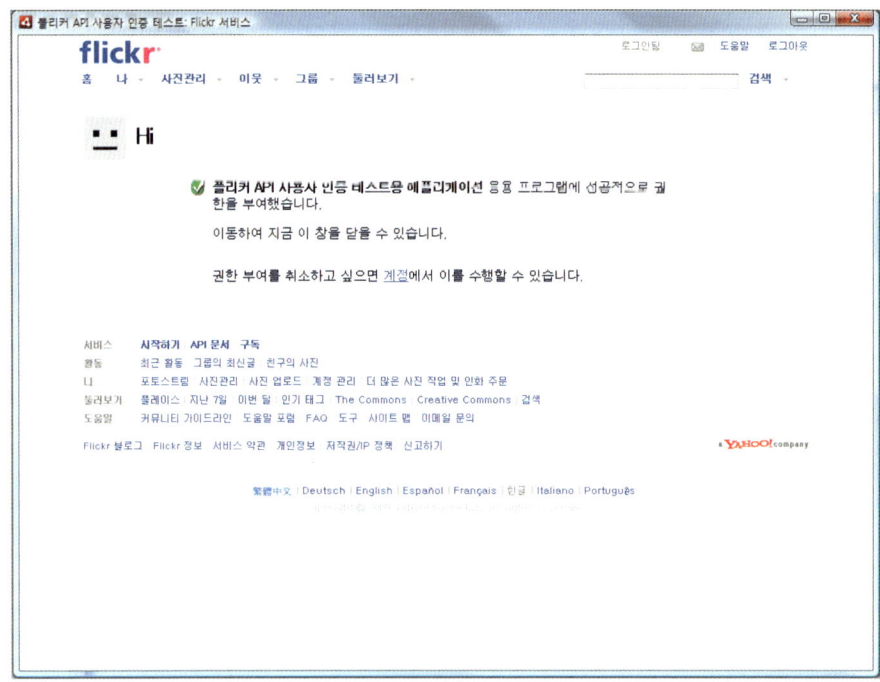

[그림 7-5] 플리커 서비스에서 API의 접근을 수락한 화면

7.1.1.3 인증 토큰의 요청과 발행

이제 플리커 사용자 인증의 마지막 단계로 인증 토큰을 발행받는 일만 남았다. 물론 사용자가 앞 단계에서, API의 접근을 수락했을 경우에 해당된다. 사용자 인증의 마지막 단계인 인증 토큰을 요청하고 발행받는 방법을 알아보고 구현해보자. [리스트 7-2]는 [예제 7-1]과 [리스트 7-1]의 내용에 인증 토큰의 요청과 발행을 구현한 예로, 인증 토큰을 요청할 때 플리커 API의 `flickr.auth.getToken` 메소드를 이용했고, 인증과 관련된 부분이므로 api_sig 매개변수를 정의했다. 그리고 제일 중요한 발행받은 frob을 매개변수로 전달해 우리가 원하던 인증 토큰을 발행받은 예이며, 사용자가 애플리케이션에서 'API 접근 수락 완료'라는 버튼을 클릭하면, getToken() 함수가 호출되어 일반 토큰을 요청하고 발행받는 절차가 진행된다. [그림 7-6]은 [리스트 7-2]의 getToken() 함수가 호출되고 인증 토큰을 발행받은 결과다.

[리스트 7-2] 인증 토큰을 요청하고 발행받는 예

```
<script type="text/javascript">
…중략

function getToken(){

    // API와 관련된 암호화 문자열 정의
    var sig = hex_md5(FLICKR_SECRET_KEY
      + "api_key"
      + FLICKR_API_KEY+"frob"+frob+"methodflickr.auth.getToken");

    var loader = new URLLoader();
    var req = new URLRequest();

    params.parameters = {
        "api_key" : FLICKR_API_KEY,
        "frob" : frob,
        "method" : "flickr.auth.getToken",
        "api_sig" : sig
    };

    req.url = FLICKR_API_URL + params.toString();
    req.method = "GET";
    loader.addEvent(URLLoaderEvent.COMPLETE,
            onCompleteGetTokenHandler);
    loader.load(req);
}

function onCompleteGetTokenHandler(response){
    $E("result").value = response.text;
}

</script>

<input type="button" value="API 접근 수락 완료"
        onclick="getToken()">
발행된 인증 토큰<br />
<textarea id="result" cols="70" rows="20"></textarea>
```

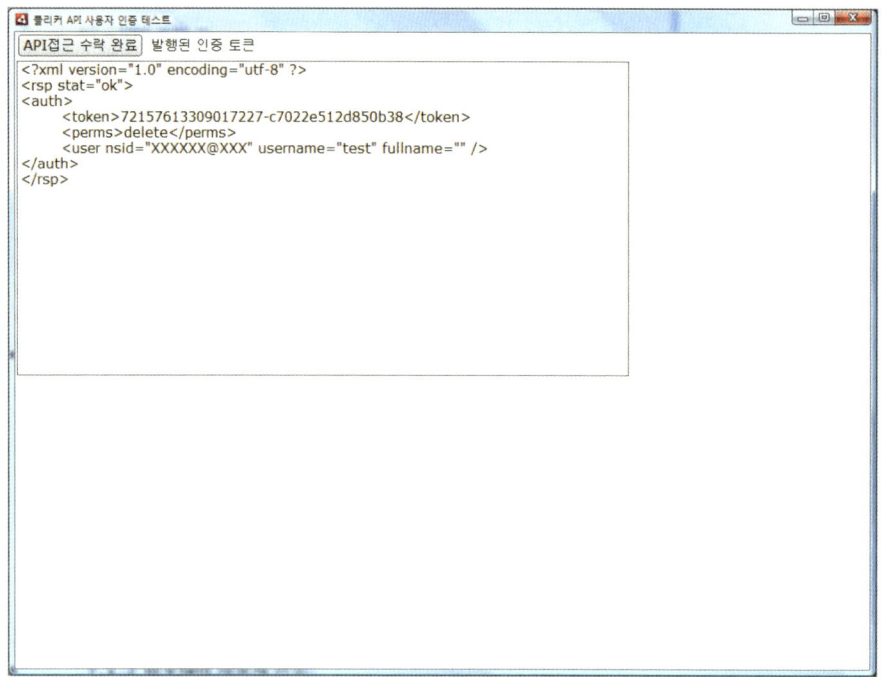

[그림 7-6] getToken() 함수를 호출하고 인증 토큰을 발행받은 화면

이것으로 플리커 API의 사용자 인증 절차를 모두 구현했고, [그림 7-6]에서 보는 것처럼 인증 토큰도 발행받았다. 우리는 이제 인증 토큰을 이용해 더 많은 API를 사용할 수 있게 됐으며, 더 많은 것을 할 수 있게 됐다. 인증 토큰을 이용해 플리커에 사진을 올릴 수 있는 간단한 애플리케이션을 만들어보자.

7.1.1.4 API를 이용한 사진 올리기

아마 플리커 API 참고문서를 들여다보면 사진을 올리는 메소드는 찾아볼 수 없을 것이다. 사진을 올리는 것은 API의 메소드로 제공하지 않고 별도의 API로 분리되어 있기 때문이다. 사진을 올릴 수 있는 업로드 API에 대해 알아보고 플리커에 사진 파일을 올려보자. 일반적으로 파일을 업로드할 때처럼 양식form을 만들고, 구성요소에 필요한 매개변수를 정의하고, 플리커에서 제공하는 업로드 페이지로 데이터를 전송하면 된다. 업로드 API 매개변수는 [표 7-1]에 정리된 바와 같으며, '필수'라고 적힌 항목은 반드시 필요한 매개변수다.

[표 7-1] 업로드 API 매개변수

매개변수	설명
api_key(필수)	플리커 API 키
api_sig(필수)	API와 관련된 암호화 문자열
auth_token(필수)	인증 토큰
photo(필수)	업로드할 사진 파일
title	사진 제목
description	사진 설명
tags	사진 태그
safety_level	사진의 안전 단계 1 → 안전한 사진으로 누구나 볼 수 있음 2 → 안전을 확신할 수 없는 사진 3 → 안전하지 못한 사진으로 제한된 사용자만 볼 수 있음
content_type	사진의 유형 1 → 일반 사진 2 → 캡처 화면 3 → 기타
hidden	사진의 검색 허용 여부 1 → 허용 2 → 허용하지 않음
is_public	사진을 볼 수 있는 대상
is_friend	public은 모두 공개, friend는 친구 이상에게만 공개, family는 가족에게만 공개한다는 의미임
is_family	0 → 허용하지 않음 1 → 허용

이것으로 업로드 API를 사용하기 위한 매개변수는 모두 알아봤고, 이젠 필요한 매개변수를 정의하고 http://api.flickr.com/services/upload/ 페이지로 데이터를 전송하기만 하면 플리커에 파일을 올릴 수 있다. 데이터를 전송할 수 있는 간단한 폼을 만들고 데이터를 API 업로드 페이지로 전송해보자. [예제 7-2]는 플리커 API의 사용자 인증과 업로드 API를 이용해 사진 파일을 플리커로 올리는 예로, [예제 7-1]과 지금 껏 진행된 내용을 바탕으로 구현됐다. 파일 업로드를 위한 양식과 기존에 없던 API 와 관련된 암호화 문자열을 생성하는 `makeAuthStr()` 함수 그리고 플리커의 업로드 API가 구현된 `onSubmit()` 함수가 추가됐으며, 몇몇 부분을 변경했다. [예제 7-2]에서 인증 처리 과정을 어떻게 표현했는지 주의 깊게 살펴보기 바란다.

[예제 7-2] API를 이용해 플리커에 사진 파일 업로드하기

../example/chapter_07_flickAuth/flickAuth.html

```html
<!DOCTYPE HTML PUBLIC "-//W3C//DTD HTML 4.01 Transitional//EN"
    "http://www.w3.org/TR/html4/loose.dtd">
<html xmlns="http://www.w3.org/1999/xhtml">
    <head>
        <meta http-equiv="Content-Type" content="text/html;
            charset=utf-8" />
        <title>플리커 API 파일 업로드 테스트 애플리케이션</title>
        <script src="/js/ajit.js" type="text/javascript">
        </script>
        <script type="text/javascript">
            $include("/lib/air/AIRAliases.js");
            $include("/js/lib/md5.js");
            $import("asjs.utils.XmlParser");
        </script>
    </head>

    <style type="text/css">
        td{
            font-size:12px;
        }
        input[type=text]{
            width:400px;
        }
    </style>

    <body>
        <div id="tokenConfirmForm" style="text-align:cventer">
            <img src="img/flickr_guide.jpg" />
            <br />
            API의 접근을 수락해야만 사진 파일을 업로드할 수 있습니다.
            접근을 수락해주세요.<br />
            <input type="button" value="API 접근 수락 완료"
                onclick="getToken()">
        </div>
        <div id="flirkUploadFormContainer" style="display:none">
            <form name="f" enctype="multipart/form-data"
                method="post" onsubmit="return false;">
            <input type="hidden" name="api_key">
            <input type="hidden" name="api_sig">
```

```html
            <input type="hidde" name="auth_token">
        <table width="600" cellpadding="2" border="1"
            cellspacing="0">
            <colgroup>
                <col width="150"></col>
                <col width="450"></col>
            </colgroup>
            <tr>
                <td>사진 제목</td>
                <td><input type="text" name="title"></td>
            </tr>
            <tr>
                <td>사진 태그</td>
                <td><input type="text" name="tags"></td>
            </tr>
            <tr>
                <td>사진 파일</td>
                <td><input type="file" name="photo"></td>
            </tr>
            <tr>
                <td colspan="2">
                    사진 설명<br />
                    <textarea name="description"
                        cols="70" rows="5"></textarea>
                </td>
            </tr>
            <tr>
                <td colspan="2">
                    <input type="button"
                        value="플리커로 사진 파일 전송하기"
                        onclick="onSubmit()">
                </td>
            </tr>
        </table>
    </form>
</div>
<script type="text/javascript">

    FLICKR_API_KEY = "플리커 API 키";
    FLICKR_SECRET_KEY = "플리커 API 비밀키";
```

```
// 플리커 기본 API URL
FLICKR_API_URL =
  "http://api.flickr.com/services/rest/?";

var frob = "";
var token = "";

var loader = new URLLoader();

// Request 객체 선언
var req = new URLRequest();

// URL 매개변수 객체 선언
var params = new URLVariables();

params.parameters = {
    "api_key" : FLICKR_API_KEY,
    "method" : "flickr.auth.getFrob"
};

var param = params.toString();
req.url = FLICKR_API_URL
    + param +"&api_sig="+makeAuthStr(param);
req.method = "GET";

loader.addEvent(URLLoaderEvent.COMPLETE,
    onCompleteHandler);
loader.load(req);

function onCompleteHandler(response){
    var xml = new
        asjs.utils.XmlParser(response.xml).toJson();
    frob = xml.rsp.frob.text;
    params.parameters = {
        "api_key" : FLICKR_API_KEY,
        "perms" : "delete",
        "frob" : frob
    };
    var param = params.toString();
    var url =
       http://www.flickr.com/services/auth/?
```

```
        +param+"&api_sig="+makeAuthStr(param);
    window.open(url);
}

function getToken(){
    var loader = new URLLoader();
    var req = new URLRequest();

    params.parameters = {
        "api_key" : FLICKR_API_KEY,
        "frob" : frob,
        "method" : "flickr.auth.getToken"
    };

    var param  = params.toString();
    req.url = FLICKR_API_URL
        + param +"&api_sig=" + makeAuthStr(param);
    req.method = "GET";

    // Request 보내기
    loader.addEvent(URLLoaderEvent.COMPLETE,
        onCompleteGetTokenHandler);
    loader.load(req);
}

function onCompleteGetTokenHandler(response){
    var xml = new
        asjs.utils.XmlParser(response.xml).toJson();

    token = xml.rsp.auth.token.text;

    $E("flirkUploadFormContainer").
        ↳setStyle("display","block");
    $E("tokenConfirmForm").
        ↳setStyle("display","none");
}

// 매개변수 암호화 문자열 생성
function makeAuthStr(paramStr){

    // 매개변수 문자열을 & 단위로 구분해 배열화
```

```javascript
    paramStr = paramStr.split("&");

    // 배열을 오름차순으로 정렬
    paramStr.sort();

    // 암호화 규칙에 맞춰 MD5 암호화 방식으로 암호화
    var authStr = hex_md5(FLICKR_SECRET_KEY
            + paramStr.join("").replaceAll("=",""));

    // 암호화된 문자열을 반환
    return authStr;
}

function onSubmit(){

    // 사진 파일 업로드가 구현된 폼 엘리먼트 객체
    var form = document.forms["f"];

    // 플리커 업로드 페이지 경로 정의
    form.action =
        "http://api.flickr.com/services/upload/";

    // 암호화할 매개변수 정의
    params.parameters = {
        "api_key" : FLICKR_API_KEY,
        "auth_token" : token,
        "title" : form.title.value,
        "tags" : form.tags.value,
        "description" : form.description.value
    };

    // api_sig 매개변수 정의
    form.api_sig.value =
        makeAuthStr(params.toString());

    // api_key 매개변수 정의
    form.api_key.value = FLICKR_API_KEY;

    // 인증 토큰 정의
    form.auth_token.value = token;

    // URL 인코딩된 title 매개변수 정의
    form.title.value =
```

```
                        encodeURIComponent(form.title.value);

            // URL 인코딩된 tags 매개변수 정의
            form.tags.value =
                        encodeURIComponent(form.tags.value);

            // URL 인코딩된 description 매개변수 정의
            form.description.value =
                    encodeURIComponent(form.description.value);

            // 폼 전송하기
            form.submit();
            return false;
        }
    </script>
  </body>
</html>
```

예제 7-2 분석

1. 사용자 인증 인터랙션

플리커 사용자 인증 방식을 구현하면서 제일 신경 써야 하는 부분이 사용자 인증 인터랙션이다. 인증 절차가 한 번에 이뤄지는 것이 아니어서 되도록 사용자가 쉽게 인증 절차를 따를 수 있게 하는 것이 중요하다. 예제의 인터랙션 과정은 다음과 같다.

A. 인증 완료 시점까지 업로드 기능을 제한하고 사용자에게 인증 과정을 알린다.

B. 사용자가 인증을 마치고 인증이 완료된 사실을 알릴 수 있게 한다.

C. 인증이 완료됐다면, 플리커에 사진을 업로드할 수 있도록 화면을 보여준다.

위와 같은 단계를 예제에서는 애플리케이션이 실행되면 [그림 7-7]처럼 사용자에게 인증 안내 화면을 안내해 사용자 인증을 거치도록 유도하고, 플리커 사진 업로드 폼이 구현된 내용은 볼 수 없도록 했다. 그리고 인증을 마치고 돌아온 사용자가 'API 접근 수락 완료' 버튼을 클릭하면 getToken() 함수를 호출해 인증 토큰을 발행받게 되고, 인증 토큰을 발행받은 동시에 안내 메시지를 없앤 다음, [그림 7-8]처럼 플리커 사진 업로드 폼이 보이도록 인터랙션을 구현했다. 예제는 사용자 인증 인터랙션을 구현한 하나의 예일 뿐 사용자 인증과 관련된 인터랙션 정의는 구현하기 나름이다. 일단 사용자 인증 인터랙션은 최대한 알기 쉽고 간단하게 해야 한다는 데 초점을 두고 만들어가면 된다.

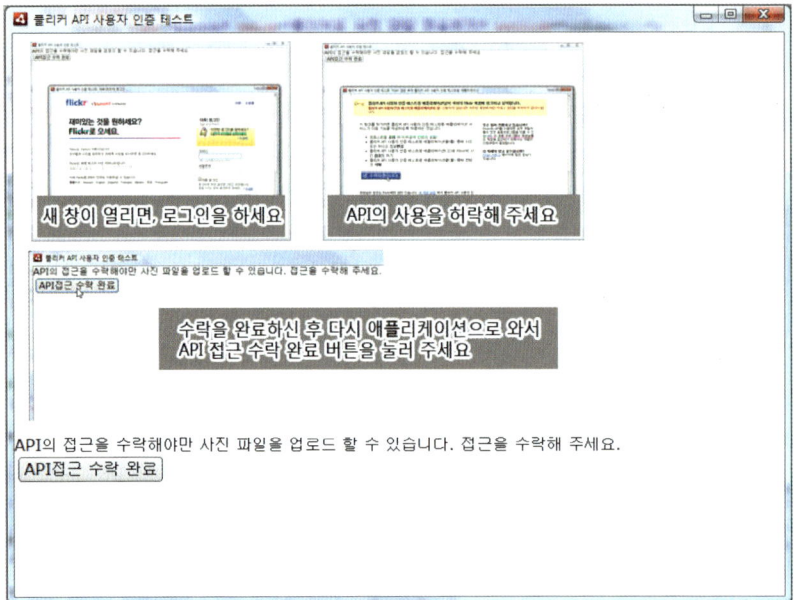

[그림 7-7] 사용자 인증과 관련된 내용을 안내하는 화면

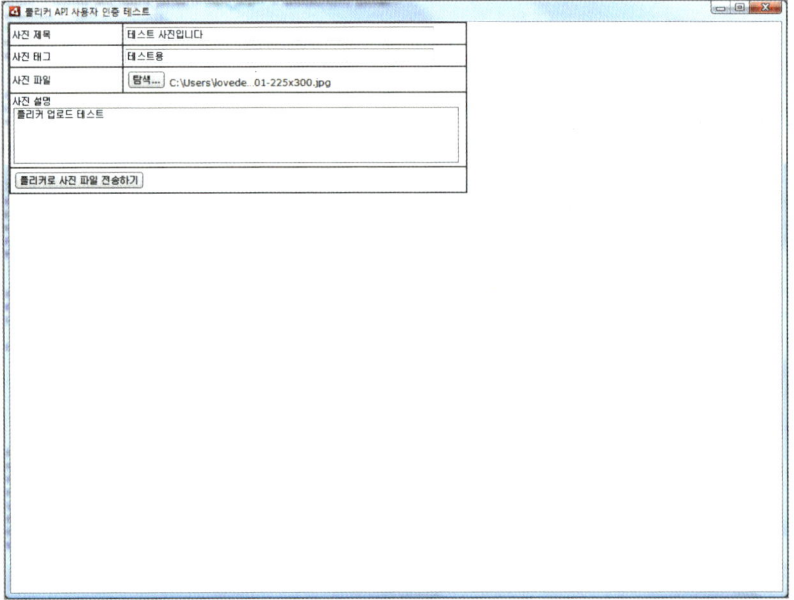

[그림 7-8] 인증 토큰을 발행받고 사진 파일 업로드 폼을 보여주는 화면

2. API 관련 암호화 문자열 생성 함수 구현하기

플리커 API는 인증과 관련된 API를 호출할 때마다 암호화된 문자열을 만들어야 하는데, 일일이 생각해가며 매개변수를 정렬하고 작성하는 것은 너무도 비효율적인 방법이다. 처음엔 일단 구현의 원리를 설명하느라 모두 하나씩 작성했지만, 규칙과 원리를 알고 있으므로, 암호화 문자열을 쉽게 만들 수 있도록 `makeAuthStr()` 함수를 만들었다. `makeAuthStr()` 함수는 매개변수 문자열이 전달되면, "&" 문자열을 구분자로 배열화해서 생성된 배열을 오름차순으로 정렬하고 정렬된 배열을 다시 `join()` 함수를 이용해 문자열로 만든다. 그리고 문자열의 제일 처음에 플리커 비밀키가 위치하게 하고, 조합된 문자열에서 "=" 문자열을 `replaceAll()` 함수를 이용해 제거했다. 마지막으로 완성된 문자열을 MD5 암호화 방식으로 문자열을 암호화해서 반환한다.

> **참고**
>
> replaceAll() 함수는 ajit_lib.js로 인해 배열 객체에 prototype으로 설정된 함수로 문자열을 치환하는 기능을 한다.

3. 업로드 API 구현하기

사용자 인증을 마치면 사용자는 업로드 양식이 구현된 모습을 볼 수 있다. 사용자가 제공된 양식에 업로드할 사진 파일을 선택하고, 작성을 마친 다음 '플리커로 사진 파일 전송하기' 버튼을 클릭하면, `onSubmit()` 함수가 호출된다. 업로드 API는 파일 업로드를 해야 하기 때문에 GET 방식으로 매개변수를 만들어 전송할 수 없으므로 폼의 구성요소로 매개변수를 정의해서 데이터를 전송해야 한다. 따라서 양식에 우리가 사용할 매개변수가 구성요소로 정의됐고, `api_key`나 `auth_token` 같은 필수 값은 스크립트에서 정의하게 된다. 양식은 사진 파일과 데이터가 전송될 http://api.flickr.com/services/upload/ 페이지로 전송되며, 전송되기 전 사용자가 작성한 부분은 URL 인코딩을 먼저 거친 후 전송하도록 했다. 그러므로 암호화 문자열을 만들 때 `URLVariables` 객체의 `toString()`으로 추출한 값은 URL 인코딩이 적용된 상태이기 때문에, 전송될 데이터도 암호화될 때의 문자열과 형식이 같아야 한다. 물론 암호화할 때 인코딩된 데이터로 하지 않았다면, 별도의 URL 인코딩은 거치지 않아도 된다.

[예제 7-2]를 실행하고 파일 업로드가 완료되면, [그림 7-9]와 같은 결과 화면을 볼 수 있으며, 업로드된 파일은 플리커의 포토스트림 코너에서 확인할 수 있다. 사실 원하는 결과 페이지는 [그림 7-9]처럼 숫자가 나오는 페이지는 아니겠지만, 사용자

인증을 구현했고 플리커에 사진을 업로드할 수 있었다는 선에서 마무리하자. 일단 파일 업로드를 위해 양식을 작성했고, 양식은 POST 방식 그리고 enctype 속성은 multipart/form-data로 전송했다는 정도만 기억하면 될 것 같다. 7장을 모두 마치고 나면, [그림 7-9]처럼 숫자가 아닌 사진 파일이 올라간 결과 페이지를 직접 만들어볼 수 있을 것이다.

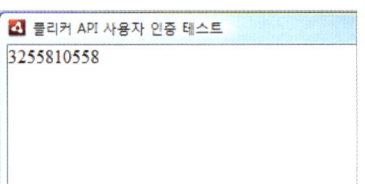

[그림 7-9] [예제 7-2]를 실행해 사진 파일을 업로드하고 난 후 결과 화면

이번엔 좀 더 많은 내공을 필요로 하는 미투데이 사용자 인증에 대해 알아보겠다. 미투데이 사용자 인증 방식은 플리커와 비슷하면서도 좀 더 단단한 기본기가 요구되는 인증 방식이며, 미투데이 사용자 인증 API까지 구현하고 나면 여러분은 어떤 인증 방식이라도 자신 있게 구현할 수 있는 내공을 지니게 될 것이다. 미투데이 사용자 인증 방식에 대해 알아보자.

7.1.2 미투데이 사용자 인증

미투데이http://me2day.net는 간단명료하게 한 줄 혹은 몇 줄의 단문만으로 글을 쓰는 마이크로 블로그 서비스를 하는 사이트로, 국내 웹 2.0 사례에서 빠지지 않고 등장하는 서비스다. 미투데이 사용자 인증은 앞에서 다룬 플리커 API 인증 방식과 절차는 비슷하면서도 HTTP 기본 인증HTTP Basic Authentication 방식을 적용하고 있기 때문에, OAuth와 플리커 API 인증 외에 더 많은 경험을 하게 될 것이며, 인증과 관련된 Request를 만들어가면서 Request에 대한 이해도를 넓힐 수 있을 것이다. 미투데이 사용자 인증에도 OAuth의 개념은 기본적으로 깔려 있지만, 플리커처럼 OAuth 인증 방식의 절차만 인용했으며 미투데이만의 특성이 적용돼 있다. 미투데이 사용자 인증 방식에 대해 알아보고 구현해보자.

일단 사용자 인증을 구현하려면 미투데이 API 키가 필요하며, API 키는 http://me2day.net/api/front/appkey 페이지에서 발급받을 수 있다. 발급된 API 키는 메일로 발송되며, '쉬운 인증'이란 인증 방법을 이용하기 위해 한 단계를 더 거쳐야 한다. 좀 구닥다리 방식이긴 하지만 help@me2day.net으로 "쉬운 인증을 신청합니다"라는 제목과 함께 미투데이 API 키와 미투데이 아이디를 적어 메일을 보내야 한다. 웹 기반 애플리케이션일 경우 API 접근 수락 페이지에서 수락이 완료되면, 이동할 회신 주소까지 적어서 보내야 한다. 이렇게 메일을 보내고 나면, 관리자가 처리됐다는 메일을 발송해줄 것이다.

> 쉬운 인증 신청은 아직 등록 페이지가 마련되어 있지 않아 메일을 사용하는데, 곧 등록 페이지를 마련한다고 하니 메일을 이용한 방식은 등록 페이지가 마련되기 전까지만 적용되는 사항이다.

미투데이 사용자 방식은 [그림 7-10]과 같은 과정을 거치게 된다. 파란색 화살표는 웹 애플리케이션인 경우, 빨간색 화살표는 데스크탑 애플리케이션인 경우의 인증 과정이며, 인증 주소는 API 접근 수락 페이지의 경로를 의미한다.

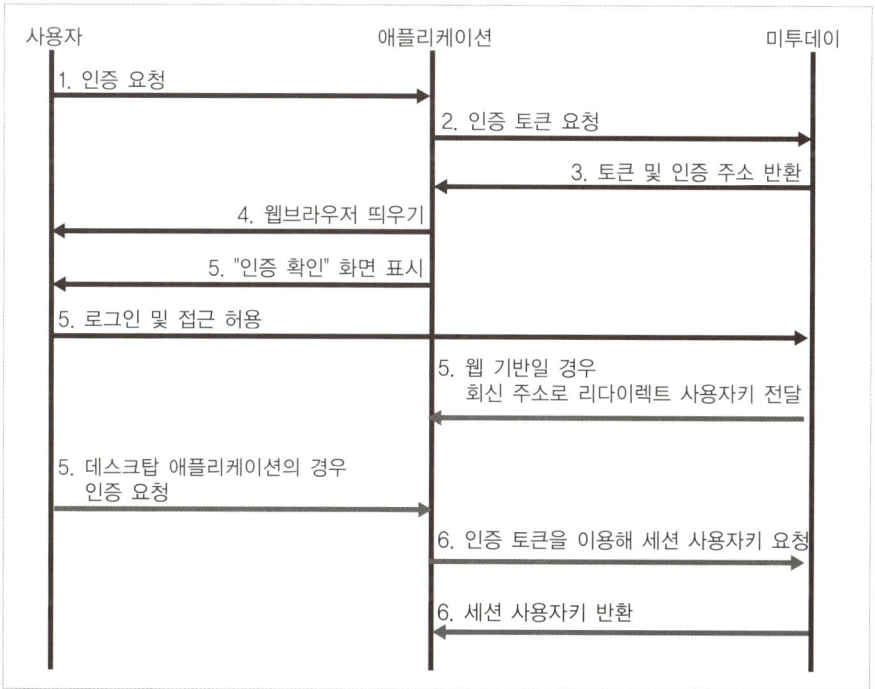

[그림 7-10] 미투데이의 사용자 인증 방식 절차

[그림 7-10]은 다음과 같이 크게 3단계로 구분할 수 있다.

1. 인증 토큰을 요청하면 인증 토큰과 API 접근 수락 페이지 경로를 반환받음
2. 사용자를 API 접근 수락 페이지로 보냄
3. 세션 사용자키를 요청하고 세션 사용자키를 발행받음

> **참고**
> 플리커의 frob이 미투데이에서는 인증 토큰이라 불리며, 플리커의 인증 토큰을 미투데이 서비스에선 세션 사용자키라고 칭한다고 보면 된다.

조금 차이가 있지만 플리커의 사용자 인증 절차와 거의 동일하다고 느꼈을 것이다. 다른 점이라면 플리커는 API 접근 수락 페이지 경로를 직접 만들었지만 미투데이는 인증 토큰과 함께 반환해준다는 점과, 서비스 간의 용어 차이 정도다. 미투데이의 사용자 인증 흐름을 알게 됐으니 이제 인증과 관련된 API를 알아보고, 플리커 사용자 인증 방식을 구현했던 것처럼 인증 절차를 하나씩 구현해보자.

7.1.2.1 인증 토큰의 요청과 발행

미투데이 API를 이용해 인증 토큰을 요청하고 발행받는 방법에 대해 알아보자. 인증 토큰을 얻기 위한 API URL은 http://me2day.net/api/get_auth_url.xml이며, [리스트 7-3]처럼 인증 토큰을 요청하면, 미투데이는 다음과 같이 사용자가 API의 접근을 수락할 수 있는 페이지 경로와 인증 토큰을 반환한다.

```
<?xml version="1.0" encoding="UTF-8" ?>
<auth_token>
    <url>http://me2day.net/api/auth?token=XXXXXXXXXX</url>
    <token>XXXXXXXXXX</token>
</auth_token>
```

그런데 [리스트 7-3]의 getToken() 함수를 보면 플리커 API로 frob을 요청할 때와 구현 내용이 다르다. URLRequest 객체의 requestHeaders 속성도 설정했고, 지금껏 다루지 않았던 URLRequestHeader 객체도 등장한다. 지금까지 사용한 API는 Request의 헤더 영역에 매개변수를 정의한 적이 없었지만, 미투데이 사용자

인증은 URL 경로 외에도, Request 헤더 영역에 me2_application_key 필드를 추가하고 미투데이 API 키를 정의해야 하기 때문이다. 쉽게 생각해서 미투데이 사용자 인증 방식은 OAuth 인증 방식이나, 플리커의 사용자 인증을 구현할 때처럼 암호화 문자열을 만들지 않는 대신, Request의 헤더를 사용한다고 보면 된다. 일반적으로 Request의 헤더 영역은 극히 다뤄지지 않는 영역으로 API의 매개변수가 Request의 헤더에 정의된다는 자체를 눈여겨볼 필요가 있다. 또한 URLRequest 객체의 data 속성은 POST로 전달될 매개변수며, akey 매개변수는 미투데이 API 키 값을 가진 필수 매개변수로 Request의 헤더에 정의된 API 키와 값은 같으나 지정 방식 등의 면에서 의미가 조금 다르다.

[리스트 7-3] 미투데이 서비스에 인증 토큰을 요청하고 반환받는 예

```
var ME2DAY_API_KEY = "미투데이 API 키";

function getToken(){

    var req = new URLRequest();

    // 인증 토큰을 발행하는 미투데이 API URL
    req.url = "http://me2day.net/api/get_auth_url.xml";
    req.data = {
            // API의 필수 매개변수
            akey : ME2DAY_API_KEY
    }

    // Request 헤더에 me2_application_key 추가
    req.requestHeaders.push(new
            URLRequestHeader(
            "me2_application_key",ME2DAY_API_KEY));

    getAPIResult(req,onCompleteGetTokenHandler);
}

function onCompleteGetTokenHandler(response){
    alert(response.text);
}

function getAPIResult(req,callback){
    var loader = new URLLoader();
```

```
    loader.addEvent(URLLoaderEvent.COMPLETE,callback);
    loader.load(req);
}
```

XMLHttpRequest를 URLLoader와 URLRequest로 분리한 이유

HTML 기반에서 Request의 헤더를 작성하기 위해서는 XMLHttpRequest, 즉 AJAX를 사용해야만 가능하다. 1장에서 AJAX는 자바스크립트로 Request를 만드는 것이라고 이야기한 적이 있다. 이유는 바로 이렇게 API를 활용하면서 Request를 자유자재로 다룰 수 있어야 했기 때문에 다소 포괄적인 이야기를 했던 것이다.

AJAX로 Request를 만들 때 헤더를 정의하려면 XMLHttpRequest.setRequestHeader (key, value) 메소드를 이용하면 된다. 그런데 지금까지의 예제에서는 AJIT라는 자바스크립트 프레임워크를 사용했고 거기서 제공되는 ajit_lib.js의 기본 라이브러리를 이용해 XMLHttpRequest를 URLLoader와 URLRequest라는 두 가지 객체로 나누어서 진행해 왔다. 그 이유를 이제 설명하자면, 플래시나 플렉스를 다루면서 느낀 액션스크립트의 개념이 XMLHttpRequest라는 두루뭉술한 개념보다 훨씬 명확했고 소스 가독성 측면에서도 뛰어났기 때문에 자바스크립트를 액션스크립트처럼 구현했다. XMLHttpRequest로 Request를 정의했을 때와, URLRequest와 URLLoader 두 가지로 나누어 정의했을 때를 비교해보면 그 차이를 금새 알 수 있다.

[XMLHttpRequest로 Request 작성]
```
var client = new XMLHttpRequest();
client.open('POST',
    'http://me2day.net/api/get_auth_url.xml');
client.setRequestHeader('APP_KEY', applicationkey);
client.send("data=" + applicationkey);
```

[AJIT 자바스크립트 프레임워크에서 XMLHttpRequest를 URLRequest와 URLLoader를 분리한 개념으로 Request 작성]
```
var req = new URLRequest();
req.url = "http:.//me2day.net/api/get_auth_url.xml";
req.method = "post";
req.data = {
    akey : applicationkey
}
```

```
req.requestHeaders.push(new
    URLRequestHeader("APP_KEY",applicationkey));
```

전자의 경우는 일반적인 AJAX의 활용 예다. 소스는 짧을지 몰라도 Request만 작성했다고 보기는 힘들어 보인다. Request의 헤더 영역을 작성하기 위해 Request를 open() 메소드를 호출해서 열었고, send() 메소드로 보내버렸기 때문에 의미가 모호해진다. 반면 후자의 경우는 두 가지 개념으로 나눴기 때문에 Request만 충실하게 작성할 수 있었다.

인증 토큰과 사용자가 API의 접근을 수락할 URL 경로를 반환받았으니, 해당 경로로 사용자를 보내 동의를 얻어내야 한다. 플리커처럼 주소를 만들 필요 없이 바로 XML의 정보를 활용하면 되기 때문에 많은 설명은 필요 없을 듯하다. 사용자가 URL 주소로 접근하면, 로그인을 한 후 [그림 7-11]과 같은 API 접근 수락 절차를 거치게 된다. [그림 7-11]에서 보이는 '수락' 버튼을 클릭하면 인증에 필요한 절차는 완료된다. 데스크탑 애플리케이션의 경우 회신받을 URL을 지정할 수가 없으므로 최초 발급받은 인증 토큰을 가지고 세션 사용자키를 요청하게 되며, 웹 기반일 경우에는 회신 URL로 인증에 필요한 세션 사용자키가 전달되기 때문에 프로그램은 바로 해당 사용자의 권한으로 실행된다.

[그림 7-11] 미투데이 서비스에서 사용자가 API의 접근을 수락하기 위한 화면

웹 기반 애플리케이션일 경우 세션 사용자키를 반환받을 수 있었지만, 데스크탑 애플리케이션일 경우 세션 사용자키를 발급받은 인증 토큰을 이용해 미투데이 세션 사용자키를 발급받아야 한다.

세션 사용자키를 발급받는 API URL은 다음과 같은 형식이다.

```
http://me2day.net/api/get_full_auth_token.xml?token=[인증 토큰]
```

처음 반환받은 인증 토큰을 가지고 [리스트 7-4]처럼 세션 사용자키를 요청하면, 다음과 같이 XML 형식으로 사용자 아이디와 사용자의 세션 사용자키를 반환받게 되며, full_auth_token의 노드 값이 바로 우리가 발행받고 싶어하던 세션 사용자키다.

```xml
<?xml version="1.0" encoding="UTF-8" ?>
<auth_token>
  <user_id>lovedev</user_id>
  <full_auth_token>XXXXXXXXXXXXXXXXX</full_auth_token>
</auth_token>
```

[리스트 7-4] 세션 사용자키를 요청하고 받환받는 예

```
function getFullToken(){
  var req = new URLRequest();

  // 세션 사용자키를 발행하는 페이지 경로
  req.url = "http://me2day.net/api/get_full_auth_token.xml";

  // POST 방식으로 전달될 매개변수 애플리케이션키 정의
  req.data = {
      akey : applicationkey,
      // 발급받은 인증 토큰
      token : user_token
  }

  // Request 헤더에 APP_KEY 추가
  req.requestHeaders.push(new
      URLRequestHeader("me2_application_key ",
      ME2DAY_API_KEY));

  getAPIResult(req,onCompleteGetFullTokenHandler);
}
```

이것으로 인증에 필요한 세션 사용자키를 획득했으니, 세션 사용자키를 이용해 인증하는 방법을 알아보고 구현해보자.

7.1.2.2 세션 사용자키를 이용한 사용자 인증

미투데이 사용자 인증 방식은 HTTP 기본 인증 방식으로 Request의 헤더 영역에 Authorization 필드를 추가하고, 필드 값으로 사용자명과 비밀번호를 이용해 전달하면 서버에서 인증을 한 후 결과를 반환하는 방식이다. 세션 사용자키를 이용한 인증 방식의 경우 사용자명은 미투데이 서비스의 사용자 아이디며, 비밀번호는 'full_auth_token [세션 사용자키]'로 정의한다.

full_auth_token과 [세션 사용자키]의 중간에 한 칸의 공백이 있어야 한다.

HTTP 기본 인증 방식

HTTP 기본 인증(HTTP Basic Authentication)은 사용자명과 비밀번호로 사용자를 인증하기 위해 고안된 방식으로, 사용자가 페이지에 접근하기 전 사용자 인증을 마치고 페이지에 접근할 수 있게 하는 방식이다. HTTP 기본 인증 방식이 적용된 페이지는 인증된 사용자가 아니라면, [그림 7-12]처럼 사용자명과 비밀번호를 묻는 인증창을 띄우고 사용자명과 비밀번호를 입력받게 된다. 인증창에 정확한 사용자명과 비밀번호가 지정되면 해당 페이지를 볼 수 있게 되는 방식으로, 인터넷을 이용하면서 자주 접해봤을 것이다. 이렇게 인증창을 띄우는 경우는 일반적인 경우로, 인증창에서 일어나는 일을 구현하면 굳이 인증창을 띄우지 않고도 인증이 가능하다.

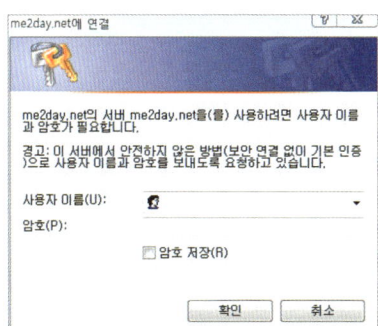

[그림 7-12]

인증창이 하는 일은 다음과 같다.

1. 사용자명과 비밀번호를 입력받는다.
2. 사용자명과 비밀번호를 "사용자명:비밀번호"처럼 :(콜론)으로 구분한 하나의 문자열로 만든다.
3. 문자열을 Base64 방식으로 인코딩한다.
4. Request의 헤더 영역에 Authorization 필드를 추가한다.
5. Authorization 필드 값을 "Basic Base64인코딩된 문자열"로 설정한다(Basic과 인코딩된 문자열 사이에는 한 칸의 공백이 있다).
6. 작성된 Request를 가지고 다시 페이지에 접근한다.

이제 페이지에서 Request 헤더 영역의 Authorization 필드를 참고해 인증을 한 후 사용자명과 비밀번호가 일치하면 해당 페이지를 노출하게 된다. 이게 인증창이 하는 일이다. 그리고 인증창이 나오는 경우는 Request의 헤더 영역에 Authorization 필드가 없거나 값이 잘못 설정된 경우다. 따라서 인증창이 노출되지 않게 하려면, 페이지에 접근할 때 미리 Request의 헤더 영역에 Authorization 필드를 만들고 필드 값을 구현해주면 인증창을 띄우지 않고 인증을 할 수 있으며, 해당 페이지의 내용도 볼 수 있다.

HTTP Basic Authentication 방식은 Request 헤더 부분에 Authorization 필드를 만들고 값으로 사용자명 ":" + "Basic " + Base64로 인코딩된 비밀번호 문자열(Basic 다음 한 칸의 공백 있음)을 지정하면 인증에 필요한 설정은 완료된다. [리스트 7-5]는 미투데이 API를 이용해 발급받은 세션 사용자키로 HTTP Basic Authentication 방식을 위한 Request를 구현한 예다.

[리스트 7-5] 세션 사용자키를 이용해 HTTP 기본 인증 방식용 Request를 구현한 예

```
function me2Auth(){

  var req = new URLRequest();

  // 미투데이 사용자 인증 테스트 페이지 경로
  req.url = "http://me2day.net/api/noop.xml";

  // Base64로 인코딩(미투데이아이디:full_auth_token [세션 사용자키])
  var key = asjs.utils.Base64.encode(
      me2id + ":full_auth_token " + full_auth_token);

  // Request 헤더에 인증 필드 추가 및 정의
  req.requestHeaders.push(
      new URLRequestHeader("Authorization", "Basic " + key));
```

```
// Request 헤더에 APP_KEY 필드 추가 및 정의
req.requestHeaders.push(
    new URLRequestHeader("APP_KEY", applicationkey));

// POST 방식으로 전달될 매개변수 애플리케이션키 정의
req.data = {
    akey : applicationkey,
}

getAPIResult(req,onCompleteMe2AuthHandler);
}
```

이것으로 미투데이의 사용자 인증 방식을 알아봤다. 이번에 다룬 미투데이 사용자 인증 방식은 구현 자체보다는, Request의 쓰임새와 작성 방법을 좀 더 깊이 있게 알아보는 데 목적이 있었다. HTTP 기본 인증 방식과 미투데이의 사용자 인증 방식을 구현하면서, 평소에 잘 사용하지 않는 Request 헤더 영역의 역할과 쓰임새를 알 수 있는 계기가 됐으면 한다. 그리고 왜 API를 이용하면서 제일 중요한 것이 Request에 대한 이해라고 강조했는지 느낄 수 있었으면 한다.

7.2 [도전 매쉬업] 웹캠을 이용한 애플리케이션 웹캠포토 만들기

이번에 도전할 매쉬업은 웹캠을 활용한 매쉬업으로, 웹캠으로 촬영한 이미지를 플리커나 미투데이로 바로 전송할 수 있는 매쉬업 애플리케이션이다. 혹시 포토부스라는 프로그램을 알고 있는가? 원래 포토부스란 애플의 맥 OS 10 이상 버전에 내장된 캡처 프로그램인데 캠을 이용해 사진을 찍고, 다양한 필터를 적용해 재미난 사진을 찍을 수 있게 해주는 애플리케이션으로, 맥북을 소유한 유저들의 아이콘이 되는 애플리케이션이기도 하다. 웹캠포토는 이런 맥의 포토부스 기능을 API와 연동한 애플리케이션으로, 진짜 포토부스처럼 막강한 기능을 갖추고 있진 않지만 약간의 필터 효과를 줄 수 있고 캠을 이용해 사진을 찍는 기능, 찍은 사진을 미투데이로 포스팅하거나 플리커로 전송할 수 있는 기능을 갖춘 HTML 기반의 AIR 애플리케이션이다.

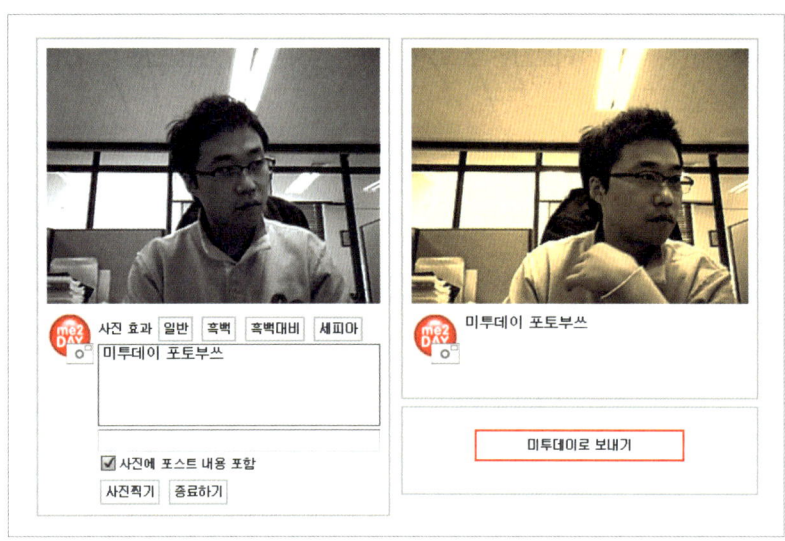

[그림 7-13] 웹캠을 이용한 애플리케이션 웹캠포토

"매쉬업 제3법칙: 매쉬업만의 재미와 컨셉을 만들어라." 처음 매쉬업에 대한 개념을 이야기할 때 1장에서 했던 이야기다. '재미'는 사람들에게 전파하는 능력을 갖고 있고, '컨셉'은 사람들이 기억하게 하는 능력을 갖고 있다. 그건 마치 모든 사람이 유행어가 재미있어 따라 하고, 유행어를 따라 할 때마다 유행어를 만든 연예인을 생각하게 되는 것과 같다. "영구 없다~ 띠리리 띠리리~" 이러면 심형래가 생각나듯이 말이다. 재미와 컨셉은 엄청난 가치를 지니게 해준다. 그래서 재미와 컨셉이 바로 매쉬업 애플리케이션만의 특징과 가치를 만들어주기 때문에 매쉬업을 하는 데 있어 가장 많이 고민하고, 가장 많은 시간을 투자해야 하는 부분이다.

그럼 별다른 기능이 없는 웹캠포토는 어떤 재미와 컨셉이 있는 걸까? 그건 사용자가 웹캠으로 무엇을 촬영하느냐에 달렸다. 컴퓨터의 웹캠으로 무엇을 찍을 수 있을까? 아마 대부분이 자기 자신일 것이다. 물론 이런 예측이 빗나가 실패할 수도 있겠지만, 소셜 네크워크라는 특성상 서비스를 이용하는 사용자 간의 관심이 상당하기 때문에 사용자들이 자신만의 개성이 담긴 자신의 재미있는 사진을 보여준다면 재미있지 않을까 생각한다. 그렇게 된다면 재미난 볼거리가 생겨나고, 재미난 사진을 보려고 사람들이 모일 것이다. 여기까지만 진행돼도 웹캠포토는 성공적인 매쉬업 애플리케이션이 되지 않을까 생각해본다.

자, 그럼 원대한 목표는 뒤로 하고 웹캠포토를 만들기 위해 구현할 기능을 정리해 보자. 웹캠포토는 컴퓨터의 캠을 활용하는 측면도 있고, 이미지의 바이너리 데이터를 활용하는 부분, 그리고 Request의 헤더와 바디를 직접 작성하는 부분이 요구되기 때문에 다소 난이도가 있는 편이다. 그래서 어렵게 느낄 수 있겠지만, 도전해볼 만한 가치가 있는 애플리케이션이다. 충분한 설명과 팁이 함께할 것이므로, 중도에 그만두지 말고 끝까지 따라 와줬으면 한다.

웹캠포토를 만들기 위해 구현할 기능과 요구사항은 다음과 같다.

- 컴퓨터의 웹캠 연동 기능
- 사진 찍기(캠 화면 캡처) 기능
- mulpart/form-data에 대한 이해
- 액션스크립트와 플래시에 대한 약간의 이해

[AIR 프로젝트 설정하기]

4. Aptana에서 새로운 AIR 프로젝트를 생성한다.

5. 프로젝트명을 WebcamPhoto로 설정한다.

6. "Application sandbox"를 선택한 후 다음 단계로 이동한다.

7. Application XML Properties에서 Window Options를 설정한다.

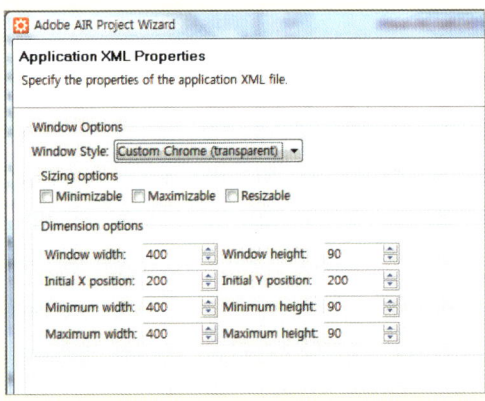

8. Finish 버튼을 클릭하고 프로젝트를 생성한다.

7.2.1 PC에 장착된 웹캠 연동하기

사실 자바스크립트만으로 컴퓨터의 디바이스인 웹캠을 컨트롤한다는 것은 현재로선 불가능한 일이다. 하지만 HTML 기반의 AIR 애플리케이션을 만든다면 가능해진다. AIR의 API라는 것이 데스크탑 기능을 위해 제공되는 특정 API도 있지만, 가장 큰 것으로는 자바스크립트 안에서 플래시의 기능을 사용할 수 있다는 것과 플래시의 라이브러리를 자바스크립트로 사용할 수 있다는 것을 들 수 있다.

[리스트 7-6]에서 `air.Camera` 객체는 `window.runtime.flash.media.Camera`를 가리키며, 플래시 API의 `flash.media.Camera`와 동일한 객체다. 사실 플래시의 모든 API는 자바스크립트의 `window.runtime` 객체에 등록돼 있다고 생각하면 된다. 이런 이유로 자바스크립트 안에서 플래시의 기능을 사용할 수 있다고 말한 것이다. 액션스크립트를 다뤄보지 않은 사람들에게 API가 익숙하지 않다는 문제점이 있지만, 액션스크립트의 문법이 아닌 자바스크립트의 문법을 그대로 사용하기 때문에 문법을 익혀야 한다는 부담감은 버려도 되며, 액션스크립트의 API는 자바스크립트 라이브러리라고 생각해버리면 거부감도 어느 정도 떨쳐버릴 수 있다.

액션스크립트의 API는 http://livedocs.adobe.com/flash/9.0_kr/ActionScriptLangRefV3/ 페이지를 참고하자. [리스트 7-6]은 플래시의 기능을 활용해 웹캠과 연결한 예다.

[리스트 7-6] 플래시의 기능을 활용해 웹캠과 연결한 예

```
// 컴퓨터에서 제공하는 카메라를 가져온 후 cam에 저장
var cam = air.Camera.getCamera();

// 카메라 영상을 보여줄 비디오 객체 선언(가로 크기, 세로 크기)
var video = new air.Video(320,240);

function showCamera(){
    // 카메라가 존재한다면
    if (cam != null){

        // 비디오 객체의 x 좌표값
        video.x = 10;
        // 비디오 객체의 Y 좌표값
```

```
            video.y = 10;

            // 비디오 화질을 부드럽게
            video.smoothing = true;

            // 비디오 객체에 카메라를 연결
            video.attachCamera(cam);

            // 카메라는 가로 320, 세로 240픽셀로 30프레임 간격으로 촬영한다.
            cam.setMode(320,240,30);

            // 애플리케이션의 stage 영역에 비디오 객체를 추가한다.
            window.htmlLoader.stage.addChild(video);
        }else{
            alert("카메라 연결에 실패했습니다");
        }
}
```

> **참고**
>
> **HTML 기반으로 만들어진 AIR 애플리케이션의 계층구조**
>
> 미투데이 API를 다루면서 참 많은 것들을 이야기하고 있는데, 이는 자바스크립트에 익숙한 사용자에게 익숙하지 않은 플래시의 API나 AIR의 API, 미투데이 API를 설명해야 하기 때문이다. 예제를 다루면서 어떤 영역에서는 좌표 기반으로 객체를 컨트롤하고 어떤 영역에서는 DOM 구조로 객체를 제어하는데, 이는 AIR의 계층구조를 모르고 접하면 혼동이 올 수 있는 부분이다. 그래서 [그림 7-14]에 HTML 기반 AIR 애플리케이션의 계층구조를 그려봤다.

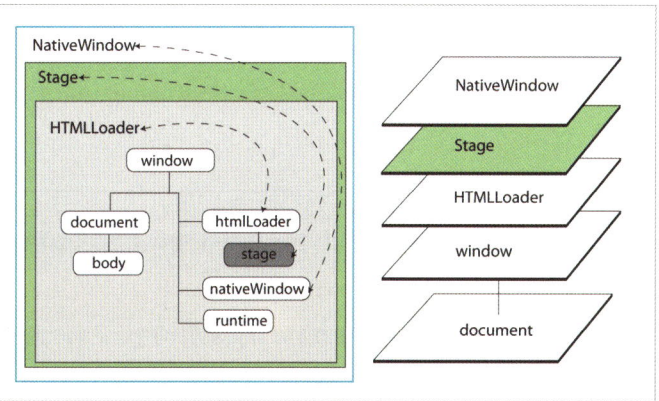

[그림 7-14] HTML 기반의 AIR 애플리케이션 계층구조

[그림 7-14]에서 HTMLLoader 영역은 일반 브라우저 영역이고 그 외의 영역은 플래시 영역이라고 보면 된다. HTMLLoader보다 상위 객체는 HTMLLoader 내부의 window 객체에서 parentNode로 접근이 불가능한 플래시 영역이어서 window.htmlLoader라는 참조 객체를 두어 접근할 수 있게 하고 있으며, 이와 같은 맥락으로 nativeWindow, runtime 등도 플래시 영역의 접근통로 역할로 사용된다.

이로써 window 객체에서 사용되는 계층구조는 알게 됐는데, 계층구조로 접근한 플래시 객체들은 참조역할만 할 뿐이고 레이어 계층구조의 모습은 다르기 때문에 이 부분에 대한 설명이 필요하다. [그림 7-14]의 우측 그림은 stage 영역에 있는 객체가 왜 HTMLLoader의 객체보다 상위에서 표현되는지 알 수 있도록 레이어 기반의 구조로 표현해본 것이다. [그림 7-14]를 통해 논리적인 구조와 표현적인 구조를 이해할 수 있었으리라 생각한다.

한 가지 더, 표현 영역별로 표현할 수 있는 객체가 다르다. 플래시에서 표현될 수 있는 Sprite, Bitmap, MovieClip, Video 같은 플래시의 Display 객체들은 HTMLLoader 영역에서 표현될 수 없으므로 stage 영역에 위치해야 하고, HTML로 존재하는 DOM 객체들은 stage 영역에서 표현될 수 없으므로 브라우저 같은 HTMLLoader 영역에 위치돼야 한다. 이로써 왜 [리스트 7-6]에서 비디오 객체가 stage 영역에 표현되는가에 대한 궁금증이 풀렸으면 한다.

[리스트 7-6]에서 비디오 객체는 HTML 객체가 아닌 플래시 객체여서 stage 영역에 추가된 것이며, 플래시 영역은 x, y 같은 좌표 개념으로 객체의 위치를 조정하기 때문에 HTML 영역에 비디오가 들어갈 만한 빈 공간을 만들고 그 빈 공간 위에 들어간 것처럼 x, y 좌표를 맞춰서 비디오 객체가 표시될 수 있게 한 것이다.

7.2.2 자바스크립트에서 액션스크립트 라이브러리 사용하기

HTML 기반의 AIR 애플리케이션이기에 자바스크립트에서 액션스크립트의 라이브러리를 사용할 수가 있다. 웹캠포토에서 특정 부분을 `Bitmap` 객체로 캡처하고 캡처된 영역을 JPEG 파일 포맷으로 변환할 때 액션스크립트 라이브러리를 자바스크립트에서 사용해야 한다. 두 언어는 서로 다른 언어인데 상호 호환이 된다니 이상하게 생각할 수 있겠지만, AIR는 이 두 언어를 모두 지원하므로 가능하다. 방법은 의외로 아주 간단하다. swf 자체를 스크립트의 라이브러리로 가져와서 swf에 내장된 라이브러리를 그대로 사용하면 된다. [리스트 7-7]은 swf를 스크립트 라이브러리로 사용한 예로, [리스트 7-7]에서 불러온 `JPGEncoderLibrary.swf`에는 `com.adobe.images.JPGEncoder` 라이브러리가 포함되어 있다. 다시 이야기하지만 플래시의 모든 API는 자바스크립트의 window.runtime 객체에 등록되어 있다. 따라서 JPGEncoderLibrary.swf
의 플래시 라이브러리도 window.runtime에 등록되며, window.runtime 객체에
접근해 라이브러리를 사용할 수 있다.

[리스트 7-7] 자바스크립트에서 액션스크립트 라이브러리를 사용하는 예

```
<script src="swf/JPGEncoderLibrary.swf"
        type="application/x-shockwave-flash"></script>

<script type="text/javascript">

function getJPEGData(bmd) {

  // 자바스크립트에서 액션스크립트 라이브러리 사용하기
  var jpgEncoder = new
        window.runtime.com.adobe.images.JPGEncoder(100);
  return jpgEncoder.encode(bmd);

}

</script>
```

[리스트 7-7]에서 사용된 액션스크립트 라이브러리는 [예제 7-3]과 같은 액션스
크립트로 만들어졌다. 익숙하진 않겠지만 다소 쉬운 문법이므로 이해할 수 있을 것
이다.

[예제 7-3] 자바스크립트에서 사용하기 위한 액션스크립트 라이브러리 만들기

```
package
{
    import flash.display.Sprite;
    import com.adobe.images.JPGEncoder;

    public class Main extends Sprite
    {
        // 인스턴스화만 함
        private var jpgEncoder:JPGEncoder;
```

```
    public function Main():void {

    }
  }
}
```

이렇게 만든 액션스크립트 Main.as는 플래시나, 플렉스 빌더를 이용해 컴파일해도 되며 액션스크립트 자체를 플렉스 SDK로 컴파일해도 된다. 컴파일보다 중요한 것은 com.adobe.images.JPGEncoder 라이브러리가 인스턴스화된 swf를 만들어야 하는 것이다. 액션스크립트의 컴파일 방법은 쉬울 뿐만 아니라 책의 범위를 벗어나므로 다루지 않지만, 혹시 모른다면 방법을 찾아보고 한 번 시도해보기 바란다.

7.2.2.1 화면 캡처와 캡처 화면을 JPEG 형식으로 변환하기

웹캠포토는 웹캠에서 보이는 영상 부분을 캡처해서 미리보기로 보여주는 기능이 제공된다. 플래시의 Bitmap 객체와 BitmapData 객체에 대한 이해가 요구되는 부분이다. 그래픽은 간단하게 벡터 기반과 비트맵 기반으로 나뉜다. 벡터로 만들어진 그래픽은 확대나 축소를 해도 그래픽에 손실이 없는 반면, 비트맵 기반의 그래픽은 확대나 축소를 하면 그림이 울퉁불퉁해 보인다거나 으깨지는 현상이 발생한다. 이는 비트맵의 경우 비트 단위(픽셀 단위)로 색 정보를 갖고 있기 때문에 픽셀 수가 줄거나 늘면 손상이 생기는 것이다. 플래시의 Bitmap 객체란 이 비트맵 그래픽 객체를 말하는 것이다. 따라서 BitmapData는 Bitmap에 대한 비트 정보(픽셀 정보)를 가진 객체라고 보면 된다.

웹캠포토에서 특정 영역을 캡처하는 기능은 BitmapData 객체의 draw() 메소드를 사용한다. draw() 메소드는 플래시 객체의 일부분 혹은 전체를 BitmapData로 만드는 역할을 하는데, 웹캠포토에서 비디오 객체를 BitmapData로 저장한 후 Bitmap으로 표현하면 캡처하는 것과 동일한 효과를 낼 수 있다. [리스트 7-8]은 BitmapData로 draw() 메소드를 활용해 측정 구간의 픽셀 정보를 수집한 후 미리보기를 하기 위해 Bitmap 객체로 표현한 예다.

[리스트 7-8] 미리보기 기능을 Bitmap 객체로 표현한 예

```
function takePhoto(){

    // 크기가 가로 340, 세로 340인 BitmapData 객체를 생성한다.
    var bmd = new air.BitmapData(340,340);

    // 좌표 (0,0)을 기준으로 가로 340, 세로 340만큼 픽셀 정보를 수집한다.
    bmd.draw(window.htmlLoader.stage);

    // stage 영역에서 수집한 픽셀 정보를 기반으로 Bitmap 객체를 생성한다.
    bm = new air.Bitmap(bmd);

    // X 좌표 350픽셀만큼 이동
    bm.x = 350;
    bm.y = 0;

    // stage 영역에 생성한 비트맵을 추가한다.
    window.htmlLoader.stage.addChild(bm);

    // 애플리케이션의 창 크기를 가로 700, 세로 450으로 조절한다.
    setSize(700,450);

}
```

이렇게 만들어진 Bitmap 객체에서 bitmapData 속성을 [리스트 7-7]의 getJPEGData() 함수로 전달해주면, 이미지 파일로 저장될 JPEG 형식의 바이너리 문자열을 반환받아 사용할 수 있게 된다.

7.2.2.2 필터를 이용한 특수효과 구현

플래시의 Display 객체는 필터를 설정할 수 있는 기능이 있다. 비디오 객체 역시 화면에 표시되는 객체기 때문에 필터를 적용할 수 있다. 웹캠포토에서는 이런 필터 부분을 이용해 색상을 왜곡시켜 [그림 7-15]처럼 맥에서 제공되는 포토부스의 필터 기능을 비슷하게 구현하고 있다.

[그림 7-15] 예제로 구현할 이미지 필터 기능의 예시 화면

플래시의 Display 객체에는 BevelFilter, BlurFilter, DropShadowFilter, ConvolutionFilter, GlowFilter 등 총 9가지의 필터를 적용할 수 있으며, 그중 웹캠포토에서는 ColorMatrixFilter를 사용해 [그림 7-15]처럼 색상을 변조한다. 아마 포토샵을 이용해서 색상 채널로 무언가를 해본 사람이라면 이해가 쉬울 것이다. ColorMatrixFilter는 포토샵의 색상 채널처럼 이미지의 픽셀 정보를 빨간색, 녹색, 파란색 채널 및 알파 채널로 분리해 각 채널의 값을 조절하는 필터라고 생각하면 된다.

예를 들어 이미지에서 픽셀의 빨간색 채널을 제외한 모든 채널의 값을 0으로 하고 빨간색 채널만 1로 설정한다면 [그림 7-16]의 첫 번째 이미지처럼 빨강색으로만 이뤄진 이미지가 보인다.

[그림 7-16] 이미지의 채널을 설정한 예

ColorMatrixFilter는 각 채널에서 사용할 R, G, B, 알파, 오프셋 값을 각각 할당 받아 빨간색, 녹색, 파란색, 알파 채널 순서대로 대입해서 적용한다.

픽셀별 연산 방식은 다음과 같다.

빨간색 채널 값 = (픽셀의 빨간색 채널 값 × 첫 번째 설정 값)
  + (픽셀의 녹색 채널 값 × 두 번째 설정 값)
  + (픽셀의 파란색 채널 값 × 세 번째 설정 값)
  + (픽셀의 알파 채널 값 × 네 번째 설정 값)
  + 사용자 정의 추가 값(다섯 번째 설정 값)

색의 RGB 합산이 되므로 각 채널의 값이 클수록 하얀색이, 작을수록 검은색이 된다. 이런 부분을 잘 활용해서 [그림 7-15]처럼 색상을 변조할 것이고, [리스트 7-9]는 ColorMatrixFilter를 이용한 예다.

[리스트 7-9] 특수효과를 주기 위해 ColorMatrixFilter를 이용한 예

```
function applyGrayFilter(){
    // 20개의 설정 값 정의
    var colorMatrix = [.3086,.6094,.0820,0,0, // 빨간색 채널
                       .3086,.6094,.0820,0,0, // 녹색 채널
                       .3086,.6094,.0820,0,0, // 파란색 채널
                       0,0,0,1,0];            // 알파 채널

    // 필터 적용
    setFilter(colorMatrix);
}

function setFilter(colorMatrix){

    // ColorMatrixFilter는 플래시의 필터이므로 플래시의 API 사용
    var colorFilter = new
        window.runtime.flash.filters.ColorMatrixFilter(colorMatrix);

    // 현재 웹캠의 영상을 보여주는 비디오 객체에 필터 적용
    video.filters = [colorFilter];
}

// 함수 호출
applyGrayFilter();

// 결과
```

7.2.3 파일 업로드를 위한 multipart/form-data 인코딩 구현

웹캠포토를 만드는 데 필요한 기술 및 기술적 요구사항은 어느 정도 살펴봤고, 이제 미투데이에 포스트를 작성하는 가장 중요한 기능을 구현해야 한다. 포스트를 작성하는 API에 대해 알아보자.

호출 형식

http://me2day.net/api/create_post.[응답 형식]
(응답 형식은 xml 혹은 json이 될 수 있다.)

API를 요청한 URL은 http://me2day.net/api/get_post.[응답 형식]이며, API 매개변수에 대한 내용은 [표 7-2]에 정리했다.

[표 7-2] API에서 사용 가능한 매개변수

요청 변수	값	설명
post[body]	String(필수)	포스트의 본문
post[tags]	String	포스트 태그
post[icon]	Integer 기본 값: 1 (1~12)	포스트의 아이콘 번호
receive_sms	Boolean 기본 값: false	SMS 댓글 수신 여부

[표 7-2] API에서 사용 가능한 매개변수(이어짐)

요청 변수	값	설명
callback_url	String	글아이콘을 클릭했을 때 나타날 말풍선으로 표시될 HTML 마크업을 제공하는 URL
content_type	String 기본 값: document (document, photo, audio, video)	포스트 컨텐트의 종류
longitude	float	WGS84 경도 좌표
latitude	float	WGS84 위도 좌표
attachment	String(바이너리) 10M 이하	multipart/form-data로 인코딩해야 하며, 이때 이미지 데이터의 바이너리 문자열
close_comment	Boolean 기본 값: false	포스트의 댓글 허용 여부

이제 API와 필요한 매개변수를 알았으니, API 형식에 맞춰서 미투데이에 포스트를 작성해보자. 그런데 생각해보니 한 가지 문제가 있다. HTML에 form 객체를 만들고 폼의 enctype을 multipart/form-data라고 설정해, 각 매개변수를 입력받은 다음 API로 전송한다고 치자. 그런데 중요한 것은 포스트 작성에는 미투데이 사용자 인증이 요구된다는 점이다. 따라서 Request 헤더에 인증에 관련된 값을 설정해줘야 한다.

그런데 Request의 헤더를 설정하는 일은 form 객체가 할 수 있는 범위를 넘어서게 된다. AJAX 외에는 대안이 없는 것이다. 따라서 AJAX로 form 객체가 데이터를 전송하듯이 구현을 해줘야 한다. form 객체가 알아서 해줬던 부분을 이젠 데이터를 어떻게 보내고 있는지 알아야 하는 단계가 왔다. 이 부분이 Request 작성의 하이라이트가 되지 않을까 싶다. 아마 웹캠포토에서, 아니 이 책의 전체 과정 중 이 부분이 제일 까다롭고 어려운 부분일 수도 있으니 두 눈을 크게 뜨고 살펴보자.

자, 그럼 문제는 POST 방식으로 보내는 것이 아니라 form 객체에 파일 첨부를 하기 위해 설정하는 multipart/form-data 인코딩 방식에 있다. 이건 AJAX를 이용해 POST 방식으로 데이터를 전송하는 것과 상당히 다른 이야기다. multipart/form-data라는 인코딩이 설정돼 있기 때문이다. 쉽게 이해할 수 있도록 [예제 7-4]에 form 객체에서 enctype 속성 multipart/form-data를 사용하

지 않고 데이터를 전송할 때와 enctype 속성을 사용할 때의 Request가 어떻게 다른
지 비교해봤다.

[예제 7-4] 일반 POST 전달 방식과 multipart/form-data 인코딩 시 Request 비교

A. 아무 설정 없이 보낼 때의 Request
POST /api/create_post/lovedev.xml HTTP/1.1
Referer: app:/me2DAYPhotoBooth.html
Content-Type: application/x-www-form-urlencoded; charset=UTF-8
me2_application_key: XXXXXXX
Authorization: Basic XXXXXX
Content-Length: 132594
Host: me2day.net
Connection: Keep-Alive
Pragma: no-cache

post[body]=포스트본문&post[tags]=me2photobooth

이하 생략

B. multipart/form-data 인코딩 시 Request
POST /api/create_post/lovedev.xml HTTP/1.1
Referer: app:/me2DAYPhotoBooth.html
Content-Type: multipart/form-data; boundary=992447
me2_application_key: XXXXXXX
Authorization: Basic XXXXXX
Content-Length: 132594
Host: me2day.net
Connection: Keep-Alive
Pragma: no-cache

--992447
Content-Disposition: form-data; name="post[body]"

포스트의 본문
--992447
Content-Disposition: form-data; name="post[tags]"

me2photobooth

이하 생략

같은 POST 방식으로 데이터를 전달하는 것임에도 불구하고 Request의 내용이 전혀 다른 모습이다. 일단 form 객체를 이용해 파일을 업로드할 경우를 생각해보면, input의 file 객체를 이용해서 파일의 경로를 지정한 후 form 객체를 전송하면 지정한 경로에 있는 파일이 서버에 전송된다. 궁금한 점은 어떻게 그 파일이 서버에 전송됐을까이다. 답을 이야기하자면, form 객체가 전송을 하게 되면 브라우저는 input의 file 객체로 지정된 경로의 파일을 바이너리 데이터로 읽어 [예제 7-4]의 B처럼 Request를 작성해 서버로 보낸다. 그러면 서버는 바이너리 데이터를 파악해 끝까지 읽고 난 후 바이너리 데이터 그대로 파일로 저장하게 되고 그렇게 저장된 데이터는 전송했던 파일이 되는 것이다.

[예제 7-4]의 A 방식으로 파일을 전송하면 어떤 일이 생길까? 파일의 종류나 파일 데이터의 끝을 파악하는 문제도 있고, 전달하는 값이 진짜 문자열인지 파일의 바이너리 데이터인지 파악할 수가 없기 때문에, 전 세계 사람들이 사용할 수 있는 표준으로 만들기엔 허술한 면이 너무 많다. 그래서 HTTP 프로토콜로 파일을 업로드하기 위한 규약을 만들게 된 것이고, 그 방식 중 하나가 바로 multipart/form-data 인코딩 방식이다.

multipart/form-data 인코딩 방식은 Request 헤더의 Content-Type에 multipart/form-data와 boundary가 설정되는 것부터 출발한다. 여기서 multipart/form-data는 당연히 Request의 인코딩 형식을 나타내는 것이고, boundary는 전달되는 매개변수의 구분자/종료자 역할을 하는 구분 키가 된다. Request의 헤더 작성이 끝나면, 바디 영역에 매개변수를 형식에 맞춰 작성해야 한다.

Request의 바디 영역 작성 방법은 다음과 같으며, Request를 작성할 때 \r\n은 개행 문자로 줄바꿈을 의미한다.

```
[일반적인 문자열 데이터인 경우]
--bondary\r\n
Content-Disposition: form-data; name="매개변수키"\r\n
\r\n\r\n
매개변수의 값\r\n

[파일인 경우]
--bondary\r\n
```

```
Content-Disposition: form-data; name="매개변수키" filename="파일명"
\r\n
Content-Type: application/octet-stream\r\n
\r\n\r\n
파일의 바이너리 데이터\r\n
```

끝으로, 마지막 라인에 다음과 같이 작성해 해당 boundary가 종료됐음을 알려야 한다.

```
\r\n--boundary--\r\n
```

boundary의 처음과 끝에 대시(-)를 두 개씩 더해주면 boundary에 해당되는 데이터 작성이 완료된다. 이로써 multipart/form-data 인코딩 방식을 대략적으로 알아봤다. [리스트 7-10]은 웹캠포토에서 multipart/form-data 인코딩 방식을 적용한 예다.

[리스트 7-10] multipart/form-data 인코딩을 구현한 예

```
var CRLF = "\r\n"

function sendPost(){
    // 데이터 로딩 상태를 알려준다.
    showLoading("미투데이로 데이터를 전송합니다.");

    // 이미지의 바이트 스트림 값을 가져온다.
    photoByteData = getJPEGData(bm.bitmapData);

    // Request 바디의 바이트 스트림 값을 초기화한다.
    body = new air.ByteArray();

    // Request 생성
    var req = new air.URLRequest();

    // Request를 전달한 URLLoader 생성
    var loader = new air.URLLoader();

    // Request의 전달 방식은 POST로 한다.
    req.method="post";
```

```
// boundary 생성
var boundary = Math.random()*1000000;

// Request가 전달될 URL 정의
req.url = ME2DAY_API_URL + "create_post/"+ me2id +".xml";

// 미투데이 사용자 인증을 위한 Authorization 값 생성
var key =
    asjs.utils.Base64.encode(me2id + ":full_auth_token "
    + getEncryptedLocalStore( me2id + "__fullToken"));

// multipart/form-data 인코딩 및 boundary 정의
req.contentType = "multipart/form-data; boundary="+boundary;

// Request 헤더 정의
req.requestHeaders.push(
    new air.URLRequestHeader("Authorization", "Basic " +
        key));

// APP_KEY 대신 me2_application_key를 정의해야 함
req.requestHeaders.push(
    new air.URLRequestHeader("me2_application_key",
        applicationkey));

// multipart/form-data 인코딩 형식에 맞도록 바디 작성
addVarsInBody("post[body]",postBody,boundary);
addVarsInBody("post[tags]","me2photobooth "+tags,boundary);

// multipart/form-data 인코딩 형식에 맞도록 파일을 첨부하기 위한 바디 작성
addBytesInBody("me2PhotoBooth.jpg",photoByteData,boundary);

// 해당 boundary 종료
body.writeUTFBytes(CRLF);
body.writeUTFBytes("--"+boundary+"--");

// 작성된 Request 바디를 Request 바디로 정의
req.data = body;
loader.load(req);

// 작성이 완료되면 실행될 이벤트 정의
loader.addEventListener("complete",sendHandler);
```

```
}

// 일반적인 문자열 데이터 영역 쓰기
function addVarsInBody(name,value,boundary){

    // UTF-8 형식으로 바이트 스트림에 기록
    body.writeUTFBytes("--"+boundary);
    body.writeUTFBytes(CRLF);
    body.writeUTFBytes('Content-Disposition: form-data;
       name="'+name+'"');
    body.writeUTFBytes(CRLF);
    body.writeUTFBytes(CRLF);
    body.writeUTFBytes(value);
    body.writeUTFBytes(CRLF);
}

// 파일 데이터 영역 쓰기
function addBytesInBody(name,bytes,boundary){
    // UTF-8 형식으로 바이트 스트림에 기록
    body.writeUTFBytes("--"+boundary);
    body.writeUTFBytes(CRLF);
    body.writeUTFBytes('Content-Disposition: form-data;
       name="attachment"; filename="'+name+'"');
    body.writeUTFBytes(CRLF);
    body.writeUTFBytes('Content-Type: application/octet-stream');
    body.writeUTFBytes(CRLF);
    body.writeUTFBytes(CRLF);

    // 바이트 시퀀스를 바이트 스트림에 기록
    body.writeBytes(bytes,0,bytes.length);
    body.writeUTFBytes(CRLF);
}
```

[리스트 7-10]에서 sendPost() 함수를 보면, 지금까지 사용하던 URLLoader가 아니라 플래시의 API인 air.URLLoader를 사용했고, URLRequest나 URLRequestHeader도 마찬가지로 플래시의 API를 사용했다. 그 이유를 간단히 설명하자면 AJAX의 기본 charset이 utf-8이기 때문이다. 기본 문자열 형식이 utf-8이 므로 Request를 전송할 때 아무리 ASCII 문자열로 보내도 순수한 ASCII 문자열이 전달되

는 것이 아니고 ASCII도 UTF-8로 변환해버리기 때문에, 받는 서버에서 Request의 charset을 UTF-8로 인식하고 받지 않는다면 엉뚱한 데이터가 전달되고 만다.

그런데 플래시에서 만들어진 Request는 기본 문자열 형식을 고집하지 않기 때문에, 작성된 그대로를 서버에서 전달해준다. 그래서 데이터의 왜곡이 가해지지 않는다. 파일의 바이너리 데이터 문자열은 ASCII 문자열을 그대로 전달해야 하기 때문에 부득이하게 플래시 API의 URLLoader, URLRequest 객체 등을 사용했다. 이런 점만 아니라면 [리스트 7-10]도 자바스크립트의 AJAX로 구현됐을 것이다. AJAX는 태생이 UTF-8 기반이기 때문에 어쩔 수 없는 한계로 봐야 할 것이다.

AJAX의 한계

사실 웹캠포토는 처음에 Request를 전달하는 부분이 AJAX로 구현됐으나, 이미지 데이터를 전송하면 이미지가 전부 깨져서 전달되는 바람에 상당한 고민에 휩싸이게 됐다. "작성된 Request는 똑같이 전송되는데 플래시는 되고 AJAX는 안 된다니?" 그래서 명확한 해답을 찾기 위해 지인들 중 네트워크에 대해 잘 아는 풍 대리에게 메신저로 원인을 물어봤는데, 그 답변이 이런 궁금증을 가장 쉽게 풀어줄 수 있는 방법인 것 같아 대화 내용을 잠시 소개할까 한다.

lovedev: 대리님, 똑같은 Request를 전달하는데 보내는 과정에 데이터가 이상해지는 것 같아요.
풍대리: 왜요?
lovedev: 작성될 때는 똑같은 Request인데 패킷을 보면 문자열이 왜곡되요.
풍대리: 그럼 한 번 확인해봅시다. 음.. AJAX로 서버에 보내봐요.
lovedev: 보냈어요.
풍대리: 자 그럼 이번엔 플래시로 서버에 보내봐요.
lovedev: 보냈습니다.
풍대리: 확인하고 메시지 줄게요.

〈잠시 후〉

풍대리:
  http://kellyjones.netfirms.com/webtools/ascii_utf8_table.shtml
  위 table을 보면서 예를 들면
  첫 번째 필드가 예를 들어 ascii로 255를 전송한다고 가정했을 때
  table을 보면

```
Dec Hex Octal UTF8-encoding
255 00ff 377 0xc3, 0xbf
이렇게 되요
설명하면, 우리가 인지하는 255를 표현하는 방식이
십진수/16진수/8진수/UTF-8일 때 다 달라요.
그러나 의미는 255죠..
서버에서 ascii type으로 설정하고
보내주신 두 가지 형태의 데이터를 보면..
ajax: c3 bf c3 98 c3 bf c3 a0
flash: ff d8 ff e0
이렇게 받았어요.
ascii 0xff 0xd8 0xff 0xe0
utf-8 0xc3, 0xbf 0xc3,0x98 0xc3, 0xbf 0xc3, 0xa0
요롷게 매칭된다는 거죠.
결론은 AJAX로 보낸 Request가 UTF-8로 변환됐네요. 플래시는 그대로 전달된 거구요.
lovedev: 아 그래서 같은 Request인데도 다른 결과가 생기게 된 거군요.
고마워요~ ^^ 역시..
```

7.2.4 EncryptedLocalStore

매쉬업 애플리케이션, 아니 모든 애플리케이션을 구현함에 있어 마찬가지겠지만 사용자의 데이터를 입력받아 저장하고 활용해야 할 경우 보안이라는 부분을 반드시 고려해야 한다. 특히 매쉬업 애플리케이션의 경우 사용자 정보를 저장해놓고 재사용하는 경우가 많기 때문에 관리에 더욱 주의를 기울여야 한다. 보안을 고려한다면 바로 암호화 방식을 이용할 수 있다. 데이터를 암호화해서 저장해두면 데이터가 노출돼도 제3자가 사용할 수 없기 때문이다. 웹캠포토는 지속적인 사용자 인증을 거치지 않아도 되도록 인증 정보를 저장해두는 기능이 구현돼 있다. 이때 인증 정보는 해당 애플리케이션 외에 아무도 볼 수 없도록 AIR API 중에 EncryptedLocalStore라는 API를 이용해 암호화된 로컬 저장소에 데이터를 저장하게 된다. 사용법은 매우 간단하며, [표 7-3]에 EncryptedLocalStore API에 대해 간단히 정리해뒀다.

[표 7-3] EncryptedLocalStore API

메소드	매개변수	설명
getItem	String *name*	지정된 이름의 데이터를 ByteArray 객체로 반환한다.
removeItem	String *name*	저장소에서 지정된 이름의 항목을 제거한다.
reset		로컬 저장소를 모두 지우고 초기화한다.
setItem	String *name* ByteArray *data* Boolean *stronglyBound*	지정된 이름의 데이터를 수정한다. *stronglyBound*를 true로 설정할 경우 더욱 강력한 암호화 알고리즘이 적용된다. 다만 주의할 점은 만약 애플리케이션의 업그레이드 같은 변형이 생긴다면, 강력한 암호화 적용으로 인해 작성된 데이터를 읽을 수 없게 되는 현상이 발생한다.

[리스트 7-11]은 EncryptedLocalStore를 이용한 예로, 쿠키^{Cookie}를 사용하는 방식처럼 사용할 수 있도록 구현했다. writeEncryptedLocalStore() 함수에 키와 값을 인자로 전달해주면, 값이 저장되고 저장된 값은 getEncryptedLocalStore() 함수를 이용해서 사용할 수 있도록 했다.

[리스트 7-11] EncryptedLocalStore를 이용한 예

```
function writeEncryptedLocalStore(key,value){
    try{
        // ByteArray 객체 생성
        var res = new air.ByteArray();

        // ByteArray 객체에 UTF-8로 문자열 기록
        res.writeUTFBytes(value);

        // 암호화된 로컬 저장소에 데이터 기록
        air.EncryptedLocalStore.setItem(key,res);
    }catch(e){

        // 예외 발생 시 로그 보기
        air.trace(e);
        return false;
    }
    return true;
```

```
}

function getEncryptedLocalStore(key){
 try{
        // 암호화된 로컬 저장소에서 키가 ByteArray 객체 가져오기
        var val = air.EncryptedLocalStore.getItem(key);

        // ByteArray 객체에 기록된 문자열을 읽은 다음, 반환 없을 시 null로 반환
        return (val) ? val.readUTFBytes(val.length) : null;

 }catch(e){
        air.trace(e);
 }
 return null;
}
```

[예제 7-5]는 지금껏 설명했던 AIR의 API와 구현해야 할 기능들을 적용해 만든 웹캠포토의 전체 소스 코드다. 지금껏 설명했던 부분을 떠올리면서, 어떻게 기능이 접목되고 API가 사용됐는지 알 수 있었으면 한다. 이미 많은 부분을 설명했으므로 자세한 분석은 생략한다.

[예제 7-5] 웹캠포토 전체 소스 코드

../example/chapter_07_webcamphoto/webcamphoto.html

```
<!DOCTYPE html PUBLIC "-//W3C//DTD XHTML 1.0 Strict//EN"
   "http://www.w3.org/TR/xhtml1/DTD/xhtml1-strict.dtd">
<html xmlns="http://www.w3.org/1999/xhtml" lang="en"
xml:lang="en">
  <head>
    <meta http-equiv="content-type" content="text/html;
         charset=utf-8"/>
    <title>me2DAY PhotoBooth</title>
    <link rel="stylesheet" href="photobooth.css" />
    <script type="text/javascript"
           src="AIRAliases.js"></script>
    <script type="text/javascript" src="js/ajit.js"></script>
    <script src="swf/JPGEncoderLibrary.swf"
```

```
            type="application/x-shockwave-flash"></script>

    <script type="text/javascript">
        // XML 파서
        $import("asjs.utils.XmlParser");

        // Base64 인/디코딩 Util
        $import("asjs.utils.Base64");
    </script>

    <script type="text/javascript">

            var cam = air.Camera.getCamera();
            var video = new air.Video(320,240);
            var body = null;
            var photoByteData = null;
            var bm = null;
            var shootTime = 0;
            var ment =["찍습니다!","하나","두울","셋!! 스마일~"];
            var user_token = "";
            var token_url = "";
            var me2id = "";
            var CRLF = '\r\n';
            var applicationkey = "미투데이 애플리케이션키";
            var ME2DAY_API_URL = "http://me2day.net/api/";

            function init(){
                // 카메라 로딩
                showCamera();

                // 암호화된 저장소에 로그인 아이디가 저장돼 있다면 가져오기
                if(getEncryptedLocalStore("defaultMe2Id")){

                    // 로그인 정보 저장하기 체크박스 활성화
                    $E("saveLoginInfoChk").checked = true;

                    // 아이디 입력 필드에 저장소에 저장된 아이디 입력
                    $E("me2idTxt").value =
                        getEncryptedLocalStore("defaultMe2Id");
                }
            }
```

```javascript
function getToken(){

    // 인증 토큰을 발행받는 시점의 미투데이 아이디를 기록
    me2id = $E("me2idTxt").value;

    if(!chkMe2idTxt()){
        alert("미투데이 아이디를 입력해주세요");
        $E("me2idTxt").focus();
        return;
    }

    // 입력된 아이디의 인증 토큰이 로컬 저장소에 있다면 가져오기
    user_token =
      user_token || getEncryptedLocalStore( me2id +
      "__token");

    // 미투데이 아이디와 토큰 정보가 있다면
    if(user_token && me2id !="미투데이 아이디"){
        // 저장소에서 세션 사용자키를 가져옴
        searchTokenInfo();
        return;
    }

    var req = new URLRequest();
    req.url = ME2DAY_API_URL + "get_auth_url.xml";
    req.data = {
        akey : applicationkey
    }
    req.requestHeaders.push(new
      URLRequestHeader("APP_KEY",applicationkey));

    // 인증 토큰 정보를 가져왔을 때 일어날 이벤트 정의
    getAPIResult(req,onCompleteGetTokenHandler);
}

function onCompleteGetTokenHandler(response){

    // 인증 토큰을 발급받은 것이므로 세션 사용자키를 발급받아야
    // 인증이 완료됨
    var xml = new
      asjs.utils.XmlParser(response.xml).toJson();
```

```
            user_token = xml.auth_token.token.text;
            token_url = xml.auth_token.url.text;
            alert("인증절차를 완료하신 후 다시 로그인해주세요.");

            // 사용자가 사용을 허락할 수 있도록 인증 URL로 브라우저를 띄움
            air.navigateToURL(new
                air.URLRequest(token_url));
        }

        function searchTokenInfo(){

            // 로컬 저장소에 저장된 인증 토큰을 가져옴
            var token =
                getEncryptedLocalStore( me2id + "__token");

            // 현재 인증키와 로컬 저장소의 인증키가 같다면
            if(user_token == token){

                // 사용자 세션키가 반드시 존재함.
                // 해당 아이디의 세션 사용자키를 가져옴
                var password =
                    getEncryptedLocalStore( me2id +
                    "__fullToken");

                // 세션 사용자키를 이용해 미투데이 사용자 인증을 시도
                me2Auth(password);
            }else{

                // 저장소에 세션 사용자키가 없으니 세션 사용자키를 발급받는
                // 함수 호출
                getFullToken();
            }
        }

        function getFullToken(){
            var req = new URLRequest();
            req.url = ME2DAY_API_URL +
              "get_full_auth_token.xml";
            req.data = {
                akey : applicationkey,
                token : user_token
            }
```

```
        req.requestHeaders.push(new
            URLRequestHeader("APP_KEY",
            applicationkey));

        // 세션 사용자키가 발급되면 실행될 이벤트 정의
        getAPIResult(req,
            onCompleteGetFullTokenHandler);
}

function onCompleteGetFullTokenHandler(response){

    var xml = new
        asjs.utils.XmlParser(response.xml).toJson();

    var full_token =
        xml.auth_token.full_auth_token.text;
    me2id = xml.auth_token.user_id.text;

    // 세션 사용자키가 발급됐다면 재사용을 위해 정보 저장
    writeEncryptedLocalStore(me2id +
        "__token", user_token);
    writeEncryptedLocalStore(me2id +
        "__fullToken", full_token);

    // 미투데이 사용자 인증 시도
    me2Auth(full_token);
}

function me2Auth(password){

    var req = new URLRequest();
    req.url = ME2DAY_API_URL + "noop.xml";

    // 미투데이 사용자 인증을 위한 인코딩 문자열 만들기
    var key = asjs.utils.Base64.encode(me2id +
        ":full_auth_token " + password);
    req.requestHeaders.push(new
        URLRequestHeader("Authorization",
        "Basic " + key));

    req.requestHeaders.push(new
```

07장 사용자 인증 방식의 구현과 이해

```
            URLRequestHeader("APP_KEY",
            applicationkey));

        req.data = {
            akey : applicationkey,
        }

        // 인증 완료 후 실행될 이벤트 정의
        getAPIResult(req,onCompleteMe2AuthHandler);
    }

    function onCompleteMe2AuthHandler(response){

        // 로그인 정보 저장이 체크돼 있다면 아이디 저장
        if($E("saveLoginInfoChk").checked)
                writeEncryptedLocalStore("defaultMe2Id",
                me2id);

        // 웹캠포토 애플리케이션 시작 함수 호출
        me2PhotoBoothStart();
    }

    function me2PhotoBoothStart(){
        // 애플리케이션의 크기 조절
        setSize(340,450);
        // HTML 영역의 컨테이너 크기 조절
        setContainerSize(336,446);

        // 로그인 작성폼을 없앰
        $E("loginForm").setStyle("display","none");
        // 포스트 글쓰기 폼을 보이게 함
        $E("writeForm").setStyle("display","block");
    }

    function writeEncryptedLocalStore(key,value){
        try{
            var res = new air.ByteArray();
            res.writeUTFBytes(value);
            air.EncryptedLocalStore.setItem(key,res);
        }catch(e){
            air.trace(e);
```

```
            return false;
        }
        return true;
    }

    function getEncryptedLocalStore(key){
        try{
            var val =
                    air.EncryptedLocalStore.getItem(key);
            return (val) ?
                    val.readUTFBytes(val.length) : null;
        }catch(e){
            air.trace(e);
        }
        return null;
    }

    function getAPIResult(req,callback){
        var loader = new URLLoader();
        loader.addEvent(URLLoaderEvent.onComplete,
              callback);
        loader.load(req);
    }

    function setContainerSize(w,h){
        $E("container").setStyle("width",w + "px");
        $E("container").setStyle("height",h + "px");
    }

    function showCamera(){
        if (cam != null){
            var req = new air.URLRequest();
            video.x = 10;
            video.y = 10;
            video.smoothing = true;
            video.attachCamera(cam);
            cam.setMode(320, 240,30);
            window.htmlLoader.stage.addChild(video);
        }else{
            alert("카메라 연결에 실패했습니다");
        }
```

```javascript
}

function takePhoto(){
    // 사진 찍을 때의 포스트 내용 저장
    postBody = $E("postBody").value;

    // 사진 찍을 때의 태그 내용 저장
    tags = $E("tags").value;

    // 미리보기 객체인 bitmap 객체 초기화
    resetPhoto();

    // 새로운 bitmap 객체 생성
    var bmd = new air.BitmapData(340,340);
    bmd.draw(window.htmlLoader.stage);

    bm = new air.Bitmap(bmd);
    bm.x = 350;
    bm.y = 0;

    // 사진 찍기 안내멘트를 하는 DIV 영역 감추기
    $E("readyMentDiv").setStyle("display","none");

    // 사진 액자를 만들어주기 위한 크기 조절
    setContainerSize(336,446);

    // 포스트 쓰기 영역 보이지 않게 하기
    $E("writeForm").setStyle("display","block");

    // 미리보기 bitmap 객체 Stage 영역에 추가
    window.htmlLoader.stage.addChild(bm);

    // 미리보기를 보여주기 위한 애플리케이션 크기 확장
    setSize(700,450);

    // 미리보기 영역에 해당되는 HTML 영역 보이기
    $E("preViewContainer").setStyle("display",
        "block");
}

function shoot(){
```

```
// 사진 찍기 멘트 시작
if(shootTime == 0){

    // 포스트 작성 여부 체크
    if(!chkPostBody()){
        alert("포스트 내용을 입력해주세요");
        $E("postBody").focus();
        return;
    }

    // 작성된 태그 내용 체크
    chkTags();

    // 미리보기 영역 감추기
    $E("preViewContainer").setStyle("display",
      "none");

    // 데이터 전달을 알리는 로딩 DIV 영역 감추기
    $E("loading").setStyle("display","none");

    // 애플리케이션이 시스템에서 항상 보이도록 한다.
    window.nativeWindow.alwaysInFront = true;
}
// 사진 찍기 바로 전
else if(shootTime == 4){

    // 사진에 포스트 내용 포함일 경우 사진 액자에 표시되도록 한다.
    if($E("includePostChk").checked)
$E("readyMentDiv").setHTML($E("postBody").value);
    else
        $E("readyMentDiv").setHTML("");
}
else if(shootTime > 4){
    // 사진 찍기 함수 호출
    takePhoto();

    // 사진 찍기 안내 카운트 초기화
    shootTime = 0;
    return;
}
```

```
        else{
            // 하나, 두울 셋의 안내 멘트가 표시되는 순간
            setContainerSize(336,336);
            $E("writeForm").setStyle("display",
                "none");
            $E("readyMentDiv").setStyle("display",
                "block");
            // 지정된 순서에 해당되는 멘트를 보여준다.
            $E("readyMentDiv").setHTML(ment[shootTime]);
        }

        // 사진 찍기 안내 카운트 증가
        shootTime++;

        // 0.7초 후에 다시 호출
        setTimeout(shoot,700);
    }

    function setSize(w,h){
        window.nativeWindow.width = w;
        window.nativeWindow.height = h;
    }

    function getJPEGData(bmd) {
        var jpgEncoder = new
      window.runtime.com.adobe.images.JPEGEncoder(100);
        return jpgEncoder.encode(bmd);
    }

    function resetPhoto(){
        if(bm){
            window.htmlLoader.stage.removeChild(bm);
            bm = null;
        }
    }

    function sendPost(){
        $E("preViewContainer").setStyle("display",
            "none");
        showLoading("미투데이로 데이터를 전송합니다.");
```

```
photoByteData = getJPEGData(bm.bitmapData);

body = new air.ByteArray();
var bytes = new air.ByteArray();
var req = new air.URLRequest();
var loader = new air.URLLoader();
req.method="post";

var boundary = Math.random()*1000000;
req.url = ME2DAY_API_URL
 + "create_post/"+ me2id +".xml";

var key = asjs.utils.Base64.encode(
 me2id
 + ":full_auth_token "
 + getEncryptedLocalStore(me2id + "__fullToken")
 );

req.contentType =
 "multipart/form-data; boundary="+boundary;

req.requestHeaders.push(
 new air.URLRequestHeader(
     "Authorization", "Basic " + key));

req.requestHeaders.push(
 new air.URLRequestHeader(
     "me2_application_key", applicationkey));

// Request 바디 작성
addVarsInBody("post[body]",postBody,boundary);
addVarsInBody("post[tags]",
    "me2photobooth "+tags,boundary);
addBytesInBody("me2PhotoBooth.jpg",
    photoByteData,boundary);
body.writeUTFBytes(CRLF);
body.writeUTFBytes("--"+boundary+"--");

// Request 바디 작성 완료
req.data = body;
loader.load(req);
```

```
        // Request 전달이 완료되면 실행될 이벤트 정의
        loader.addEventListener("complete",
            sendHandler);
}

function sendHandler(response){

    // 웹캠포토 초기화 함수 호출
    resetFrame();

    // 포스트 작성 완료 메시지 보여주기
    showLoadingComplete();
}

function resetFrame(){
    $E("postBody").value = "포스트 내용을 입력하세요";
    $E("tags").value = "태그를 입력하세요";
    setSize(340,450);
    resetPhoto();
}

function addVarsInBody(name,value,boundary){
    body.writeUTFBytes("--"+boundary);
    body.writeUTFBytes(CRLF);
    body.writeUTFBytes(
        'Content-Disposition: form-data;
        name="'+name+'"');
    body.writeUTFBytes(CRLF);
    body.writeUTFBytes(CRLF);
    body.writeUTFBytes(value);
    body.writeUTFBytes(CRLF);
}

function addBytesInBody(name,bytes,boundary){
    body.writeUTFBytes("--"+boundary);
    body.writeUTFBytes(CRLF);
    body.writeUTFBytes(
        'Content-Disposition: form-data;
        name="attachment"; filename="'+ name+'"');

    body.writeUTFBytes(CRLF);
```

```
            body.writeUTFBytes(
              'Content-Type: application/octet-stream');

            body.writeUTFBytes(CRLF);
            body.writeUTFBytes(CRLF);
            body.writeBytes(bytes,0,bytes.length);
            body.writeUTFBytes(CRLF);
        }

        function exit(){
            // 애플리케이션 종료
            window.nativeWindow.close();
        }

        function applyGrayFilter(){
            // 흑백 모드 필터
            var colorMatrix =[.3086,.6094,.0820,0,0,
                              .3086,.6094,.0820,0,0,
                              .3086,.6094,.0820,0,0,
                              0,0,0,1,0];
            setFilter(colorMatrix);
        }

        function applySepiaFilter(){
            // 세피아 모드 필터
            var colorMatrix = [.393,.769,.189,0,0,
                               .349,.686,.168,0,0
                               .272,.534,.131,0,0,
                               0,0,0,1,0];
            setFilter(colorMatrix);
        }

        function applyBlackAadWhiteFilter(){
            // 강한 흑백 대비 필터
            var colorMatrix = [3.5,6.5,1,0,-300,
                               3.5,6.5,1,0,-300,
                               3.5,6.5,1,0,-300,
                               0, 0, 0, 1, 0];
            setFilter(colorMatrix);
        }
```

```javascript
function applyNormalFilter(){
    // 필터 제거
    video.filters = null;
}

function setFilter(colorMatrix){
    var colorFilter = new
runtime.flash.filters.ColorMatrixFilter(colorMatrix);
    video.filters = [colorFilter];
}

function chkMe2idTxt(){
    if($E("me2idTxt").value == "미투데이 아이디"
    || $E("me2idTxt").value==""){
    $E("me2idTxt").value = "";
    return false;
    }
    return true;
}

function chkPostBody(){
    if($E("postBody").value == "포스트 내용을 입력하세요"
    || $E("postBody").value == ""){
    $E("postBody").value ="";
    return false;
    }
    return true;
}

function chkTags(){
    if($E("tags").value == "태그를 입력하세요"){
    $E("tags").value ="";
    return false;
    }
    return true;
}

function showLoadingComplete(){
    $E("loading").setStyle("display","none");
    window.nativeWindow.alwaysInFront = false;
    resetFrame();
```

```html
            }

            function showLoading(msg){
                $E("loading").setStyle("display","block");
                $E("loading").setHTML(msg);
            }
        </script>
    </head>

    <body onload="init();">
        <div id="container">
            <div id="cameraArea"
             onmousedown="window.nativeWindow.startMove()">
             PC 카메라와 연결 중입니다..</div>
            <div id="me2logo">
                <img src="./icons/AIRApp_48.png" />
            </div>
            <div id="loginForm">
                <input type="text" id="me2idTxt"
                 value="미투데이 아이디" onclick="chkMe2idTxt()"/>
                <input type="button" id="loginBtn" value="로그인"
                 onclick="getToken()" />
                <input type="button" value="종료하기"
                 onclick="exit()" />
                <br />
                <input type="checkbox" id="saveLoginInfoChk" />
            로그인 정보 저장하기</div>
            <div id="readyMentDiv" class="hide"></div>
            <div id="loading">포스트 전송 완료</div>
            <div id="writeForm">
                <div>사진 효과
                    <input type="button"
                     value="일반"
                     onclick="applyNormalFilter()"/>
                    <input type="button" value="흑백"
                     onclick="applyGrayFilter()"/>
                    <input type="button" value="흑백대비"
                     onclick="applyBlackAadWhiteFilter()"/>
                    <input type="button" value="세피아"
                     onclick="applySepiaFilter()"/>
                </div>
```

```html
            <div>
                <textarea id="postBody"
                 onclick="chkPostBody()">
                 포스트 내용을 입력하세요</textarea>
            </div>
            <div>
                <input type="text" id="tags"
                 value="태그를 입력하세요"
                 onclick="chkTags()"/>
            </div>
            <div>
                <input type="checkbox" id="includePostChk" />
                사진에 포스트 내용 포함
            </div>
            <div class="marginTop5">
                <input type="button"
                 value="사진찍기" onclick="shoot()"/>
                <input type="button"
                 value="종료하기" onclick="exit()"/>
            </div>
        </div>
    </div>

    <div id="preViewContainer">
        <div id="previewBtnWrap">
            <input type="button" value="미투데이로 보내기"
             id="sendBtn"
             style="border:2px solid
             #ff0000;width:200px;height:30px"
             onclick="sendPost()" />
        </div>
    </div>

</body>
</html>
```

nativeWindow 객체의 startMove() 메소드는 애플리케이션을 드래그앤드롭으로 이동할 수 있게 한다.

7.3 정리

7장에서 플리커와 미투데이의 사용자 인증 구현을 통해 Request를 폭넓게 이해할 수 있었을 것이다. OAuth 인증 방식은 아니지만, 여러 단계를 거치는 사용자 인증 방식을 이해할 수 있었다. 미투데이 사용자 인증을 구현하면서, HTTP 기본 인증 방식을 알아보고 인증에 필요한 데이터를 Request의 헤더에 설정할 수 있었으며, Request의 바디 영역에 해당되는 부분은 어떻게 활용해야 하는지 알게 됐다. 그리고 `multipart/form-data` 인코딩 방식을 직접 구현해 실제 브라우저에서 파일 업로드가 어떻게 진행되는지도 알 수 있었다. 이 외에 AIR의 특수한 기능을 활용할 수 있었는데, 자바스크립트에서는 상상도 할 수 없었던 웹캠의 연동이라든지, 암호화 저장소를 사용하는 방법, 자바스크립트에서 액션스크립트 라이브러리를 사용하고, 필터 기능을 활용해 특수효과를 구현하는 방법도 다뤄봤다.

나는 여러분이 이 책에서 API가 작동되는 원리와 API를 호출하는 원론적인 방법을 익히길 바란다. 7장에서 Request를 다루면서 알았겠지만, API를 사용함에 있어 제일 중요한 것은 API의 스펙이 아니라 Request를 얼마만큼 이해하고 다룰 줄 아느냐다. 이제 API 문서나 예제를 보면서 어떻게 Request를 전달해야 하는지를 먼저 생각하게 됐으면 하는 바람이다.

3부 실전 매쉬업 애플리케이션 만들기

08장 블로그 편집기 만들기

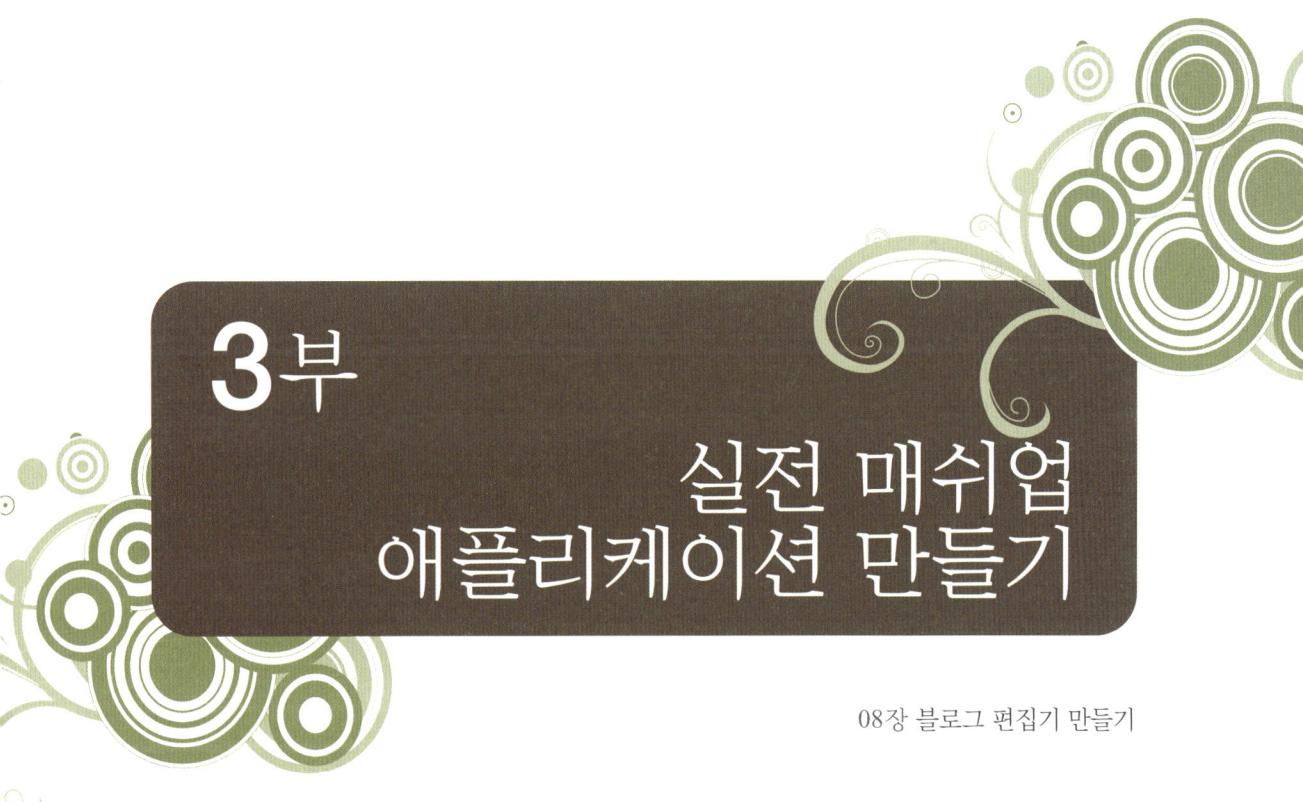

08장

블로그 편집기 만들기

● XML-PRC의 이해와 구현
● 블로그 API(Blogger, Movable Type, MetaWeblog API)의 이해와 구현
● Scribd API의 이해와 구현
● 어도비 AIR 드래그앤드롭의 이해와 구현
● 구글 언어 API의 이해와 구현

지금까지 오픈 API의 사용법을 알아보고 간단한 매쉬업을 해봤다면, 3부에서는 좀 더 섬세하고 화려하며 다양한 API를 다루는 매쉬업 애플리케이션으로서, 블로그 API를 이용한 블로그 편집기를 만드는 예를 다룬다. 블로그 편집기는 이미 다룬 내용을 총정리하는 내용과 더불어 새로운 API를 이용해 만들게 되는 매쉬업 애플리케이션으로, 블로그의 글 작성을 좀 더 편리하게 도와주고 글의 내용을 풍부하게 해주는 도구다. 다소 긴 여행이 될 것이다. 자, 준비가 됐다면 매쉬업의 세계로 출발해보자!

8.1 개요

1인 미디어 시대인 요즘, 현대인이라면 블로그는 다들 하나쯤 운영하고 있을 것이다. 그리고 블로그를 운영한다면, 초등학교 시절 맞춤법 틀린 편지를 쓰지 않기 위해 오랜 정성과 노력을 들이는 것처럼, 블로그 포스트를 작성하기 위해 많은 노력과 정성을 들일 것이다.

나 역시 블로그를 하나 운영하고 있는데 좀 더 효과적인 정보 전달을 위해 글뿐만이 아닌 사진, 동영상, 참고문서, 차트 등 부가적인 컨텐트를 자주 이용하는 편이다. 그런데 블로그 서비스의 편집기가 제공해줄 수 있는 기능은 제한적이어서 편집기가 제공해주지 않는 기능은 불편을 감수하고 직접 해결해야 했다. 또한 사람마다 위키wiki 같은 편집기의 편집 스타일을 좋아하는 사람, 네이버의 스마트 에디터 같은 편집 스타일을 좋아하는 사람, 스프링 노트 같은 편집 스타일을 좋아하는 사람 등, 저마다 좋아하는 스타일이 가지각색이어서 블로그 서비스에서 제공해주기에는 다소 부담스러운 것이 사실이다.

또한 블로그의 서비스마다 편집기의 특성이 다 다르고 편집 스타일이 자기한테 맞지 않는다며, 글 쓸 때 너무 불편하다고 투덜대는 사람도 있다. 블로그 서비스의 편집기는 뛰어나지만, 여건을 고려한다면 어쩔 수 없는 것이 현실이다.

그런데 이런 불편함을 해결할 방법이 하나 있다. 블로그 API를 이용하면 API 형식에 맞게 데이터를 블로그로 전달해주면 되기 때문에, 편집기를 직접 구현할 수만 있다면 해당 서비스에서 제공해주는 편집기의 한계를 뛰어넘어 자신이 원하는 방식으로 얼마든지 글을 작성하는 것이 가능하다. 예제로 구현되는 블로그 편집기는 XML-RPC 기반의 블로그 API에 여러 API를 결합해서 만들어지는데 어디까지나 주관적인 시각에서 구현되는 것이라, 예제를 마스터한 후에는 각자의 스타일로 블로그 편집기를 만들어보기 바란다.

블로그 편집기(프로젝트명: Blog Remote Writer)를 만드는 데 사용되는 API와 구현할 기능은 다음과 같다.

- 구글 지도 API
- 이미지 API
- 유튜브 동영상 API
- 구글 차트 API
- 구글 번역 API
- MetaWeblog, Blogger 1.0 API
- Scribd API
- 오픈에디터 API
- XML-RPC에 대한 이해
- AIR 드래그앤드롭 API
- AIR 파일 API
- XHTML, CSS, 자바스크립트, 액션스크립트와 AIR에 대한 이해

[AIR 프로젝트 설정하기]

1. Aptana IDE에서 새로운 AIR 프로젝트를 생성한다.

2. 프로젝트명을 BlogRemoteWriter로 설정한다.

3. "Application and non-application sandbox"를 선택한 후 다음 단계로 이동한다.

4. Application XML Properties에서 Window Options를 설정한다.

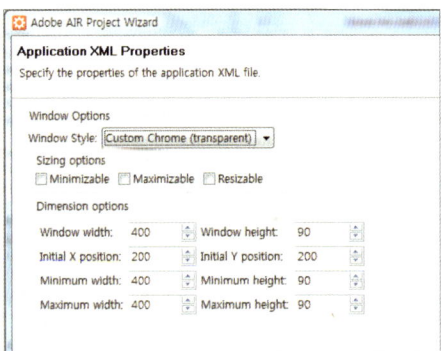

5. Finish 버튼을 클릭하고 프로젝트를 생성한다.

8.2 블로그 API

블로그 편집기의 핵심 API라 할 수 있는 블로그 API에 대해 알아보자. 블로그라는 플랫폼이 생겨난 지도 꽤 오래된 탓인지 블로그 API도 나름대로의 역사와 전통이 있다. 2001년 블로거닷컴에서 제공했던 Blogger 1.0 API가 있으며, Blogger 1.0 API를 개선하기 위해 고안된 MetaWeblog API, Movable Type API, 마지막으로 이 모든 것을 더욱 개선하고 통합한 구글의 Blogger Data API까지 참 많은 API가 존재한다. 모든 블로그 API를 다루는 것은 다소 소모적이기 때문에 이 중에서 가장 대중적이기도 하고 많은 블로그 서비스에서 지원하고 있는 Blogger 1.0 API와 MetaWeblog API에 대해 알아보겠다.

- Blogger 1.0 API 참고문서
  http://www.blogger.com/developers/api/1_docs/
- Movable Type API 참고문서
  http://www.sixapart.com/developers/xmlrpc/movable_type_api/
- MetaWeblog API 참고문서
  http://www.xmlrpc.com/metaWeblogApi
- 구글 Blogger Data API 참고문서
  http://code.google.com/intl/ko/apis/blogger/

　　Blogger 1.0 API는 XML-RPC 기반의 API로 MetaWeblog API의 원조 API다. 그런데 블로그에 포스트의 내용을 전달하는 방식이 텍스트 기반이다 보니, 포스트 제목이라든지 포스트의 카테고리 등 정의할 수 없는 부분이 많은 API였다. 블로그 서비스가 활성화되기 전까지만 해도 별 불편함 없이 사용할 수 있었지만, 블로그 서비스가 활성화되자 사람들이 좀 더 많은 부분을 컨트롤할 수 있는 API를 원하게 되어, Blogger 1.0 API의 단점을 개선해줄 대안으로 MetaWeblog API가 제시됐다.

　　MetaWeblog API는 Blogger 1.0 API를 개선하려는 목적으로 RSS2.0 스펙을 정리한 데이브 와이너^{Dave Winer}가 고안한 XML-RPC 기반의 API로, Blogger 1.0 API와의 큰 차이점이라면, 포스트의 내용을 단순 문자열이 아닌 구조체 형식으로 정의해서 사용하기 때문에 포스트의 제목이나 카테고리 같은 부분의 정의가 가능해져서 풍부한 데이터 전달이 가능해졌고, 블로그에 파일을 업로드할 수 있게 된 것이라 할 수 있다.

　　따라서 MetaWeblog API를 지원하는 블로그는 대개 Blogger 1.0 API도 병행해 지원하고 있으며, 이런 블로그 API를 지원하는 대표적인 블로그 서비스로는 티스토리, 이글루스, 워드프레스 그리고 설치형 블로그인 테터툴즈를 예로 들 수 있다. 소개는 이쯤에서 끝내기로 하고 블로그 편집기에서 사용된 블로그 API에 대해 알아보자. [표 8-1]에 MetaWeblog API와 Blogger 1.0 API를 간단히 정리해봤다.

[표 8-1] MetaWeblog API와 Blogger 1.0 API

API 메소드	매개변수	설명
Blogger 1.0 API		
blogger.newPost	String appkey String blogid String username String password String content Boolean publish	새로운 포스트를 작성
blogger.editPost	String appkey String postid String username String password String content Boolean publish	지정된 포스트를 수정
blogger.getUsersBlogs	String appkey String username String password	해당 사용자의 블로그 정보를 조회
blogger.getUserInfo	String appkey String username String password	사용자 인증을 통해 사용자 정보 조회
blogger.getTemplate	String appkey String blogid String username String password String templateType	블로그의 템플릿 정보 조회
blogger.setTemplate	String appkey String blogid String username String password String template String templateType	블로그의 템플릿 정보 수정
MetaWeblog API		
metaWeblog.newPost	String blogid String username String password	새로운 포스트를 작성

[표 8-1] MetaWeblog API와 Blogger 1.0 API(이어짐)

API 메소드	매개변수	설명
	Object struct	
	Boolean publish	
metaWeblog.newMediaObject	String blogid	새로운 파일을 업로드
	String username	
	String password	
	Object struct	
metaWeblog.editPost	String postid	지정된 포스트를 수정
	String username	
	String password	
	Object struct	
	Boolean publish	
metaWeblog.getPost	String postid	지정된 포스트를 조회
	String username	
	String password	
metaWeblog.getCategories	String blogid	해당 블로그의 카테고리 정보 조회
	String username	
	String password	
metaWeblog.getRecentPosts	String blogid	해당 블로그에서 지정한 개수만큼 최근 작성된 포스트 조회
	String username	
	String password	
	Integer numberOfPosts	

[표 8-1]을 통해 API의 메소드와 매개변수에 대해 알아봤으니 API를 호출해보자. 그런데 블로그 API는 REST 방식이 아닌 XML-RPC 기반이라 XML-RPC 프로토콜에 대한 이해가 조금 필요하다. 간단히 XML-RPC를 이야기하자면, SOAP 방식처럼 명세화된 XML로 데이터를 주고받는 것이라 보면 된다. 명세화된 XML은 Request의 바디에 기술하게 되며, Request의 바디를 작성하게 되니 당연히 Request의 전송 방식은 POST 방식을 사용하게 된다. 그럼 XML-RPC 방식으로 API를 사용하는 방법에 대해 알아보자.

> **참고**
>
> XML-RPC 방식은 어렵게 보일 수 있으나, 커다란 틀을 보면 아주 단순한 형식을 띠고 있음을 알 수 있다. XML-RPC 형식에 사용되는 XML의 형식을 보면 다음과 같다.
>
> [Request로 사용될 XML-RPC 형식의 XML]
>
> ```xml
> <?xml version="1.0" ?>
> <methodCall>
>   <methodName>[메소드명]</methodName>
>     <params>
>       <!-- 매개변수 정의 반복 노드 -->
>       <param>
>         <value><[매개변수 타입]> [매개변수 1] </[매개변수 타입]></value>
>       </param>
>       <param>
>         <value><[매개변수 타입]> [매개변수 2] </[매개변수 타입]></value>
>       </param>
>
>       <param>
>         <value><[매개변수 타입]> [매개변수 N] </[매개변수 타입]></value>
>       </param>
>       <!-- 매개변수 정의 반복 노드 -->
>     </params>
> </methodCall>
> ```
>
> 크게 살펴보면 XML은 〈methodCall〉 노드 안에 〈methodName〉과 〈params〉라는 두 개의 노드로 이뤄지며, 〈methodName〉 노드는 메소드명을 정의하는 노드고, 〈params〉 노드는 메소드의 매개변수가 정의되는 노드다. 일종의 함수에 인자 값을 넣어 호출하는 것을 XML로 표현했다고 보면 된다. 메소드명(인자 값 1, 인자 값 2, ..., 인자 값 n)과 같이 말이다.
>
> [매개변수 타입]으로는 i4(int), string, boolean, double, dateTime.iso8601, base64, struct 등이 올 수 있으며, XML-RPC에서 〈value〉 노드는 항상 노드 값의 유형을 기술하는 노드와 함께 정의된다.
>
> XML-RPC에 대해 자세한 내용은 http://www.xmlrpc.com/spec에 잘 정리돼 있으니, XML-RPC 스펙을 잘 모른다면 꼭 한 번 보고 블로그 API를 다루길 바란다.

XML-RPC 기반이므로 API 호출을 위해 작성된 소스를 예제로 드는 것보다는 작성한 Request를 그대로 살펴보는 것이 더욱 명확하고 쉽게 이해할 수 있기 때문에, 우선 작성된 Request를 살펴보고 추후에 API 호출용으로 작성된 Request를 만드는 방법에 대해 설명하는 순서로 진행하겠다.

[예제 8-1]은 블로그 API 중 blogger.getUsersBlogs를 호출하기 위해 Request를 작성하고 전달해서 Response를 받은 예이며, 티스토리tistory.com 서비스를 이용했다.

[예제 8-1] blogger.getUsersBlogs를 호출하기 위해 Request를 작성해 전달하고 Response 받기

```
POST /api HTTP/1.1
Content-Type: text/xml; charset=UTF-8
Connection: Keep-Alive
Content-Length: 279
Host: lovedev.tistory.com

<?xml version="1.0"?>
  <methodCall>
    <methodName>blogger.getUsersBlogs</methodName>
    <params>
      <param>
        <value><string>APIKEY</string></value>
      </param>
      <param>
        <value><string>티스토리 계정 아이디</string></value>
      </param>
      <param>
        <value><string>비밀번호</string></value>
      </param>
    </params>
  </methodCall>

// Request를 전달한 후 받은 Response

HTTP/1.1 200 OK
Date: Tue, 30 Dec 2008 13:23:24 GMT
Server: Apache
Content-Length: 450
```

```
Connection: close
Content-Type: text/xml

<?xml version="1.0" encoding="utf-8"?>
  <methodResponse>
    <params>
      <param><value><array><data>
        <value>
          <struct>
            <member>
              <name>url</name>
              <value>
                <string>http://lovedev.tistory.com
                </string>
              </value>
            </member>
            <member>
              <name>blogid</name>
              <value>
                <string>40219</string>
              </value>
            </member>
            <member>
              <name>blogName</name>
              <value>
                <string>Happy? Unhappy? The Choice is yours...
                </string>
              </value>
            </member>
          </struct>
        </value>
      </data></array></value></param>
    </params>
  </methodResponse>
```

예제 8-1 분석

우선 Request 부분부터 살펴보자. XML-RPC는 XML로 데이터를 주고받는 것이므로 Request 헤더의 Content-Type을 text/xml로 정의했고, 블로그 API 중 blogger.getUsersBlog 메소드를 호출하기 위해 `<methodName>`의 노드 값을 blogger.

getUsersBlog라고 정의했다. 이것으로 API로 사용할 메소드 정의는 완료했고, 메소드에 해당되는 매개변수를 정의할 차례다. XML-RPC 방식은 매개변수가 들어갈 특정 노드가 정의돼 있는 것이 아닌 매개변수의 순서로 값을 판단하므로 순서에 맞도록 appkey, username, password를 정의했다. 그런데 [예제 8-1]에서는 appkey에 해당되는 매개변수 값이 빈 값으로 정의됐는데, 이는 예제로 사용한 티스토리 서비스는 Blogger 1.0 API를 사용하기 위한 별도의 appkey가 없기 때문이다.

이렇게 작성된 Request를 가지고 해당 블로그의 API를 호출하면 [예제 8-1]에서 보는 바와 같이 Response를 받게 된다.

전달받은 Response의 내용을 보자. 블로그의 URL과 블로그 아이디 그리고 블로그의 제목을 XML 형태로 전달받았다. 여기서 주의할 사항은 사용한 blogger.getUsersBlog의 메소드명을 보면 알 수 있듯이 블로그를 운영하는 사람이 한 명일 경우에는 [예제 8-1]의 결과와 같지만, 여러 명일 경우에는 굵게 표시한 <value> 노드 부분이 반복되면서 블로그의 사용자 정보를 반환해준다는 것이다. blogger.getUsersBlog 메소드를 이용해서 해당 블로그의 아이디를 알 수 있게 됐다. 블로그 아이디와 metaWeblog.newPost 메소드를 이용하면 블로그에 포스트를 등록할 수 있다.

이번엔 블로그 API를 이용해 티스토리에 포스트를 작성해보자. [예제 8-2]는 블로그 API를 활용해 포스트를 작성한 Request와 Response의 예다.

[예제 8-2] 블로그 API를 활용해 포스트를 작성한 Request와 Response

```
POST /api HTTP/1.1
Content-Type: text/xml; charset=UTF-8
Connection: Keep-Alive
Content-Length: 624
Host: lovedev.tistory.com

<?xml version="1.0"?>
  <methodCall>
    <methodName>metaWeblog.newPost</methodName>
      <params>
        <param><value><string>40219</string></value></param>
        <param><value><string>티스토리 계정 아이디
        </string></value></param>
        <param><value><string>비밀번호</string></value></param>
```

```xml
      <param>
        <value>
          <struct>
            <member>
              <name>title</name>
              <value><string>블로그 API 테스트</string></value>
            </member>
            <member>
              <name>description</name>
              <value><string>블로그 API 테스트?</string></value>
            </member>
            <member>
              <name>category</name>
              <value><string></string></value>
            </member>
          </struct>
        </value>
      </param>
      <param>
        <value><i4>1</i4></value>
      </param>
    </params>
  </methodCall>
```

// Request를 전달한 후 받은 Response

```
HTTP/1.1 200 OK
Date: Tue, 30 Dec 2008 13:45:52 GMT
Server: Apache
Content-Length: 144
Connection: close
Content-Type: text/xml

<?xml version="1.0" encoding="utf-8"?>
  <methodResponse>
    <params>
      <param><value><string>40219-397</string></value></param>
    </params>
  </methodResponse>
```

예제 8-2 분석

[예제 8-2]가 Blogger 1.0 API와 MetaWeblog API의 차이점을 느끼게 하는 예제가 될 듯하다. [예제 8-2]에서 Blogger 1.0 API의 메소드인 `blogger.newPost`를 이용했다면, 포스트의 내용만 작성할 수 있었을 것이다. 제목과 카테고리를 설정할 매개변수가 존재하지 않기 때문이다. 그런데 MetaWeblog API의 `metaWeblog.newPost` 메소드는 [예제 8-2]에서 보는 바와 같이 포스트의 내용을 전달하는 매개변수가 `struct` 유형이어서 포스트의 제목, 카테고리의 정의가 가능하다는 것을 알 수 있다. `<struct>` 노드는 또 다른 세부 매개변수를 설정하는 공간인 것이다.

또한 세부 매개변수를 XML-RPC 형식처럼 순서에 따라 정의하는 것이 아닌 Key와 Value를 별도로 정의하는 것이어서 Blogger 1.0 API보다 세세한 부분까지 설정이 가능한 점을 눈여겨보길 바란다. `<struct>` 노드에서 `<member>` 노드가 하나하나의 매개변수 역할을 하고 있으며, `title`은 포스트의 제목, `description`은 포스트의 내용, `category`는 포스트의 카테고리를 의미하게 된다. 마지막 매개변수로 정의한 숫자 1은 `boolean`의 `true`를 의미하며, 포스트 내용의 공개 여부를 정의한 것이다. 숫자가 0일 경우에는 포스트가 비공개된다. 이렇게 Request를 블로그로 보내면 블로그 아이디와 함께 작성된 글의 아이디가 정의된 XML을 Response로 받게 된다. [예제 8-2]의 경우는 티스토리의 예이며, 블로그 서비스마다 각기 다를 수 있다.

[그림 8-1]은 [예제 8-2]의 결과로 블로그에 작성된 포스트의 예다.

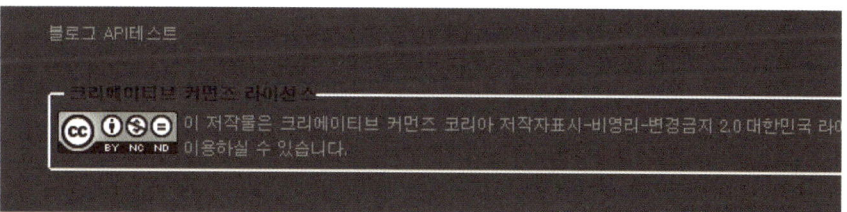

[그림 8-1] 블로그 API를 이용해 포스트를 작성한 예

마지막으로 블로그에 파일을 업로드하는 Request를 살펴보고 실제 소스를 작성해보겠다. [예제 8-3]은 MetaWeblog API의 `metaWeblog.newMediaObject` 메소드를 이용해 블로그에 파일을 업로드하는 Request와 Response의 예다.

[예제 8-3] 블로그에 파일을 업로드하는 Request와 Response

```
POST /api HTTP/1.1
Content-Type: text/xml; charset=UTF-8
Connection: Keep-Alive
Content-Length: 1361
Host: lovedev.tistory.com

<?xml version="1.0"?>
  <methodCall>
    <methodName>metaWeblog.newMediaObject</methodName>
    <params>
       <param><value><string>40219</string></value></param>
       <param><value><string>티스토리 계정 아이디
       </string></value></param>
       <param><value><string>비밀번호</string></value></param>
       <param><value>
         <struct>
           <member>
             <name>type</name>
             <value><string>image/jpg</string></value>
           </member>
           <member>
             <name>name</name>
             <value><string>lineChart.jpg</string></value>
           </member>
           <member>
             <name>bits</name>
             <value><base64>/9j/...</base64></value>
           </member>
         </struct>
       </value></param>
    </params>
</methodCall>


// Request를 전달한 후 받은 Response

HTTP/1.1 200 OK
Date: Wed, 31 Dec 2008 06:03:06 GMT
Server: Apache
Content-Length: 368
Connection: close
```

```
Content-Type: text/xml

<?xml version="1.0" encoding="utf-8"?>
 <methodResponse>
    <params>
      <param><value>
        <struct>
          <member>
            <name>url</name>
            <value><string>[업로드된 URL]</string></value>
          </member>
        </struct>
      </value></param>
    </params>
 </methodResponse>
```

예제 8-3 분석

[예제 8-3]은 블로그 API로 파일을 업로드하기 위해 Request를 작성한 예제로 MetaWeblog API의 `metaWeblog.newMediaObject` 메소드를 이용했다. 매개변수로 [예제 8-1]을 통해 얻은 블로그 아이디, 블로그 계정 아이디, 비밀번호, 그리고 파일 정보를 갖고 있는 `struct`로 구성된다. `<struct>` 노드는 파일명, 파일의 미디어 타입, 파일의 바이너리 데이터를 Base64 방식으로 인코딩한 문자열로 구성된다.

파일의 미디어 타입에 대한 자세한 사항은 http://www.iana.org/assignments/media-types/에 잘 정리돼 있으니, 파일 미디어 타입에 대해서도 알아두길 바란다. 블로그 API를 이용해 파일을 업로드할 때 미디어 타입을 잘못 기술하면 서버가 파일을 잘못 인식할 수 있기 때문에 반드시 알아둬야 한다. 이렇게 파일에 대한 Request를 작성해 API를 호출하면, Response로 파일을 사용할 수 있는 URL이 정의된 XML을 전달받게 된다.

따라서 블로그에 API를 이용해 파일을 첨부하고 포스트를 작성할 경우에는, 포스트에 사용될 파일을 먼저 업로드하고 URL을 반환받은 뒤 그 URL을 포스트를 작성하는 데 활용하는 형식이 돼야 한다.

이것으로 [예제 8-1]을 통해 블로그 API의 인증 방법을 살펴봤고, [예제 8-2]를 통해 블로그에 포스트를 작성하는 방법을 알아봤다. 그리고 마지막으로 [예제 8-3]을 통해 파일을 업로드하고 사용하는 방법도 알아봤으니, 블로그 API를 이용해서 별

다른 무리 없이 포스트를 작성할 수 있을 것이다. 자, 이것으로 기초는 충분히 다졌으니 실전으로 들어가서 자바스크립트로 Request를 작성하는 스크립트를 만들어보고, 이를 기초로 여러 API를 접목하는 과정으로 들어가 보자.

8.2.1 XML-RPC용 자바스크립트 라이브러리 만들기

API 호출을 위해 XML-RPC 방식을 이용하는데, API를 호출할 때마다 형식에 맞는 XML을 직접 작성한다는 것은 여간 번거로운 일이 아니다. 그래서 XML-RPC도 나름대로의 규칙과 형식이 있으니, 형식에 맞도록 XML이 작성되는 라이브러리를 만들어둔다면 API의 호출이 간편해진다.

물론 http://www.xmlrpc.com에 이미 구현된 자바스크립트 라이브러리가 많이 있지만 블로그 API를 이용하기엔 다소 부족한 면이 많고, 특히 파일 업로드에 대한 부분을 고려하지 않고 만들어진 라이브러리가 대부분이라 사용할 수도 없다. 또한 매쉬업은 원리를 모르고 라이브러리에 의존해 만들다보면 어떤 한계에 직면했을 때 수정할 수도, 그렇다고 그만둘 수도 없는 상황에 처할 수 있으므로 꼭 필요한 라이브러리가 아니라면 인용하는 것보다 직접 만들어 사용하는 것이 애플리케이션의 건강에 유익하다. 그런 의미에서 라이브러리 만드는 과정을 간단하게 다뤄보려 한다. 자, 그럼 요구사항과 구현할 목록을 정리해보고 하나씩 해결해나가 보자.

XML-RPC용 XML을 만드는 데 필요한 라이브러리의 요구사항과 구현할 목록을 정리해보면 다음과 같다.

1. XML의 최상위 노드는 `<methodCall>`이다.
2. `<methodName>`에 API 메소드를 정의한다.
3. `<params>` 노드는 `<param>` 노드를 자식 노드로 갖는다.
4. `<param>` 노드는 매개변수가 정의되는 노드다.
5. 매개변수는 `<value><[매개변수 유형]>` 매개변수 값`</[매개변수 유형]></value>`의 형태를 띤다.
6. 매개변수의 유형은 한정되어 있다.
7. 매개변수 중 `Object` 유형은 `<struct>` 노드로 표현되며, `<struct>` 노드는 `Object`의 `Key`와 `Value`를 정의하는 `<member>` 노드를 자식 노드로 갖는다.

8. `<member>` 노드는 `Object`의 Key에 해당되는 `<name>` 노드와 Value에 해당되는 `<value>` 노드로 구성되며, Value는 `<[Value 유형]> Value</[Value 유형]>`의 형태를 띤다.

9. 자바스크립트 유형에는 없는 base64 유형이 있으며, 매개변수뿐만 아니라 `struct`의 Value 값으로도 base64 유형이 올 수 있다.

10. 이런 형식으로 작성된 XML을 반환할 수 있다.

이제 요구사항을 하나씩 지워가며 차근차근 구현해보자.

1. XML의 최상위 노드는 `<methodCall>`이다.
2. `<methodName>`에 API 메소드를 정의한다.
10. 이런 형식으로 작성된 XML을 반환할 수 있다.

[리스트 8-1]은 1, 2, 10번의 요구사항을 구현한 예다.

[리스트 8-1] 요구사항 1, 2, 10번을 구현한 예

```
function getXML(methodName){
    var xml = '<?xml version="1.0" encoding="utf-8"?>';
    xml += '<methodCall>';
    xml += '<methodName>'+ methodName +'</methodName>';
    xml += '</methodCall>';
    return xml;
}
```

벌써 10개의 요구사항 중 3개의 요구사항을 해치웠다. 그렇다면 이번엔 3, 4번에 해당되는 요구사항을 구현해보자.

3. `<params>` 노드는 `<param>` 노드를 자식 노드로 갖는다.
4. `<param>` 노드는 매개변수가 정의되는 노드다.

매개변수는 여러 개가 올 수 있으니 [리스트 8-1]에서 정의한 getXML() 함수의 인자 값으로, 여러 개의 매개변수가 작성된 배열인 `params`를 받도록 하자. [리스트 8-2]는 요구사항 3, 4번을 구현한 예다.

[리스트 8-2] 요구사항 3, 4번을 구현한 예

```
function getXML(methodName, params){
    var xml = '<?xml version="1.0" encoding="utf-8"?>';
    xml += '<methodCall>';
    xml += '<methodName>'+ methodName + '</methodName>';
    xml += '<params>';
    for(var i =0; i < params.length ;i++){
      xml += '<params>'+ params[i] +'</param>';
    }
    xml += '</params>';
    xml += '</methodCall>';
    return xml;
}
```

그렇게 복잡해 보이던 XML-RPC 형식을 만드는 함수를 10줄도 안 되는 소스 코드로 50%나 구현을 끝냈다. 사실 어렵고 복잡하게 보여도, 정리하고 하나씩 해결해 나가다 보면 별거 아니게 된다. 이제 10개 중 5개가 남았다. 6번 요구사항을 구현해 보자.

6. 매개변수의 유형은 한정되어 있다.

자바스크립트에서는 typeof() 내장 함수를 이용하면 객체의 유형을 어느 정도 알 수 있으며, 거기다 객체의 constructor를 이용하면 더 정확히 객체의 유형을 파악할 수 있다. 따라서 객체의 유형과 XML-RPC의 데이터 유형을 잘 접목한다면, 어렵지 않게 구현할 수 있는 기능이다. [리스트 8-3]은 요구사항 5번을 구현하기 위해 작성한 함수의 예다.

[리스트 8-3] 요구사항 5번을 구현하기 위해 작성한 함수의 예

```
function getType(param){

    var type = typeof(param);
    type = type.toLowerCase();

    switch(type){
        case "number":
```

```
            // 숫자를 반올림해도 반올림 전의 숫자와 같다면 정수다.
            if (Math.round(param) == param) type = "i4";
            // 그렇지 않다면 실수다.
            else type = "double";
        break;
        case "object":
            if (param.constructor == Date) type = "date";
            else if (param.constructor == Array) type = "array";
            else type = "struct";
        break;
        case "function":
            // 유형이 function일 경우에는 별도의 타입이 없다.
            type = "";
        break;
    }

    // switch 문에서 type이 정의되지 않았다면 type은 자동으로 string이 된다.
    return type;
}
```

매개변수의 객체 유형을 XML-RPC에 정의된 데이터의 형태로 파악할 수 있게 됐으니 요구사항 5번을 구현할 수 있게 됐다. 요구사항 5번을 구현해보자. 구현 방식이야 여러 가지가 있겠지만, 여기서는 중복적인 요소를 최대한 배제해서 지정한 타입의 노드를 별도로 만들어주는 함수를 만들고, 그 함수에 타입과 데이터 값을 인자 값으로 해서 호출하면, 해당되는 타입의 XML 노드 문자열을 반환하도록 만들었다. [리스트 8-4]는 5번 요구사항까지 구현한 예다.

[리스트 8-4] 요구사항 5번이 완벽하게 구현된 예

```
function getXML(methodName, params){
    var paramNode = "";
    var xml = '<?xml version="1.0" encoding="utf-8"?>';
    xml += '<methodCall>';
    xml += '<methodName>'+ methodName +'</methodName>';
    xml += '<params>';
    for(var i =0; i < params.length; i++){
        paramNode = tovalueNode(getType(params[i]),params[i]);
```

```
        xml += '<params>'+ paramNode +'</param>';
    }
    xml += '</params>';
    xml += '</methodCall>';
    return xml;
}

function tovalueNode(type,data){
    return "<" + type + ">" + data + "</" + type + ">";
}
```

여기까지 해서 7, 8, 9번을 제외하고는 3개의 함수로 대부분의 요구사항을 구현했다. 이 정도까지 했으면 요구사항 7, 8, 9번은 충분히 구현할 수 있을 것이라 믿는다. 이쯤에서 XML-RPC용 자바스크립트 라이브러리를 만드는 과정은 마무리하기로 하고, 나머지 부분인 7, 8, 9번 요구사항은 지금까지 구현한 내용을 바탕으로 스스로 구현해보길 바란다.

위와 같은 방법을 기반으로 해서 좀 더 쉽게 사용할 수 있도록 XMLRPC라는 자바스크립트 라이브러리를 만들었다. 라이브러리는 XMLRPC라는 객체를 생성해서 사용할 수 있도록 했으며, method의 속성 값으로 XMLPRC의 메소드를 정의하게 하고 addParam() 메소드를 이용해 매개변수를 추가할 수 있게 했다. addParam() 메소드는 자동으로 문자열의 유형을 파악해 XMLRPC의 매개변수를 정의해주고, 때론 수동으로 매개변수의 유형을 설정할 수 있도록 addParam(매개변수 값, 매개변수 유형)처럼 매개변수의 유형을 정의하게 했다. 그리고 struct 객체의 경우 매개변수로 정의된 값이 data와 type을 갖고 있는 객체라면, 해당 객체에 정의된 type을 적용할 수 있게 해서 base64 같은 자바스크립트에는 없는 유형도 제대로 표현될 수 있도록 했다. 그리고 매개변수를 추가한 XML의 결과는 getXML() 메소드를 통해 가져올 수 있게 했다.

라이브러리는 AJIT 프레임워크가 위치된 디렉터리를 기준으로 asjs > utils > XMLRPC.js에 위치해 있으며, [리스트 8-5]는 블로그 편집기에서 사용된 XML-RPC용 라이브러리인 XMLRPC.js를 사용한 예다.

[리스트 8-5] XML-RPC용 라이브러리인 XMLRPC.js를 사용한 예

```
$import("asjs.utils.XMLRPC");

// [예제 8-1]용 XML 문자열의 생성 예
var xmlrpc = new asjs.utils.XMLRPC();
xmlrpc.method = "blogger.getUsersBlogs";
xmlrpc.addParam("");
xmlrpc.addParam("티스토리 블로그 계정 아이디");
xmlrpc.addParam("비밀번호");
document.write(xmlrpc.getXML());

// [예제 8-2용] XML 문자열의 생성 예
var xmlrpc = new asjs.utils.XMLRPC();
xmlrpc.method = "metaWeblog.newPost";
xmlrpc.addParam("40219");
xmlrpc.addParam("티스토리 블로그 계정 아이디");
xmlrpc.addParam("비밀번호");
xmlrpc.addParam({
    title:"블로그 API 테스트",
    description:"블로그 API 테스트",
    category:""
});
document.write(xmlrpc.getXML());

// [예제 8-3]용 XML 문자열의 생성 예
var xmlrpc = new asjs.utils.XMLRPC();
xmlrpc.method = "metaWeblog.newMediaObject";
xmlrpc.addParam("40219");
xmlrpc.addParam("블로그 아이디");
xmlrpc.addParam("비밀번호");
xmlrpc.addParam({
    type:"image/jpg",
    name:"lineChart.jpg",
    bits: {
        data : "Base64로 인코딩된 파일의 바이너리 데이터 문자열",
        type : "base64"
    }
});
document.write(xmlrpc.getXML());
```

이렇게 해서 XML-RPC용 XML을 만드는 자바스크립트 라이브러리 만드는 방법에 대해 살펴보고, 블로그 편집기에서 사용될 라이브러리의 사용법도 알아봤다. 다음 단계는 실제 Request를 작성해서 블로그 API를 호출할 차례다. 자바스크립트로 Request를 만들어서 블로그 API를 호출하는 방법에 대해 알아보자.

8.2.2 XML-RPC Request 만들기

XML이 담긴 Request를 작성해서 실제 블로그 API를 호출해보자. 1, 2부에서 API를 다루는 예제를 통해 Request를 작성하는 방법은 지긋지긋하게 설명했으니, Request에 대한 개념은 별도로 설명하지 않아도 이해할 것이다. 자 그럼 [예제 8-1], [예제 8-2], [예제 8-3]에서 작성된 Request를 자바스크립트로 만들어보자. [예제 8-4]는 [예제 8-1]에서 작성된 Request를 만들어본 예이며, [그림 8-2]는 [예제 8-4]의 실행 결과다.

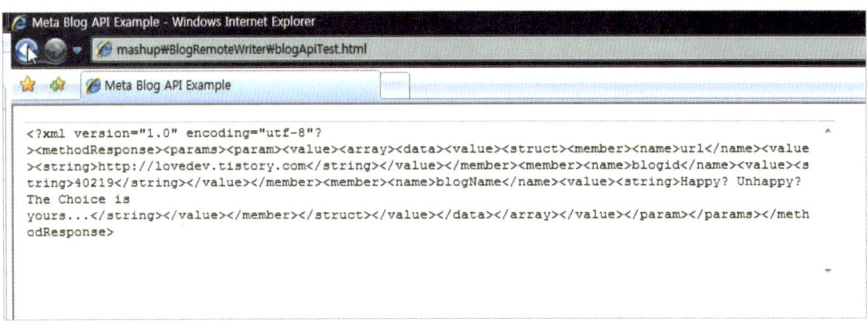

[그림 8-2] [예제 8-4]의 실행 결과

[예제 8-4] [예제 8-1]에서 작성된 Request 만들기

```
<!DOCTYPE HTML PUBLIC "-//W3C//DTD HTML 4.01 Transitional//EN"
  "http://www.w3.org/TR/html4/loose.dtd">
<html xmlns="http://www.w3.org/1999/xhtml">
    <head>
        <meta http-equiv="Content-Type" content="text/html;
            charset=utf-8" />
        <title>Meta Blog API Example</title>
        <script type="text/javascript" src="js/ajit.js">
        </script>
```

```
        <script type="text/javascript">
            $import("asjs.utils.XMLRPC");
        </script>
    </head>
    <body>
        <textarea id="result"
            style="width:800px;height:150px"></textarea>
        <script type="text/javascript">
            function login(userid,password){

                var blog_api_url =
                    "http://lovedev.tistory.com/api";
                var loader = new URLLoader();
                var req = new URLRequest();

                // XMLRPC 객체 생성
                var xmlrpc = new asjs.utils.XMLRPC();

                // XMLRPC 메소드 정의
                xmlrpc.method = "blogger.getUsersBlogs";

                // XMLRPC 매개변수 정의
                xmlrpc.addParam("");
                xmlrpc.addParam(userid);
                xmlrpc.addParam(password);

                // Content-Type을 text/xml로 정의
                req.contentType = "text/xml; charset=UTF-8";
                req.url = blog_api_url;

                // XML-RPC용 XML을 가져와서 Request의 바디 영역 정의
                req.data = xmlrpc.getXML();
                loader.load(req);

                loader.addEvent(URLLoaderEvent.onComplete,
                    onCompleteLoginHandler);
            }

            function onCompleteLoginHandler(response){
                $E("result").value = response.text;
            }
```

```
            login("티스토리 계정 아이디","비밀번호");
        </script>
    </body>
</html>
```

[예제 8-1]부터 [예제 8-4]까지 살펴보면서, 블로그 API를 호출하려면 Request를 어떻게 작성하고 사용해야 할지 알게 됐을 것이다. 라이브러리를 만든 김에 블로그 API도 XMLRPC 라이브러리를 만든 것처럼 쉽게 사용할 수 있도록 별도의 블로그 API도 하나의 라이브러리로 만들었다. 매쉬업을 하면 여러 개의 서비스를 한 곳에서 사용하게 되므로, 각 소스를 독립화해 패키지화하는 것은 필수다. 너무 많은 함수가 나열되면 소스코드 보기가 어려워지고 추후 수정이나 관리도 어려워지는 문제를 예방하는 차원도 있고, 기능의 추가나 수정이 쉽도록 애플리케이션을 유연하게 개발하기 위한 목적도 있다. [예제 8-5]는 블로그 API를 라이브러리로 만든 예이며, 티스토리와 워드프레스의 블로그 API를 지원하도록 했다. 블로그 API의 라이브러리 위치는 AJIT가 설치된 디렉토리를 기준으로 asjs > api > blog > MetaWeblogAPI.js다.

[예제 8-5] 블로그 API를 라이브러리로 구현하기

../example/chapter_08_BlogRemoteWriter/js/asjs/api/blog/MetaWeblogAPI.js

```
$import("asjs.utils.XMLRPC");

asjs.api.blog.MetaWeblogAPI = {
    blog_api_url : "",
    blog_url : "",
    blogType : "tistory",
    blog_id : "",
    blog_userid : "",
    blog_password : "",
    META_WEBLOG_APIS : {
        "GET_BLOG_INFO" : "blogger.getUsersBlogs",
        "WRITE_POST_DATA" : "metaWeblog.newPost",
        "WRITE_MULTIMEDIA_DATA" : "metaWeblog.newMediaObject",
        "GET_CATEGOIES" : "metaWeblog.getCategories",
        "GET_RECENT_POST" : "metaWeblog.getRecentPosts",
        "GET_POST" : "metaWeblog.getPost",
```

```javascript
            "UPDATE_POST" : "metaWeblog.editPost"
    },
    login : function (blogUrl,userid,password,callback){
        this.blog_url = blogUrl;

        // 인증하려는 블로그의 도메인이 tistory나 wordpress인지 확인한다.
        if(blogUrl.indexOf("wordpress.com") > -1){
            this.blog_api_url = blogUrl+"/xmlrpc.php";
            this.blogType = "wordpress";
        }else if(blogUrl.indexOf("tistory.com") > -1){
            this.blog_api_url = blogUrl+"/api";
            this.blogType = "tistory";
        }else{
            // 블로그마다 반환되는 API가 다르기 때문에 구현되어 있지 않은
            // 블로그라면 경고
            alert("지원하지 않는 블로그입니다.");
            // 메소드의 실행을 중지한다.
            return false;
        }

        this.blog_userid = userid;
        this.blog_password = password;
        var xmlrpc =
         this.getXMLRPC(this.META_WEBLOG_APIS.GET_BLOG_INFO);
         this.send(xmlrpc, callback);
    },
    writePost : function(struct,publishFlag,callback){
        if(!this.blog_id) return false;
        var xmlrpc =
         this.getXMLRPC(this.META_WEBLOG_APIS.WRITE_POST_DATA);
        xmlrpc.addParam(struct);
        xmlrpc.addParam(publishFlag);
        this.send(xmlrpc,callback);
    },
    writeFile : function(struct,callback) {
        if(!this.blog_id) return false;
        var xmlrpc = this.getXMLRPC(
            this.META_WEBLOG_APIS.WRITE_MULTIMEDIA_DATA);
        xmlrpc.addParam(struct);
        this.send(xmlrpc,callback);
    },
```

```
updatePost : function(postid,struct,publishFlag,callback){
    if(!this.blog_id) return false;

    var xmlrpc = this.getXMLRPC(
       this.META_WEBLOG_APIS.UPDATE_POST,postid);

    xmlrpc.addParam(struct);
    xmlrpc.addParam(publishFlag);
    this.send(xmlrpc,callback);
},
getPost : function(postid,callback){
    if(!this.blog_id) return false;

    var xmlrpc = this.getXMLRPC(
       this.META_WEBLOG_APIS.GET_POST,postid);
    this.send(xmlrpc,callback);
},
getRecentlyPosts : function(callback){
    if(!this.blog_id) return false;
    var xmlrpc = this.getXMLRPC(
       this.META_WEBLOG_APIS.GET_RECENT_POST);
    this.send(xmlrpc,callback);
},
getCategories : function(callback){
    if(!this.blog_id) return false;
    var xmlrpc = this.getXMLRPC(
       this.META_WEBLOG_APIS.GET_CATEGOIES);
    this.send(xmlrpc,callback);
},
getXMLRPC : function(method,postid){
    var xmlrpc = new asjs.utils.XMLRPC();
    xmlrpc.method = method;

    xmlrpc.addParam(postid || this.blog_id);
    xmlrpc.addParam(this.blog_userid);
    xmlrpc.addParam(this.blog_password);
    return xmlrpc;
},
send : function(xmlrpc,callback){
    if(!this.blog_api_url) return;
    var loader = new URLLoader();
```

```
        var req = new URLRequest();
        req.contentType = "text/xml; charset=UTF-8";
        req.data = xmlrpc.getXML();
        req.url = this.blog_api_url;
        loader.addEvent(URLLoaderEvent.onComplete, callback);
        loader.load(req);
    }
}
```

예제 8-5 분석

asjs.api.blog.MetaWeblogAPI 객체에 앞으로 사용할 블로그 API에 대한 것이 구현 됐으며, 하나의 서비스에서만 사용되는 아닌 여러 곳에서 사용될 수 있도록 설계했다. callback 기반으로 asjs.api.blog.MetaWeblogAPI에 블로그 API 관련 메소드들은 모두 실행 후 인자 값으로 받은 callback 함수를 호출하도록 되어 있어, 어디서든 유연하 게 사용할 수 있다. [예제 8-5]에서 작성된 소스는 다음과 같이 간단하게 사용할 수 있다.

```
<script type="text/javascript">
  $import("asjs.api.blog.MetaWeblogAPI");
</script>

<script type="text/javascript">

  function onCompleteLoginHandler(response){
      $E("result").value = response.text;
  }

  asjs.api.blog.MetaWeblogAPI.login("블로그 주소",
      "블로그 계정", "블로그 비밀번호", onCompleteLoginHandler);
</script>
```

복잡했던 부분이 이젠 정말 간단하게 메소드를 호출하는 것만으로 깔끔하게 사용할 수 있 게 됐으며, 소스를 라이브러리화했기 때문에 어디서 어떤 객체의 어떤 메소드가 호출됐는 지도 쉽게 알 수 있게 됐다. 매쉬업을 위해서는 오픈 API를 다루는 것도 중요하겠지만 이 처럼 라이브러리를 만들고 복잡함을 단순화하는 과정 역시 중요하다는 사실을 말해주고 싶었다.

복잡한 애플리케이션일수록 객체 지향적으로 설계해 구현하는 것이 좋다는 사실은 익히 들어 알고 있겠지만, 매쉬업 애플리케이션의 경우 여러 서비스가 조합되는 것이기에 더욱더 서비스를 객체화하고 소스 코드도 객체화해, 서로 유기적이면서도 독립적으로 작동할 수 있게 만들어야 한다는 것을 강조하고 싶었다.

블로그 API 사용을 위한 라이브러리도 만들어졌으니, 이젠 블로그에 담을 내용을 넣을 편집기만 만들면 어느 정도 블로그 편집기의 기본 틀이 완성될 것이다. 블로그 편집기는 2부에서 몇 번 다뤘던 오픈에디터를 활용하고 그 위에 오픈 API를 이용해 여러 기능을 결합하려 한다. 자, 그럼 뼈대가 되는 블로그 편집기를 만들어보고 오픈에디터의 플러그인을 만들어 하나씩 붙여나가 보자.

8.3 블로그 편집기 만들기

4장에서 오픈에디터용 이미지 통합 검색기를 만들 때 미완성이라고 언급한 적이 있었다. 3부의 블로그 편집기는 그때 이야기한 Remote Writer를 완성하는 것이다. 그때는 단순히 이미지만 검색해 사용하는 용도였지만, 많은 기능과 블로그 포스팅 기능이 어우러져 더욱 멋진 애플리케이션으로 다시 만들어진다. 기존 예제로 만들었던 Remote Write는 [그림 8-3]과 같은 블로그 편집기로 레이아웃과 기능이 변경되며, 많은 변화는 없지만 [그림 8-4]와 같은 레이어 구조와 애플리케이션 샌드박스 구조를 갖게 된다.

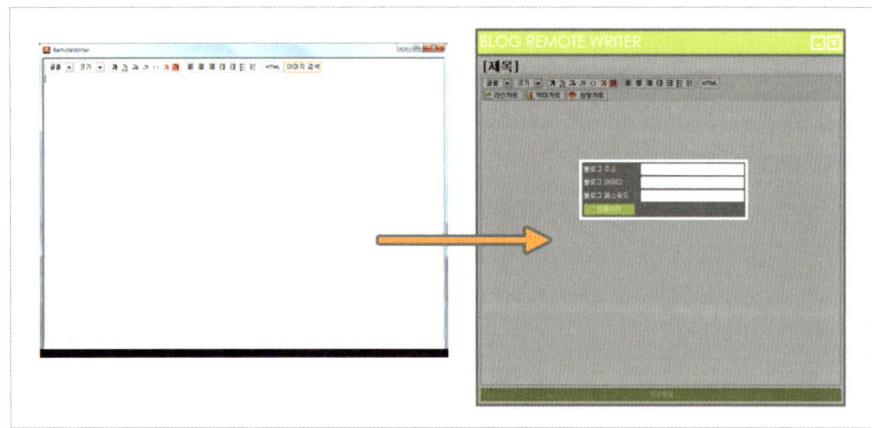

[그림 8-3] 블로그 편집기

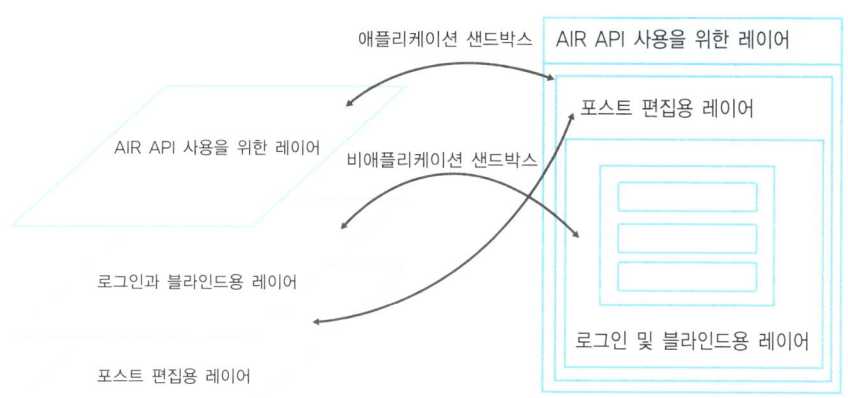

[그림 8-4] 블로그 편집기의 애플리케이션 구조

AIR API 사용을 위한 레이어는 비애플리케이션 샌드박스 영역에서 AIR의 API 호출을 위한 것도 있지만, 애플리케이션의 타이틀바 영역으로 애플리케이션의 최소화와 종료, 위치를 드래그할 수 있는 역할도 하게 된다. 그리고 포스트 편집용 레이어는 오픈에디터가 위치하고 포스트의 내용을 편집하는 레이어로, 블로그의 인증이 완료되지 않은 상태에서는 편집이 불가하도록 블라인드용 레이어를 포스트 편집용 레이어보다 상위에 위치시켰다. 블라인드 레이어가 활성화되면 포스트 편집용 레이어보다 위에 있으니, 블라인드용 레이어가 없어지지 않는 한 포스트 편집용 레이어로의 접근이 차단되기 때문에 편집이 불가능해진다. 블라인드용 레이어는 로그인 상태에 따라 혹은 파일이 업로드되는 순간 등 편집 상태에 따라 포스트의 편집을 제어하는 역할을 하게 된다.

[리스트 8-6]은 기존의 RemoteWriter 소스와 [그림 8-4]를 토대로 [그림 8-3]에서 애플리케이션 샌드박스에 해당되는 영역에 레이아웃과 관련된 내용을 추가한 예다.

[리스트 8-6] 기존 Remote Writer 소스에서 애플리케이션 샌드박스에 해당되는 영역에 레이아웃과 관련된 내용을 추가한 예

```
<style type="text/css">
    #titleDiv{
        width : 720px;
        height: 40px;
        background:#CDE855;
        border-top:5px solid #787878;
        border-left:5px solid #787878;
        border-right:5px solid #787878;
        padding-top:5px;
    }
    ul{
        margin:0px;
        padding:0px;
        list-style-type:none;
    }
    li{
        display:inline;
    }

    .right{
        float:right;
        margin:4px 4px 0px 0px;
    }

    .hand{
        cursor:pointer;
    }
</style>

<div>
    <div id="titleDiv"
        onmousedown="window.nativeWindow.startMove()">
      <ul>
          <li><img src="./img/editorLogo.gif"></li>
          <li class="right">
             <img src="./img/minimizeBtn.gif" class="hand"
                 onclick="minimize()">
             <img src="./img/closeBtn.gif" class="hand"
```

```
                    onclick="exit()">
            </li>
        </ul>
    </div>

    <iframe id="editorWindow"
            src="openeditor.html"
            sandboxRoot="http://asjs.net/"
            documentRoot="app:/"
            allowCrossDomainXHR = "true"
            style="width:780px;height:685px"
            frameBorder=0>
    </iframe>
</div>
```

기존 애플리케이션에서 레이아웃과 디자인적인 면만 변경된 것이어서 별다른 내용은 없다. 블로그 편집기에서는 블로그 편집기 로고, 최소화 버튼, 닫기 버튼 세 가지 정도의 이미지가 사용됐으며, #cde855(초록색), #ffffff(흰색), #787878(회색)의 색상을 이용해 블로그 편집기를 디자인했다.

타이틀바 영역에 마우스다운 이벤트가 발생하면 `window.nativeWindow.startMove()` 메소드가 호출되어 애플리케이션을 드래그해 이동될 수 있게 했고, 최소화 버튼 이미지를 클릭하면 애플리케이션이 최소화되고, 닫기 버튼을 클릭하면 애플리케이션이 종료되게 했다. 아직은 초반 레이아웃만 잡은 것이라 가볍게 살펴볼 수 있을 것이다. CSS의 작성 내용은 기초적인 부분이라 생략하고 넘어가겠다.

자, 그럼 이제부터 블로그 편집기의 핵심인 비애플리케이션 샌드박스 영역이 어떻게 구현됐는지 알아볼 차례다. 일단 구현된 예제 소스를 보고 예제를 분석하는 방식으로 이야기를 풀어나갈 것이다. [예제 8-6]은 오픈에디터와 이미 만들어둔 XMLRPC, 블로그 API 라이브러리를 활용해 블로그 편집기를 구현한 예다.

[예제 8-6] XMLRPC, 블로그 API 라이브러리를 활용해 블로그 편집기 구현하기

../example/chapter_08_BlogRemoteWriter/openeditor.html

```html
<!DOCTYPE HTML PUBLIC "-//W3C//DTD HTML 4.01 Transitional//EN"
    "http://www.w3.org/TR/html4/loose.dtd">
<html xmlns="http://www.w3.org/1999/xhtml">
    <head>
        <meta http-equiv="Content-Type" content="text/html;
            charset=utf-8" />
        <title>Blog Remote Writer</title>

        <script type="text/javascript" src="js/ajit.js">
        </script>

        <script type="text/javascript">
            // 블로그 API 라이브러리 가져오기
            $import("asjs.api.blog.MetaWeblogAPI");

            // XML 파싱을 위한 XmlParser 라이브러리 가져오기
            $import("asjs.utils.XmlParser");

            // 오픈에디터 라이브러리 가져오기
            $include("./js/open_editor/OpenEditor.js");
        </script>

        <style type="text/css">
            body{
                font-size : 12px;
                font-family : 굴림,Gulim,돋움,Dotum;
                background : #fff;
                color : #000;
                padding : 0px;
                margin : 0px;
            }
            #wrap{
                position : absolute;
                width : 710px;
                padding : 5px;
                margin : 0px;
                background : #fff;
                border : 5px solid #787878;
            }
```

```css
input[type=button]{
    font-family : 굴림,Gulim,돋움;
    border : 1px solid #A7C520;
    background : #A7C520;
    color : #fff;
    font-size : 12px;
    width : 100px;
    border : 2px solid #94b20c;
    height : 23px;
    cursor : pointer;
}
#loginContainer{
    position : absolute;
    z-index : 99;
    background : #787878;
    border : 5px solid #fff;
    top : 200px;
    left : 200px;
    color : #fff;
}

#loginContainer input[type=text],
#loginContainer input[type=password]{
    border : 0px;
    width : 200px;
    height : 20px;
}

#subject{
    width : 710px;
    margin-bottom : 3px;
    height : 25px;
    background : #fff;
    border : 0px;
    font-size : 24px;
    font-family : 돋움체,DotumChe,gulim,굴림,Arial;
    font-weight : bold;
    color : #000;
    border-bottom : 1px dotted #ccc;
}
#writeBtn{
```

```
            margin-top : 5px;
            width : 710px;
            height : 25px;
        }
        .blind{
            position : absolute;
            left : 0px;
            top : 0px;
            background : #000;
            width : 100%;
            height : 100%;
            opacity : 0.3;
        }
    </style>

    <script type="text/javascript">
        // 블로그 API 객체를 BlogAPI 객체로 할당
        var BlogAPI = asjs.api.blog.MetaWeblogAPI;

        // 초기화 함수
        function initialize(){
            editor.setData("");
            $E("subject").value = "[제목]";

        }

        // 로그인 완료 후 실행될 이벤트 함수
        function onCompleteLoginHandler(response){
            var xml = new
                asjs.utils.XmlParser(response.xml).toJson();

            // 블로그 아이디가 있는지 분석한 후 블로그 아이디가 설정됐다면
            if(setBlogId(xml)){

                // 로그인 폼을 숨긴다.
                $E("loginContainer").setStyle("display",
                "none");

                // 블라인드 레이어를 숨긴다.
                hideBlind();
            }
```

```
}

// XML을 파싱하고 블로그 API 객체에 블로그 아이디를 설정한다.
function setBlogId(xml){

    // XML을 사용하기 쉽도록 데이터만 뽑아낸다.
    var xmlData = parseXMLRPCArrayStructData(xml);
    for(var i=0; i < xmlData.length; i++){

        // 블로그 아이디와 현재 로그인한 블로그 아이디가 일치한다면
        if(xmlData[i].url == BlogAPI.blog_url){
            // 블로그 아이디를 설정하고 for 문을 중지하고
            // 빠져나온다.
            BlogAPI.blog_id = xmlData[i].blogid;
            break;
        }
    }
    return BlogAPI.blog_id;
}

// XMLRPC의 Response로 받은 XML을 사용하기 쉽게 재가공하는 함수
function parseXMLRPCArrayStructData(xml){
    var data = xml.methodResponse.params.
            ↪param.value.array.data.value;
    var xmlrpcData = [];

    // 내부 함수로 struct 노드에서 Key와 Value를 추출한 후
    // Object로 반환
    function getStructStringData(struct){
        var tmp = {};
        var key = "";
        var val = "";
        for(var i=0; i<struct.member.length; i++){
            key = struct.member[i].name.text;
            // string 노드의 값만 가져온다.
            val = struct.member[i].value.string ?
                struct.member[i].value.string.text
                : "";
            tmp[key] = val;
        }
        return tmp;
```

```
            }

        if(data.length){
            for(var i=0; i < data.length; i++)
                xmlrpcData.push(
                    getStructStringData(data[i].struct));
        }else{
            xmlrpcData.push(
                getStructStringData(data.struct));
        }
        return xmlrpcData;
}

// 블라인드 레이어를 활성화한다.
function showBlind(){
    $E("blindDiv").setStyle("display","block");
}

// 블라인드 레이어를 감춘다.
function hideBlind(){
    $E("blindDiv").setStyle("display","none");
}

// 블로그 API를 이용해 로그인하는 함수
function login(){
    BlogAPI.login($E("tistoryUrl").value,
                  $E("username").value,
                  $E("password").value,
                  onCompleteLoginHandler);
}

// 블로그 API의 포스트를 작성하는 API를 호출하는 함수
function doWrite(){

    // 제목이 입력돼 있지 않다면
    if(!chkSubject()){
        alert("제목을 입력해주세요");
        $E("subject").focus();
        return false;
    }
```

```javascript
        // 에디터에 입력된 내용이 없다면
        if(editor.getData() == ""){
            alert("내용을 입력해주세요");
            editor.focus();
            return false;
        }

        // 포스트를 API를 통해 작성할 때 편집이 불가하도록 블라인드를
        // 활성화한다.
        showBlind();

        // 블로그 API를 호출한 후 onCompleteWriteHandler
        // 함수를 호출한다.
        BlogAPI.writePost({
                "title" : $E("subject").value,
                ""description" : getContent(),
                "category" : ""
        },1,onCompleteWriteHandler);

    }

    // 에디터의 내용을 가져오는 함수
    function getContent(){

        // 에디터의 내용에서 < 문자열이 있다면 &li;로 치환한다.
        var content =
                editor.getData().replaceAll("<","&lt;");
        return content;
    }

    // 블로그 API로 포스트 작성이 완료되면 호출될 콜백 함수
    function onCompleteWriteHandler(response){

        // 블라인드를 감춘다.
        hideBlind();

        // 글쓰기 폼을 초기화한다.
        initialize();
    }

    function chkSubject(){
```

```
                var val = $E("subject").value;
                if(val == "[제목]" || val == ""){
                    $E("subject").value = "";
                    return false;
                }
                return true;
            }

            // 에디터 객체를 생성한다.
            var editor = new OpenEditor({styles: {
                "height": "550px"
            }});

        </script>

    </head>
    <body>
        <div id="wrap">
        <div id="blindDiv" class="blind"></div>
        <div id="loginContainer">
            <table width="320" background="#FFFFFF"
                    id="loginForm">
                <colgroup>
                    <col width="120"></col>
                    <col width="200"></col>
                </colgroup>
                <tr>
                    <td>블로그 주소</td>
                    <td><input type="text" id="tistoryUrl"
                            value=""/></td>
                </tr>
                <tr>
                    <td>블로그 아이디</td>
                    <td><input type="text" id="username"
                            value=""/></td>
                </tr>
                <tr>
                    <td>블로그 패스워드</td>
                    <td><input type="password" id="password"/
                            value=""></td>
                </tr>
```

```
                <tr>
                    <td colspan="2">
                        <input type="button" value="인증하기"
                            onclick="login()">
                    </td>
                </tr>
            </table>
        </div>
        <div id="editorWrap">
          <div>
          <input type="text" id="subject"
                value="[제목]" onclick="chkSubject()"/>
          </div>
          <textarea id="openeditor"></textarea>
          <script type="text/javascript">
              editor.write("openeditor");</script>
          <div>
              <input type="button" id="writeBtn"
                   value="작성완료" onclick="doWrite()">
          </div>
        </div>
      </div>
    </body>
</html>
```

예제 8-6 분석

1. 오픈 에디터, 블로그 API, XML 파싱용 라이브러리 가져오기

```
$import("asjs.api.blog.MetaWeblogAPI");
$import("asjs.utils.XmlParser");
$include("./js/open_editor/OpenEditor.js");
```

블로그 API의 사용을 위해 `MetaWebLogAPI` 객체와, 예제에서 XML 파싱을 위해 계속 사용해왔던 `XmlParser` 객체, 그리고 오픈에디터를 사용하기 위해 OpenEditor.js를 가져 왔다.

2. 로그인 기능

loginContainer 아이디를 가진 DIV 레이어에 로그인 폼을 만들었으며, 인증하기 버튼이 클릭되면 아래의 `login()` 함수가 호출되어 BlogAPI의 `login()` 메소드가 실행된다. 블로그 API가 호출되고 난 후 정상적으로 Response를 반환받았다면 onCompleteLoginHandler() 함수가 호출된다.

```
function login(){
    BlogAPI.login($E("tistoryUrl").value,
                  $E("username").value,
                  $E("password").value,
                  onCompleteLoginHandler);
}
```

사실 로그인 API의 호출까지는 쉽게 할 수 있으나 반환받은 XML을 파싱할 때 문제가 발생할 여지가 있다. 근본적인 이유는 XML-RPC의 Response XML에는 노드명과 노드 값이 Key와 Value의 관계가 아니기 때문이며, 그 다음 이유는 로그인한 사용자가 블로그의 권한을 여러 개 갖고 있을 수 있기 때문이다.

한 사람이 다른 사람의 블로그의 권한도 부여받아 포스팅이 가능한 경우가 있는데, 이를테면 팀블로그 같은 경우다. 다음의 XML 예를 살펴보자. http://aaa.tistory.com의 API를 사용하려고 로그인을 한 상태라면 어떻게 해야 블로그의 아이디를 가져올 수 있을까?

```
...중략
<value><struct>
  <member>
    <name>url</name>
    <value><string>http://xxx.tistory.com</string></value>
  </member>
  <member><name>blogid</name>
    <value><string>123123</string></value>
  </member>
  <member>
    <name>blogName</name>
    <value><string>xxx</string></value>
  </member>
</struct></value>
<value><struct>
  <member>
    <name>url</name>
    <value><string>http://aaa.tistory.com</string></value>
  </member>
```

```
    <member><name>blogid</name>
       <value><string>123456</string></value>
    </member>
    <member>
       <name>blogName</name>
       <value><string>aaa</string></value>
    </member>
  </struct></value>
...중략
```

문제는 `<struct>` 노드를 설명하면서 이야기했듯이 `<member>` 노드의 키(key)에는 `<name>`의 값이 들어가고 밸류(value)에는 `<value>`의 값이 들어가기 때문에 키가 되는 노드를 바로 찾을 수 없게 된다는 점이다. 또한 키가 되는 `<name>` 노드가 순서적으로 위치된 것이어서 어디에 블로그 아이디가 정의되어 있을지도 명확하지 못하다. 따라서 전체 노드를 모두 읽어봐야 내가 원하는 값이 어디에 있는지 확실하게 알 수 있게 된다.

그래서 이런 점을 해결하기 위해 `<struct>` 노드를 Object 형식으로 재가공해주는 `parseXMLRPCArrayStructData()` 함수를 만들었다. 이 함수의 내부에 정의된 `getStructStringData()` 함수를 살펴보면 키와 값에 해당되는 값을 Object의 키와 값으로 정의하고 Object를 반환해주는 걸 알 수 있다.

```
function getStructStringData(struct){
    var tmp = {};
    var key = "";
    var val = "";
    for(var i = 0; i < struct.member.length; i++){
        key = struct.member[i].name.text;
        val = struct.member[i].value.string.text;
        tmp[key] = val;
    }
    return tmp;
}
```

tmp라는 임시 객체를 생성하고 `<struct>` 노드의 `<member>` 노드 name과 value 값을 찾아서 tmp[name] = value 형식으로 tmp 객체를 만들어서 반환해준 것이다. 이는 `<struct>` 노드가 반복되는 노드여서 for 문 안에 많은 내용을 담으면 가독성과 명확성이 떨어지기 때문에 소스의 가독성과 명확성을 높이기 위해 내부 함수를 하나 만들어 사용한 것이지 특별한 이유는 없다.

블로그 서비스에서 갖고 있는 블로그 권한이 단 한 개인 사람만 존재한다면, 아마 XML을 파싱하는 고민은 하지 않아도 됐을 것이다. 그렇다면 blogger.getUsersBlogs란 메소드도 blogger.getUserBlog란 이름이 되지 않았을까? 하지만 이렇게 해당 사용자가 가진 블로그 권한이 여러 개인 경우도 있고, XML-RPC의 Response 형식의 문제 때문에 복잡해질 수밖에 없으며, 정확한 블로그의 아이디를 가져와야 API를 사용할 수 있기 때문에 어쩔 수 없이 까다로운 절차를 거칠 수밖에 없었다.

onCompleteLoginHandler() 함수가 바로 이렇게 여러 복잡한 과정을 거쳐 BlogAPI 객체의 blog_id 속성에 블로그 아이디가 설정되면 로그인이 완료된 것으로 판단하는 역할을 한다.

3. 블라인드 기능

```
<style type="text/css">
    blind{
        position : absolute;
        left : 0px;
        top : 0px;
        background : #000;
        width : 100%;
        height : 100%;
        opacity : 0.3;
    }
</style>
<script type="text/javascript">

    function showBlind(){
        $E("blindDiv").setStyle("display","block");
    }

    function hideBlind(){
        $E("blindDiv").setStyle("display","none");
    }
</script>

<div id="blindDiv" class="blind"></div>
```

블라인드의 기능은 이름에서 알 수 있듯이 일종의 커튼 같은 효과를 의미한다. 커튼이 쳐 있을 때는 밖을 보지 못하듯이 블라인드 기능이 켜져 있을 때는 해제될 때까지 기능을 막아버리는 것이다. 이런 블라인드 기능은 DOM 구조만 이해하고 있다면, 아주 간단하게 구현할 수 있다. [그림 8-4]를 통해 블로그 편집기의 레이어를 설명하면서 이야기했듯이, 블라인드 레이어는 블로그 편집기의 가장 상단에 위치하며, 가로와 세로 크기는 100%를 주어 모든 영역을 덮어버릴 수 있게 했다. 또한 배경이 검정이어서 답답해 보일 수 있으니 블라인드 레이어보다 아래에 위치한 모습도 모두 보일 수 있도록 투명도를 줬다.

블라인드 기능은 `showBlind()` 함수가 호출되면 블라인드 레이어 스타일의 `display` 속성이 `block`으로 바뀌어 블라인드 레이어보다 아래에 있는 엘리먼트에는 접근이 불가능하도록 블라인드가 쳐지고, `hideBlind()` 함수가 호출되면 블라인드 레이어가 감춰져 엘리먼트 접근이 가능하도록 블라인드가 해제되는 것이다.

4. 포스트 작성 기능

포스트 작성을 완료한 후 작성 완료 버튼을 클릭하면, `doWrite()` 함수가 호출된다. `doWrite()` 함수는 제목과 `getContent()` 함수로 블로그 편집기에 작성된 내용을 가져와 API를 호출한다. 이때 제목을 작성했는지, 내용이 작성됐는지 유효성 체크를 하고, 편집기의 본문 내용에 "<" 문자열이 있다면, "<" 문자열로 치환한다. 문자열을 치환하는 이유는 데이터를 XML로 전달하는 것이다 보니 "<" 문자열이 그대로 사용되면, XML이 완성되지 못하고 도중에 미완성된 채로 깨질 수 있기 때문에 미연에 방지하지 위해서다.

치환된 문자열은 블로그에 전달될 때 다시 "<" 문자열로 변환되기 때문에, 아무 문제가 없다. 또한 블로그 API를 통해 포스트가 등록되는 중에는 편집이 불가능하도록 블라인드 기능이 활성화되며, 포스트 등록이 완료되면 `onCompleteWriteHandler()` 콜백 함수가 호출되어 새로운 포스트가 작성될 수 있도록 모든 값이 초기화된다.

이것으로 블로그 편집기에서 가장 기본이 되는 블로그 인증과 블라인드 기능, 그리고 블로그에 포스트를 작성할 수 있는 기능이 구현되어 블로그 편집기의 기본적인 기능이 완성됐다. 지금부턴 기존에 다뤘던 API도 정리할 겸, 블로그 편집기의 기능도 강화할 겸 블로그 편집기로 사용된 오픈에디터의 플러그인을 만들어보겠다.

8.3.1 구글 지도 플러그인 만들기

[그림 8-5]와 같이 구글의 지도 API를 이용해 지도를 손쉽게 만들 수 있는 블로그 편집기용 플러그인을 만들어보자. 지도 플러그인은 위치를 검색할 수 있고, 검색된 위치를 클릭하면 해당 좌표에 간단한 메시지를 추가할 수 있으며, 드래그가 가능한 마커가 생성된다. 이런 식으로 마커를 여러 개 등록할 수 있으며, '지도 삽입하기' 버튼을 클릭하면 생성된 지도 정보를 추출해 블로그 편집기에 지도를 첨부해주는 플러그인이다. API를 이용해서 지도를 생성하는 것과는 또 다른 면의 API 사용 방법을 느낄 수 있을 것이다.

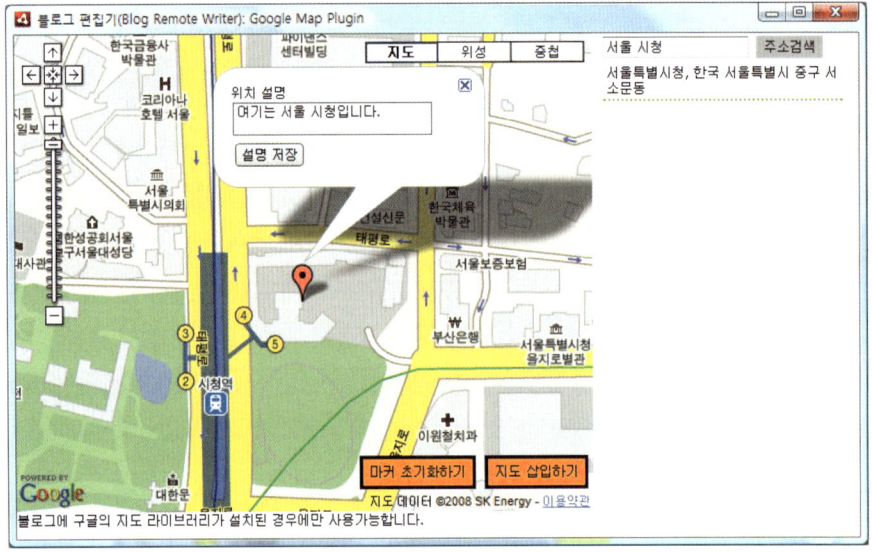

[그림 8-5] 블로그 편집기용 구글 지도 플러그인

8.3.1.1 주소 검색기 만들기

1, 2부에서 다루지는 않았지만 구글 지도 API도 주소를 좌표로 변환해준다든가, 좌표를 주소로 변환해주는 API를 제공하고 있다. 이 기능은 `GClientGeoCoder` 객체를 이용해 구현할 수 있으며, [표 8-2]에 `GClientGeoCoder` API 중 주소 검색에 관련된 API를 정리해뒀다.

[표 8-2] GClientGeoCoder API 중 주소 검색에 관련된 API

메소드	매개변수	설명
getLatLng	String address Function callback	주소에 해당되는 좌표 객체(GLatLng)를 callback() 함수로 전달
getLocations	String address Function callback	주소를 검색하고 좌표 정보, 우편번호, 상세 주소가 포함된 결과를 callback() 함수로 전달
getLocations	GLatLng coordinate Function callback	좌표를 기준으로 주소를 검색하고 좌표 정보, 우편번호, 상세 주소가 포함된 결과를 callback() 함수로 전달

`getLatLng()` 메소드의 경우 사용해보면 알겠지만, 주소와 콜백 함수만 매개변수로 정의해주면 바로 사용이 가능한데, `getLocations`의 경우 콜백 함수로 전달된 검색결과 정보 객체의 내부를 알아야 사용할 수 있으며, 검색결과 객체의 구조는 다음과 같다.

Placemark [배열]
    Address: 주소 정보
    Point
        coordinates[배열]
            - [0]: 경도 좌표값
            - [1]: 위도 좌표값
    AddressDetails
        Accuracy: 검색 정확도로 1은 국가, 2는 지방 자치구, 3은 지역구, 4는 도시, 5는 우편번호, 6은 도로명 등 0~9단계까지의 정확도 범위를 갖고 있으며, 정확도에 따라 제공하는 정보의 범위도 달라진다. 예를 들어, 적어도 정확도가 2 이상이어야 Locality 정보가 존재하는 것이다.
        Country
            CountryName: 국가명
            CountryNameCode: 국가 코드
        Locality
            DependentLocality
                DependentLocalityName: 지역구명(성북구, 강남구 등)
                PostalCode
                    PostalCodeNumber: 우편번호

	Thoroughfare	
		ThoroughfareName: 동, 리, 면, 도로명
	LocalityName: 지방명(광역시, 특별시 등의 행정구역명)	

Google API 참고문서
http://code.google.com/intl/ko/apis/maps/documentation/reference.html#GClientGeocoder

[리스트 8-7]은 `GClientGeoCoder` API로 주소를 검색해, 검색결과 리스트를 만든 예로, [그림 8-5]에서 주소를 검색하는 부분에 사용된 내용이다. `getLocation()` 함수가 호출되면, `locationTxt` 객체의 값을 가지고 주소를 검색하게 된다. 검색이 완료되면 `onCompleteGetLocationHandler()` 콜백 함수가 호출되며, 검색결과를 배열로 갖고 있는 `Placemark` 객체를 검색결과 리스트를 만드는 함수인 `drawResultList()` 함수로 전달한다. `Placemark` 객체가 배열인 만큼 `for` 문을 이용해 원하는 정보를 추출하고, 검색결과 리스트를 만드는 내용이다.

[리스트 8-7] GClientGeoCoder API로 주소를 검색해, 검색결과 리스트를 만드는 예

```javascript
function getLocation(){
    var name = $E("locationTxt").value;
    var geoCoder = new GClientGeocoder();
    geoCoder.getLocations(name,onCompleteGetLocationHandler);
}

function onCompleteGetLocationHandler(response){
    drawResultList(response.Placemark);
}

function drawResultList(data){
    if(!data) return;
    initList();

    for(var i = 0; i < data.length; i ++){
        var li = $new("li");
        li.setHTML(data[i].address);
        li.Point = new GLatLng(data[i].Point.coordinates[1],
                    data[i].Point.coordinates[0]);
        li.addEvent("click",moveMap);
```

```
            $E("locationResults").addChild(li);
        }
    }
```

8.3.1.2 지도 마커 관리하기

블로그 편집기에서 사용되는 구글 지도 플러그인은 여러 개의 마커를 추가하고 사용하는 만큼, 마커를 효율적으로 제어하고 사용할 수 있는 기능이 수반돼야 지도를 편집기에 첨부할 때 마커 정보도 추출해서 지도를 만들 수가 있다. 또한 구글 지도 API는 마커를 관리할 수 있는 API는 제공해주지 않기 때문에 마커 관리는 지도 API를 이용하는 사용자의 몫으로 남게 된다.

GMarkerManager 객체가 존재하기는 하지만, 이는 어디까지나 마커를 효율적으로 추가하는 데 목적이 있기 때문에 관리 측면과는 약간 동떨어진 면이 있다. 지도의 마커를 관리하기 위해 주로 쓰이는 방법은, 배열이나 객체에 저장해두고 필요할 때 사용하는 방식이다. [리스트 8-8]은 마커가 어떻게 관리되고 사용되는지를 보여주는 예다.

[리스트 8-8] 구글 지도 API를 사용할 때 마커를 관리하는 예

```
var markers = [];
function makeMarker(point,msg){
    // 해당 좌표에 해당하는 마커가 없다면 마커를 생성한다.
    for(var i=0; i < markers.length; i++){
        if(point == markers[i].getLatLng()){
            // 이미 존재하는 마커라면 함수 실행을 중지한다.
            return;
            break;
        }
    }
    // 드래그가 가능한 마커 객체 생성
    var marker = new GMarker(point,{draggable:true});
```

```javascript
        // 마커에 메시지 속성 정의
        marker.msg = msg || "";

        // 마커가 관리될 인덱스 속성 정의
        marker.i = markers.length;

        // 마커를 지도에 추가
        google_map.addOverlay(marker);

        // 마커를 관리하는 markers 객체에 현재 추가된 마커를 추가
        markers.push(marker);

        // 마커가 클릭됐을 때 이벤트 정의
        GEvent.addListener(marker,"click",
          function(){
        marker.openInfoWindow("위치 설명 <br/><textarea id="+marker.i
            + " onblur='saveMsg(this.id,this.value)'>"
            + marker.msg
            + "</textarea><br />"
            + "<input type='button' value='설명 저장' "
            + " onclick='closeMarkerInfoWindow("+marker.i+")' />");
          });

        // 마커를 드래그할 때 드래그가 완료됐을 경우의 이벤트 정의
        GEvent.addListener(marker,"dragend",
            function(){marker.closeInfoWindow();});

        // 마커에 등록된 click 이벤트를 실행
        GEvent.trigger(marker,"click");
}

// 지정된 마커의 InfoWindow가 열려 있다면 닫는 함수
function closeMarkerInfoWindow(id){
    markers[id].closeInfoWindow();
}

// 마커의 InfoWindow 폼에 작성된 메시지를 저장하는 함수
function saveMsg(id,msg){
    // 메시지 내용 중 \n 줄바꿈은 <br />로 치환한다.
    markers[id].msg = msg.replaceAll("\n","<br />");
}
```

[리스트 8-8]을 살펴보면, 마커를 담을 전역 변수 `markers`가 존재하고 `makeMarker()` 함수가 호출되어, 마커가 추가될 때마다 for 문이 돌면서 `markers`에 등록된 마커의 좌표값을 추가하고자 하는 좌표값과 비교한다. 그리고 마커를 추가하려는 위치에 마커가 존재하지 않는다면, 마커를 추가한다. 이때 마커 객체에 마커의 인덱스 속성이 부여되며, 인덱스 속성은 마커의 `InfoWindow` 객체에 작성된 메시지 정보를 저장할 때나 닫을 때 이용되며, 인덱스 속성과 동시에 부여된 메시지 속성은 지도에서 마커 정보를 추출해서 추출한 지도의 마커의 `InfoWindow`를 만들 때 사용된다.

그리고 [리스트 8-8]의 내용 중 `GEvent.addListener`, `GEvent.trigger` 등 지도 API의 이벤트와 관련된 내용이 있어 잠깐 설명하고 넘어가고자 한다. 구글 지도 객체는 이벤트를 가질 수 있는 객체와 가질 수 없는 객체가 있으며, 이벤트의 유형도 저마다 다르므로, 누누이 말하지만 구글의 API 참고문서를 꼭 보길 바란다.

마커 객체에 설정할 수 있는 이벤트 유형으로는 `click`, `dblclick`, `dragstart` 등이 있으며, GEvent.addListener(지도 객체, 이벤트 유형, 이벤트 리스너 함수);의 형식으로 이벤트를 정의한다. `GEvent.trigger`는 해당 지도 객체에 등록된 이벤트를 강제 실행시키는 메소드로 [리스트 8-8]에서는 마커 객체에 등록된 `click` 이벤트가 강제로 실행되게 했다.

8.3.1.3 지도 정보 추출 및 지도 첨부하기

생성된 지도가 그대로 표현되도록 스크립트를 만들어주는 데는 지도를 생성하는 것과는 정반대의 API가 필요하다. 지도를 생성하고 설정할 때는 마커를 추가하거나 수정하고, 지도의 위치를 변경하고, 크기를 변경하는 정도였다면, 그렇게 변경된 지도를 그대로 표현하는 스크립트를 만들어줄 때는 정반대로 현재 지도의 확대 정보를 가져오고, 마커 정보를 가져오고, 지도의 현재 위치 정보를 가져오는 등 현재 지도에 사용된 모든 객체의 정보를 수집하는 위주로 구현하게 된다.

[리스트 8-9]는 현재 만들어진 지도 정보를 수집해서 지도를 만드는 태그와 스크립트 문자열을 만드는 예로, `getMapScript()` 함수가 호출되면, 지도가 표현될 DIV와 DIV 객체의 아이디를 만들고, 현재 지도의 좌표값을 가져와 지도의 중심을 동기화하는 스크립트 문자열을 만든다. 그리고 현재 지도와 똑같은 컨트롤러를 추가하

고, 마커를 추가한다. 이때 mkm()이라는 함수를 만들어서 마커를 추가하게 했으며, for 문이 돌면서 마커를 관리하려고 마커를 저장해뒀던 markers의 정보를 활용한다. 마커의 위치나 마커의 InfoWindow의 메시지가 현재 지도와 동기화하는 데 쓰이며, 동기화 작업을 하는 문자열이 다 만들어지고 나면 그 문자열을 반환해주는 것이다.

[리스트 8-9] 지도 정보를 수집해서 지도를 만드는 태그와 스크립트 문자열을 만드는 예

```
function getMapScript(){
    var mapId = "map_"+Math.random();

    var sb = new StringBuffer();
    sb.append('<br /><div id="'
      + mapId
      + '" style="width:530px;height:430px"
      class="OpeneditorEmbed">');
    sb.append('GoogleMap<br>블로그에 구글의 지도 라이브러리가 설치된 경우에만');
    sb.append('사용 가능합니다.</div>');
    sb.append('<script type="text/javascript">');
    sb.append('var google_map = ');
    sb.append(' new
      GMap2(document.getElementById("'+mapId+'"));');
    sb.append('point = new GLatLng('
       + google_map.getCenter().lat()
       + ','
       + google_map.getCenter().lng()
       + ');');
    sb.append('google_map.addControl(new GMapTypeControl());');
    sb.append('google_map.addControl(new
      GLargeMapControl());');
    sb.append('google_map.setCenter(point, 17);');
    sb.append('google_map.setMapType(G_NORMAL_MAP);');
    sb.append('google_map.enableContinuousZoom();');
    sb.append('google_map.enableScrollWheelZoom();');

    sb.append('markers = [];');

    sb.append('function mkm(point,msg){');
    sb.append('var marker = new GMarker(point);');
```

```
sb.append('marker.msg = msg;');
sb.append('GEvent.addListener(marker,"click",');
sb.append('function(){marker.openInfoWindow(msg);});');
sb.append('google_map.addOverlay(marker);');
sb.append('markers.push(marker);');
sb.append('}');

for(var i =0; i < markers.length; i++){
    sb.append('mkm(new GLatLng('
      + markers[i].getLatLng().lat()
      + ','
      + markers[i].getLatLng().lng()
      + '),"'
      + markers[i].msg
      + '");');
    sb.append('markers[0].openInfoWindow(markers[0].msg);');
};

sb.append('</').append('script><br /><br />');

return sb.toString();
}
```

> 참고

구글 지도 플러그인을 이용해서 블로그에 지도를 첨부하려면, 우선 해당 블로그에 구글 지도 API가 사용될 수 있도록, 해당 블로그의 도메인에 해당되는 지도 키를 발급받고 지도 라이브러리가 사용될 수 있도록 먼저 설정을 해야 한다. 티스토리의 경우 [그림 8-6] 처럼 스킨을 편집해주면 되며, 스킨 편집 기능이나 블로그 편집 기능이 없을 경우, getMapScript( ) 함수의 내용에서 SringBuffer 객체가 처음 시작될 때 구글 지도 API 스크립트를 가져오는 부분을 추가해야 한다.

[그림 8-6]

이렇게 해서 [예제 8-7], [예제 8-8]과 같은 구글 지도 플러그인이 만들어졌으며, [그림 8-7]은 구글 지도 플러그인을 이용해 블로그 편집기로 블로그에 포스팅한 예다.

[예제 8-7] 구글 지도 플러그인 구현하기

../example/chapter_08_BlogRemoteWriter/js/openeditor/map/GoogleMapPlugin.html

```html
<!DOCTYPE html PUBLIC "-//W3C//DTD XHTML 1.0 Strict//EN"
  "http://www.w3.org/TR/xhtml1/DTD/xhtml1-strict.dtd">
<html xmlns="http://www.w3.org/1999/xhtml">
  <head>
    <meta http-equiv="content-type" content="text/html;
        charset=utf-8"/>
    <title>구글 지도 플러그인</title>
    <script type="text/javascript" src="js/ajit.js"></script>
    <script
      src="http://maps.google.co.kr/maps?file=api&amp;v=2&amp;
        key=지도키" type="text/javascript"></script>
  </head>

  <style type="text/css">
    body{
        margin : 0px;
        padding : 0px;
        font-size : 12px;
    }
    ul{
        margin : 0px;
        padding : 0px;
        list-style-type : none;
    }

    #container{
        width : 770px;
    }
    #mapCotainer{
        width : 530px;
        float : left;
    }
    #searchForm{
        float : left;
        width : 220px;
        height : 420px;
        margin-left : 10px;
        overflow : auto;
    }
```

```css
        #searchForm input[type=text]{
            width : 130px;
            height : 15px;
            font-size : 12px;
        }
        #searchForm input[type=button]{
            border : 1px solid #ccc;
            cursor : pointer;
        }
        #locationResults li{
            clear : both;
            padding : 3px; 0px 0px 0px;
            border-bottom : 2px dotted #94b20c;
            cursor : pointer;
        }
        #insertMapDiv{
            position : absolute;
            top : 380px;
            left : 315px;
        }
        #insertMapDiv input[type=button]{
            border : 3px solid #000;
            font-size : 12px;
            height : 30px;
            background : #FF9900;
            cursor : pointer;
        }
        .clear{
            clear : both;
        }
    </style>

    <body onunload="GUnload()">
        <ul id="container">
            <li id="mapCotainer">
                <div id="mapDiv"
                    style="width: 530px; height: 430px"></div>
            </li>
            <li id="searchForm">
                <div>
                    <input type="text" id="locationTxt" />
```

```html
                    <input type="button" value="주소검색"
                        onclick="getLocation()"/>
            </div>
            <div id="locationResultsContainer">
                <ul id="locationResults"></ul>
            </div>
        </li>
        <div id="insertMapDiv">
            <input type="button" value="마커 초기화하기"
                onclick="initMarker()" />

            <input type="button" value="지도 삽입하기"
                onclick="insertMap()" />
        </div>
    </ul>
<div class="clear"></div>

<div>블로그에 구글의 지도 라이브러리가 설치된 경우에만 사용 가능합니다.</div>

<script type="text/javascript">

 if (GBrowserIsCompatible()) {
    var google_map = new
        GMap2(document.getElementById("mapDiv"));

    // 마커를 저장하고 관리할 전역 변수
    var markers = [];

    // 기본 좌표값(서울 시청)
    point = new GLatLng(37.56647, 126.977963);

    // 지도 컨트롤러 추가
    google_map.addControl(new GMapTypeControl());
    google_map.addControl(new GLargeMapControl());
    google_map.setCenter(point, 17);

    // 지도 타입을 일반 모드 설정
    google_map.setMapType(G_NORMAL_MAP);

    // 확대 조절이 자연스럽게 이뤄지도록 한다.
    google_map.enableContinuousZoom();
```

```
    // 마우스 휠로 확대 조절이 가능하도록 한다.
    google_map.enableScrollWheelZoom();
    makeMarker(point,'여기는 서울 시청입니다.');
}

function getLocation(){
  var name =
      document.getElementById("locationTxt").value;
  var geoCoder = new GClientGeocoder();

  geoCoder.getLocations(name,
          onCompleteGetLocationHandler);
}

function onCompleteGetLocationHandler(response){
  drawResultList(response.Placemark);
}

function initList(){
  // 검색결과 리스트를 초기화한다.
  $E("locationResults").setHTML("");
}

function initMarker(){
  // 마커를 모두 삭제하고 초기화한다.
  for(var i=0; i < markers.length; i++){
      markers[i].remove();
  }
  markers = [];
}

function drawResultList(data){
  if(!data) return;
  initList();

  for(var i=0; i < data.length; i ++){
      var li = $new("li");
      li.setHTML(data[i].address);
      li.Point =
          new GLatLng(data[i].Point.coordinates[1],
              data[i].Point.coordinates[0]);
```

```
            li.addEvent("click",moveMap);
            $E("locationResults").addChild(li);
        }
    }

    function moveMap(){
      // 검색결과 리스트에서 지정한 좌표에 마커를 생성하고
      makeMarker(this.Point);

      // 지정한 좌표를 중심으로 지도를 이동한다.
      google_map.panTo(this.Point);
    }

    function makeMarker(point,msg){

      for(var i =0; i < markers.length; i++){
          if(point == markers[i].getLatLng()){
              return;
              break;
          }
      }

      var marker = new GMarker(point,{draggable:true});
      marker.msg = msg || "";
      marker.i = markers.length;
      google_map.addOverlay(marker);
      markers.push(marker);
      GEvent.addListener(marker,"click",
        function(){
            marker.openInfoWindow(
                "위치 설명 <br/><textarea id="
              + marker.i
              + " onblur='saveMsg(this.id,this.value)'>"
              + marker.msg+"</textarea><br />"
              + "<input type='button' value='설명 저장'"
        + "onclick='closeMarkerInfoWindow("+marker.i+")' />");
        });

        GEvent.addListener(marker,"dragend",
            function(){marker.closeInfoWindow();});
```

```
        GEvent.trigger(marker,"click");
}

function closeMarkerInfoWindow(id){
    markers[id].closeInfoWindow();
}

function saveMsg(id,msg){
  markers[id].msg = msg.replaceAll("\n","<br />");
}

function insertMap(){
    opener.GoogleMapPlugin.insertMap(getMapScript());
}

function getMapScript(){
  var mapId = "map_"+Math.random();
  var sb = new StringBuffer();
  sb.append('<br /><div id="'
    + mapId
    + '" style="width:530px;height:430px"
    + " class="OpeneditorEmbed">');

  sb.append('GoogleMap<br>블로그에 구글의 지도 라이브러리가'
    + '설치된 경우에만 사용가능합니다.</div>');

  sb.append('<script type="text/javascript">');
  sb.append('var google_map =');
  sb.append('new
    GMap2(document.getElementById("'+mapId+'"));');
  sb.append('point = new GLatLng('
    + google_map.getCenter().lat()
    + ','
    + google_map.getCenter().lng()
    + ');');
  sb.append('google_map.addControl(new
    GMapTypeControl());');
  sb.append('google_map.addControl(new
    GLargeMapControl());');
  sb.append('google_map.setCenter(point, 17);');
  sb.append('google_map.setMapType(G_NORMAL_MAP);');
```

```
            sb.append('google_map.enableContinuousZoom();');
            sb.append('google_map.enableScrollWheelZoom();');
            sb.append('markers = [];');
            sb.append('function mkm(point,msg){');
            sb.append('var marker = new GMarker(point);');
            sb.append('marker.msg = msg;');
            sb.append('GEvent.addListener(marker,"click",');
            sb.append('function(){marker.openInfoWindow(msg);});');
            sb.append('google_map.addOverlay(marker);');
            sb.append('markers.push(marker);');
            sb.append('}');

            for(var i=0; i < markers.length; i++){
                sb.append('mkm(new GLatLng('
                    + markers[i].getLatLng().lat()
                    + ","+markers[i].getLatLng().lng()
                    + "),""
                    + markers[i].msg
                    + '");');
            }
            sb.append('markers[0].openInfoWindow(markers[0].msg);');
        };
        // 최초에 등록된 마커의 InfoWindow가 보이게 한다.
        sb.append('</').append('script><br /><br />');
        return sb.toString();
    }

    </script>
  </body>
</html>
```

[예제 8-8] 구글 지도 플러그인 구현하기

../example/chapter_08_BlogRemoteWriter/js/openeditor/plugins/map/GoogleMapPlugin.js

```javascript
var GoogleMapPlugin = {
    info : "구글 지도 플러그인",
    group : "B",
    pop : "",
    selectedEditor : "",
    getInstance : function(){
        var obj = $new("IMG");
        obj.setAttribute("src",OPEN_EDITOR_SKIN+"mapBtn.gif");
        obj.setStyle('cursor',"pointer");
        obj.setStyle("margin-right","3px");
        return obj;
    },
    insertMap : function(str){
      // 지도를 에디터에 삽입한다.
      GoogleMapPlugin.selectedEditor.insertTag(str);

      // 생성기를 종료한다.
      GoogleMapPlugin.hide();
    },
    eventListener : function(evt,obj,oEditor){
    oEditor.focus();
       // 버튼 클릭 시 구글 지도 플러그인을 팝업으로 띄움
       GoogleMapPlugin.pop =
              window.open("GoogleMapPlugin.html",
                 "GoogleMapPlugin","width=780,height=480,
                 scrollbars=yes");
       GoogleMapPlugin.selectedEditor = oEditor;
    },
    hide : function(){
        // 띄워진 팝업이 있다면
        if(GoogleMapPlugin.pop){

                // 띄워진 팝업을 닫는다.
                GoogleMapPlugin.pop.close();

                // 값을 초기화한다.
                GoogleMapPlugin.pop = null;
        }
     }
}
```

[그림 8-7] 구글 지도 플러그인을 이용한 지도 첨부

[그림 8-7]을 보면, 지도가 표현될 DIV 레이어 안에 지도는 없고 "Google Map 블로그에 구글의 지도 라이브러리가 설치된 경우에만 사용가능합니다."라는 안내 문구가 삽입됐는데, 이는 블로그 편집기의 편집 상태에서는 스크립트가 실행되지 않기 때문에 사용자에게 지도 객체라는 것을 쉽게 인지할 수 있도록 처리한 것이다.

8.4 파일 드래그앤드롭 기능을 이용한 파일 첨부 기능 구현

파일 드래그앤드롭 기능이란 마우스를 이용해 파일을 어떤 지정된 위치에 끌어다 놓는 기능을 의미하는 것으로, 사용자에게 직관적인 사용 방식을 제공하기 때문에 누구나 쉽게 적응할 수 있어 많은 애플리케이션에서 사용되는 기능 중 하나다. 이 드래그앤드롭의 기능을 이용해 할 수 있는 간단한 예를 들자면, 대부분의 사람이 사용하는 윈도우 운영체제(윈도우 95 이상)에서 마우스로 파일을 끌어다 휴지통에 가져다 놓으면 해당 파일이 휴지통에 담기거나, 삭제가 되는 기능 같은 것이다. AIR에서도 이런 파일 드래그앤드롭 기능을 지원하고 있으며, 블로그 편집기에서는 드래그앤드롭 기능을 파일을 첨부하는 기능에 사용한다. 우선 AIR에서 제공되는 드래그앤드롭 기능에 대해 알아보자.

AIR 애플리케이션에서 드래그앤드롭 기능을 이용해 드래그가 가능한 컨텐트 유형은 [표 8-3]에 정리된 것처럼 5가지 정도가 있으며, 이 유형은 드래그된 데이터를 파악할 때 이용하게 된다. AIR는 HTML과 플래시 객체가 동시에 공존하기 때문에 [표 8-3]에 두 가지 영역을 비교할 수 있도록 정리해봤다.

[표 8-3] HTML 영역과 플래시 영역에서의 드래그앤드롭 유형

컨텐트 유형	HTML 영역	플래시 영역
텍스트 문자열	text/plain	air:text
HTML 텍스트 문자열	text/html	air:html
URL 문자열	text/uri-list	air:url
비트맵 객체	image/x-vnd.adobe.air.bitmap	air:bitmap
파일 배열 객체	application/x-vnd.adobe.air.file-list	air:file list

[표 8-3]과 같은 유형이 존재하는 것은 데이터의 유형을 파악하기 위함도 있겠지만, 파일 드래그앤드롭이라는 기능 자체가 시스템의 클립보드를 이용한 방법이기 때문이다. AIR에서 파일 드래그앤드롭 기능이 구현되는 과정을 아주 간단하게 이야기하자면, 우선 사용자는 파일을 드래그하기 위해 컨텐트를 선택하고 마우스를 누른 채로 파일을 사용하려는 위치로 옮긴다. 대부분의 시스템에서는 이때 선택된 컨텐트 데이터를 시스템의 클립보드라는 임시 저장소에 저장하게 되어 있으며, 지정된 위치에 컨텐트가 놓이게 되면, 마치 끌어다 놓은 것을 알아차린 것처럼 AIR에서 시스템의 클립보드에 저장된 데이터를 가져와 사용하는 방식으로 구현된다. 시스템의 클립보드에 저장될 때 [표 8-3]에서 정리한 유형별로 담기기 때문에 클립보드에서 저장된 컨텐트를 가져올 때 유형이 필요한 것이다. 또한 [표 8-3]의 데이터 형식 중 bitmap이나 file list는 AIR 애플리케이션에만 적용되는 데이터 형식으로 다른 애플리케이션에서는 사용할 수 없다.

이제 드래그앤드롭 기능에 필요한 이벤트 유형을 알아보고 간단한 드래그앤드롭 기능을 구현해보자. [표 8-4]에서도 HTML과 플래시 두 가지 영역을 비교할 수 있도록 정리했다.

[표 8-4] 드래그앤드롭 이벤트

이벤트 유형		설명
플래시 객체	HTML 객체	
nativeDragStart	ondragstart	최초 드래그가 시작될 때 발생
nativeDragUpdate	ondrag	드래그가 진행되는 동안 계속 발생
nativeDragEnter	ondragenter	드래그 상태가 지정된 위치에 진입했을 때 발생
nativeDragOver	ondragover	드래그 상태가 지정된 위치에 있는 동안 계속 발생
nativeDragExit	ondragleave	드래그 상태가 지정된 위치에서 벗어날 때 발생
nativeDragDrop	ondrop	사용자가 지정된 위치에서 마우스 버튼을 놓는 순간 발생
nativeDragComplete	ondragend	사용자가 지정된 위치에서 마우스 버튼을 놓고 난 후 드래그가 종료되면서 발생

플래시 객체에서 발생된 이벤트의 경우 이벤트 객체의 `clipboard.getData()` 메소드로 클립보드에 저장된 데이터를 가져올 수 있으며, HTML 객체에서 발생된 이벤트의 경우 이벤트 객체의 `dataTransfer.getData()` 메소드를 이용해 클립보드에 저장된 데이터를 가져올 수 있다. [예제 8-9]는 HTML과 플래시 두 가지 영역을 구분해 드래그앤드롭 기능을 구현한 예다.

[예제 8-9] HTML과 플래시 두 가지 영역을 구분해 드래그앤드롭 기능 구현하기

../example/chapter_08_dragTest/dragTest.html

```
<!DOCTYPE HTML PUBLIC "-//W3C//DTD HTML 4.01 Transitional//EN"
    "http://www.w3.org/TR/html4/loose.dtd">
<html xmlns="http://www.w3.org/1999/xhtml">
    <head>
        <meta http-equiv="Content-Type" content="text/html;
            charset=utf-8" />
        <title>AIR 드래그앤드롭 구현 예제</title>
        <script src="AIRAliases.js" type="text/javascript">
        </script>

        <script type="text/javascript">

            function drawFlashDropArea(){
                // 플래시 객체 만들기
```

```
            var flashAreaSp = new
                    window.runtime.flash.display.Sprite();
            window.htmlLoader.stage.addChild(flashAreaSp);

            flashAreaSp.graphics.beginFill(0xffcc00);
            flashAreaSp.graphics.lineStyle(2, 0xFF0000);
            flashAreaSp.graphics.drawRect(0, 0, 100, 100);
            flashAreaSp.x = 120;

            var tf = new
                    window.runtime.flash.text.TextField;
            flashAreaSp.addChild(tf);
            tf.text = "FLASH AREA";

            // 플래시 객체에 이벤트 등록
            flashAreaSp.addEventListener(
             "nativeDragDrop", flashDropEventHandler);
            flashAreaSp.addEventListener(
             "nativeDragOver", stopDefaultEventListen);
            flashAreaSp.addEventListener(
             "nativeDragEnter", stopDefaultEventListen);
        }

        function flashDropEventHandler(event){
            air.trace("==== FLASH EVENT ====");
            air.trace(event.clipboard.getData("air:text"));
            air.trace(event.clipboard.getData("air:html"));
            air.trace(event.clipboard.getData("air:url"));
            air.trace(event.clipboard.getData("air:bitmap"));
            air.trace(event.clipboard.getData("air:file list"));
            air.trace("===========================");
        }

        function htmlDropEventHandler(event){
            air.trace("==== HTML EVENT ====");
            air.trace(event.dataTransfer.getData("text/plain"));
            air.trace(event.dataTransfer.getData("text/html"));
            air.trace(event.dataTransfer.getData("
                text/uri-list"));
            air.trace(event.dataTransfer.getData(
                "image/x-vnd.adobe.air.bitmap"));
```

```
                air.trace(event.dataTransfer.getData(
                  "application/x-vnd.adobe.air.file-list"));
                air.trace("=========================");
            }
            
            function stopDefaultEventListen(event){
                // 기본 이벤트 차단 및 이벤트 전달 방지
                event.preventDefault();
            }
            
            // 플래시 드롭 영역 만들기
            drawFlashDropArea();
        </script>
        
    </head>
    
    <style type="text/css">
        #htmlDropArea{
            width:97px;
            height:97px;
            border:2px solid #000;
        }
    </style>
    
    <body>
    
        <div id="htmlDropArea"
            ondrop = "htmlDropEventHandler(event)"
            ondragenter = "stopDefaultEventListen(event)"
            ondragover = "stopDefaultEventListen(event)">
            HTML AREA
        </div>
        
    </body>
</html>
```

예제 8-9 분석

플래시를 잘 모르는 사람이라면 `drawFlashDropArea()` 함수의 내용은 이해하기 어려울 수도 있겠지만 이 부분은 그냥 플래시 영역이 만들어졌다는 정도에만 의미를 두고, 중요한 것은 플래시 객체에 이벤트가 정의된 부분과 이벤트가 발생되어 클립보드를 사용하기 위한 부분이니 이 부분만 중점적으로 봐줬으면 한다.

[예제 8-9]는 [표 8-3]과 [표 8-4]의 내용을 총정리해 만들어진 예제로 HTML 영역과 플래시 영역에 맞도록 드래그앤드롭 기능을 구현하고 `air.trace()` 메소드를 활용해 드롭 이벤트가 발생되는 시점에 클립보드에 저장된 객체를 로그로 찍어보는 내용이다. [예제 8-9]에서 중요한 부분은 기본 이벤트를 차단하는 `stopDefaultEventListen()` 함수의 역할로 지정된 객체에 ondragenter(nativeDragEnter), ondragover(nativeDragOver) 이벤트가 발생할 때, 아예 기본 이벤트의 동작을 차단해 더 이상 이벤트가 전파되지 못하도록 하고 있는데, 이는 기본 이벤트를 차단하고 AIR에서 정의된 이벤트가 발생하게 해, 지정된 드롭 지점에서 드롭 이벤트를 발생시키고, 드롭에 필요한 준비를 하고, 적절한 드래그 효과를 주기 위해서다. 이때 기본 이벤트를 차단하지 않고 그대로 실행하면, AIR에서 정의한 드롭 이벤트가 실행되지 않기 때문에 드롭 기능이 불가능해진다.

[그림 8-8]은 [예제 8-9]를 실행해, 파일이나 텍스트를 애플리케이션으로 드래그앤드롭을 해보고 결과를 출력한 예다.

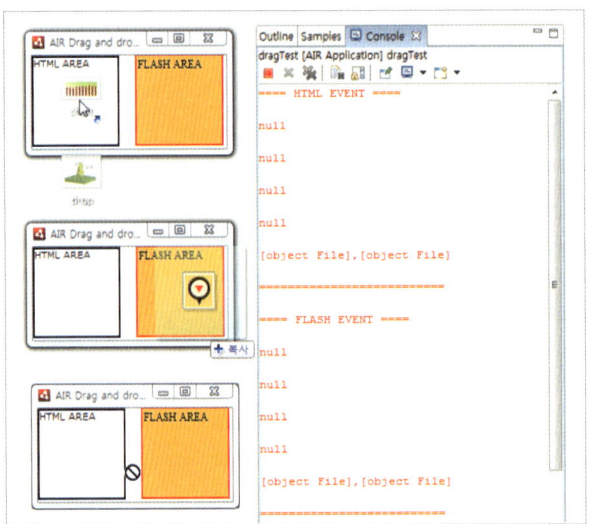

[그림 8-8] [예제 8-9]의 실행 결과

블로그 편집기에 구현된 드래그앤드롭 기능은 AIR API를 이용해야 하므로 AIR 애플리케이션의 애플리케이션 샌드박스 영역에서 구현이 되며, 애플리케이션 샌드박스 영역에서 파일의 바이너리 데이터를 읽어 Base64로 인코딩한 다음 비애플리케이션 샌드박스 영역으로 인코딩된 데이터를 넘긴다. 그리고 비애플리케이션 샌드박스 영역에서 블로그 API를 이용해 파일을 업로드하고 결과를 이용하는 방식으로 구현된다.

[리스트 8-10]은 블로그 편집기에 파일을 끌어다 놓으면, 해당 파일의 정보를 파악하고 바이너리 데이터를 Base64로 인코딩한 후 인코딩된 문자열을 비애플리케이션 샌드박스 영역의 insertFile() 함수로 전달하는 예다.

[리스트 8-10] 바이너리 데이터를 Base64로 인코딩한 후 인코딩된 문자열을 비애플리케이션 샌드박스 영역의 insertFile() 함수로 전달하는 예

```
<script type="application/x-shockwave-flash"
        src="swf/Base64Library.swf"></script>

<script type="text/javascript">

// 플래시 객체인 htmlLoader 전체 영역에 대해 드롭을 위한 이벤트 정의
window.htmlLoader.addEventListener("nativeDragDrop",
    dragdropHandler);

function dragdropHandler(evt){

    try{
        // 이벤트의 클립보드 데이터에서 파일에 해당되는 데이터 가져오기
        var files = evt.clipboard.getData(
                    air.ClipboardFormats.FILE_LIST_FORMAT);

        // 파일 객체가 존재한다면(AIR에서 클립 보드에 저장된 파일 객체는 배열로 존재한다)
        if(files) {
            for(var i=0; i < files.length; i++){

                // 해당 파일의 바이너리 데이터를 Base64로 인코딩한 다음
                // 비애플리케이션 샌드박스 영역의 insertFile() 함수로 전달
                childMethod.insertFile(getFileInfo(files[i]));
```

```
            }
        }
    }catch(e){}
}

function getType(ext){

    // 확장자와 관련된 미디어 타입 정의
    var types = {
        "jpg" : "image/jpg",
        "gif" : "image/gif",
        "bmp" : "image/bmp",
        "png" : "image/png",
        "svg" : "image/svg+xml",
        "swf" : "application/x-shockwave-flash",
        "rtf" : "application/rtf",
        "xls" : "application/vnd.ms-excel",
        "doc" : "application/msword",
        "ppt" : "application/vnd.ms-powerpoint",
        "zip" : "application/zip",
        "tar" : "application/x-tar",
        "mp3" : "audio/mpeg",
        "mpg" : "video/mpeg",
        "mpeg": "video/mpeg",
        "mov" : "video/quicktime",
        "asf" : "application/vnd.ms-asf",
        "avi" : "video/x-msvideo",
        "txt" : "text/plain"
    };

    // 매개변수로 전달된 확장자에 정의된 미디어 타입에 있다면 미디어 타입을 반환하고
    // 없다면 일반적인 파일 스트림 타입으로 반환
    var fileType =
        types[ext] ? types[ext] : "application/octet-stream";
    return fileType;
}

function getFileInfo(file){

    //파일을 읽기 위한 스트림 생성
    var fs = new air.FileStream();
```

```
    // 파일 객체를 읽기 권한으로 열고
    fs.open(file, air.FileMode.READ);

    // 파일 객체의 바이너리 데이터를 기록할 ByteArray 객체 생성
    var bytes = new air.ByteArray();

    // 파일의 바이너리 데이터를 bytes 객체에 기록
    fs.readBytes(bytes, fs.position, fs.bytesAvailable);

    // ByteArray 객체를 Base64로 인코딩하기 위한 플래시 라이브러리를 이용해
    // Base64로 인코딩하고 인코딩된 문자열을 반환받음
    var data = window.runtime.com.
        ↪ dynamicflash.util.Base64.encodeByteArray(bytes);

    // 파일의 URL에서 파일명 추출
    var name = file.url.split("/").pop();

    // 파일명에서 확장자 추출
    var ext = name.split(".").pop();

    // 파일의 미디어 타입 가져오기
    var type = getType(ext);

    // 블로그 API를 호출하기 위한 struct 노드에 해당되는 Object 정의
    var fileData = {
        "name" : name,
        "type" : type,
        "bits" : {"data":data,"type":"base64"}
    };

    // 파일 스트림 닫기
    fs.close();

    // struct 노드에 해당되는 Object로 정의된 객체 반환
    return fileData;
}

</script>
```

[리스트 8-10]은 플래시의 파일 객체와 파일 스트림 객체 그리고 `ByteArray` 객체를 Base64로 인코딩하는 데 사용된 플래시 라이브러리에 대한 이해가 필요하다. 이해를 돕기 위해 간단하게 설명하자면, 파일 스트림은 파일 데이터를 읽기 위한 객체라고 보면 되고, 파일 객체는 애플리케이션에서 파일을 쉽게 다루기 위한 객체로 파일의 경로, 구분자, 문자셋, 아이콘 같은 파일 정보를 담고 있으며, 파일을 컨트롤하기 위한 객체다. 또한 `ByteArray` 객체를 인코딩하기 위해 Base64Library.swf 플래시 라이브러리를 가져와서 사용했는데, `ByteArray`란 객체가 플래시 객체고 담긴 문자열의 형식이 파일의 바이너리 정보이다 보니 정확하게 Base64 인코딩을 위해 액션스크립트 라이브러리를 사용한 것이다. Base64Library.swf는 dynamicflash.com에서 제공하는 Base64 인코딩용 라이브러리를 이용해 만들었으며, 플래시 라이브러리를 사용하는 방법은 웹캠포토를 만들면서 언급했기 때문에 별도로 설명하진 않겠다.

http://livedocs.adobe.com/labs/air/1/jslr/ API 문서에 `File` 객체와 `FileStream` 객체가 잘 정리돼 있으니 참고하길 바란다.

[리스트 8-10]에서 `window.htmlLoader` 객체에 `nativeDragDrop` 이벤트를 이용해서 드래그앤드롭 기능을 사용한 이유는 무엇일까? 파일이 드롭되는 위치가 편집기 영역인데 편집기 영역은 비애플리케이션 샌드박스 영역이어서 드래그앤드롭 기능을 구현할 수 없다. 따라서 HTML 기반의 AIR 애플리케이션에서 전체 영역에 해당되는 htmlLoader에 nativeDragDrop 이벤트를 적용하고 iframe 내부의 body에 ondragenter와 ondragover 이벤트를 정의해 마치 편집기 영역에서 드롭이 일어난 것처럼 구현했다.

[리스트 8-11]은 비애플리케이션 샌드박스 영역에서 드래그앤드롭 기능을 위해 추가적으로 구현한 예다.

[리스트 8-11] 비애플리케이션 샌드박스 영역에서 드래그앤드롭 기능을 위해 추가적으로 구현한 예

```
function insertFile(data){
    var wordpressAllowedType =
        "jpg,png,gif,jpeg,pdf,doc,ppt,odt";

    // 데이터가 워드프레스에서 허용하지 않는 종류라면
    if(wordpressAllowedType.indexOf(
        data.name.split(".").pop().toLowerCase()) < -1
```

```
            && BlogAPI.blogType == "wordpress"){

            // 경고창을 띄운다.
            alert(wordpressAllowedType +
               "확장자 파일의 업로드만 가능합니다.");
            return false;
        }

        // 워드프레스는 크기가 1.5메가 이상의 파일의 업로드는 허용하지 않는다.
        if(BlogAPI.blogType == "wordpress"
            && data.bits.data.length > 1500000){

            // 경고창을 띄운다.
            alert("1.5메가 이상의 파일은 업로드할 수 없습니다.");
            return false;
        }

        // 티스토리는 크기가 10메가 이상의 파일의 업로드는 허용하지 않는다.
        if(BlogAPI.blogType == "tistory"
            && data.bits.data.length > 10000000){

            // 경고창을 띄운다.
            alert("10메가 이상의 파일은 업로드할 수 없습니다.");
            return false;
        }

        // 내용 삽입을 위해 에디터로 포커스를 옮겨놓는다.
        editor.focus();

        // 파일을 업로드한다.
        writeFile(data);
}


function writeFile(data){
    // 파일이 업로드되는 동안 블라인드 처리
    showBlind();

    // 블로그 API를 이용해 파일 업로드한 후 콜백 함수를 호출한다.
    BlogAPI.writeFile(data, onCompleteFileWriteHandler);
}
```

```javascript
function onCompleteFileWriteHandler(response){
    
    // 업로드 결과로 받은 xml을 파싱한다.
    var xml = new asjs.utils.XmlParser(response.xml).toJson();
    var url = "";
    
    // 블로그 API는 제공해주는 곳에 따라 Response의 구조가 다르다.
    switch(BlogAPI.blogType){
        case "tistory" :
            //블로그 API를 호출한 곳이 티스토리 서비스일 경우
            url = xml.methodResponse.params.param.value.
                    ↳ struct.member.value.string.text;
        break;
        case "wordpress" :
            // 블로그 API를 호출한 곳이 워드프레스일 경우
            url = xml.methodResponse.params.param.value.
                    ↳ struct.member[1].value.string.text;
        break;
    }
    
    // 에디터에 해당 컨텐트에 맞도록 업로드한 결과물을 삽입한다.
    insertContent(url);
}

function init(){
    // 드래그앤드롭 기능을 위해 기본 이벤트를 차단한다.
    $E(document.body).addEvent("dragenter",preventDefault);
    $E(document.body).addEvent("dragover",preventDefault);
}

function preventDefault(evt){
    // 기본 이벤트를 차단한다.
    evt.preventDefault();
}

// 애플리케이션 샌드박스 영역에서 사용할 메소드 등록
window.childSandboxBridge = {
  'insertFile': insertFile
};
```

[리스트 8-11]에서 주의 깊게 볼 부분은 블로그의 서비스마다 제한이 있다는 점과 Response의 구조가 다르다는 점이다. 티스토리의 경우 파일 종류에 대한 제한이 없으며 10메가 이하는 무제한으로 업로드가 가능하지만, 워드프레스의 경우 이미지 파일에 대한 첨부만 허용하고 있으며 업로드의 크기도 1.5메가 이하로 제한하고 있어 insertFile() 함수에서 그 부분에 대한 유효성을 체크해 업로드가 되도록 했으며, 업로드의 결과를 받는 서비스마다 내용이 다를 수 있어 onCompleteFileWriteHandler() 함수에서 블로그의 유형을 파악해 결과 값을 사용할 수 있게 했다.

8.5 문서 뷰어 기능 구현

블로그 편집기는 문서 파일이 업로드됐을 경우, 문서를 바로 볼 수 있도록 [그림 8-9]와 같은 Scribd API를 이용한 iPaper 문서 뷰어를 제공한다. Scribd API를 이용하는 방법을 알아보고 블로그 편집기에 적용해보자.

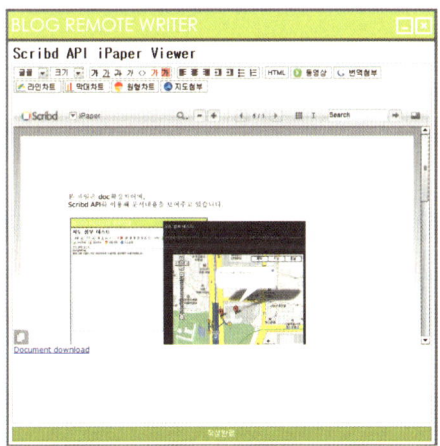

[그림 8-9] scribd.com iPaper 문서 뷰어

플리커가 사진 서비스를 한다면 Scribd.com은 온라인 문서 공유 사이트로, 온라인상에서 문서를 공유하고 별도의 애플리케이션을 설치하지 않더라도 문서를 볼 수 있는 iPaper라는 뷰어를 제공하는 서비스를 하고 있다. Scribd.com에서는 doc, ppt, xls, pdf 등 대부분의 문서 형식을 지원하고 있으며, 업로드 공간도 무제한으로 제공하고,

서비스의 회원 가입부터 업로드 및 검색까지 대부분의 서비스를 API로 제공하고 있어 문서 공유 서비스로는 거의 독보적인 사이트라 할 수 있다.

블로그 편집기에서는 Scribd의 API를 이용해 문서를 업로드하고, Scribd의 문서 뷰어인 iPaper를 이용해 블로그의 포스트에서 어떤 문서든 바로 볼 수 있도록 문서 뷰어 기능을 제공한다. Scribd API는 http://api.scribd.com/publisher/api를 참고하면 되며, [표 8-5]와 같이 간단히 정리할 수 있다.

[표 8-5] Scribd API

API 메소드	설명
docs.upload	문서 업로드
docs.uploadFromUrl	지정된 URL에 존재하는 문서 업로드
docs.getList	사용자의 문서 리스트 조회
docs.getConversionStatus	문서 전환 상태 조회
docs.getSettings	문서 정보 조회
docs.changeSettings	문서 변경 정보 조회
docs.getDownloadUrl	문서 다운로드 경로 조회
docs.delete	문서 삭제
docs.search	지정된 검색어로 문서 검색
user.login	지정된 사용자로 로그인
user.signup	지정된 사용자를 Scribd.com에 가입
uer.getAutoSigninUrl	지정된 사용자의 자동 로그인 경로 조회
ext.lookup	외부 계정 아이디로 외부 계정과 연계된 Scribd의 아이디 조회
ext.set	외부 계정의 아이디와 Scribd의 아이디를 연계
security.setAccess	지정된 문서의 접근 권한 설정
security.getDocumentAccessList	보안이 적용된 문서의 접근 가능한 사용자 조회
security.getUserAccessList	지정된 사용자가 접근 가능한 보안 문서 조회

> 참고
>
> Scribd.com의 API를 사용하기 위해서는 Scribd.com의 계정이 있어야 하며, API 키는 Scribd.com에 로그인한 후 [그림 8-10]처럼 API 페이지로 이동해 발급받을 수 있다. API key, API secret, publisher ID라는 총 세 가지 API 키가 발급되며, Scribd.com ➤ My Scribd ➤ Settings에서 확인이 가능하다.
>
>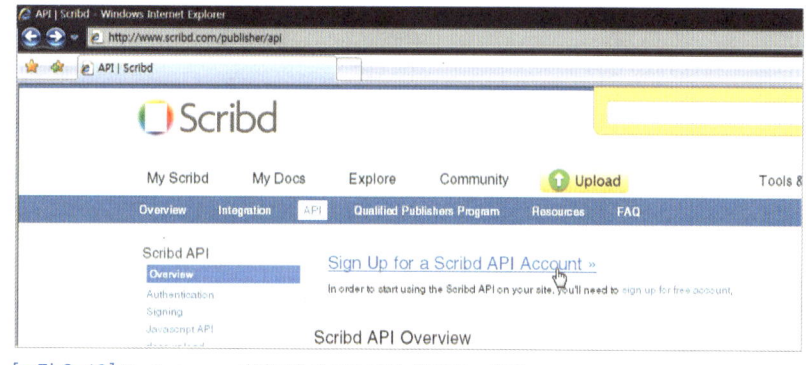
>
> [그림 8-10] Scribd.com 사이트에서 API 키를 발급받는 화면

블로그 편집기에 사용된 Scribd API는 `docs.uploadFromUrl` API 메소드로 문서 파일을 업로드할 때 사용되는데, `docs.upload` 대신 `docs.uploadFromUrl`을 사용한 이유는 블로그에 이미 파일이 첨부돼 있어서 굳이 중복으로 업로드를 할 이유가 없었기 때문이다. 그럼 블로그 편집기에 사용된 `docs.uploadFromUrl` API 메소드의 사용 방법을 살펴보자.

8.5.1 문서 파일 업로드하기

호출 형식

```
http://api.scribd.com/api?method=[사용할 API 메소드]
    &url=[문서 URL 경로]
    &api_key=[Scribd API 키]
```

API를 요청한 기본 URL은 http://api.scribd.com/api며, API 매개변수에 대한 내용은 [표 8-6]에 정리해뒀다.

[표 8-6] docs.uploadFromUrl API 메소드의 매개변수

요청 변수	값	설명
url	String(필수)	문서가 존재하는 URL 경로
doc_type	String ("pdf", "doc", "txt", "ppt" 등 문서 확장자)	문서 유형
access	String 기본 값: public ("public", "private")	문서 접근 권한
rev_id	Integer	문서의 버전
api_key	String(필수)	Scribd API 키
my_user_id	String	Scribd 사용자 아이디 사용자 중심의 정보를 이용할 때 사용
session_key	String	API secret 키 인증된 사용자 중심의 정보를 이용할 때 사용
api_sig	String	매개변수와 API secret 키를 이용해 MD5 암호화한 문자열 인증된 사용자 중심의 정보를 이용하면서 Request의 URI를 암호화하고 싶을 때 session_key 대신 사용

　`my_user_id`, `session_key`, `api_sig`라는 세 매개변수는 사용자 정보와 연관된 업로드가 이뤄지게 하기 때문에 업로드 후에 문서를 관리하거나 보안적인 내용과 관계된 정보를 이용할 때 사용된다. Scribd API는 용도에 맞게 API를 사용할 수 있도록 세 가지 정도의 인증 방식을 채택하고 있는데, 가령 `my_user_id` 매개변수의 설명에서 사용자 중심의 정보를 이용한다고 했는데, 문서가 세션 키와 연관되느냐 아이디와 연관되느냐 하는 것은 큰 차이점이 있다고 봐야 할 것이다. 이를테면 아이디로 관련된 문서를 검색하거나 조회할 경우를 이야기하는 것이다.

　http://www.scribd.com/publisher/api?method_name=Authentication에 인증과 인증별 쓰임새에 대한 내용이 정리돼 있으니 참고하길 바란다.

　블로그 편집기에서 파일 업로드까지는 구현됐으니, 업로드 후 결과를 반환받아서 Scribd API와 결합하기만 하면 블로그 포스트에 멋진 문서 뷰어를 붙일 수 있게 된다. [리스트 8-12]는 블로그 편집기에서 파일 업로드가 완료된 후 결과 값을 받아서 Scribd API를 사용한 예다.

[리스트 8-12] Scribd API를 사용한 예

```javascript
function insertContent(url){

    // 확장자 추출
    var ext = url.split(".").pop().toLowerCase();

    // 파일명 추출
    var name = url.split("/").pop();

    // 문서 뷰어로 표현할 수 있는 확장자
    var doc =
      "doc,docx,xls,xlsx,ppt,pptx,ps,pdf,txt,odt,odp,sxw,sxi";

    // 일반적인 그림 파일 확장자
    var pic = "jpg,gif,png";

    // 업로드된 것이 문서 뷰어로 표현 가능한 파일이라면
    if(doc.indexOf(ext) > -1){

        // 티스토리일 경우
        if(BlogAPI.blogType == "tistory"){

          // Scribd API로 블로그에 업로드된 파일을 Scribd로 업로드한다.
          ScribdAPI.uploadFromUrl(url);

            // 에디터에 다운로드 태그를 삽입해준다.
            editor.insertTag("<a href='"
              + BlogAPI.blog_url
              + "/attachment/"
              + name
              + "'>Document download</a><br /><br />");
        }else{

            // 티스토리가 아닐 경우(워드프레스일 경우) 다운로드 태그만 삽입한다.
            editor.insertTag("<a href='"+url+"'>"+name+
                "</a><br /><br />");
        }
    }else if(pic.indexOf(ext) > -1){

        // 이미지 파일일 경우 에디터에 바로 이미지를 삽입한다.
        editor.insertImage(url);
```

```
        }
        
        // 블라인드 처리를 해제한다.
        hideBlind();
}

var ScribdAPI = {
    // Scribd API 키 정의
    API_KEY : "API KEY",
    
    // Scribd API URL
    API_URL : "http://api.scribd.com/api?",
    
    uploadFromUrl : function(url){
        var loader = new URLLoader();
        var req = new URLRequest();
        req.method="GET";
        var vars = new URLVariables();
        
        // docs.uploadFormUrl에 필요한 매개변수 정의
        vars.parameters = {
          method : "docs.uploadFromUrl",
          api_key : this.API_KEY,
          my_user_id : "Scribd 아이디",
          url : url
        }
        
        req.url = ScribdAPI.API_URL+vars.toString();
        
        // 업로드가 완료되면 호출될 이벤트 정의
        loader.addEvent(URLLoaderEvent.onComplete,
                    ScribdAPI.onCompleteHandler);
        
        loader.load(req);
    },
    // 업로드가 완료되면 호출될 이벤트
    onCompleteHandler : function(response){
        var xml =
            new asjs.utils.XmlParser(response.xml).toJson();
        
        // 업로드 결과로 받은 값을 이용해 iPaper 뷰어 만들기
```

```
        insertDocument(xml.rsp.doc_id.text,
        xml.rsp.access_key.text);
    }
}
```

[리스트 8-12]에서 ScribdAPI 객체의 uploadFromUrl() 메소드가 docs.uploadFormUrl Scribd API를 이용해 업로드를 구현한 예다. 크게 어려운 부분은 없어 보이지만 [리스트 8-12]의 내용을 간단히 설명하자면, docs.uploadFromUrl API 메소드를 호출한 후에 XML 결과를 ScribdAPI.onCompleteHandler() 메소드가 받게 되고, 받은 결과 값은 [예제 8-10]에서 보는 것처럼 doc_id, access_key, secret_password 세 가지 정도다. 그리고 블로그가 워드프레스 서비스일 경우에는 embed 태그가 삽입되지 않기 때문에 다운로드 태그가 대신 삽입되게 했다. 또한 일반적으로 Scribd의 iPaper 문서 뷰어를 사용할 때는 문서 아이디 doc_id와 권한키 access_key만 필요한데, 문서가 업로드될 때 access 매개변수를 private으로 정의했다면, 문서가 암호로 잠기게 되어 문서를 볼 때 암호가 필요한데, 이때 secret_password를 사용하면 된다.

[예제 8-10] Scribd API를 이용해 업로드를 완료하고 결과 반환받기

```xml
<?xml version="1.0" encoding="UTF-8"?>
<rsp stat="ok">
  <doc_id>9893054</doc_id>
  <access_key>key-18zbauoobjdufzb1lgda</access_key>
  <secret_password>2jzwhplozu43cyqfky1m</secret_password>
</rsp>
```

8.5.2 iPaper 문서 뷰어 만들기

이로써 문서 파일을 Scribd로 업로드했고, 이제 업로드 결과로 받은 정보를 이용해 iPaper 문서 뷰어를 만들 차례다. Scribd에 올라간 문서를 온라인상에서 바로 볼 수 있도록 iPaper 문서 뷰어를 만들어보자.

iPaper 문서 뷰어는 유튜브 동영상 플레이어처럼 자바스크립트 API를 이용해 만들게 되며, [예제 8-10]에서 얻은 정보를 활용한다. [예제 8-11]은 Scribd의 자바스크립트 API를 사용해 iPaper 문서 뷰어를 구현한 예다.

[예제 8-11] Scribd의 자바스크립트 API를 사용해 iPaper 문서 뷰어 구현하기

../example/chapter_08_ipaperExample/iPaperViewer.html

```html
<!DOCTYPE HTML PUBLIC "-//W3C//DTD HTML 4.01 Transitional//EN"
   "http://www.w3.org/TR/html4/loose.dtd">
<html xmlns="http://www.w3.org/1999/xhtml">
    <head>
        <meta http-equiv="Content-Type" content="text/html;
            charset=utf-8" />
        <title>iPaper example</title>
    </head>

    <body>

        <script type="text/javascript"
          src='http://www.scribd.com/javascripts/view.js'>
        </script>

        <div id='embedded_flash'>iPaper 문서 뷰어가 들어갈 레이어
        </div>

        <script type="text/javascript">

            // Scribd iPaper 문서 뷰어 생성
            var iPaper =
             scribd.Document.getDoc(9893054,
             'key-18zbauoobjdufzb11gda');

            var oniPaperReady = function(e){
                iPaper.api.setPage(1);
            }

            // iPaper 문서 뷰어에 전달할 매개변수 정의
            iPaper.addParam('jsapi_version', 1);
            iPaper.addParam('width', '500px');
            iPaper.addParam('height', '300px');

            // iPaper 문서 뷰어가 준비 완료됐을 때 실행할 이벤트 정의
            iPaper.addEventListener('iPaperReady',oniPaperReady);
```

```
                // iPaper 문서 뷰어를 지정된 영역에 삽입하기
                iPaper.write('embedded_flash');

            </script>
        </body>
</html>
```

예제 8-11 분석

1. Scribd 자바스크립트 API 라이브러리 가져오기

Scribd의 자바스크립트 API는 유튜브 플레이어 API처럼 별도의 자바스크립트 라이브러리로 제공된다. http://www.scribd.com/javascripts/view.js가 Scribd의 자바스크립트 API 라이브러리 파일이며, iPaper 문서 뷰어를 만들기 위해 가져왔다.

2. iPaper 문서 뷰어 생성하기

Scribd에 업로드된 문서를 iPaper 문서 뷰어를 통해 보려면 [예제 8-10]의 결과처럼 문서 아이디와 접근키가 필요하며, scribd.Document.getDoc() 메소드에 문서 아이디와 접근키를 매개변수로 전달해 해당 문서를 볼 수 있는 iPaper 문서 뷰어 객체를 반환받게 된다.

3. iPaper 문서 뷰어 매개변수 정의하기

iPaper 문서 뷰어와 관련된 설정을 하고 싶을 경우 addParam() 메소드를 이용하면 문서 뷰어의 크기나, 뷰 모드, 검색어 강조, 시작 페이지 등을 설정할 수 있다. [예제 8-11]에서 addParam() 메소드가 사용된 부분의 내용을 보면, 자바스크립트 API 버전(jsapi_version)이 1인 것을 사용하고 문서 뷰어의 가로 크기(width)는 500픽셀, 세로 크기(height)는 300픽셀로 정의한 것이다. 이 외에도 addParam() 메소드를 통해 설정할 수 있는 매개변수로는 page, my_user_id, title, mode, autoSize 등이 있다.

4. iPaper 문서 뷰어 이벤트 정의하기

iPaper 문서 뷰어 역시 유튜브 플레이어처럼 이벤트를 정의할 수 있다. 정의할 수 있는 이벤트의 유형은 iPaperReady, pageChanged, viewModeChanged, zoomChanged 등이 있으며, iPaper 객체는 addEventListener() 메소드를 이용해 이벤트를 등록한다. [예제 8-11]에서는 iPaperReady 이벤트를 이용했으며, 문서의 로딩이 완료되면 시작할 이벤트를 정의한 것이다. 이와는 별개로 문서의 로딩이 완료되면 getEmbedCode(), getPage(), setPage(), getViewMode() 등의 메소드가 활성화되며, 이 메소드들을 이용해 문서 뷰어에 더 많은 기능을 적용할 수 있게 된다.

5. iPaper 문서 뷰어 DOM 객체로 삽입하기

iPaper 문서 뷰어 객체가 생성되고, 생성된 객체에 원하는 이벤트나 매개변수가 정의를 마쳤다면, 다음으로 iPaper 문서 뷰어를 HTML 페이지에서 보이게 하는 write() 메소드를 호출해보자. write() 메소드는 iPaper 문서 뷰어가 위치할 DOM 객체의 아이디를 지정해주면 되며, iPaper 문서 뷰어가 해당 위치에 삽입될 때는 [그림 8-9]에서 보는 것처럼 플래시 객체로 삽입된다.

---

iPaper 문서 뷰어는 API를 낱낱이 설명하는 것보단 이렇게 예제를 보는 것이 훨씬 도움이 되기 때문에 API 소개는 생략했는데, 자세한 내용을 알고 싶다면 Scribd의 자바스크립트 API 문서를 참고하기 바란다. Scribd API 문서 자체가 상세하게 잘 정리돼 있기 때문에 API를 설명하지 않더라도 충분히 이해할 수 있을 것이다. 이제 실제로 이 iPaper 문서 뷰어를 블로그 편집기에서 사용한 부분을 살펴보자. 구글 지도를 다루면서 지도를 사용하는 것과 보여주게 만드는 것은 차이가 있다고 했는데, 이 iPaper 문서 뷰어도 같은 방식으로 구현됐다고 생각하면 된다. [리스트 8-13]은 블로그 편집기에서 iPaper 문서 뷰어를 사용한 예이며, [리스트 8-12]와 이어지는 내용이다.

[리스트 8-13] 블로그 편집기에서 iPaper 문서 뷰어를 사용한 예

```
var scribdEmbedIds = [];

function insertDocument(doc_id,accessKey){
    var width = "100%";
    var height = "400px";

    // 다수의 iPaper 문서 뷰어가 삽입될 수 있으므로 랜덤한 아이디를 부여한다.
    var scribdid= "scribd_" + Math.random()*1000;
    var sb = new StringBuffer();

    // Scribd embed 태그가 삽입된 부분을 초기화하기 위해 기록
    scribdEmbedIds.push(scribdid);

    // Scribd iPaper 문서 뷰어가 위치할 레이어 정의
    sb.append("<br /><div id='" + scribdid + "'style='width:" +
        width + ";height:" + height + "'>");
```

```
// 편집기에서 보이는 부분(순수 편집기용)
sb.append(
  '<embed src="http://documents.scribd.com/ScribdViewer.
  ↪ swf?document_id='
    + doc_id + '&access_key='+ accessKey + '" ');

sb.append('quality="high" pluginspage=
  "http://www.macromedia.com/go/getflashplayer" ');

sb.append('play="true" loop="true" ');
sb.append('scale="showall" ');
sb.append('wmode="opaque" ');
sb.append('devicefont="false" ');
sb.append('bgcolor="#ffffff" ');
sb.append('name="'+ scribdid +'_object"');
sb.append('menu="true" ');
sb.append('allowfullscreen="true" ');
sb.append('allowscriptaccess="always" ');
sb.append('type="application/x-shockwave-flash" ');
sb.append('align="middle" ');
sb.append('height="'+ height +'" ');
sb.append('width="'+ width +'"></embed>');
sb.append('</div>');

// 실제 블로그에 삽입될 부분
sb.append(
  "<script type='text/javascript'
  src='http://www.scribd.com/javascripts/view.js'></").
  ↪ append("script>");
sb.append('<script type="text/javascript">');
sb.append("var scribd_doc = scribd.Document.getDoc(
  "+ doc_id +", '"+ accessKey +"' );");
sb.append("scribd_doc.addParam( 'jsapi_version', 1 );");
sb.append("scribd_doc.addParam( 'width', '100%' );");
sb.append("scribd_doc.addParam( 'height', '100%' );");
sb.append("scribd_doc.write( '"+scribdid+"' );");
sb.append("</").append("script>");

// 생성된 문자열을 편집기에 삽입한다.
editor.insertTag(sb.toString());
}
```

```
function getContent(){
    
    // 미리보기용으로 생성된 iPaper 문서 뷰어가 있다면 내용을 초기화하기 위해 추가
    for(var i=0; i < scribdEmbedIds.length; i++){
    
        $E(editor.getElement(scribdEmbedIds[i])).
            ↪setHTML("Scribd Document Viewer");
    
    }
    
    var content = editor.getData().replaceAll("<","&lt;");
    return content;
}
```

[리스트 8-13]의 내용은 블로그 편집기에서 보일 화면과 실제 블로그에 삽입될 문자열을 생성한 두 부분으로 크게 나누며, 이는 자바스크립트가 편집기에서 편집 시에는 실행되지 않기 때문에 실제 결과로 보일 문자열을 만들어서 미리보기가 가능하도록 한 것이다.

사실 편집기에서 보일 내용의 문자열은 Scribd에서 특별히 제공해주지 않는다. 그래서 HTML이 렌더링된 상태를 보고 패턴을 찾아서 실제 내용과 동일하게 보일 수 있도록 한 것이다.

그리고 scribdEmbedIds 배열 객체를 생성해 Scribd iPaper가 위치할 DIV 레이어의 아이디를 저장하는데, 이는 편집기에서 보이는 미리보기 화면을 실제 블로그로 포스팅할 때는 미리보기 내용일 필요가 없으므로 포스트를 등록할 때 편집기의 내용을 가져오는 getContent() 함수 부분에서 편집기의 DOM 엘리먼트에 직접 접근해 작성된 embed 태그의 내용을 "Scribd Document Viewer"로 바꾸기 위해서다. 사실 embed 태그를 만들었으니 자바스크립트 문자열은 만들지 않아도 된다고 생각할 수도 있으나, 그럴 경우 iPaper 문서 뷰어의 기능을 사용하는 데 제약을 받게 되므로 제약 없이 사용되도록 미리보기용과 실제 포스트용을 만들었다. 이로써 블로그 API를 이용한 파일 업로드 그리고 업로드에 관련해서 문서 뷰어까지 마무리가 됐고, 블로그 편집기도 어느 정도 마무리가 돼간다. 다소 지루한 감이 있더라도 마지막까지 책을 놓지 말자.

8.6 유튜브 동영상 플러그인 만들기

이제 블로그 편집기에 유튜브 동영상 플러그인을 적용할 차례다. 동영상 플러그인은 2부에서 만들어뒀던 유튜브 탐색기를 이용하는데, 조금만 손보면 [그림 8-11]과 같은 플러그인으로 전환이 가능하다. 유튜브 동영상 API는 이미 2부에서 다룬 바가 있으니 API를 제외하고 적용된 부분만 살펴보자. 일단 2부에서 만든 유튜브 탐색기의 파일을 블로그 편집기 프로젝트로 복사한 후 파일명을 YouTubeExplorer.html에서 YouTubeExplorerPlugin.html이라고 변경한다.

[그림 8-11] 유튜브 동영상 플러그인

8.6.1 JSONP

기본 레이아웃을 그대로 사용해도 무방하지만 편집기에서 동영상 검색을 좀 더 손쉽고 빠르게 하기 위해 변경했다. 기존의 썸네일로 나오던 이미지를 모두 유튜브 동영상 플레이어로 변경하고, 동영상의 제목과 동영상을 첨부할 수 있는 버튼이 추가됐으며, 썸네일 자체가 동영상 플레이어여서 별도의 플레이어는 필요 없으므로 플레이어 영역을 삭제했다. 내부적으로는 기존에 json 데이터를 사용하던 방식에서 json이 들어 있는 자바스크립트 파일을 결과로 받는 형식으로 변경했다. [리스트 8-14]에서 빨간색으로 표시된 부분이 추가되고 바뀐 부분이다.

[리스트 8-14] 기존의 json 데이터를 받는 방식에서 자바스크립트 파일을 결과로 받는 형식으로 변경한 예

```
function searchVideo(itemIdx){
  $E("videoList").setHTML("<span style='color:#fff'>Loading...
    </span>");
  itemIdx = itemIdx || startIdx;
  var q = $E("searchQ").value;
  var params = new URLVariables();

  params.parameters = {
    "q" : q.split(" ").join("+"),
    "orderby" : "published",
    "start-index" : (itemIdx-1)*itemPerPage + 1,
    "max-results" : itemPerPage,
    "v" : 2,
    "safeSearch" : "strict",
    "alt" : "json-in-script",
    "callback" : "onCompleteSearchHandler"
  };

  startIdx = itemIdx;

  // 자바스크립트 객체 생성
  var script = $new("script");
  // 자바스크립트 객체의 경로 정의
  script.setAttribute("src",YOUTUBE_SEARCH_URL +
    params.toString());
  // 자바스크립트 유형 설정
```

```
    script.setAttribute("type","text/javascript");
    // document의 body에 자바스크립트 객체 삽입하기
    $E(document.body).addChild(script);
}


function onCompleteSearchHandler(response){
    // 결과로 받는 값 자체가 자바스크립트 객체이므로 eval 처리할 필요가 없다.
    json = response;
    renderVideoList();
}
```

기존 파일과 비교해보면 알겠지만 URLRequest 객체를 생성하는 부분이 사라진 대신, 자바스크립트 객체를 생성하는 부분이 들어갔다. 이는 Response로 데이터를 받는 것이 아닌 자바스크립트 파일 자체를 받기 때문인데, 유튜브 API의 alt 매개변수가 json-in-javascript로 변경됐기 때문이다. 기존 방식을 사용할 수도 있겠지만, API 자체가 받는 방식으로 자바스크립트 파일을 받는 경우에 대한 예를 들고자 변경했다.

자, 그럼 자바스크립트 파일을 API의 Response로 사용할 경우에는 어떻게 해야 하는 것일까? 방법은 아주 간단하다. 자바스크립트도 DOM 객체기 때문에 자바스크립트 객체를 생성해서 경로를 지정한 뒤에 HTML에 추가하면 되는 것이다. searchVideo() 함수의 마지막 내용이 바로 자바스크립트 객체를 생성하고, 자바스크립트 객체의 경로를 유튜브의 데이터가 담겨 있는 자바스크립트 파일을 가져오게 하는 예다. 하지만 자바스크립트 파일을 가져온 것만으로 일이 끝나는 것이 아니다. 자바스크립트 파일 안에 있는 데이터를 전달받아야 API의 결과를 사용할 수 있기 때문이다.

그래서 API의 결과로 자바스크립트를 제공하면 동시에 콜백 함수도 지정하게 되어 있고, 자바스크립트 파일의 다 로딩되면 지정한 콜백 함수에 데이터 객체를 전달해 사용하는 방식이다. 이런 방식을 일컬어 JSONP^{JSON with Padding}라 하며, 자바스크립트의 크로스 도메인 보안 정책을 회피할 수 있는 방법 중 하나여서 URL만 사용해, API를 제공하고 있을 때 자바스크립트에서도 쉽게 API를 사용할 수 있도록 제공

하는 방식이다. JSONP는 결과 값이 문자열이 아닌 자바스크립트 객체를 그대로 받기 때문에 onCompleteSearchHandler() 함수의 내용을 보면 Response로 받은 객체를 그대로 사용하는 것을 볼 수 있다.

이번엔 썸네일이 동영상 플레이어로 변경되도록 한 부분을 살펴보자. [리스트 8-15]는 기존 썸네일 리스트를 생성하던 부분이 동영상 플레이어가 생성되도록 변경된 예다.

[리스트 8-15] 검색결과를 동영상 플레이어로 구현한 예

```
function renderVideoList(){

    $E("videoList").setHTML("");

    var entry = json.feed.entry;
    totalResults = json.feed.openSearch$totalResults.$t;

    if(totalResults > itemPerPage)
      $E("pageNavi").setStyle("display","block");
    else $E("pageNavi").setStyle("display","none");

    for(var i=0; i < entry.length; i++){
      var li = $new("li");

      // 추가된 내용
      var titleDiv = $new("div");
      var videoDiv = $new("div");
      var btnDiv = $new("div");
      var video_id = entry[i]["media$group"]["yt$videoid"].$t;
      var title = entry[i].title.$t;

      $E("videoList").addChild(li);
      li.addChild(titleDiv);
      li.addChild(videoDiv);
      li.addChild(btnDiv);

      titleDiv.setHTML(entry[i].title.$t);
      titleDiv.addClassName("title180");
      videoDiv.id = video_id;
```

```
        showVideo(video_id);

        btnDiv.setHTML('<input type="button"
            value="동영상 첨부하기" onclick="insertVideo(\''
    + video_id +'\',\''
    + title +'\')">');
  }
}

function showVideo(video_id){

    var video_url = http://www.youtube.com/v/
       + video_id
       + "&f=gdata_videos&fs=1";

    var params = { allowScriptAccess: "always" , wmode :
       "transparent"};

    swfobject.embedSWF(video_url, video_id,
       "200", "160", "8", null, null, params);
}
```

renderVideoList() 함수에 새롭게 추가된 부분은 제목을 표현할 수 있는 영역을 생성했고, 동영상 첨부를 바로 할 수 있도록 버튼을 만들어주는 부분이며, 기존에 썸네일 이미지가 동영상 플레이어로 대체될 수 있도록 유튜브 플레이어를 생성하던 showVideo() 함수를 그대로 이용해 쉽게 동영상 리스트를 만들 수 있었다.

동영상 첨부 버튼을 클릭하면 insertVideo() 함수가 호출되면서 편집기에 동영상이 첨부된다. insertVideo() 함수는 유튜브 동영상 플레이어를 만드는 문자열을 생성하는 함수로, 문자열이 만들어지고 난 다음에는 블로그 편집기에 등록된 YouTubeExplorerPlugin의 insertVideo() 메소드를 호출해서 블로그 편집기에 유튜브 동영상 플레이어를 삽입하게 된다. 유튜브 플레이어 embed 태그 형식은 유튜브 API 문서 http://code.google.com/intl/ko/apis/youtube/player_parameters.html 페이지를 참조했다.

[리스트 8-16] 블로그 편집기에 동영상을 첨부하는 예

```javascript
function insertVideo(id,title){
    // 문자열 생성
    var sb = new StringBuffer();
    sb.append('<br /> 제목: '
      + title
      + '<br /><object width="480" height="360">');

    sb.append('<param name="movie"
      value="http://www.youtube.com/v/'
      + id
      +'&fs=1"></param>');

    sb.append('<param name="allowFullScreen" value="true">
      </param>');
    sb.append('<embed src="http://www.youtube.com/v/'+ id
      +'&fs=1"');
    sb.append(' type="application/x-shockwave-flash"');
    sb.append(' width="480" height="360" ');
    sb.append(' allowfullscreen="true"></embed>');
    sb.append('</object><br /><br />');

    opener.YouTubeExplorerPlugin.insertVideo(sb.toString());
}
```

8.6.2 플러그인 만들기

마지막으로 블로그 편집기에 추가된 유튜브 동영상 플러그인의 구현체는 지도, 차트를 만들 때와 같은 형식으로 구현됐다. [예제 8-12]는 유튜브 동영상 플러그인을 구현한 예이며, [그림 8-12]는 유튜브 동영상 플러그인을 블로그 편집기에 적용한 예다.

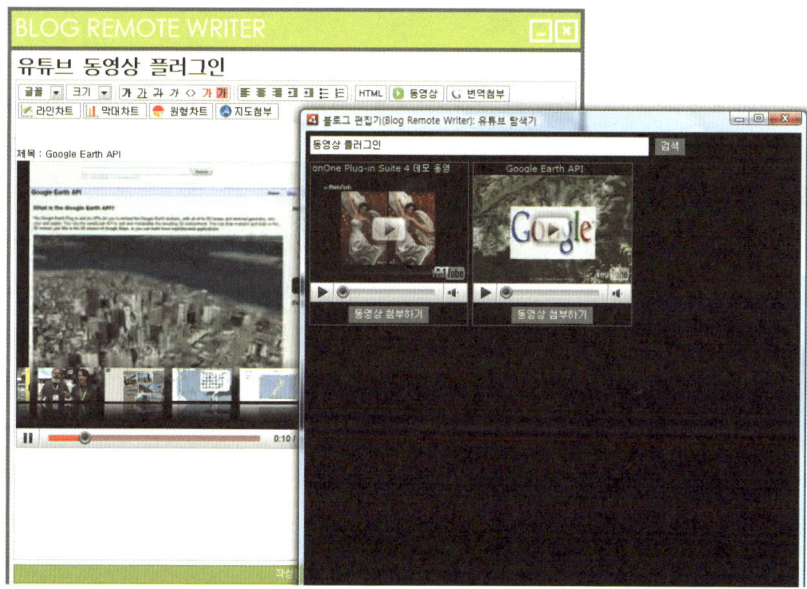

[그림 8-12] 유튜브 동영상 플러그인 적용 화면

[예제 8-12] 유튜브 동영상 플러그인 구현하기

../example/chapter_08_BlogRemoteWriter/js/openeditor/plugins/video/YouTubeExplorerPlugin.js

```
var YouTubeExplorerPlugin = {
    info : "유튜브 동영상 플러그인",
    pop : "",
    selectedEditor : "",
    getInstance : function(){
        var obj = $new("IMG");
        obj.setAttribute("src",
            OPEN_EDITOR_SKIN+"videoBtn.gif");
        obj.setStyle('cursor',"pointer");
        obj.setStyle("margin","0px 3px 0px 3px");
        return obj;
    },
    insertVideo : function(str){
        YouTubeExplorerPlugin.selectedEditor.insertTag(str);

        // 플러그인을 종료한다.
        YouTubeExplorerPlugin.hide();
    },
```

```
    eventListener : function(evt,obj,oEditor){
        // 버튼 클릭 시 유튜브 동영상 검색기를 팝업으로 띄움
        YouTubeExplorerPlugin.pop =
            window.open("YouTubeExplorerPlugin.html",
                "YoutubePlugin","width=645,height=750,
                scrollbars=yes");

        YouTubeExplorerPlugin.selectedEditor = oEditor;
    },
    hide : function(){

        // 띄워진 팝업이 있다면
        if(YouTubeExplorerPlugin.pop){

            // 띄워진 팝업을 닫는다.
            YouTubeExplorerPlugin.pop.close();

            // 값을 초기화한다.
            YouTubeExplorerPlugin.pop = null;
        }

    }
}
```

8.7 구글 번역 플러그인 만들기

블로그에 글을 쓸 때 가끔 외국어로 작성해야 하는 경우가 생기는데, 외국어를 잘 못하는 사람이라면 아마 상당한 시간이 걸릴 것이고 작성한 다음에도 외국어를 잘하는 사람에게 물어보게 된다. 블로그 편집기에 외국어를 좀 쉽고 편하게 쓸 수 있도록 [그림 8-13]과 같은 구글 번역 플러그인을 만들어 추가해보자.

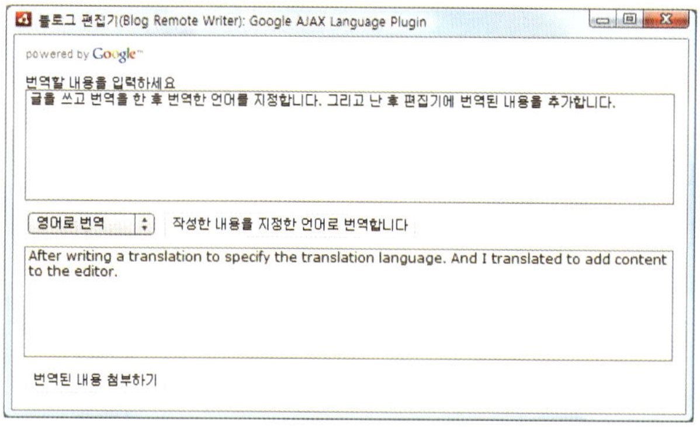

[그림 8-13] 구글 번역 플러그인

8.7.1 구글 언어 API

맛있는 밥을 먹고 깔끔한 후식을 먹는 기분처럼 깔끔하게 마무리할 수 있도록, 가볍게 다룰 수 있는 구글 언어 API를 마지막으로 준비해봤다. 이름을 보면 알 수 있듯이 구글 언어 API는 언어를 변환해주는 API다. 쉽게 말해 번역을 해주는 API라고 보면 된다. 국제화 시대를 맞아 이런 번역 서비스를 원하는 곳은 얼마든지 있다. 국내에서 서비스를 하면서 해외 진출을 꾀하는 기업이나 사업자, 혹은 그 반대의 경우에도 번역 서비스를 무료로 사용할 수 있다면, 상당한 도움이 되지 않을까 싶다. 자, 그럼 구글의 언어 API를 사용하는 방법에 대해 알아보자.

얼마 전 구글은 http://www.google.com/jsapi/ 자바스크립트 파일 하나만 있으면 구글의 모든 자바스크립트 API를 사용할 수 있도록 자바스크립트 라이브러리를 통합하는 API를 만들고, 구글의 자바스크립트 API는 `google.load()` 메소드를 통해 사용할 수 있게 했다. 구글이 상당히 많은 API를 제공하고 있기 때문에 복잡성을 줄이기 위한 피할 수 없는 선택이었을 것이다. 구글의 언어 API도 자바스크립트 API로 제공되고 있으며, [리스트 8-17]은 구글 자바스크립트 API를 이용해 언어 API 라이브러리를 가져오는 예다.

[리스트 8-17] 구글 언어 API 라이브러리를 가져오는 예

```
<script type="text/javascript"
    src="http://www.google.com/jsapi"></script>
<script type="text/javascript">
    google.load("language", "1");
</script>
```

구글의 언어 API는 별도의 API 키가 필요 없으며, [리스트 8-17]처럼 구글의 자바스크립트 라이브러리를 사용하는 것만으로 간단하게 API를 이용할 수 있다. 다만 주의할 사항이 있다면, 다국어를 처리하는 만큼 문서의 인코딩 형식은 반드시 UTF-8로 해야 한다는 점이다.

8.7.2 간단한 한/영 호환 번역기 만들기

번역하는 방법을 알았으니 한글을 영어로 또는 영어를 한글로 번역해주는 [그림 8-14]와 같은 간단한 번역기를 만들어보자. [예제 8-13]은 [그림 8-14]를 구현한 예다.

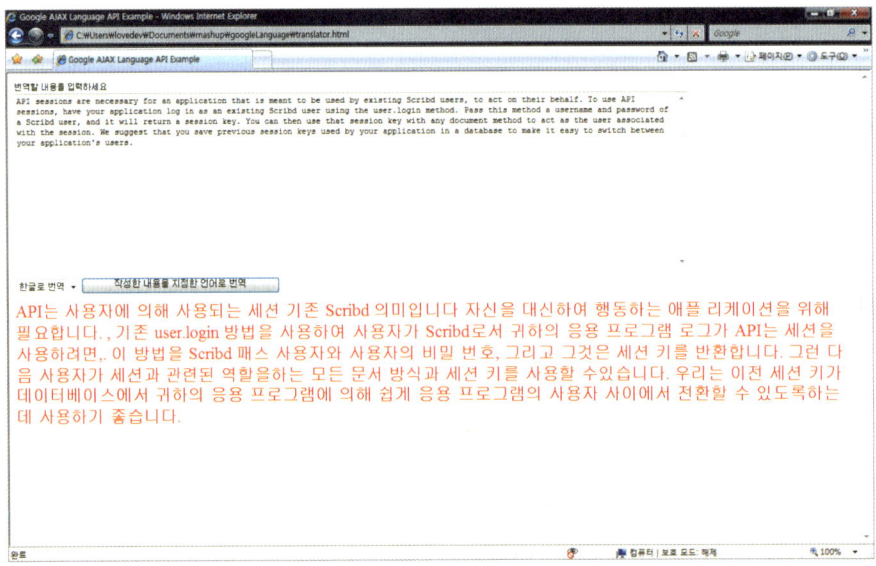

[그림 8-14] 간단한 한/영 호환 번역기를 구현한 예제 화면

[예제 8-13] 간단한 한/영 호환 번역의 구현

../example/chapter_08_googleLanguage/translator.html

```html
<!DOCTYPE HTML PUBLIC "-//W3C//DTD HTML 4.01 Transitional//EN"
    "http://www.w3.org/TR/html4/loose.dtd">
<html xmlns="http://www.w3.org/1999/xhtml">
    <head>
        <meta http-equiv="Content-Type" content="text/html;
            charset=utf-8" />
        <title>Google AJAX Language API Example</title>
        <script type="text/javascript"
            src="http://www.google.com/jsapi"></script>
        <script type="text/javascript" src="./js/ajit.js">
        </script>
        <script type="text/javascript">
            google.load("language", "1");
        </script>
    </head>

    <style type="text/css">
        textarea{
            width:80%;
            height:250px;
            font-size:12px;
        }

        body{
            font-size:12px;
        }
        #translateForm{
            margin-top : 10px;
        }

        #result{
            margin-top : 10px;
            font-size:25px;
            color:#ff0000;
        }
    </style>

    <body>
```

```
<script type="text/javascript">
    function translate(){
        var targetStr = $E("targetStr").value;
        var targetLanguage =
          $E("targetLanguage").value;
        var writedLanguage =
          targetLanguage == "ko" ? "en" : "ko";
        google.language.translate(targetStr,
            writedLanguage, targetLanguage,
            onCompleteTranslate);
    }

    function onCompleteTranslate(response){
        if (!response.error) {
            $E("result").setHTML(response.translation);
        }else{
            alert("번역 중 오류가 발생했습니다")
        }
    }
</script>

<div>
    번역할 내용을 입력하세요 <br />
    <textarea id="targetStr"></textarea>
</div>

<div id="translateForm">
    <select id="targetLanguage">
        <option value="en">영어로 번역</option>
        <option value="ko">한글로 번역</option>
    </select>
    <input type="button" value="작성한 내용을 지정한 언어로 번역"
        onclick="translate()"/>
</div>

<div id="result"></div>

    </body>
</html>
```

예제 8-13 분석

주석이 필요 없을 만큼 너무도 간단한 소스다. 번역이 이렇게 간단하게 이뤄진다니 정말 놀라울 따름이다. 간단히 말하자면, 텍스트로 번역하고자 하는 문자열을 입력하고 번역될 언어를 선택한 뒤 '작성한 내용을 지정한 언어로 번역' 버튼을 클릭하면, translate() 함수가 호출되어 result 아이디를 가진 DIV 엘리먼트에 번역 내용을 출력한다.

예제는 한글과 영어만 다뤘지만 이 외에도 스페인어, 러시아어, 프랑스어, 중국어 등 상당히 다양한 언어에 대해서도 번역 서비스를 제공해주고 있다. 구글 언어 API로 적용할 수 있는 언어와 언어 코드는 [표 8-7]을 참고해 다양하게 적용해보기 바란다.

[표 8-7] 구글 언어 API로 지원되는 언어와 코드(2008년 01월)

언어	언어 코드	언어	언어 코드
그리스어	El	타갈로그어	Tl
네덜란드어	Nl	포르투갈어	Pt
노르웨이어(보크몰)	No	폴란드어	pl
덴마크어	Da	프랑스어	fr
독일어	De	핀란드어	fi
라트비아어	Lv	한국어	Ko
러시아어	Ru	히브리어	iw
루마니아어	Ro	힌디어	hi
리투아니아어	Lt	슬로바키아어	Sk
베트남어	vi	슬로베니아어	Sl
불가리아어	bg	아랍어	Ar
세르비아어	Sr	영어	En
스웨덴어	Sv	이탈리아어	It
스페인어	Es	인도네시아어	Id
우크라이나어	uk	일본어	Ja
중국어	zh-CN	체코어	Cs
카탈로니아어	Ca	크로아티아어	hr

8.7.3 번역 가능한 언어와 번역한 언어의 표현 가능 여부 감지하기

구글의 언어 API는 따로 지정하지 않아도 어떤 언어로 작성됐는지 감지할 수 있는 기능도 동시에 제공하고 있다. [예제 8-14]는 API의 언어 감지 기능을 사용한 예이며, [그림 8-15]는 [예제 8-14]를 실행한 결과다.

[그림 8-15] [예제 8-14]를 실행한 결과 화면

[예제 8-14] API의 언어 감지 기능 사용하기

../example/chapter_08_googleLanguage/detection.html

```
<!DOCTYPE HTML PUBLIC "-//W3C//DTD HTML 4.01 Transitional//EN"
    "http://www.w3.org/TR/html4/loose.dtd">
<html xmlns="http://www.w3.org/1999/xhtml">
    <head>
        <meta http-equiv="Content-Type" content="text/html;
            charset=utf-8" />
        <title>Google AJAX Language API Example</title>
        <script type="text/javascript"
            src="http://www.google.com/jsapi"></script>
        <script type="text/javascript" src="./js/ajit.js">
        </script>
        <script type="text/javascript">
            google.load("language", "1");
        </script>
    </head>

    <body>
        <div id="result"></div>

        <script type="text/javascript">

            var text = "안녕하세요!";
```

```
            google.language.detect(text, onCompleteDetect);

            function onCompleteDetect(response){
                if(!response.error){
                    var language = 'unknown';
                    for (prop in google.language.Languages) {
                        if (google.language.Languages[prop]
                            == response.language) {
                            language = prop;
                            break;
                        }
                    }

                    if(google.language.isFontRenderingSupported(
                    text)){
                    $E("result").setHTML(text + " 는 "
                     + language + "어로 작성됐습니다.");
                    }else{
                      alert("본 시스템에서는 표현이 불가능한 언어입니다.");
                    }
                }
            }
        </script>
    </body>
</html>
```

[예제 8-14]는 구글의 언어 코드 정보를 담고 있는 google.language.Languages 속성과 google.language.detect() 메소드에 대한 이해가 필요하다. google.language.Languages 객체는 구글에서 지원하는 언어 정보를 갖고 있으며, google.language.detect() 메소드는 어떤 언어로 작성됐는지 감지하는 기능을 하는데, 감지 후 response로 감지된 언어를 response의 language 속성에 정의해서 콜백 함수를 호출하게 된다. detect() 메소드의 사용 방법은 다음과 같다.

google.language.detect(번역하고자 하는 문자열, 감지 후 감지 결과를 알릴 콜백 함수);

따라서 [예제 8-14]는 문자열 "안녕하세요!"가 어떤 언어로 작성됐는지 감지 결과를 알릴 onCompleteDetect() 함수를 호출한 다음, 구글 언어 API에서 지원하는 언어와 감지된 언어를 비교해 일치하는 부분이 있다면, 화면에서 표현이 가능한지 여부를 판단해 화면에 감지된 언어를 결과로 보여주는 것이다. 언어를 감지하는 것 외에도 작성할 언어가 화면에서 표현이 가능한 언어인지 확인할 수 있다.

google.language.isFontRenderingSupported(표현할 문자열);

표현하고자 하는 문자열을 그대로 언어 API의 `isFontRenderingSupported()` 메소드를 호출하면 결과를 바로 얻을 수 있으며, 불가능할 경우는 0, 지원 가능할 경우는 1, 알 수 없을 경우는 2가 반환된다. 이 밖의 자세한 API을 알아보고 싶다면 http://code.google.com/intl/ko/apis/ajaxlanguage/documentation/reference.html 페이지를 참고하기 바란다.

8.7.4 구글 브랜드 달기

구글의 언어 API를 이용할 경우 반드시 구글에서 제공하는 정보임을 알리는 구글 브랜드를 명시해야 한다. 그것이 API를 제공해주는 조건인 셈이다. 구글 브랜드는 `google.language.getBranding()` 메소드를 활용하면 쉽게 명시할 수 있다. [리스트 8-18]은 `google.language.getBranding()` 메소드를 활용해 브랜드를 명시한 예다.

[리스트 8-18] google.language.getBranding() 메소드를 활용해 브랜드를 명시한 예

```
<script type="text/javascript">
   google.load('language', "1");

   function setBranding() {
      var v = {type:'vertical'};
      google.language.getBranding('test1');
      google.language.getBranding('test2', v);

   }

</script>

<div id="test1"></div>
<div id="test2"></div>
```

google.language.getBranding() 메소드의 사용 방법은 다음과 같다.

google.language.getBranding("브랜드를 표현할 DIV 영역", "브랜드 유형");

한 줄이면 브랜드 표현이 가능하며, 어디에 표시할 것인가는 사용자의 몫이다. 브랜드 유형은 메소드에 전달되는 매개변수의 type 속성 값이 vertical일 경우 [그림 8-16]의 오른쪽에 있는 브랜드처럼 세로로 표현되며, 그렇지 않을 경우는 왼쪽처럼 가로로 표현된다. [그림 8-16]을 보면 알 수 있듯이 구글 브랜드를 명시한 부분이 디자인을 해칠 만큼 커다란 부분을 차지하는 것도 아니니 이 정도의 원칙이라면 지키고 사용할 수 있었으면 하는 바람이다.

[그림 8-16] API를 이용할 때 구글 브랜드를 명시하는 예

8.7.5 여러 언어가 지원되는 간단한 번역 플러그인 만들기

구글 번역 플러그인은 간단한 한/영 호환 번역기를 구현한 예제에서 크게 변경한 부분은 없으며, 추가된 내용만 있다. 번역 결과로 출력하던 부분을 textarea 객체로 출력해, 번역된 내용도 수정할 수 있게 했고, 번역할 수 있는 중국어나 일본어 등 몇 가지 언어를 더 추가했다. [예제 8-15]는 구글 번역 플러그인을 구현한 예이며, 변경되거나 추가된 부분을 알기 쉽도록 굵게 표시했다.

[예제 8-15] 구글 번역 플러그인 구현하기

```
../example/chapter_08_BlogRemoteWriter/js/openeditor/plugins/text/GoogleLanguagePlugin.html
<!DOCTYPE HTML PUBLIC "-//W3C//DTD HTML 4.01 Transitional//EN"
    "http://www.w3.org/TR/html4/loose.dtd">
<html xmlns="http://www.w3.org/1999/xhtml">
    <head>
        <meta http-equiv="Content-Type" content="text/html;
            charset=utf-8" />
        <title>Google AJAX Language Plugin</title>
```

```html
<script type="text/javascript"
        src="http://www.google.com/jsapi"></script>
<script type="text/javascript" src="./js/ajit.js">
</script>

<script type="text/javascript">
    google.load("language", "1");
</script>

<style type="text/css">
        textarea{
        width : 600px;
        height : 100px;
        font-size : 12px;
        }

        body{
            margin : 5px;
            padding : 5px;
            font-size : 12px;

        }

        #reserved{
           margin-bottom : 10px;
        }

        #translateForm{
            margin-top : 10px;
        }

        #result{
            margin-top : 10px;
            font-size : 25px;
            color : #ff0000;
        }

        #btnWrap{
           margin-top : 10px;
        }
```

```
            input[type=button]{
                background : #ffffff;
                border : 1px solid #ccc;
                font-size : 12px;
                height : 22px;
                cursor : pointer;
            }

            select{
                font-size : 12px;
                height : 22px;
            }
        </style>
    </head>

    <body>
        <script type="text/javascript">
            function translate(){
                var targetStr = $E("targetStr").value;

                if(targetStr.length < 1){
                    alert("번역할 내용을 입력하세요");
                    $E("targetStr").focus();
                    return;
                }

                var targetLanguage =
                    $E("targetLanguage").value;
                google.language.translate(targetStr,
                    "", targetLanguage, onCompleteTranslate);
            }

            function onCompleteTranslate(response){
                if (!response.error) {
                    $E("resultStr").value =
                        response.translation;
                }else{
                    alert("번역 중 오류가 발생했습니다")
                }
            }
```

```
        function insertLanguage(){
        if($E("resultStr").value.length < 1){
           alert("번역된 내용이 없습니다.");
           return false;
        }

        opener.GoogleLanguagePlugin.insertLanguage(
        $E("resultStr").value);
        }
</script>

<div id="reserved"></div>

<script type="text/javascript">
        google.language.getBranding('reserved');</script>

<div>
    번역할 내용을 입력하세요<br />
    <textarea id="targetStr"></textarea>
</div>

<div id="translateForm">
    <select id="targetLanguage">
        <option value="en">영어로 번역</option>
        <option value="ko">한글로 번역</option>
        <option value="Ja">일본어로 번역</option>
        <option value="zh-CN">중국어로 번역</option>
        <option value="Ru">러시아어로 번역</option>
        <option value="De">독일어로 번역</option>
        <option value="hi">힌디어로 번역</option>
        <option value="iw">히브리어로 번역</option>
    </select>
    <input type="button"
           value="작성한 내용을 지정한 언어로 번역합니다"
           onclick="translate()" />
</div>

<div id="result">
  <textarea id="resultStr"></textarea>
</div>
<div id="btnWrap">
```

```
        <input type="button" onclick="insertLanguage()"
            value="번역된 내용 첨부하기" />
    </div>
    </body>
</html>
```

예제 8-15 분석

구글 번역 플러그인은 구조가 매우 간단하며, 기존 내용에서 크게 변한 부분도 없기 때문에 추가된 내용을 살펴보는 것으로 마무리하겠다. 기존에 만든 번역기와 차이점이라면 일본어, 중국어, 러시아어, 독일어 같은 언어로도 번역이 가능하도록 번역 항목을 추가했고, 작성된 언어 코드가 자동으로 적용되도록 google.language.translate() 메소드를 호출할 때 작성된 언어 코드를 입력하지 않았다는 것 정도다. 지정된 언어로 번역된 결과 값을 textarea 영역으로 작성해 편집기로 첨부하기 전에 수정이 가능하게 했다. 그리고 '번역된 내용 첨부하기' 버튼이 클릭되면, insertLanguage() 함수가 호출되고 편집기에 번역된 내용이 전달된다.

8.8 플러그인 세트 만들기

플러그인을 자바스크립트 파일로 만들어 적용하는 것을 끝으로 블로그 편집기를 마무리하겠다. 처음 이미지 통합 검색기를 만들어 오픈에디터에 플러그인으로 적용할 때 자바스크립트 객체를 만들어 registPlugin() 메소드를 사용해 적용했던 것을 기억할 것이다. 그런데 플러그인 자체는 공용적으로 사용될 수 있는 부분이 많기 때문에 오픈에디터가 사용되는 페이지마다 플러그인을 만드는 일은 번거롭고 소모적이다. 그런 이유로 오픈에디터는 플러그인을 별도의 파일로 만들어 관리하고 플러그인 세트를 구성해 적용할 수 있게 하고 있다. 플러그인을 파일로 만드는 법은 아주 간단하다. 플러그인의 객체명을 파일명으로 하고 파일을 오픈에디터 설치 디렉토리 > Plugins 디렉토리에 넣어주면 그것으로 끝이다.

YouTubeExplorerPlugin이라는 객체가 플러그인이라면 YouTubeExplorerPlugin.js라는 파일을 만들어서 플러그인 디렉토리에 넣어주면 되는 것이다. 그 다음 플러그인 디렉토리에 있는 파일을 에디터의 플러그인으로 적용하려면 플러그인 세트를 구성하면 된다. 플러그인 세트는 오픈에디터 설치 디렉토리 > PluginSet 디렉토리에 플러그인 목록을 작성할 자바스크립트 파일을 만들고, [예제 8-16]처럼 기술하면 된다. 기본 경로는 플러그인이 담긴 디렉토리를 기준으로 하며, 패키지에 접근하는 것처럼 '.' 단위로 경로를 구분하면 된다. [그림 8-17]의 디렉토리 트리구조를 보면 이해가 쉬울 것이다. [예제 8-16]은 블로그 편집기에 사용된 플러그인 세트의 예다.

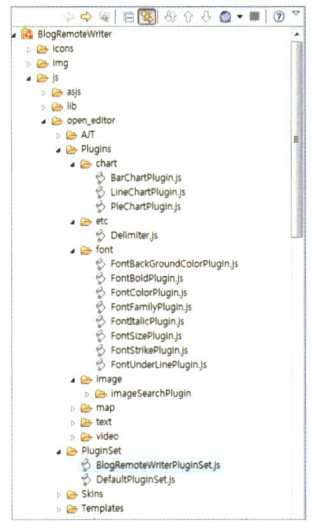

[그림 8-17] 오픈에디터의 디렉토리 트리구조

[예제 8-16] 블로그 편집기에 사용된 플러그인 세트

../example/chapter_08_BlogRemoteWriter/js/pluginSet/BlogRemoteWriterPluginSet.js

```
// 플러그인을 표시하고 싶은 순서대로 작성한다.
loadPlugin(
    "font.FontFamilyPlugin",
    "font.FontSizePlugin",
    "etc.Delimiter",
    "font.FontBoldPlugin",
    "font.FontUnderLinePlugin",
    "font.FontStrikePlugin",
    "font.FontItalicPlugin",
    "text.ClearFormatPlugin",
    "font.FontColorPlugin",
    "font.FontBackGroundColorPlugin",
```

```
    "etc.Delimiter",
    "text.ParagraphJustifyLeftPlugin",
    "text.ParagraphJustifyCenterPlugin",
    "text.ParagraphJustifyRightPlugin",
    "text.ParagraphOutdentPlugin",
    "text.ParagraphIndentPlugin",
    "text.UnOrderedListPlugin",
    "text.OrderedListPlugin",
    "etc.Delimiter",
    "image.imageSearchPlugin.ImageSearch",
    "video.YouTubeExplorerPlugin",
    "text.GoogleLanguagePlugin",
    "chart.BarChartPlugin",
    "chart.LineChartPlugin",
    "chart.PieChartPlugin",
    "map.GoogleMapPlugin",
    "text.HTMLSourcePlugin"
);
```

[예제 8-16]처럼 작성된 플러그인 세트는 [리스트 8-19]처럼 에디터를 생성할 때 매개변수로 정의하면 해당 플러그인 세트가 적용된다.

[리스트 8-19] 오픈에디터에 플러그인 세트를 적용하는 예

```
var editor_option = {};
editor_option.styles = { "height": "545px" };

editor_option.pluginset = "BlogRemoteWriterPluginSet";

var editor = new OpenEditor(editor_option);
```

이 외의 자세한 내용을 알고 싶다면, 오픈에디터 참고문서를 살펴보기 바라며, 이것으로 길고 길었던 블로그 편집기 만들기를 마무리하겠다.

8.9 정리

8장에서는 대부분 블로그 API의 표준으로 채택되는 XML-RPC에 대해 알아보고, 앞에서 다뤘던 API를 기반으로 블로그 편집기에서 사용될 플러그인을 만들어봤다. 블로그 편집기에 접목된 플러그인으로서 블로그에 쉽게 지도를 첨부할 수 있는 지도 플러그인, 문서를 쉽게 볼 수 있게 해주는 (Scribd API를 이용한) 문서 뷰어 플러그인, 동영상 첨부를 쉽게 하기 위한 동영상 플러그인, 여러 언어로 글을 쓸 수 있도록 도와주는 구글 번역 플러그인 등을 구현했다. 그리고 파일을 쉽게 첨부할 수 있도록 어도비 AIR의 API를 이용한 드래그앤드롭 기능을 알아봤다. 또한 편집기에 여러 플러그인을 체계적으로 적용하기 위한 플러그인 세트 구성 방법을 알아봤으며, JSONP 방식을 이용해 데이터를 다루는 방법도 살펴봤다. 8장이 마지막 장인 만큼 그간 다뤘던 대부분의 API를 정리할 수 있도록 했으며 실제 애플리케이션에서 사용될 수 있는 대부분의 기능을 다룸으로써, 애플리케이션을 개발하고 API를 사용하는 데 있어 자신감을 갖게 됐을 것이다.

정말 많은 기능을 소개하고 싶었지만 내용이 복잡해지고 지루해지는 경향이 있기 때문에 되도록 필요한 부분만 구현했다. 그래서 로컬 데이터베이스를 활용해 임시 저장 기능을 구현하는 것이나, 암호화 저장소를 이용해 로그인 정보 등을 기록하는 기능을 구현하지 못한 점이 못내 아쉬움으로 남는다.

지금 이야기한 기능은 책을 끝까지 봤다면 여러분도 충분히 구현할 수 있는 기능이므로, 8장에서 만든 블로그 편집기에 여러분만의 기능을 접목시켜 더욱더 멋진 블로그 매쉬업 애플리케이션을 만들어줄 것을 기대하며 책의 마지막 단원을 마친다.

8.10 총정리

이 책은 기초, 응용, 실전의 3단계로 이뤄져 있다. 1부 매쉬업 기초에서는 매쉬업의 의미와 매쉬업을 하는 방법, 매쉬업의 현황과 전망을 살펴보면서 내용이 전개된다. 매쉬업의 첫 단추로 지도 API를 다뤘다. 그리고 각 지도 서비스의 특성과 팁을 알아가며 간단한 약도를 만든다. 그 다음 기본 단계로 이미지 API를 다뤘다. API를 호출하는 방법, 자바스크립트를 객체화하는 방법, 같은 REST 방식일지라도 각기 다른 API의 호출 방식, 정보를 가공해 이미지를 표현하는 방법 등을 알아보고 간단한 통합 이미지 검색기를 만들었다. 이로써 매쉬업의 기본기를 다지고 응용으로 넘어가게 된다.

2부 매쉬업의 응용에서는 간단하지만 꽤 다양한 매쉬업 애플리케이션을 만들게 된다. 구글의 차트 API를 이용해 차트를 생성하고, 차트 생성기를 만들고, 유튜브 API를 이용해 동영상 플레이어를 구현하고, 유튜브에는 없는 기능을 추가시켜 유튜브 미디어센터를 만든다. 유튜브 미디어센터의 플레이 리스트를 구현하면서 어도비 AIR의 기능 중 하나인 SQLite라는 로컬 데이터베이스를 다루는 방법과 응용 방법을 살펴보고 본격적인 어도비 AIR 애플리케이션을 만들게 된다. 그리고 API를 이용하면서 많은 이들이 제일 어렵게 여기는 인증에 대해 확실하게 알 수 있도록 사용자 인증을 다룬다. OAuth 인증 방식을 알아보고, 인증을 한 후 할 수 있는 글쓰기나 파일 업로드 기능을 구현해봤다. 또한 파일 업로드를 구현하면서 `Multipart/form-data` 인코딩에 대해 살펴보고 직접 구현해 파일을 업로드하고, HTTP 기본 인증 방식 인증을 구현해봤다.

그리고 2부의 마지막 순서로, 2부의 모든 기능을 총망라하는 웹캠을 이용해 화면을 캡처하고 캡처한 화면을 미투데이로 업로드하는 애플리케이션을 만들었다. 웹캠 포토 애플리케이션을 만들면서 자바스크립트에서 액션스크립트를 사용하는 방법에 대해 살펴보고, 어도비 AIR 애플리케이션의 계층구조를 알아봤다.

마지막 3부에서는 1부와 2부의 내용을 총 정리하면서 블로그 편집기를 만들었다. 8장에서는 지도, 유튜브, 번역, 문서 뷰어 등의 플러그인을 만들었으며, 어도비 AIR의 File API에 대해 살펴보고 드래그앤드롭 기능을 접목해 파일 첨부를 쉽게 할 수 있도록 하고 문서나 이미지 등의 첨부 기능을 강화해 애플리케이션을 완성함으로써 기나긴 단원을 마친다.

많다면 많은 내용이었지만, 책의 과정을 통해 오픈 API와 매쉬업 그리고 애플리케이션을 만드는 방법에 대해 충분히 알 수 있었을 것이라 믿는다.

부록 **A**

미투데이 알림이 만들기

미투데이(me2day.net)는 소셜 네크워크 기반의 마이크로 블로그 서비스 사이트다. 혹시 마이크로 블로그라고 들어봤는가? 마이크로 블로그 혹은 미니 블로그라 불리는 이 서비스는 아주 간단 명료하게 한 줄 혹은 몇 줄의 단문만으로 글을 쓰는 블로그를 말한다. 일반 블로그처럼 가치 있는 글, 정보가 될 만한 글을 쓰는 것이 아니라, 마치 낙서를 하듯이 생각나는 대로 쓰고 싶은 대로 글을 쓴다. 예를 들면 "오늘 뭐 먹을까? 그냥 짜장면이나 먹자", "지독한 감기, 콜록, 콜록, 훌쩍", "몸이 10개라면? 그래도 진짜는 하나밖에 없지?"처럼 마치 수업을 들을 때 노트에 끼적대는 낙서 같은 글들이다. 이렇게 낙서하는 글이라지만 이런 글이 친구와의 대화 같은 형식이 된다면 일반 블로그와는 또 다른 재미가 있다. 즉 "몸이 10개라면? 그래도 진짜는 하나밖에 없지?"에 대한 댓글을 친구가 "내가 하나 빌려줄게~ 9개는 다른 데서 알아봐!"라고 달아준다면 메신저는 아니지만 대화가 되는 것이다. 또한 메신저는 1:1에 가까운 커뮤니케이션이라면 미투데이는 1:N의 대화로 메신저와는 또 다른 느낌이다. 미투데이 서비스는 이런 친구 같은 관계가 있는 서비스이기 때문에 자신과 관계를 맺은 친구가 어떤 글을 올렸는지, 내가 올린 글에 댓글이 달렸는지 항상 관심을 갖고 살펴보게 된다.

부록 A에서는 [그림 A-1]처럼 시스템 트레이에서 동작하는(친구가 어떤 글을 올렸고 내가 쓴 글에 누가 댓글을 달았는지 알 수 있는) 미투데이 알림이 애플리케이션을 만들어본다.

[그림 A-1] 미투데이 알림이 애플리케이션

A.1 미투데이 API

국내에서 매쉬업 행사를 하면 빠지지 않고 항상 등장하는 것이 바로 이 미투데이 API를 활용한 매쉬업 애플리케이션이다. http://me2day.net/me2/app 페이지를 보면 게임을 접목했거나, 각종 디바이스를 이용해 미투데이 블로깅을 하는 애플리케이션 등 다수의 매쉬업 애플리케이션을 바로 확인할 수 있다. 미투데이 애플리케이션에는 등록돼 있지 않지만 내가 만든 최초의 매쉬업 애플리케이션도 미투데이 API를 활용한 것이었다. 미투데이 API가 어떤 매력이 있는지 API를 다루면서 느껴보길 바란다.

미투데이 API는 REST 방식이라 쉬우면서도 지금껏 다루던 API보다는 난이도가 있는 부분이 많으니 미리 http://codian.springnote.com/의 me2API 사용설명서를 봐두면 많은 도움이 될 것이다.

[미투데이 애플리케이션키 발급받기]

미투데이의 API를 이용하는 데도 역시 애플리케이션키가 필요하다. 그리고 미투데이 계정도 필요하다. 애플리케이션키는 http://me2day.net/api/front/appkey 페이지에서 발급하고 있으며, 미투데이에 로그인된 상태에서만 접근이 가능하다. [그림 A-2]처럼 키를 발급하는 페이지에서 간단한 요청사항을 기술하고 '요청하기'를 클릭하면 발급이 완료된다. 애플리케이션키 발급 확인 및 사용 가능 여부는 미투데이의 환경 설정 메뉴에서 '발급받은 어플리케이션 키보기'를 클릭하면 발급 여부와 사용 가능 여부를 바로 확인할 수 있다.

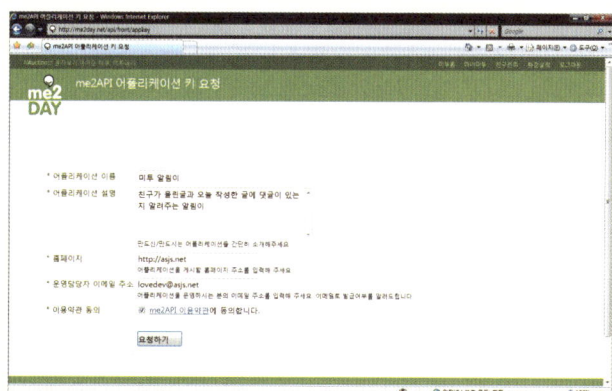

[그림 A-2] 미투데이 API 키 발급 화면

A.1.1 사용자 친구 리스트 가져오기

> **호출 형식**
>
> http://me2day.net/api/get_friends/[미투데이 아이디].[응답 형식]

API를 요청한 URL은 http://me2day.net/api/get_friends/[미투데이 아이디].[응답 형식]이며, 미투데이는 GET과 POST 방식으로 전달된 매개변수를 모두 동일하게 처리한다. 따라서 URI에 매개변수를 기술하든 POST 방식으로 전달하든 간에 사용자 편의대로 하면 된다. API 매개변수 부분은 [표 A-1]을 참조하라.

[표 A-1] API에서 사용할 수 있는 매개변수

요청 변수	값	설명
scope	String 기본 값: all (all, close, supporter, family, mytag, group)	• all: 모든 친구 • close: 친한 친구 • supporter: 지지자(인증 필요) • family: 초대하거나 초대된 사람 • mytag: 지정한 mytag를 사용하는 친구(인증 필요) • group: 지정한 그룹에 있는 친구(인증 필요)
[미투데이 아이디]	String(필수)	미투데이 사용자 아이디
[응답 형식]	String 기본 값: xml (xml, json)	반환받을 형식
aKey	String(필수)	미투데이 애플리케이션키

```xml
<?xml version="1.0" encoding="UTF-8" ?>
<friends friendsOf="lovedev" scope="all">
  <person>
    <id>jparker</id>
    <openid>http://create74.com/</openid>
    <nickname>J.Parker</nickname>
    <face>http://me2day.net/images/user/jparker/profile.png?1202093354</face>
    <description>힘껏 달려 봅시다. 2008년 D-2008/12/31일 남았네요.</description>
    <homepage>http://create74.com</homepage>
    <me2dayHome>http://me2day.net/jparker</me2dayHome>
    <rssDaily>http://me2day.net/jparker/rss_daily</rssDaily>
    <invitedBy>acepilot</invitedBy>
    <friendsCount>171</friendsCount>
    <updated>2008-11-28T07:01:35Z</updated>
    <flickr>
      <nsid>false</nsid>
    </flickr>
  </person>
  <person>
    <id>forpurity</id>
    <openid>http://yuekim.myid.net/</openid>
    <nickname>유애</nickname>
    <face>http://me2day.net/images/user/forpurity/profile.png?1225174219</face>
    <description>동기유발 절실</description>
    <homepage>http://yue.co.kr</homepage>
    <me2dayHome>http://me2day.net/forpurity</me2dayHome>
    <rssDaily>http://me2day.net/forpurity/rss_daily</rssDaily>
    <invitedBy>monandol</invitedBy>
    <friendsCount>621</friendsCount>
    <updated>2008-11-28T06:46:45Z</updated>
    <flickr>
      <nsid>false</nsid>
    </flickr>
  </person>
```

← 반복 노드

[그림 A-3] [표 A-1]에 맞춰 API를 호출한 결과

● XML 분석

미투데이의 XML은 매우 간단한 구조라 설명이 필요 없을 정도다. [그림 A-3]에서 XML 구조를 보면 <person> 노드가 반복 노드로, 미투데이를 이용하는 친구들의 정보가 담겨 있다. 반복된 <person> 노드의 내용을 [표 A-2]에 정리했다.

[표 A-2] API에서 사용할 수 있는 매개변수

필드	값(유형)	설명
person	친구 정보 반복 노드	
• id	String	미투데이 계정 아이디
• openid	String	오픈 아이디
• nickname	String	닉네임
• face	String	사용자 프로필 이미지 경로
• description	String	한 줄 설명
• homepage	String	홈페이지 주소
• me2dayHome	String	미투데이 사용자 주소
• rssDaily	String	미투데이 사용자 RSS 피드 주소
• invitedBy	String	미투데이로 초대한 사람의 아이디
• friendsCount	Integer	사용자의 미투데이 친구 수
• updated	Date(ISO 8601)	최근 포스트를 업데이트한 날짜
• flickr		
- nsid	String	플리커 계정 아이디

A.1.2 포스트 리스트 가져오기

호출 형식

1) 미투데이 사용자의 포스트를 가져오는 방식
```
http://me2day.net/api/get_posts/[미투데이 아이디].[응답 형식]
```
2) 지정한 포스트의 아이디로 포스트를 가져오는 방식
```
http://me2day.net/api/get_posts.xml?post_id=[포스트 아이디]
```

API를 요청한 URL은 http://me2day.net/api/get_posts/[미투데이 아이디].[응답 형식] 혹은 http://me2day.net/api/get_posts.xml이다. API 매개변수 부분은 [표 A-3]을 참조하라.

[표 A-3] XML 분석 내용

요청 변수	값	설명
from	DATE(ISO 8601 형식)	포스트 작성일의 검색 시작시점
to	DATE(ISO 8601 형식)	포스트 작성일의 검색 종료시점
tag	String	포스트의 태그
post_id	String(필수)	포스트의 아이디 (호출 형식 2번에 해당됨)
[미투데이 아이디]	String(필수)	미투데이 사용자 아이디
[응답 형식]	String 기본 값: xml (xml, json)	반환받을 형식
aKey	String(필수)	미투데이 애플리케이션키

```xml
- <posts>
  - <post>
      <post_id>pxn12</post_id>
      <permalink>http://me2day.net/codian/2008/12/02#08:20:52</permalink>
      <body>liue services jumpstart 2009 참석차 무려 이 시각에 양재 와있다능</body>
      <kind>think</kind>
      <icon>http://me2day.net/images/post_think.gif</icon>
    - <tags>
      - <tag>
          <name>톰내의는</name>
          <url>http://me2day.net/codian/tag/톰내의는</url>
        </tag>
      + <tag>
      + <tag>
      + <tag>
      + <tag>
      + <tag>
      + <tag>
      + <tag>
      + <tag>
      </tags>
      <me2dayPage>http://me2day.net/codian</me2dayPage>
      <pubDate>2008-12-02T08:20:52+0900</pubDate>
      <commentsCount>4</commentsCount>
      <metooCount>0</metooCount>
      <commentClosed>false</commentClosed>
      <contentType>me2photo</contentType>
      <iconUrl>http://farm4.static.flickr.com/3183/3075078267_b97ab58e72_s.jpg</iconUrl>
      <callbackUrl>http://me2day.net/front/me2photo?id=3075078267</callbackUrl>
    - <author>
        <id>codian</id>
        <nickname>꽃띠망</nickname>
        <face>http://me2day.net/images/user/codian/profile.png?1222216828</face>
        <me2dayHome>http://me2day.net/codian</me2dayHome>
        <homepage />
      </author>
    - <location>
        <name>Gyeonggi</name>
        <longitude />
        <latitude />
      </location>
    - <media>
      - <me2photo>
          <provider>flickr</provider>
          <photoId>3075078267</photoId>
          <photoUrl>http://farm4.static.flickr.com/3183/3075078267_b97ab58e72.jpg</photoUrl>
          <permalink>http://www.flickr.com/photos/me2flickr/3075078267/</permalink>
        </me2photo>
      </media>
    </post>
```

[그림 A-4] [표 A-3]에 맞춰 API를 호출한 결과

● XML 분석

미투데이의 중심이라 할 수 있는 포스트 부분이다. 상당히 많은 정보를 담고 있고 함축적인 의미를 지닌 부분도 있어 자세히 살펴볼 필요가 있다. 1번 형식으로 API를 호출한 경우 <post> 노드가 반복 노드가 되며, 사용자가 작성한 포스트의 정보를 갖고 있다. 2번 형식으로 호출한 경우, 포스트 정보를 갖고 있는 것은 동일하지만 지정한 포스트의 정보만 갖게 되므로 반복 노드는 없다. 1번 형식이든 2번 형식이든 방식은 달라도 반복을 제외하고는 결과가 동일하다. 포스트 정보를 담고 있는 <post> 노드의 내용을 [표 A-4]에 자세히 정리했다.

[표 A-4] API에서 사용할 수 있는 매개변수

필드	값(유형)	설명
post	포스트 정보 (반복) 노드	
• post_id	String	포스트 아이디
• permalink	String	포스트 링크
• body	String	포스트 내용
• kind	String	포스트 종류
• icon	String	포스트 종류에 대한 아이콘 경로
- tags	포스트 태그 정보 전체 노드	
- tag	포스트 태그 정보 반복 노드	
- name	String	태그명
- url	String	태그 주소
• me2dayPage	String	미투데이 사용자 주소
• pubDate	Date(ISO 8601 형식)	포스트 작성일
• commentsCount	Integer	포스트에 달린 전체 댓글 수
• commentClosed	Boolean	댓글 쓰기 가능 여부
• contentType	String 기본 값: document (document, photo, video, audio)	포스트 컨텐트의 종류
• iconUrl	String	컨텐트를 대표하는 아이콘 주소
• callbackUrl	String	컨텐트 종류에 따른 별도의 HTML
• author		포스트 작성자 정보 노드
- id	String	작성자의 미투데이 아이디
- nickname	String	작성자의 닉네임

[표 A-4] API에서 사용할 수 있는 매개변수(이어짐)

필드	값(유형)	설명
– face	String	작성자의 프로필 사진경로
– me2dayHome	String	작성자의 미투데이 주소
– homepage	String	작성자의 홈페이지 주소
• location	포스트의 위치 정보 노드	
– name	String	포스트가 작성된 위치명
– longitude	float(WGS84 경도 정보)	작성된 위치의 경도 정보
– latitude	float(WGS84 위도 정보)	작성된 위치의 위도 정보
• media	포스트 컨텐트 상세 정보 노드	
– me2photo	사진에 대한 정보 노드	
– provider	String	이미지 제공처
– photoId	Integer	이미지 아이디
– photoUrl	String	이미지 경로
– Permalink	String	이미지를 제공하는 페이지 주소

A.1.3 코멘트 리스트 가져오기

호출 형식

```
http://me2day.net/api/get_comments.[응답 형식]
```

API를 요청한 URL은 http://me2day.net/api/get_comments.[응답 형식]이며, API 매개변수 부분은 [표 A-5]를 참조하라.

[표 A-5] API에서 사용할 수 있는 매개변수

요청 변수	값	설명
post_id	String(필수)	포스트의 아이디
aKey	String(필수)	미투데이 애플리케이션키
[응답 형식]	String 기본 값: xml (xml, json)	반환받을 형식

```
<?xml version="1.0" encoding="UTF-8" ?>
<comments post_id="pxnki">
  <comment>
     <commentId>c_35i8</commentId>
     <body>와 이렇게 만날줄 몰랐어요</body>
     <pubDate>2008-12-02T05:53:15Z</pubDate>
     <author>
        <id>lovedev</id>
        <nickname>asjs.net</nickname>
        <face>http://me2day.net/images/user/lovedev/profile.png?1202172705</face>
        <me2dayHome>http://me2day.net/lovedev</me2dayHome>
     </author>
  </comment>
  <comment>
     <commentId>c_35it</commentId>
     <body>반갑습니다</body>
     <pubDate>2008-12-02T05:53:34Z</pubDate>
     <author>
        <id>lovedev</id>
        <nickname>asjs.net</nickname>
        <face>http://me2day.net/images/user/lovedev/profile.png?1202172705</face>
        <me2dayHome>http://me2day.net/lovedev</me2dayHome>
     </author>
  </comment>
```

[그림 A-5] [표 A-5]에 맞춰 API를 호출한 결과

● XML 분석

<comment> 노드가 반복 노드로 포스트에 달린 댓글 정보를 담고 있으며, 구조가 단순해서 무엇을 의미하는지 바로 알 수 있을 것이다. 반복된 <comment> 노드의 내용을 [표 A-6]에 정리했다.

[표 A-6] XML 분석 내용

필드	값(유형)	설명
comment	댓글 정보 반복 노드	
• commentId	String	댓글 아이디
• body	String	댓글 내용
• pubDate	Date(ISO 8601 형식)	댓글 작성일
• author	작성자 정보 노드	
- id	String	작성자의 미투데이 아이디
- nickname	String	작성자의 닉네임
- face	String	작성자의 프로필 이미지 경로
- me2dayHome	String	작성자의 미투데이 주소

이로써 미투데이 알림이를 만드는 데 필요한 API는 모두 알아봤다. 자, 이제 재료는 준비됐으니 간단한 미투데이 알림이 애플리케이션을 만들어보자.

A.1.4 그 밖의 API

미투데이 API 중에서 다루지 않았던 부분만 모아 간단하게 [표 A-7]에 정리했다. 자세한 API 설명은 http://codian.springnote.com/에서 me2API 사용설명서를 참고하기 바란다.

[표 A-7] 그 밖의 API 소개(기본 URL: http://me2day.net/api/)

API	설명	인증 여부
create_comment.[응답 형식]	댓글을 작성함	필요
create_post.[응답 형식]	포스트를 작성함	필요
delete_comment.[응답 형식]	인증된 사용자가 작성한 포스트에 달린 댓글을 삭제함	필요
get_latests/[미투데이 아이디].[응답 형식]	최근 작성된 [미투데이 아이디] 사용자의 포스트를 가져옴	
get_metoos.[응답 형식]	지정한 포스트에 미투한 사람을 가져옴	
get_person/[미투데이 아이디].[응답 형식]	[미투데이 아이디] 사용자의 가입 정보를 가져옴	
get_tags.[응답 형식]	지정한 미투데이 사용자의 태그 또는 공용 태그와 태그에 포함된 글 수를 가져옴	
get_settings.[응답 형식]	인증한 사용자의 설정 정보를 가져옴	필요
metoo.[응답 형식]	지정한 포스트에 미투를 함	필요
noop.[응답 형식]	사용자 인증 테스트용 API	필요
track_comments/[미투데이 아이디].[응답 형식]	[미투데이 아이디]가 여러 글에 단 댓글을 가져오거나 [미투데이 아이디] 사용자에게 달린 댓글을 가져옴	

A.2 알림이 애플리케이션 만들기

[그림 A-6]처럼 미투데이 알림이를 만들어보자. 미투데이 알림이는 AIR 애플리케이션으로 시스템의 트레이 영역에서 실행되며, 친구들이 새로 등록한 포스트가 있다거나 작성한 포스트에 댓글이 등록됐다면 알려주는 애플리케이션이다.

[그림 A-6] 부록 A에서 구현할 미투데이 알림이

미투데이 알림이를 만들기 위해 구현할 기능은 다음과 같다.

- 친구들의 포스트 감시 기능
- 내가 작성한 글의 댓글 감시 기능
- 트레이 알림 기능

> 감시 기능을 구현하려면 지속적으로 API를 이용해 데이터를 가져와야 하는데, 최대한 필요한 만큼만 가져올 수 있도록 해야 한다. 필요 이상의 요청을 보내면 API를 서비스하는 곳에 부하를 줄 수 있는데, 만약 특정 애플리케이션이 주는 부하로 인해 서비스에 지장이 있다고 판단되면, 다른 애플리케이션의 서비스에 피해가 없도록 해당 애플리케이션의 접근을 차단해버릴 수도 있기 때문이다.

[AIR 프로젝트 설정하기]

1. aptana에서 새로운 AIR 프로젝트를 생성한다.
2. 프로젝트명을 me2DAYNotification으로 설정한다.
3. "Application sandbox"를 선택한 후 다음 단계로 이동한다.
4. Application XML Properties에서 다음 그림처럼 Window Options를 설정한다.

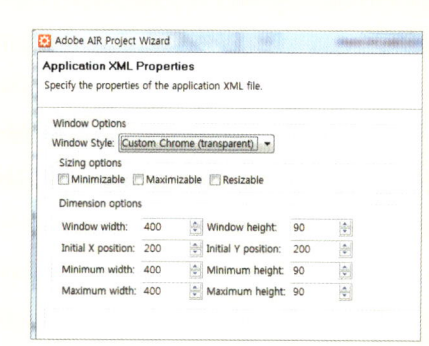

5. Finish 버튼을 클릭하고 프로젝트를 생성한다.

A.2.1 감시 리스트 만들기

미투데이 알림이를 만들려면 우선 친구들의 목록을 확보해야 한다. 친구들의 목록이 있어야 미투데이 친구들이 글을 작성했는지 여부를 확인할 수 있기 때문이다.

[리스트 A-1]은 지정된 미투데이 아이디의 친구 목록을 가져온 후, 가져온 데이터를 가공해서 친구 목록에 저장한 후에 그 목록을 기준으로 친구들이 작성한 오늘의 포스트를 가져오는 getTodayFriendPost() 함수를 호출하는 내용이다.

[리스트 A-1] 미투데이 API를 이용해 친구 목록을 가져오는 예

```
function getFriends(me2id,scope){
    // 가져올 친구 범위가 지정되어 있지 않다면 친한 친구를 가져온다.
    scope = scope || "close";

    // API에 전달될 Request 생성
    var req = new URLRequest();

    // 사용자의 친구를 가져오는 API URL
    req.url = ME2DAY_API_URL+"get_friends/"+me2id+".xml";

    // POST 방식으로 전달될 API 매개변수 정의
    req.data = {
```

```
        "scope" : scope ,
        "aKey" : applicationkey
    };

    // API의 결과를 가져와서 onCompleteGetFriendHandler에게 전달한다.
    getAPIResult(req,onCompleteGetFriendHandler);
}

function onCompleteGetFriendHandler(response){
    // xml을 Json으로 파싱
    var xml = new asjs.utils.XmlParser(response.xml).toJson();

    // 친구 목록을 갱신하고 갱신이 성공적으로 완료됐다면
    if (updateFriendList(xml.friends.person)) {

        // 친구들이 작성한 포스트 중 오늘 날짜에 해당되는 포스트를 가져온다.
        getTodayFriendPost();
    }
}
```

친구 목록을 가져왔다면 다음은 미투데이 친구들이 새 포스트를 작성했는지 알 수 있도록 친구들의 포스트를 가져올 차례다. 그런데 친구들의 포스트를 확인할 때뿐만 아니라 내 포스트에 달린 댓글을 확인할 때도 포스트를 가져와야 한다. 그래서 [리스트 A-2]와 같이 여러 곳에서 포스트를 가져오는 API를 활용할 수 있도록 getTodayPosts() 함수를 만들었다. getTodayPosts() 함수는 인자 값으로 받은 미투데이 아이디로 포스트를 가져온 후, 그 결과를 인자로 받은 callback 함수를 호출하게 함으로써 다양하게 API의 결과를 컨트롤할 수 있게 한 것이다. 그리고 미투데이 알림이는 실시간에 기반을 두는 서비스이므로, getTodayPosts() 함수는 오늘 작성된 포스트와 미투데이 알림이가 실행된 이후의 포스트만 가져오도록 한다.

[리스트 A-2] 미투데이 회원의 금일 작성된 포스트를 가져오는 예

```javascript
function getTodayPosts(me2id, callback){
    // 호출될 때의 시점
    var kDate = new Date();

    // ISO8601 형식의 검색 시작일 정의
    // yyyy-mm-ddThh:mi:ss+09:00 금일 00:00:00부터
    var fromDate = kDate.getFullYear()+"-"
                 + zreofill(kDate.getMonth()+1)
                 + "-"
                 + zreofill(kDate.getDate())
                 + "T00:00:00+09:00";

    // ISO8601 형식의 검색 종료일 정의
    // yyyy-mm-ddThh:mi:ss+09:00 금일 23:59:59까지
    var toDate = kDate.getFullYear()+"-"
                 + zreofill(kDate.getMonth()+1)
                 + "-"+zreofill(kDate.getDate())
                 + "T23:59:59+09:00";

    // API에 전달될 Request 생성
    var req = new URLRequest();

    // 사용자의 포스트를 가져오는 API URL
    req.url = ME2DAY_API_URL+"get_posts/"+me2id+".xml";

    // POST 방식으로 전달될 API 매개변수 정의
    req.data = {
        "from" : fromDate,
        "to" : toDate,
        "aKey" : applicationkey
    };

    // API의 결과를 가져와서 인자 값으로 받은 callback 함수를 호출한다.
    getAPIResult(req,callback);
}
```

A.2.2 알림 기능 구현

친구 목록을 기준으로 미투데이 친구들이 오늘 새롭게 작성한 포스트가 있다면, 친구들이 새로운 포스트를 작성했다는 사실을 알려줄 알림창이 필요하다. 알림창의 크기는 가로 400픽셀 세로 90픽셀로 만들었으며, [그림 A-7]처럼 이미지를 만들어 배경으로 활용했고, 포스트를 올린 사람의 프로필 사진을 넣을 수 있고 포스트의 내용과 작성자를 확인할 수 있도록 레이아웃을 만들었다. [예제 A-1]은 [그림 A-7]을 구현한 예다.

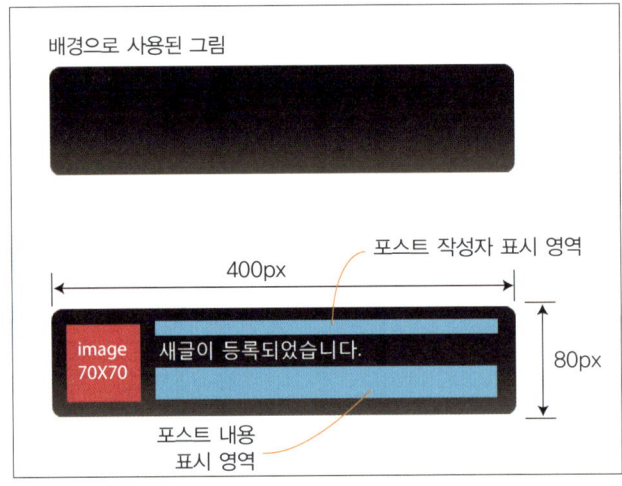

[그림 A-7] 미투데이 알림이에서 알림글을 표시할 방법

[예제 A-1] 미투데이 알림창을 구현한 예

../example/chapter_appendix_01/postNotiWindow.html

```html
<html>
  <head>
    <meta http-equiv="Content-Type" content="text/html;
        charset=utf-8">
    <title>포스트 알림창</title>
    <style type="text/css">
      body{
        margin : 0px;
        padding : 0px;
      }
```

```css
#container{
  position : absolute;
  background : url(./img/me2PostNotiBg.png);
  width : 400px;
  height : 90px;
}

#faceWrap{
  position : absolute;
  left : 15px;
  top : 10px;
  border : 1px solid #fff;
  width : 70px;
  height : 70px;
}

#postContent{
  position : absolute;
  left : 100px;
  top : 50px;
  overflow : hidden;
  width : 290px;
  height : 28px;
  font-family : dotum,돋움,Gulim,굴림,Arial;
  font-size : 11px;
  color : #fff;
  cursor : pointer;
  line-height : 14px;
}

#me2dayInfo{
  position : absolute;
  left : 105px;
  top : 10px;
  overflow : hidden;
  width : 290px;
  height : 12px;
  font-family : dotum,돋움,Gulim,굴림,Arial;
  font-size : 11px;
  color : #ff8040;
  cursor : pointer;
```

```
      }

      #postContent a{
        color : #ff8040;
      }
    </style>

    <script type="text/javascript" src="AIRAliases.js"></script>
    <script type="text/javascript">
      // 현재 창에서 보이는 포스트의 주소를 갖고 있는 변수
      var contentUrl = "";

      // 현재 창에서 보이는 포스트를 작성한 사용자의 미투데이 주소를 갖고 있는 변수
      var me2dayUrl = "";

      function goMe2Home(){
        // 시스템 기본 브라우저를 이용해 사용자의 미투데이 주소로 이동함
        air.navigateToURL(new air.URLRequest(me2dayUrl));
      }

      function goContentUrl(){
        // 시스템의 기본 브라우저를 이용해 작성된 포스트의 주소로 이동함
        air.navigateToURL(new air.URLRequest(contentUrl));
      }

      function hide(){
        // 현재 애플리케이션 윈도우를 보이지 않게 함
        window.nativeWindow.visible = false;
      }

      // 10초 후 애플리케이션 윈도우를 보이지 않게 함
      var intervalID = setTimeout(hide,10000);

    </script>
</head>

<body>
<div id="container" onclick="hide()"
    onmouseover="clearInterval(intervalID)">
        <div id="faceWrap">
            <img id="face" src="" width="70" height="70">
```

```
            </div>
            <div id="me2dayInfo" onclick="goMe2Home()"></div>
            <div id="postContent" onclick="goContentUrl()"></div>
        </div>
    </body>
</html>
```

예제 A-1 분석

간단하게 스타일시트를 활용해 [그림 A-7]과 같이 레이아웃을 잡았다. 스타일시트로 정의한 부분은 그리 어렵지 않으니 쉽게 이해할 수 있을 것이다. 자바스크립트 부분만 살펴보자.

```
air.navigateToURL(new air.URLRequest(contentUrl));
```

AIR에서 window.open() 함수를 사용해서 새창을 띄우는 경우 AIR 자체 브라우저를 활용하기 때문에 제약도 많았고 호환성을 고려하지 않은 사이트를 방문하면 왠지 어색한 분위기가 연출된다. 그래서 때때로 AIR의 자체 브라우저를 활용하기보단 시스템에서 제공하는 브라우저를 사용해야 할 경우가 생기기 마련인데, 이럴 때 air.navigateToURL() 함수를 사용하면 시스템의 기본 브라우저를 이용해서 새창을 띄울 수 있다. air.navigateToURL()은 인자로 URL 주소가 아닌 air.URLRequest 객체를 넘겨줘야 한다.

예제의 goMe2Home(), goContentUrl() 함수는 새창을 띄울 때 AIR의 자체 브라우저가 아닌 시스템상의 기본 브라우저로 새창을 띄우는 예다.

```
window.nativeWindow.visible = false;
```

HTML 기반의 AIR 애플리케이션은 기본적으로 window 객체에 현재 애플리케이션의 윈도우를 가리키는 nativeWindow 객체가 존재한다. 이미 다뤄봐서 알 수 있겠지만 window.nativeWindow는 브라우저의 윈도우가 아닌 AIR 애플리케이션의 윈도우로, nativeWindow의 visible 속성을 true로 정의하면 해당 윈도우가 보이고 false로 정의하면 보이지 않는다. 따라서 hide() 함수는 애플리케이션의 윈도우를 안 보이게 하는 기능을 한다.

친구들의 새 포스트를 확인하고 알림창을 띄우기 위한 준비는 마쳤다. 이젠 내가 작성한 포스트에 어떤 사람이 댓글을 달았다면 알려주는 기능을 만들어야 할 차례다. 구현할 내용은 이렇다. 오늘 내가 작성한 포스트를 가져와서 해당 포스트의 포스트 정보와 함께 댓글 정보를 임시 저장소에 저장해둔 다음 다시 내 글을 읽었을 때 댓글 수의 변화가 생겼다면, 누군가 내가 작성한 포스트에 댓글을 달아준 것이라 판단하고 해당 포스트의 댓글 정보를 가져와서 가장 최근 달린 댓글을 댓글 알림창을 통해 사용자에게 표시해준다. 댓글 알림창을 만드는 부분은 [예제 A-1]을 참고해서 [그림 A-6]에 나오는 [댓글을 알려주는 부분]을 구현했다. [리스트 A-3]은 댓글 알림창을 사용자에게 표시해주기 전까지를 구현한 예다.

[리스트 A-3] 금일 사용자가 작성한 포스트 댓글의 변화를 체크하는 예

```
function getMyTodayPost(){
    // me2id에 해당되는 사용자가 작성한 포스트 정보 가져오기
    getTodayPosts(me2id,onCompleteGetMyTodayPostHandler);
}

function onCompleteGetMyTodayPostHandler(response){
    // XML을 JSON 형태로 변경
    var xml = new asjs.utils.XmlParser(response.xml).toJson();

    // 포스트 목록을 갱신하고 갱신이 완료됐다면
    if (updatePostList(xml.posts.post)) {

        // 내가 작성한 포스트의 댓글 수를 카운트한다.
        getMyPostCommentCnt();
    }
}

function updatePostList(posts){
    // 포스트 정보가 없다면 함수 실행을 중지한다.
    if(!posts) return false;

    // 포스트의 개수가 하나일 경우에는 배열 처리를 하고, 배열일 경우에는 그대로 사용한다.
    posts = posts.length ? posts : [posts];

    for(var i = 0; i < posts.length; i++){
        var post = {
```

```js
            "post_id" : posts[i].post_id.text,
            "content" : posts[i].body.text,
            "url" : posts[i].permalink.text,
            "me2dayHome" : posts[i].me2dayPage.text,
            "commentsCount" : posts[i].commentsCount.text
        };

        // 포스트 목록에 post 객체를 배열의 형태로 저장한다.
        myPostList.push(post);
    }
    // 저장이 완료됐다면 true를 반환한다.
    return true;
}

function getMyPostCommentCnt(){
    // 현재 내 포스트의 댓글 수를 카운트한다.
    getTodayPosts(me2id, checkMyPostHandler);
}

function checkMyPostHandler(response){
    // XML을 JSON 형태로 변경
    var xml = new asjs.utils.XmlParser(response.xml).toJson();

    // 포스트 정보가 존재한다면
    if(xml.posts.post){

        // 포스트의 개수가 하나일 경우 배열 처리한다.
        xml.posts.post = (xml.posts.post.length)
            ? xml.posts.post : [xml.posts.post];

        // 현재 저장된 포스트의 개수와 새롭게 불러온 포스트의 개수가 일치하지 않거나
        // 저장된 포스트 목록의 개수가 0일 경우
        if (myPostList.length != xml.posts.post.length
            || myPostList.length == 0) {

            // 현재 포스트 목록을 초기화한다.
            myPostList = [];

            // 금일 내가 작성한 포스트를 가져온다.
            getMyTodayPost();
```

```
        // 함수 실행을 중지한다.
        return;
    }

    for(var i=0; i < xml.posts.post.length; i++){
        // 현재 포스트 목록의 정보와 새롭게 가져온 포스트 정보에서 댓글 수를 비교한다.
        // 만약 새롭게 가져온 포스트의 정보의 댓글 수가 더 많다면
        if (myPostList[i].commentsCount <
              xml.posts.post[i].commentsCount.text){

            // 현재 포스트 목록의 댓글 수를 동기화한다.
            myPostList[i].commentsCount =
                xml.posts.post[i].commentsCount.text;
            // 댓글 정보를 가져온다.
            getComments(xml.posts.post[i].post_id.text);
      }
    }

    // 일정 시간이 지나면 내가 작성한 포스트의 댓글 수를 카운트한다.
    setTimeout(getMyPostCommentCnt,postIntervalSecond);
}

function getComments(post_id){
    var req = new URLRequest();

    // 포스트의 코멘트를 가져오는 API URL
    req.url = ME2DAY_API_URL+"get_comments.xml";

    // POST 방식으로 전달될 매개변수 정의
    req.data = {
       "post_id" : post_id,
       "aKey" : applicationkey
    };

    getAPIResult(req,onCompleteGetCommentHandler);
}
```

A.3 시스템 트레이 기능 구현

미투데이 알림이는 브라우저나 기타 애플리케이션처럼 계속 PC 화면에 띄워두는 것이 아니고 트레이에서 동작하게 한다. 미투데이 알림이의 기능인 친구의 글을 감시한다든지 포스트의 댓글을 감시하는 기능이 동작할 여건이 되고, 애플리케이션을 사용하는 사용자가 미투데이 알림이가 동작하는지 인지할 수만 있으면 되기 때문에, 굳이 화면의 작업 영역을 차지할 이유가 없는 것이다.

A.3.1 트레이 아이콘과 메뉴 만들기

[리스트 A-4]는 AIR에서 제공되는 API를 이용해 [그림 A-8]처럼 시스템 트레이 영역에서 애플리케이션이 동작하는 예다.

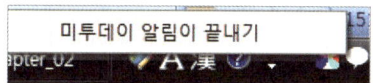

[그림 A-8]

[리스트 A-4] AIR API를 이용해 시스템 트레이 아이콘을 구현한 예

```
function startTray(){

    // 메인 윈도우가 닫혀도 프로그램은 exit할 때까지 종료되지 않는다.
    air.NativeApplication.nativeApplication.autoExit = false;

    // Loader는 아이콘으로 활용할 이미지의 bitmapData를 얻는 데 사용된다.
    var trayIcon = new air.Loader();

    // 트레이의 메뉴로 사용될 객체
    var iconMenu = new air.NativeMenu();

    // 트레이 아이콘에서 우클릭했을 때 메뉴 만들기
    var visibleCommand = iconMenu.addItem(new
            air.NativeMenuItem("미투데이 알림이 끝내기"));

    // 트레이 아이콘의 미투데이 알림이 끝내기 선택 시 이벤트 정의
```

```
visibleCommand.addEventListener(air.Event.SELECT,
    applicationExitHandler);

// 트레이에 등록이 완료되면 실행될 이벤트 정의
trayIcon.contentLoaderInfo.addEventListener(
   air.Event.COMPLETE,iconLoadComplete);

   // [윈도우 계열] 트레이 영역이 있다면
  if (air.NativeApplication.supportsSystemTrayIcon) {

       // 트레이 아이콘의 이미지로 icons 디렉토리에 있는 AIRApp_61.png를 사용
       trayIcon.load(new
           air.URLRequest("icons/AIRApp_16.png"));
       var systray =
           air.NativeApplication.nativeApplication.icon;
       systray.tooltip = "미투데이 알림이";
       systray.menu = iconMenu;
  }

  // [맥 계열] Dock 영역이 있다면
  if (air.NativeApplication.supportsDockIcon){
    trayIcon.load(new
        air.URLRequest("icons/AIRApp_128.png"));
    var dock =
        air.NativeApplication.nativeApplication.icon;
    dock.menu = iconMenu;
  }

  // 미투데이 알림이 끝내기 선택 시 이벤트
  function applicationExitHandler(evt){

       // 현재 트레이에 등록된 아이콘을 초기화한다.
       air.NativeApplication.nativeApplication.icon.bitmaps
           = [];

       // 미투데이 알림이를 종료한다.
       air.NativeApplication.nativeApplication.exit();
  }

  // 트레이에 등록이 완료되면 실행될 이벤트
  function iconLoadComplete(event){
```

```
        air.NativeApplication.nativeApplication.icon.bitmaps =
                [event.target.content.bitmapData];

        // 아이콘이 트레이에 등록되면 메인 윈도우는 닫는다.
        window.nativeWindow.visible = false;
    }
}
```

A.3.2 트레이에서 열리는 알림창 구현

미투데이 알림이는 트레이에서 동작하기 때문에 트레이 아이콘에서 정보를 알려주면, 사용자 입장에선 미투데이 알림이가 동작한 것이라고 확실히 인지하게 할 수 있다. 트레이에서 열리는 알림창 기능은 트레이 영역 혹은 Dock 영역에서 실행되고 있지만 알림창이 트레이와 함께 있는 것이 아니기 때문에 마치 알림창이 트레이 영역에서 열린 것처럼 만들어줘야 한다. 구현 방법은 알림창이 보여야 하는 상황이 발생하면 포스트 알림창이나 댓글 알림창을 새로운 윈도우를 만들어서 띄워준다. 띄울 때 알림창의 위치가 트레이 영역에, 즉 시스템의 우측하단에 위치하도록 한다. 간단하게 생각해서 우측하단에 위치하게 하는 계산 방식은 다음과 같다.

X 좌표값 = 사용자의 모니터 가로 해상도 - 작업표시줄 가로 길이 - 애플리케이션의 가로 크기
Y 좌표값 = 사용자의 모니터 세로 해상도 - 작업표시줄 높이 - 애플리케이션 세로 크기

문제는 작업표시줄이 가로로 놓일 수도 있고 세로로 놓일 수도 있으며, 그 높이는 사용자가 정하기 때문에 추측이 어렵다는 점이다. 그런데 다행스럽게도 AIR의 API 중 Screen 객체를 이용하면 이런 고민을 하지 않고 원하는 좌표값을 바로 구할 수 있다. Screen 객체는 현재 사용자의 화면 정보를 담고 있는 객체로서, 사용자가 실제 사용하는 화면들에 대한 정보, 사용자가 사용하는 주 화면 정보, 작업표시줄 영역을 제외한 화면의 크기 정보 등을 갖고 있기 때문이다. [표 A-8]에는 Screen 객체의 속성을, [표 A-9]에는 화면의 크기 정보가 담겨 있는 Rectangle 객체의 속성을 정리해뒀다.

[표 A-8] Screen 객체 속성

속성	반환 유형	설명
bounds	Rectangle	현재 스크린의 화면 크기 정보
colorDepth	Integer	현재 스크린의 색상 심도(비트 수) 정보
mainScreen	Screen	주 화면 스크린 객체
Screens	Array	현재 사용 가능한 화면 객체를 가진 배열
visibleBounds	Rectangle	작업표시줄 영역을 제외한 사용할 수 있는 화면의 크기 정보

[표 A-9] Rectangle 객체 속성

속성	반환 유형	설명
bottom	float	Y 속성과 height 속성의 합
bottomRight	Point	우측 하단의 좌표값
height	float	사각형의 세로 크기
left	float	사각형의 x 좌표
right	float	X 좌표 속성과 width 속성의 합
size	Point	사각형의 크기를 좌표값으로 가짐
top	float	사각형의 y 좌표
topLeft	Point	좌측상단의 좌표값
width	float	사각형의 가로 크기
x	float	사각형의 x 좌표
y	float	사각형의 y 좌표

위에서 설명한 계산법과 AIR API를 이용하면 [리스트 A-5]에 나타나 있는 getTrayWindowPosition() 함수를 만들 수 있다.

[리스트 A-5] 트레이 아이콘의 위치를 측정하는 예

```
function getTrayWindowPosition(w,h){
    var bounds = air.Screen.mainScreen.visibleBounds;
    return ({"x" : (bounds.bottomRight.x - w)
            ,"y" : (bounds.bottomRight.y - h)});
}
```

이제 위치를 구하는 방법은 알았고, 새창을 지정된 위치에 띄우기만 하면 된다. [리스트 A-6]은 이미 에디터 이미지 검색기 플러그인을 만들 때 다뤘던 부분으로 AIR의 애플리케이션 영역에서 새로운 윈도우를 띄우는 예다. 새로운 윈도우를 띄우는 openTrayWindow() 함수는 새창에서 표현할 URL 경로와 윈도우의 가로/세로 크기를 인자로 전달받아 시스템의 우측하단으로 새창을 띄워주는 내용이다.

[리스트 A-6] 알림창을 띄우는 예

```
function openTrayWindow(path,w,h){
    var options = new air.NativeWindowInitOptions();

    options.systemChrome = "none";
    options.transparent = true;
    options.type = "lightweight";

    options.resizable = false;

    var position = getTrayWindowPosition(w,h);

    var windowBounds = new
      air.Rectangle(position.x,position.y,w,h);

    windowLoader = air.HTMLLoader.createRootWindow(true,
        options, false, windowBounds);

    windowLoader.load(new air.URLRequest(path));
    return windowLoader;
}
```

NativeWindowInitOptions 객체의 systemChrome, transparent, type 속성은 새롭게 만들어지는 윈도우의 형태를 좌우하는 속성이다. systemChrome은 "standard"와 "none" 두 가지 값을 가질 수 있으며, [그림 A-9]에서 보듯이 standard로 설정할 경우 시스템마다 갖고 있는 기본 Chrome을 사용하게 되며, none으로 설정하면 Chrome을 사용하지 않게 된다. 이전에 유튜브 API를 다룰 때의 Chromeless 플레이어를 생각하면 된다. 사용자가 직접 Chrome의 겉모양부터 기능까지 모두 제작자의 입맛에 맞게 만들 수 있게 한 것이다.

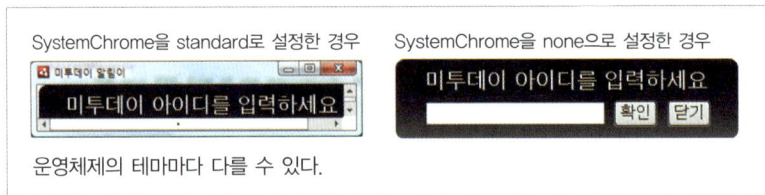

[그림 A-9] SystemChrom의 유형

Transparent 속성은 바탕을 투명하게 할 것인지 불투명하게 할 것인지를 설정하는 값으로 SystemChrome이 none인 경우만 true로 설정이 가능하며, 이 외의 경우는 기본적으로 false로 설정해야 한다.

마지막으로 type 속성은 normal, utility, lightweight 총 세 가지 값을 가질 수 있으며, [표 A-10]에 설정 값에 대한 내용을 간단하게 정리했다.

[표 A-10] System Chrome의 유형

유형	설명
normal	시스템에서 제공되는 Chrome을 사용하며, 애플리케이션의 실행 상태가 윈도우의 경우 작업표시줄, 맥의 경우는 메뉴에 표시된다.
utility	시스템에서 사용되는 Chrome 중에서도 축소된 형태로 제공되는 Chrome을 사용하며, 애플리케이션의 실행 상태가 표시되지 않는다.
lightweight	Chrome을 사용하지 않고, 애플리케이션의 실행 상태가 표시되지 않는다.

● 로그인 구현하기

마지막으로 미투데이 알림이의 구현을 위해 로그인 시스템을 만들어야 한다. 어떤 미투데이 사용자를 기준으로 친구를 가져오고 포스트의 댓글이 달린 것을 알려줄 것인가를 정해야 하기 때문이다. 미투데이 API가 인증 API를 제공하고 있지만 미투데이 알림이는 API를 활용하는 범위가 인증이 필요 없는 API만 사용하기 때문에 로그인에서 미투데이 인증 API는 사용하지 않는다.

[그림 A-10]에서 보듯이 미투데이 아이디만 입력받는 걸로 로그인 절차가 간단히 마무리된다. [리스트 A-7]은 미투데이 알림이의 로그인을 구현한 예다. 확인 버튼을 클릭하거나, 미투데이 아이디 입력을 마치고 엔터키를 입력할 경우 [리스트 A-7]의

notiStart() 함수가 호출되며, 전역 변수 me2id 값이 사용자가 입력한 미투데이 아이디 값으로 설정되면서 애플리케이션이 시작된다.

[그림 A-10] 미투데이 알림이 로그인 화면

[리스트 A-7] 미투 알림이의 시작을 구현하는 예

```
function notiStart(){
    // 전역 변수 me2id 값을 입력된 미투데이 아이디 값으로 설정한다.
    me2id = $E("me2id").value;

    // 친구 감시 시작
    getMyFriends();

    // 댓글 감시 시작
    getMyTodayPost();

    // 애플리케이션을 트레이 영역 혹은 Dock에서 동작하게 한다.
    startTray();
}

function keyUpEventHandler(evt){
    evt = evt || window.event;
    // 엔터키가 입력됐다면
    if(evt.keyCode == 13){
      notiStart();
    }
}
```

이것으로 미투데이 알림이를 만드는 데 필요한 부분은 모두 알아봤다. 나머지는 어떻게 해야 좀 더 조화롭게 구성할 수 있는지가 관건일 것이다. 머릿속으로 어떻게 구현해야 할지 그림을 그려보고 어느 정도 그림이 그려졌다면 [예제 A-2]의 소스를 보면서 머릿속의 그림을 하나하나 맞춰가길 바란다. 물론 여기서 제시하는 예제의 구현 방식이 정답은 아니다. 예제의 구현 방법은 참고만 하고 소신껏 자신의 스타일대로 만들어보길 권한다. 그것이야말로 지식을 습득하는 최고의 방법이기 때문이다. [예제 A-2]의 소스 코드를 보는 것으로 미투데이 알림이 만들기는 마무리 짓겠다.

[예제 A-2] 미투데이 알림이를 구현한 예

../example/chapter_appendix_01_me2DAYNotification.html

```html
<html>
    <head>
        <title>미투데이 알림이</title>
        <script type="text/javascript" src="AIRAliases.js">
        </script>
        <script type="text/javascript" src="./js/ajit.js">
        </script>

        <script type="text/javascript">
            $import("asjs.utils.XmlParser");
        </script>

        <script type="text/javascript">

            // 친구들의 포스트를 확인하는 시간 단위. 3초마다 1명씩 포스트 작성 여부 판단
            var friendIntervalSecond = 3000;

            // 로그인한 미투데이 사용자가 금일 작성한 포스트의 댓글을 확인하는 시간 단위
            var postIntervalSecond = 10000;
            var applicationkey = "애플리케이션키";
            var ME2DAY_API_URL = "http://me2day.net/api/";

            // 친구 정보 저장소
            var friendList = [];
            // 포스트 정보 저장소
            var myPostList = [];

            // 현재까지 확인한 친구의 차례 번호
            var checkingFriendIdx = 0;

            // 로그인한 미투데이 사용자 아이디 전역 변수
            var me2id = "";
```

```
function getFriends(me2id,scope){
 scope = scope || "close";

 var req = new URLRequest();

 // 사용자의 친구를 가져오는 API URL
 req.url = ME2DAY_API_URL
    +"get_friends/"+me2id+".xml";

 // POST 방식으로 전달될 매개변수
 req.data = {
     "scope" : scope ,
     "aKey" : applicationkey
 };
 getAPIResult(req,onCompleteGetFriendHandler);
}

function getMyFriends(){
    getFriends(me2id,"all");
}

function getMyTodayPost(){
    getTodayPosts(me2id,
        onCompleteGetMyTodayPostHandler);
}

function onCompleteGetFriendHandler(response){
    var xml = new
     asjs.utils.XmlParser(response.xml).toJson();
    if (updateFriendList(xml.friends.person)) {
        getTodayFriendPost();
    }
}

function onCompleteGetMyTodayPostHandler(response){
    var xml = new
     asjs.utils.XmlParser(response.xml).toJson();
    if (updatePostList(xml.posts.post)) {
        getMyPostCommentCnt();
    }
```

```
}

function updateFriendList(friends){
 if(!friends) return false;
 friends = friends.length ? friends : [friends];

    for(var i = 0; i < friends.length; i++){
     var friend = {
         "id" : friends[i].id.text,
         "nickname" : friends[i].nickname.text,
         "face" : friends[i].face.text,
         "me2dayHome" : friends[i].me2dayHome.text,
         "todayPostCnt" : 0
     };
     friendList.push(friend);
 }
 return true;
}

function updatePostList(posts){
    if(!posts) return false;

    posts = posts.length ? posts : [posts];

    for(var i = 0; i < posts.length; i++){
     var post = {
         "post_id" : posts[i].post_id.text,
         "content" : posts[i].body.text,
         "url" : posts[i].permalink.text,
         "me2dayHome" : posts[i].me2dayPage.text,
         "commentsCount" :
                         posts[i].commentsCount.text
     };

     myPostList.push(post);
 }
 return true;
}

function getTodayFriendPost(){
```

```
            // 친구 목록에 있는 친구들의 포스트를 다 확인했다면
        if (checkingFriendIdx>=friendList.length){

            // 현재까지 확인한 친구의 차례 번호 초기화
            checkingFriendIdx = 0;

            // 전체적으로 한 번 읽었다면 30분 정도 대기시간을 갖는다.
            friendIntervalSecond = 1000*60*30;
        }else{
            friendIntervalSecond = 3000;
        }

        // 현재 차례에 해당되는 친구의 포스트를 확인한다.
        getTodayPosts(friendList[checkingFriendIdx].id,
            checkFriendPostHandler);
}

function getMyPostCommentCnt(){
    getTodayPosts(me2id, checkMyPostHandler);
}


function getTodayPosts(me2id, callback){
    var kDate = new Date();
    var fromDate = kDate.getFullYear()
                +"-"+zreofill(kDate.getMonth()+1)
                +"-"+zreofill(kDate.getDate())
                +"T00:00:00+09:00";

    var toDate = kDate.getFullYear()
                +"-"+zreofill(kDate.getMonth()+1)
                +"-"+zreofill(kDate.getDate())
                +"T23:59:59+09:00";

    var req = new URLRequest();
    req.url = ME2DAY_API_URL+"get_posts/"+me2id+".xml";
    req.data = {
        "from" : fromDate,
        "to" : toDate,
        "aKey" : applicationkey
    };
```

```javascript
        getAPIResult(req,callback);
}


function checkFriendPostHandler(response){
    var xml = new
      asjs.utils.XmlParser(response.xml).toJson();
    if(xml.posts.post){
    xml.posts.post = (xml.posts.post.length)
      ? xml.posts.post : [xml.posts.post];

      // 친구 목록에 저장된 포스트보다 친구가 작성한 포스트가 많다면
      if(friendList[checkingFriendIdx].todayPostCnt
      < xml.posts.post.length){

            // 새로운 포스트가 존재한 것이므로 알림창을 띄운다.
            showTrayForNewFriendPost(
                checkingFriendIdx,
                xml.posts.post[0].body.text,
                xml.posts.post[0].permalink.text
            );

            // 포스트 정보를 동기화한다.
            friendList[checkingFriendIdx].todayPostCnt =
              xml.posts.post.length;
     }
    }

    // 다음 친구 확인을 위해 확인한 친구 차례 번호를 증가시킨다.
    checkingFriendIdx++;

    // 지정된 시간이 되면 다음 친구의 포스트를 확인한다.
    setTimeout(getTodayFriendPost,
        friendIntervalSecond);
}

function checkMyPostHandler(response){
    var xml = new
      asjs.utils.XmlParser(response.xml).toJson();

    if(xml.posts.post){
```

```
            xml.posts.post = (xml.posts.post.length) ?
            xml.posts.post : [xml.posts.post];

            if (myPostList.length != xml.posts.post.length ||
                myPostList.length == 0) {

                myPostList = [];
                getMyTodayPost();
                return;
            }

            for(var i =0; i < xml.posts.post.length; i++){
                if (myPostList[i].commentsCount <
                   xml.posts.post[i].commentsCount.text){

                    myPostList[i].commentsCount =
                       xml.posts.post[i].commentsCount.text;

                 getComments(xml.posts.post[i].post_id.text);
                }
            }
        }
        setTimeout(getMyPostCommentCnt,postIntervalSecond);
}

function zreofill(str){
    // 문자열의 길이가 2보다 작으면 문자열 앞에 0을 하나 더 붙인다.
    str = str+"";
    if(str.length < 2){
        str = "0"+str;
    }
    if(str == "-1") return "00";
    return str;
}

function showTrayForNewFriendPost(idx,content,url){

    // 새창을 띄우고 새창 객체를 반환받는다.
    var html =
       openTrayWindow("postNotiWindow.html",400,90);
```

```
// 새창 안에 있는 컨텐트의 로딩이 완료되면 실행될 이벤트
html.addEventListener(air.Event.COMPLETE,
    function(evt){

    // 현재 열린 새창의 nativiWindow 객체
    var targetNativeWindow =
            evt.target.window.nativeWindow;

    // 트레이 윈도우를 항상 위에 보이도록 한다.
    targetNativeWindow.alwaysInFront = true;

    // 트레이 윈도우의 HTML을 정의한다.
    html.window.document.getElementById("face").
    ↪ setAttribute("src",friendList[idx].face);

    html.window.contentUrl = url;
    html.window.me2dayUrl =
        friendList[idx].me2dayHome;
    html.window.document.
    ↪ getElementById("me2dayInfo").innerHTML =
        "["+friendList[idx].nickname+"님의 me2DAY]";

    html.window.document.
    ↪ getElementById("postContent").innerHTML =
        content;
    });
}

function showTrayForNewComment(post_id,face,
  content,comment_nickname){

    // 새창을 띄우고 새창 객체를 반환한다.
    var html =
        openTrayWindow("commentNotiWindow.html",
            400,90);

    // 포스트 목록의 차례 번호
    var idx = 0;
    for(var i=0; i < myPostList.length; i++){

        // 포스트 목록의 포스트 아이디와 현재 댓글의
```

```
            // 포스트 아이디가 동일하다면
            if(myPostList[i].post_id == post_id){
                // 포스트 목록의 차례 번호는 i
                idx = i;
                // for 문을 정지시킨다.
                break;
            }
        }

        html.addEventListener(air.Event.COMPLETE,
        function(evt){

            var targetNativeWindow =
            evt.target.window.nativeWindow;

            // 트레이 윈도우를 항상 보이도록 한다.
            targetNativeWindow.alwaysInFront = true;

            // 트레이 윈도우의 HTML을 정의한다.
            html.window.document.getElementById("face").
            ↳   setAttribute("src",face);
            html.window.contentUrl =
                myPostList[idx].url;

            html.window.document.
            ↳   getElementById("me2dayInfo").innerHTML =
                "["+comment_nickname+"]님이 댓글을 등록했습니다";

            html.window.document.
            ↳   getElementById("postBody").innerHTML =
                "원본글: "+myPostList[idx].content;

            html.window.document.
            ↳   getElementById("commentBody").innerHTML =
                content;
        });
    }

    function getComments(post_id){
        var req = new URLRequest();
```

```
        // 포스트의 코멘트를 가져오는 API URL
        req.url = ME2DAY_API_URL+"get_comments.xml";

        // POST 방식으로 전달될 매개변수 정의
        req.data = {
            "post_id" : post_id,
            "aKey" : applicationkey
        };
        getAPIResult(req,onCompleteGetCommentHandler);
    }

    function onCompleteGetCommentHandler(response){
        var xml = new
        asjs.utils.XmlParser(response.xml).toJson();

        if(xml.comments.comment){
           var comment = xml.comments.comment.length ?
             xml.comments.comment[0] :
             xml.comments.comment;

           showTrayForNewComment(
             xml.comments.attribute.post_id,
             comment.author.face.text,
             comment.body.text,
             comment.author.nickname.text
           );
        }
    }

    function getAPIResult(req,callback){
        var loader = new URLLoader();
        loader.addEvent(URLLoaderEvent.onComplete,
            callback);
        loader.load(req);
    }

    function getTrayWindowPosition(w,h){
        var bounds =
         air.Screen.mainScreen.visibleBounds;
        return ({"x" : (bounds.bottomRight.x - w),
                 "y" : (bounds.bottomRight.y - h)});
```

```
}

function openTrayWindow(path,w,h){
    var options = new
       air.NativeWindowInitOptions();
    options.systemChrome = "none";
    options.transparent = true;
    options.type = "lightweight";
    options.resizable = false;
    var position = getTrayWindowPosition(w,h);

    var windowBounds = new
       air.Rectangle(position.x,position.y,w,h);

    windowLoader =
       air.HTMLLoader.createRootWindow(true,
          options, false, windowBounds);

    windowLoader.load(new air.URLRequest(path));
    return windowLoader;
}

function startTray(){
    // 메인 윈도우가 닫혀도 프로그램은 exit할 때까지 종료되지 않는다.
    air.NativeApplication.nativeApplication.
       ↪ autoExit = false;
    var trayIcon = new air.Loader();
    var iconMenu = new air.NativeMenu();
    var visibleCommand = iconMenu.addItem(
    new air.NativeMenuItem("미투데이 알림이 끝내기"));

    // 미투데이 알림이 끝내기 선택 시 이벤트 정의
    visibleCommand.addEventListener(air.Event.SELECT,
       applicationExitHandler);

    // 트레이에 등록이 완료되면 실행될 이벤트 정의
    trayIcon.contentLoaderInfo.addEventListener(
       air.Event.COMPLETE, iconLoadComplete);

    // 윈도우 계열의 트레이
    if (air.NativeApplication.supportsSystemTrayIcon)
```

```
{
    trayIcon.load(
        new air.URLRequest("icons/AIRApp_16.png"));

    var systray = air.NativeApplication.
        ↪ nativeApplication.icon;

    systray.tooltip = "미투데이 알림이";
    systray.menu = iconMenu;
}

// 맥 계열의 Dock 트레이
if (air.NativeApplication.supportsDockIcon){
    trayIcon.load(new
        air.URLRequest("icons/AIRApp_128.png"));

    var dock = air.NativeApplication.
        ↪ nativeApplication.icon;
     dock.menu = iconMenu;
}

// 미투데이 알림이 끝내기 선택 시 이벤트
function applicationExitHandler(evt){
    air.NativeApplication.
        ↪ nativeApplication.icon.bitmaps = [];

    air.NativeApplication.
        ↪ nativeApplication.exit();
}

// 트레이에 등록이 완료되면 실행될 이벤트
function iconLoadComplete(event){
    air.NativeApplication.
        ↪ nativeApplication.icon.bitmaps =
        [event.target.content.bitmapData];

 // 아이콘이 트레이에 등록되면 메인 윈도우는 닫는다.
 window.nativeWindow.visible = false;
}
}
```

```
            function notiStart(){
                me2id = $E("me2id").value;
                getMyFriends();
                getMyTodayPost();
                startTray();
            }

            function keyUpEventHandler(evt){
                evt = evt || window.event;
                if(evt.keyCode == 13){
                 notiStart();
                }
            }
        </script>
    </head>

    <style type="text/css">
        #title{
            position : absolute;
            top : 10px;
            left : 35px;
            font-family : dotum,돋움,gulim,Arial;
            font-size : 24px;
            color : #fff;
        }
        #container{
            position : absolute;
            background : url(./img/me2CommentNotiBg.png);
            width : 400px;
            height : 90px;
        }
        #form{
            position : absolute;
            top : 45px;
            left : 35px;
            font-family : dotum,돋움,gulim,Arial;
            font-size : 18px;
        }
    </style>

    <body onmousedown="window.nativeWindow.startMove()">
```

```html
        <div id="container">
            <div id="title">
                미투데이 아이디를 입력하세요<br>
            </div>
            <div id="form">
                <input type="text" id="me2id"
                    onkeyup="keyUpEventHandler(event)"/>
                <input type="button" value="확인"
                    onclick="notiStart();"/>
                <input type="button" value="닫기"
                    onclick="window.nativeWindow.close()"/>
            </div>
        </div>
    </body>
</html>
```

부록 **B**

어도비 AIR 도우미 유틸리티 소개

마지막으로, HTML 기반의 AIR 애플리케이션 개발을 도와주는 몇 가지 유틸리티를 소개하고자 한다. Aptana IDE에서 AIR 프로젝트를 생성할 때 마지막 설정 화면에 나타나는 HTML 기반의 AIR 전용 유틸리티와 HTTP 패킷을 모니터링하는 방법에 대해 알아보자.

B.1 HTML 기반의 AIR 애플리케이션 소스 보기 구현

HTML 기반의 AIR 애플리케이션은 브라우저 기반이 아니어서 소스 보기 메뉴가 별도로 존재하지 않기 때문에 파일의 소스를 볼 수 없다. 하지만 AIRSourceView.js를 이용하면 [그림 B-1]처럼 애플리케이션의 소스를 볼 수 있는 소스 뷰어를 활용할 수 있다.

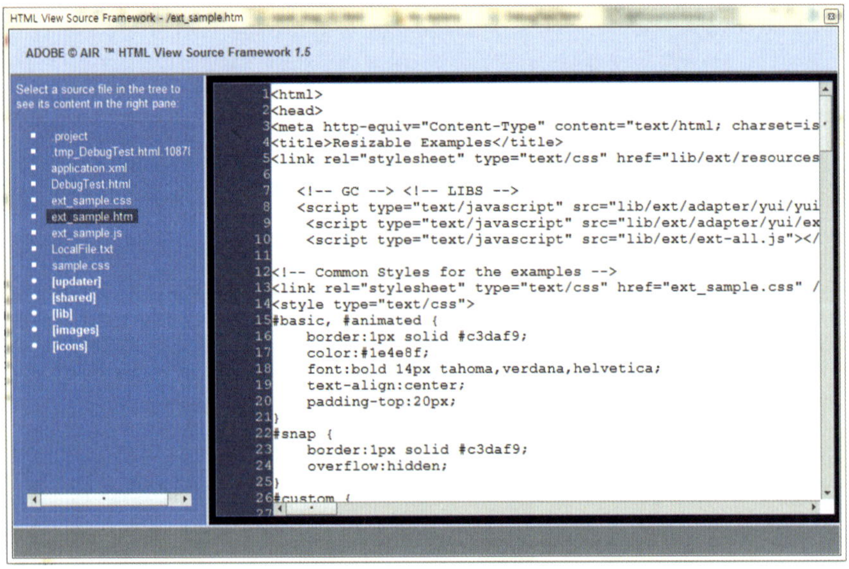

[그림 B-1] AIRSourceView.js를 이용해 소스 보기 탐색기를 실행한 화면

AIR 애플리케이션 전용 소스 뷰어를 사용하는 방법에 대해 알아보자. 소스 뷰어를 사용하는 방법은 아주 간단하다. Aptana IDE에서 프로젝트를 생성할 때 [그림 B-2] 처럼 AIRSourceViewer.js를 포함하고 프로젝트를 생성하면 된다.

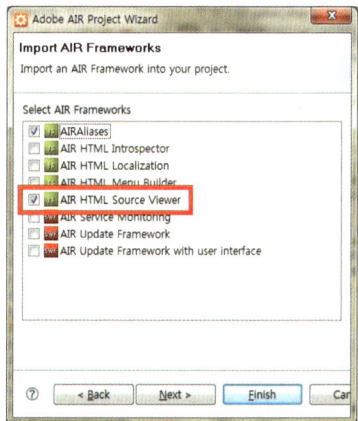

[그림 B-2] AIRSourceViewer.js를 포함하고 프로젝트를 생성하는 화면

AIR HTML Source Viewer 체크박스를 선택하고 프로젝트를 생성하면, [그림 B-3] 처럼 프로젝트 > lib > air 경로에 AIRSourceViewer.js 파일이 생성된 것을 알 수 있다.

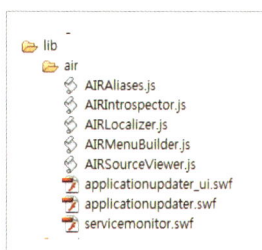

[그림 B-3] AIRSourceViewer.js가 생성된 화면

이렇게 생성된 프로젝트에서 애플리케이션이 될 HTML 파일에 [리스트 B-1]처럼 기입하면 [그림 B-1]과 같은 소스 뷰어가 실행된다.

[리스트 B-1] AIRSourceViewer.js를 이용해 소스 뷰어를 구현한 예

```javascript
<script type="text/javascript" src="lib/air/AIRSourceViewer.js">
</script>
<script type="text/javascript">
    var viewer = air.SourceViewer.getDefault();
    viewer.viewSource();
</script>
```

소스 뷰어는 애플리케이션의 주 목적이 소스 보기이므로, 예제 애플리케이션의 소스 보기 기능을 하는 용도로 사용하면 좋다.

B.2 HTML 기반 AIR 애플리케이션에서의 자바스크립트 디버깅

HTML 기반의 AIR 애플리케이션에서 자바스크립트에서 오류가 발생하더라도 일반 브라우저처럼 자바스크립트 오류를 발생시키지 않기 때문에 디버깅이 어려울 수 있다. 그래서 HTML 기반의 AIR 애플리케이션에서 디버깅이 용이하도록 AIRIntrospector.js를 제공하고 있다. AIRIntrospector는 파이어폭스 브라우저의 플러그인인 파이어버그와 비슷한 기능을 하며, 기능은 다음과 같다.

1. 콘솔에 로그를 출력할 수 있다.
2. Inspect 기능을 이용해 레이아웃 탐색이 가능하다.
3. DOM의 속성과 텍스트 노드를 편집할 수 있으며, DOM의 트리 구조를 볼 수 있다.
4. 콘솔에서 dump 기능을 통해 객체의 내용을 조회하거나 검증할 수 있다.
5. 콘솔에서 자바스크립트를 실행할 수 있다.
6. 애플리케이션의 자원 정보를 볼 수 있다.
7. Ajax를 활용한 경우 Response와 Request 정보를 볼 수 있다.
8. Ctrl+F를 이용해 소스 코드나 파일에서 문자열을 검색할 수 있다.

AIRIntrospector를 사용하고자 할 때는 Aptana IDE에서 AIR 프로젝트 생성 시 AIR HTML Introspector를 체크해 생성하고 [리스트 B-2]처럼 사용하면 된다. [그림 B-4]는 [리스트 B-2]의 결과 화면이다.

[리스트 B-2] AIRIntrospector.js를 이용해 로그를 출력한 예

```
<script type="text/javascript" src="lib/air/AIRIntrospector.js">
</script>
<script type="text/javascript">
    // 일반 로그를 출력할 때
    air.Introspector.Console.log({a:1});

    // 객체의 내용을 출력할 때
    air.Introspector.Console.dump({a:1});

    // 오류 로그를 출력할 때
    air.Introspector.Console.error({a:1});

    // 정보성 로그를 출력할 때
    air.Introspector.Console.info({a:1});
</script>
```

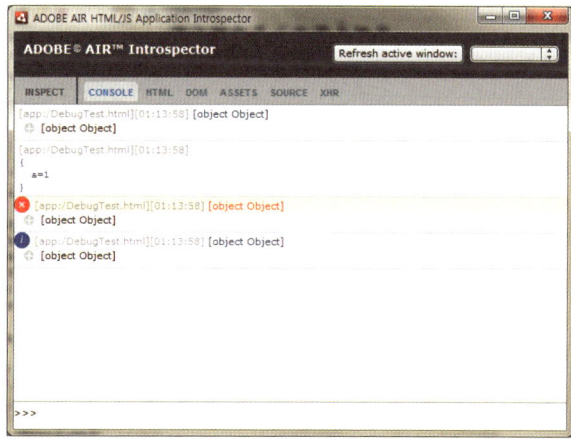

[그림 B-4] AIRIntrospector를 이용해 로그를 출력한 모습

AIRIntrospector.js를 이용하면 이렇게 로그나 정보를 볼 수 있지만 애플리케이션에서 오류가 발생하면 [그림 B-5]처럼 오류 로그를 출력해, 디버깅을 할 수 있게 한다.

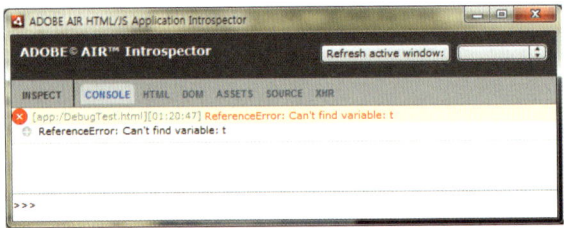

[그림 B-5] 애플리케이션 실행 과정에 오류가 발생해 AIRIntrospector가 실행된 모습

이처럼 AIRIntrospector.js를 이용하면 애플리케이션의 어떤 파일에서 어떤 원인으로 오류가 발생했는지를 파악하거나, 애플리케이션 개발에 있어 필요한 로그를 출력하는 등 유용하게 사용할 수 있다.

B.3 AIR 업데이트 프레임워크를 활용한 애플리케이션 자동 업데이트 기능 구현

애플리케이션을 배포하고 난 후 새로운 버전을 개발했을 때 기존 애플리케이션의 업데이트를 보장해줄 수 있다면, 여러 측면에서 애플리케이션의 완성도와 편의성을 보장해줄 것이다. AIR는 자체적으로 애플리케이션의 자동 업데이트 기능을 지원하고 있으며, HTML 기반의 AIR 애플리케이션의 경우 업데이트 프레임워크를 사용하면 쉽고 간편하게 업데이트를 해결할 수 있다. HTML 기반의 AIR 애플리케이션 자동 업데이트에 대해 알아보자. [그림 B-6]처럼 프로젝트를 생성할 때 AIR Update Framework를 체크하고 생성하기만 하면 준비는 완료된다.

[그림 B-6] AIR 애플리케이션의 업데이트를 위해 업데이트 프레임워크를 선택하는 화면

AIR의 자동 업데이트를 위한 준비를 마쳤다면, update.xml을 작성하고 자동 업데이트 기능을 구현해보자. [예제 B-1]은 자동 업데이트에 필요한 update.xml을 작성한 예이며, [예제 B-2]는 update.xml을 이용해 자동 업데이트를 실행하는 예다. update.xml은 현재 업데이트의 버전과 업데이트가 올려진 경로 그리고 업데이트가 된 내용을 기술하도록 되어 있다. 굳이 설명을 하지 않더라도 XML 내용을 보면 쉽게 이해할 수 있을 것이다.

[예제 B-1] 업데이트를 위한 update.xml 작성하기

```xml
<?xml version="1.0" encoding="utf-8"?>
<update xmlns="http://ns.adobe.com/air/framework/update/description/1.0">
    <version>4.0</version>
<url>http://static.asjs.net/air/update/air_update_ajax.air</url>
    <description>
    <![CDATA[
        업데이트 내용 설명
        애플리케이션을 업그레이드했습니다.
    ]]>
    </description>
</update>
```

[예제 B-2] 자동 업데이트 구현하기

```html
<html>
    <head>
        <title>AIR Application Update Example</title>
        <script type="text/javascript"
            src="lib/air/AIRAliases.js"></script>
        <script type="application/x-shockwave-flash"
            src="lib/air/applicationupdater_ui.swf"></script>

        <script type="text/javascript">

            var appUpdater = new
                    runtime.air.update.ApplicationUpdaterUI();

            function checkUpdate() {

                // 업데이트를 확인할 update.xml 경로
                appUpdater.updateURL =
                    "http://asjs.net/air/update/update.xml";

                // 업데이터가 초기화되면 발생할 이벤트 정의
                appUpdater.addEventListener(window.runtime.
                    ↳ air.update.events.UpdateEvent.INITIALIZED,
                    onUpdate);

                // IO 오류 발생 시 실행할 오류 이벤트
                appUpdater.addEventListener(window.runtime.
                    ↳ flash.events.ErrorEvent.ERROR, onError);

                // 업데이트 체크 다이얼로그를 보여줄 것인지 설정
                appUpdater.isCheckForUpdateVisible = true;

                // 업데이트 시 파일 전송 다이얼로그를 보여줄 것인지 설정
                appUpdater.isFileUpdateVisible = true;

                // 업데이트 시 설치 화면을 보여줄 것인지 설정
                appUpdater.isInstallUpdateVisible = true;

                // 업데이터 초기화 메소드 실행
                appUpdater.initialize();
            }
```

```
            function onUpdate(e) {
                // 업데이트 체크 시작
                appUpdater.checkNow();
            }

            function onError(e) {
                alert(e);
            }

            // 자동 업데이트 실행
            checkUpdate();

        </script>
    </head>
    AIR 애플리케이션 자동 업데이트 테스트
    <body>

    </body>
</html>
```

업데이트 프레임워크를 포함하고 AIR 프로젝트를 만든 다음 메인 애플리케이션이 되는 HTML에 [예제 B-1]과 같이 작성하고 애플리케이션을 실행하면 [그림 B-7]과 같은 화면이 나타난다.

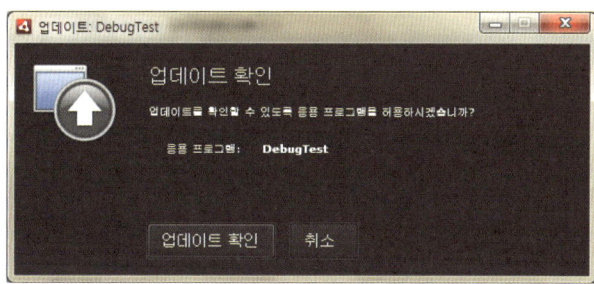

[그림 B-7] 업데이트할 것인지 여부를 확인하는 화면

예제는 `appUpdater.isCheckForUpdateVisible`이 `true`로 설정돼 있기 때문에 업데이트가 실행되면 [그림 B-7]처럼 팝업창이 나타난다. 여기서 '업데이트 확인'을 클릭해 업데이트가 존재할 경우 [그림 B-8]과 같은 창이 표시된다. 만약 `false`로 설정했다면, 별도의 확인 과정 없이 바로 업데이트가 존재하는지 파악하는 단계로 진행된다.

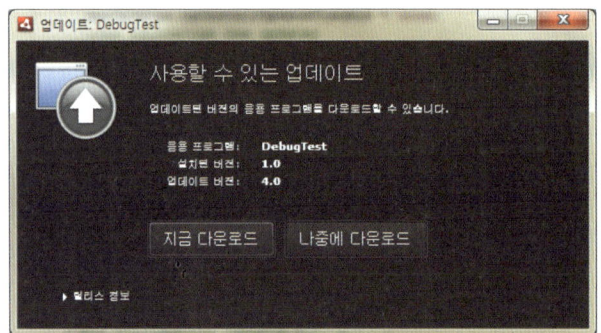

[그림 B-8] 사용할 수 있는 업데이트가 존재하는지 알려주는 화면

[그림 B-8]에서 '지금 다운로드'를 클릭할 경우 업데이트할 파일의 다운로드가 이뤄지며, '나중에 다운로드'를 클릭할 경우 업데이트는 중지된다. 업데이트 존재 여부를 표시하는 팝업창은 예제에서 설정한 `appUpdater.isCheckForUpdateVisible` 부분과 관련이 깊다. 예제는 설정 값이 `true`여서 창이 나타난 것이며, `false`일 경우 바로 자동으로 다운로드가 이뤄진다. 업데이트될 파일의 다운로드가 완료되면 [그림 B-9]처럼 다운로드된 파일을 설치할 것인지 묻는 창이 나타난다. '지금 설치'를 클릭하면 [그림 B-10]에서 보는 것처럼 업데이트가 설치되며, '다시 시작할 때까지 연기' 혹은 닫기 버튼을 클릭해 설치를 중지한 경우, 애플리케이션이 다시 시작할 때 자동으로 업데이트 설치 과정이 진행된다.

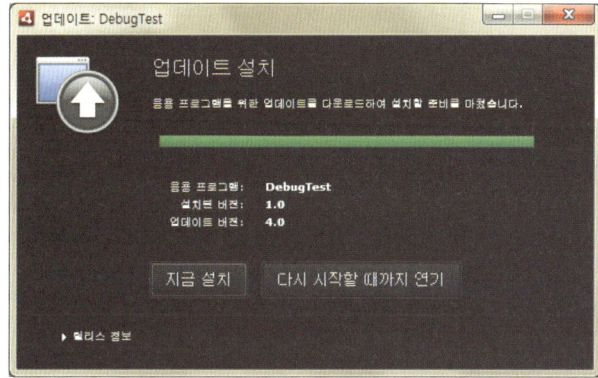

[그림 B-9] 다운로드된 업데이트를 설치할 것인지 묻는 화면

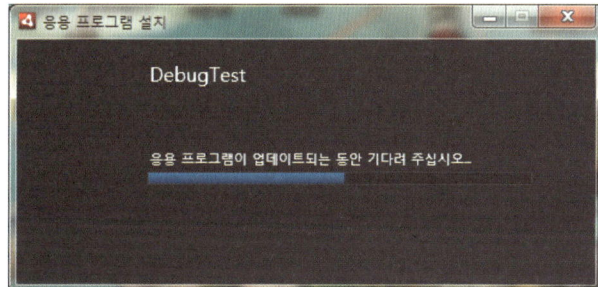

[그림 B-10] 업데이트가 설치되는 화면

업데이트가 완벽히 이뤄지고 난 다음 혹은 더 이상 업데이트가 존재하지 않을 경우 [그림 B-11]과 같은 화면이 나타난다.

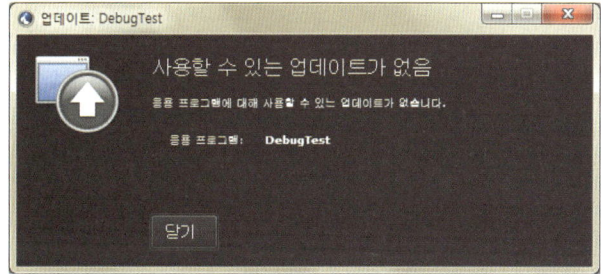

[그림 B-11] 업데이트가 존재하지 않을 경우 나타나는 화면

업데이트 진행 과정을 종합해서 설명하면 다음과 같다.

1. 업데이트가 실행되면, update.xml의 내용 중 버전과 현재 애플리케이션의 버전을 비교해 업데이트가 필요한지 확인한다.
2. 업데이트가 필요할 경우 해당 update.xml에 정의된 경로에서 업데이트를 다운로드 받는다.
3. 다운로드된 업데이트를 설치한다.

UI가 포함된 AIR 업데이트 프레임워크를 이용하면 기본적으로 제공되는 틀에서 업데이트를 진행하고 UI가 제한되기 때문에, 업데이트 과정을 자신이 원하는 방식으로 구현하고자 하는 사람도 있을 것이다. 이럴 경우 UI가 없는 AIR 업데이트 프레임워크를 사용해 업데이트 과정을 직접 구현하면 어느 정도 업데이트 UI를 사용자화할 수 있다. 자세한 내용은 http://help.adobe.com/en_US/AIR/1.5/devappshtml/ 페이지에서 "Distributing and updating applications"의 내용을 참고하길 바란다.

B.4 Fiddler를 이용한 HTTP 통신 모니터링

마지막으로 매쉬업 애플리케이션을 만들 때 없어서는 안 될 Fiddler를 소개한다. Fiddler는 HTTP 통신으로 오고 가는 패킷을 모니터링하는 툴이다. 특히 매쉬업은 HTTP 프로토콜상에서 수많은 Request와 Response를 주고받기 때문에 내가 보낸 Request가 정확한지, Response는 정확하게 도착했는지 확인이 필수다. Fiddler를 설치해보고 HTTP상의 패킷을 살펴보자. Fiddler는 http://www.fiddler2.com/fiddler2/ 페이지에서 설치가 가능하며, 무료 소프트웨어로 사용상에 아무 제한이 없다.

Fiddler를 다운로드 받았다면 실행해보자. Fiddler를 실행하면 [그림 B-12]와 같은 화면을 볼 수 있다.

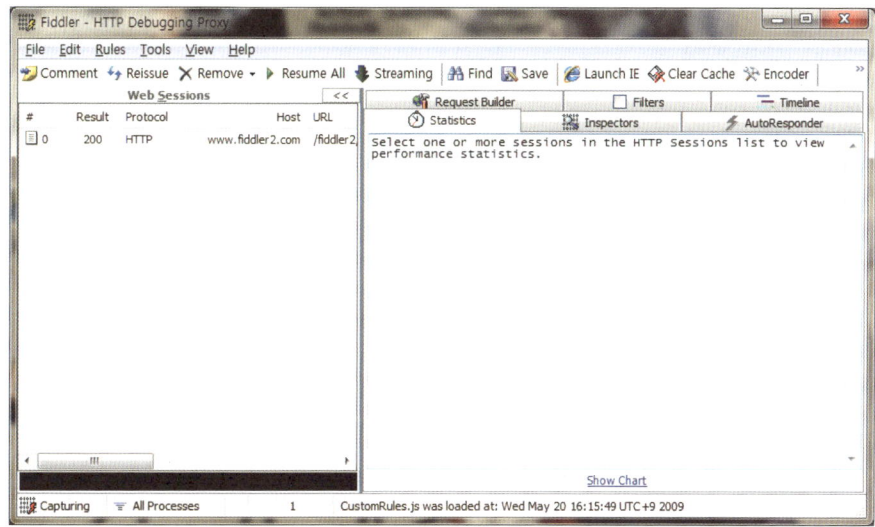

[그림 B-12] Fiddler가 실행된 모습

일단 Fiddler를 처음 사용해보는 사용자라면 버튼이 상당히 많은 편이라 복잡해 보일 것이다. 일단 패킷을 보는 방법부터 알아보자. 책에서 예제로 만든 유튜브 검색기를 실행하고 동영상을 검색해보자. 동영상을 검색해보면 [그림 B-13]처럼 20~30줄 정도의 로그가 쌓이는 모습을 볼 수 있다.

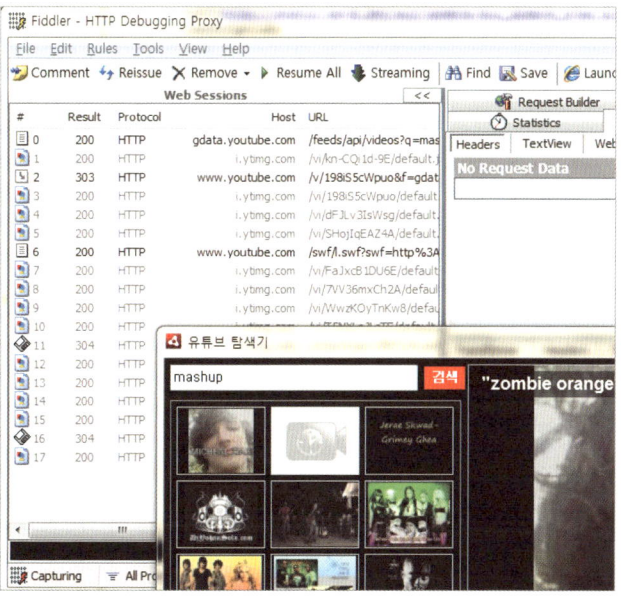

[그림 B-13] Fiddler를 실행하고 유튜브 탐색기로 "mashup"을 검색한 화면

> **참고**
>
> Fiddler의 로그가 너무 많이 쌓여 있을 경우, Fiddler > Remove > All Sessions 메뉴를 선택하거나, 로그 출력창에서 로그를 선택한 다음 Ctrl+A > Del 키를 이용해 로그를 삭제할 수 있다.

이제 진짜 Request가 잘 전달됐는지 Response는 정확히 전달받았는지 확인해보자. 로그 출력 창에서 URL이 /feeds/api/videos?q=…으로 시작되는 로그를 선택한 다음 [그림 B-14]처럼 우측 영역에서 Inspectors 탭을 선택하고 위 아래에 있는 Raw 버튼을 선택한다.

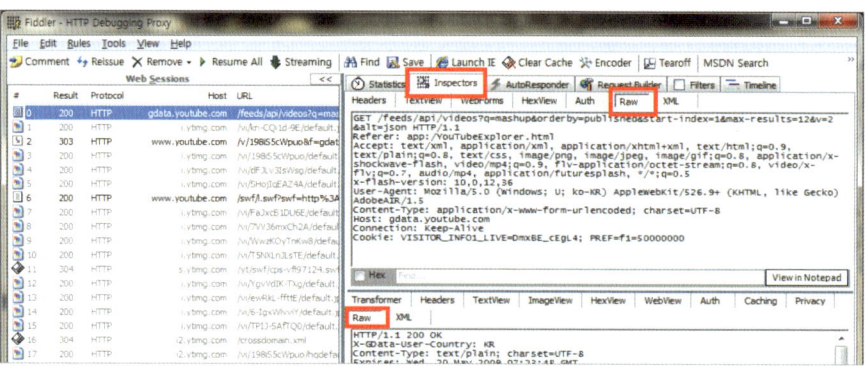

[그림 B-14] Fiddler를 이용해 Request와 Response를 모니터링하는 화면

우측 영역에서 상단은 Request 영역이며, 하단은 Request의 응답인 Response 영역이다. 1장에서 설명했던 Request의 전문과 Response의 전문을 있는 그대로 보게 될 것이다. 이 정도로 패킷을 상세하게 볼 수 있게 됐으니, HTTP 통신상의 디버깅 과정이 한결 가벼워졌을 것이다. 그뿐 아니라 Fiddler는 Request를 직접 만들어서 보낼 수도 있고, 트랩이나 Request 바꿔치기 등 여러 가지 기능을 제공하고 있으니 한 번 찾아보고 사용해보길 권한다. 자세한 내용은 Fiddler의 홈페이지를 참고하기 바라며, 이것으로 Fiddler 소개를 마친다.

찾아보기

ㄱ

간단한 라인 차트 만들기 227
간단한 인코딩 방식 268
간단한 인코딩을 확장한 인코딩 방식 269
간단한 한/영 호환 번역기 만들기 496
감시 리스트 만들기 525
구글 번역 플러그인 만들기 494
구글 브랜드 달기 502
구글 언어 API 495
구글 언어 API로 지원되는 언어와 코드 499
구글의 지도 API 89
구글의 차트 API 224
구글 지도 플러그인 만들기 446
국내외 매쉬업 현황 34

ㄴ~ㄹ

네이버 이미지 검색 API 110
네이버의 주소 변환 API 71
네이버 지도 API 66
다음 이미지 검색 API 123
다음 지도 API 101
도형 마커 234
동영상 탐색기 만들기 295
동영상 플레이어 컨트롤하기 307
드래그앤드롭 463
드래그앤드롭 유형 464
드래그앤드롭 이벤트 465
라인 마커 238

라인 차트 API 225
라인 차트 꾸미기 231
라인 차트 만들기 224
라인 차트의 부가적인 매개변수 231

ㅁ

마이크로 블로그 354
마커의 기본 요소 72
마커의 데이터 인덱스 범위 설정 267
막대 차트 API 244
막대 차트 만들기 244
막대 차트의 부가적인 매개변수 249
매쉬업 30
매쉬업 개발 제1법칙 42
매쉬업 개발 제2법칙 42
매쉬업 개발 제3법칙 42
매쉬업 개발 제4법칙 43
매쉬업 개발 제5법칙 44
매쉬업 경진대회 35
매쉬업 체크리스트 42
메인 애플리케이션과 새창의 관계 198
문서 뷰어 기능 구현 475
문서 파일 업로드하기 477
미니 모드와 동영상 모드 구현 326
미투데이 354
미투데이 API 515
미투데이 사용자 인증 354
미투데이 세션 사용자키 359
미투데이 애플리케이션키 발급받기 515

미투데이의 사용자 인증 방식 절차 355

ㅂ ~ ㅅ

배지를 이용한 AIR 애플리케이션 배포 207
버블 차트 API 260
버블 차트 만들기 260
범위 마커 235
복합 차트 만들기 263
블라인드 기능 444
블로그 API 406
블로그 편집기의 애플리케이션 구조 431
비교 범위 마커 235
비애플리케이션 샌드박스 188
비애플리케이션 샌드박스 속성 설정하기 195
사용자 인증 구현 334
사용자 친구 리스트 가져오기 516
샌드박스 브리지 189
샌드박스 브리지 설정하기 193
서비스별 지도 API 키 발급 페이지 86
서비스별 지도 API 특성 107
서비스별 지도 컨트롤러 정리 88
순이익 대비 영업 달성률 차트 만들기 242
쉬운 인증 355
알림 기능 구현 528

ㅇ

알림이 애플리케이션 만들기 523
애플리케이션 샌드박스 188
애플리케이션 샌드박스 보안 정책을 따르는 새창 만들기 194
액션스크립트의 API 366
야후 지도 API 95
언어 감지 기능 500
업로드 API 매개변수 345
여러 언어가 지원되는 간단한 번역 플러그인 만들기 503

오픈 API 45
오픈에디터 169
오픈에디터 플러그인 172
오픈에디터의 디렉토리 트리구조 508
원형 차트 API 254
원형 차트 만들기 254
원형 차트 호출 형식에서 사용된 API 매개변수 254
원형 차트에서 제공되는 API 매개변수 258
웹 2.0 30
웹캠포토 만들기 363
유튜브 동영상 검색 API 291
유튜브 동영상 플러그인 만들기 487
유튜브 동영상 플레이어 API 307
유튜브 미디어센터 검색 영역 구현 314
유튜브 미디어센터 기본 레이아웃 312
유튜브 미디어센터 만들기 310

ㅈ ~ ㅊ

자동/랜덤 재생 기능 구현 324
자바스크립트 객체화 159
자바스크립트 디버깅 558
자바스크립트에서 액션스크립트 라이브러리 사용하기 368
주소 검색기 만들기 446
지도 마법사 87
지도 마커 72
지도 마커 관리하기 449
차트 가이드라인 233
차트 데이터의 최소/최대값 226
차트 데이터 인코딩 268
차트 라벨 227
차트 배경색 231
차트 범례 232
차트 생성기 만들기 270
차트 여백 233
차트 유형 225
차트 제목 232

차트 축 눈금 길이 설정 241
차트 축 모양 241
차트 크기 226
차트의 막대 가로 크기와 간격 249
차트의 막대 색상 245
차트의 선 모양 239
차트의 선 색상 232
차트의 축 라벨 239
차트의 축 유형 239
채우기 마커 236

ㅋ ~ ㅎ

캡처 화면을 JPEG 형식으로 변환하기 370
코멘트 리스트 가져오기 521
텍스트 마커 238
텍스트 인코딩 방식 268
통합 이미지 검색기 만들기 164
트레이에서 열리는 알림창 구현 537
포스트 리스트 가져오기 518
포스트 작성 기능 445
포토버킷 141
포토부스 363
프로젝트별 중요도/진행률 차트 만들기 260
플리커 129
플리커 API 129
플리커 API로 얻은 이미지의 크기 알아내기 211
플리커 사용자 인증 334
플리커 야후 매쉬업 지역 이미지 검색기 211
플리커에서 위치 정보가 있는 사진을 검색하는 방법 210
플리커의 이미지 URL 만들기 139
필터를 이용한 특수효과 구현 371
하우징맵 31
하우징맵의 한계 33
학년별 비중 차트 만들기 255

A

addOverlay() 78
addPanControl 89
addTypeControl 89
addZoomLong 89
AIR 57
AIR HTML Source Viewer 557
AIR Update Framework 560
AIR 애플리케이션 패키징하기 203
AIR 애플리케이션으로 전환하기 191
AIR 인증서 생성하기 201
AIR 프로젝트 180
AIR 프로젝트 설정 185
AIR 플러그인 설치하기 181
air.Camera 366
air.SQLConnection 320
AIRIntrospector 558
AIRSourceView 556
AJAX 53
AJIT 61
ajit_lib.js 61
allowcrossDomainXHR 195
applicationDirectory 319
applicationStorageDirectory 320
Aptana IDE 59
Authorization 361

B ~ D

Bitmap 370
BitmapData 370
Blogger 1.0 API 407
blogger.getUsersBlogs 411
BlogRemoteWriter 405
ByteArray 472
chicagocrime.org 38
childSandboxBridge 190

Chromeless 플레이어 328

CNS 85

ColorMatrixFilter 372

CONNECT 48

createRootWindow() 194

daum_image.html 125

dbInitiallze() 320

DELETE 48

desktopDirectory 319

Devday 36

Deview 37

DIcon 74, 104

DIndexMapControl 89

DInfoWindow 101, 105

DMark 105

docs.uploadFromUrl API 478

documentRoot 195

documentsDirectory 319

DPoint 104

drawChartDataForm() 280, 285

drawLineChart() 279, 286

DZoomControl 89

E ~ G

editor.registPlugin 177

EncryptedLocalStore 382

Fiddler 566

frob 334

full_auth_token 361

GClientGeoCoder 446

GET 48

getChildById() 286

getConnection() 318

getResult() 322

getStructStringData() 443

GHierarchicalMapTypeControl 88

GIcon 75

GLargeMapControl 88

GMapTypeControl 88

GMenuMapTypeControl 88

google.language.detect 501

google.language.isFontRenderingSupported 502

google.language.translate() 507

GOverviewMapControl 89

GScaleControl 89

GSmallMapControl 88

GSmallZoomControl 89

H ~ N

HEAD 48

HTMLLoader 194

HTTP 기본 인증 방식 361

HTTP 통신 모니터링 566

iPaper 문서 뷰어 만들기 481

iPaper 문서 뷰어 매개변수 정의하기 483

iPaper 문서 뷰어 이벤트 정의하기 483

JPGEncoder 368

JPGEncoderLibrary.swf 368

JSON 54

JSONP 488

KTM 85

LineChart 285

Meebo.com 39

MetaWeblog API 407

metaWeblog.newMediaObject 415

multipart/form-data 인코딩 구현 374

nativeDragDrop 472

NativeWindowInitOptions 539

naver_image.html 113

NIcon 74

NIndexMap 88

NInfoWindow 78

NSize 78

NZoomControl 88

O ~ R

OAuth 인증 방식 143
OAuth 인증 흐름도 145
oauth_consumer_key 정의 152
onSearchCompleteHandler(response) 117
onytplayerStateChangeHandler() 324
parentSandboxBridge 190
parseXMLRPCArrayStructData() 443
PC에 장착된 웹캠 연동하기 366
PhotobucketOAuth.encode() 152
PhotobucketOAuth.js 148
POST 48
PUT 48
Rectangle 객체 속성 538
renderVideoList() 305
Request 48
Response 51
REST 52
RIA 57

S

sandboxRoot 195
Screen 객체 속성 538
Scribd API 475
Scribd 자바스크립트 API 483
searchVideo(page) 304
setCenterAndZoom() 70
setChartAxisLable 276
setChartBgColor 275
setChartColor 275, 286
setChartData 276

setChartDataRange 275
setChartLegend 275
setChartLegendPosition 275
setChartSize 276, 286
setChartTitle 275, 286
setLineStyle 276
SQLite 318
SQLite를 활용한 플레이 리스트 구현 318
SQLResult 322
startMove() 400
SWFObject 304
swfobject.embedSWF 305
systemChrome 539

T ~ Y

TM128 85
TRACE 48
Trapster.com 39
URLLoader 116
URLRequest 116
URLRequestHeader 356
URLVariables 116
userDirectory 320
WGS84 85
window.nativeWindow 327
XML-RPC 418
XML-RPC Request 만들기 424
XMLHttpRequest 53
XmlParser 121
YGeoPoint 98
YImage 75, 98
YoutubeExplorer 296

웹 표준과 차세대 웹을 선도하는
에이콘 웹 프로페셔널 시리즈
series editor 박수만

실용예제로 배우는 웹 표준
기획자, 개발자, 디자이너가 함께 보는 XHTML + CSS 활용가이드
8989975778 | 댄 씨더홈 지음 | 박수만 옮김 | 20,000원

국내 최초로 웹 표준에 대한 뜨거운 관심을 불러일으킨 바로 그 책!
웹 표준의 대가 댄 씨더홈과 함께 퀴즈로 풀어보는 웹 표준 실전 가이드
웹 표준 개념의 이론과 실습, 문제 해결방법을 알려준다.

웹 2.0을 이끄는 방탄웹
크리에이티브한 웹 표준 기법과 제작 사례
8989975891 | 댄 씨더홈 지음 | 박수만 옮김 | 22,000원

유연성, 가독성, 사용자 편의성 등 성공적인 웹 2.0 사이트가 갖춰야 할
핵심사항을 구비하기 위한 웹 표준 전략에 대한 책

Ajax 인 액션
8989975883 | 데이브 크레인 지음 | 강철구 옮김 | 28,000원

Best of 2006 2006년 아마존닷컴 컴퓨터 인터넷 부문 베스트셀러 1위!

기초부터 고급 기법까지 Ajax의 모든 것을 상세하게 소개한다.
사이트에 바로 응용할 수 있는 5가지 실전 프로젝트 수록

예제로 배우는 Adobe 플렉스 2
리치 인터넷 애플리케이션 제작의 첫 걸음
8989975980 | 옥상훈 지음 | 25,000원

플렉스에 목마른 개발자들의 갈증을 풀어준 바로 그 책!
예제 위주로 플렉스의 개념을 설명하고 플렉스 프로젝트 필수 기술요소를
다루고 있어 플렉스를 빠르고 쉽게 배울 수 있다.

고급 웹 표준 사이트 제작을 위한
CSS 마스터 전략
8960770051 | 앤디 버드 외 지음 | 박수만 옮김 | 28,000원

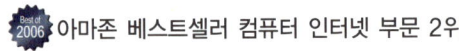
Best of 2006 아마존 베스트셀러 컴퓨터 인터넷 부문 2위

최신 CSS 기법을 다루는, CSS 마스터가 되기 위한 필독서
최신 CSS 기법과 활용 팁 총정리

Easy Start!
웹 개발 2.0 루비 온 레일스
9788960770003 | 황대산 지음 | 28,000원

강력하고 편리하지만 접근이 쉽지만은 않은 레일스
이 책은 레일스를 빠르고 즐겁게 배우기 위한 지름길이다.
▶ 레일스 웹 개발 프레임워크에 대한 예제 위주의 상세한 설명
▶ 루비 프로그래밍 언어 튜토리얼과 친절하게 기술한 API 문서 포함

웹표준 완전정복 세트
97889960770133 | 댄 씨더홈, 앤디 버드 외 지음 | 박수만 옮김 | 66,000원

웹 표준 마스터라면 꼭 필독해야 할 바이블!
『실용예제로 배우는 웹 표준』과 『웹 2.0을 이끄는 방탄웹』, 『CSS 마스터 전략』
을 하나로 묶었다.

다이내믹한 웹 표준 사이트를 위한
DOM 스크립트
9788960770034 | 제레미 키스 지음 | 윤석찬 옮김 | 25,000원

마크업에서 자바스크립트를 깨끗이 분리하고 핵심 기능은 그대로 살리면서도
역동적인 효과를 얻을 수 있는 새로운 발상!
웹 디자이너와 웹 개발자가 함께 읽어야 하는 필독서

방탄 Ajax
9788960770201 | 제레미 키스 지음 | 장정환 옮김 | 22,000원

인터랙티브한 방탄웹 사이트를 만들자. Ajax 기초에서 활용까지!
Ajax를 사용하면서 알지 못했던 영역을 탐험하는 데 필요한 안내서
Ajax의 기본 개념부터 시작해서 Ajax를 사용해 어떻게 웹사이트를
개선할 수 있는지를 예제를 활용해 차근차근 배워보자.

정보 트래핑 원하는 정보를 자동으로 수집하는 웹 모니터링 기법
9788960770218 | 타라 칼리셰인 지음 | yuna 옮김 | 25,000원

수많은 정보가 넘쳐 흐르는 웹!
인터넷 검색엔진 전문가인 저자 타라 칼리셰인은
효과적인 리서치를 통해 더 큰 결실을 얻어낼 수 있는 방법,
즉 자동화된 정보 수집 시스템을 구축하는 최신 기법들을 소개한다.

Ajax 패턴과 베스트 프랙티스
9788960770225 | 크리스찬 그로스 지음 | 최재훈 옮김 | 28,000원

Ajax와 REST를 하나의 솔루션으로 묶은 다이내믹한 웹 애플리케이션을 개발하자! 구조적이고 효율적인 웹 애플리케이션 개발을 위한 9가지 Ajax 패턴과 실전 예제를 다룬다. 기존 Ajax 서적과는 다른 웹 서버/클라이언트 구조에 대한 통찰력을 제시한다.

방어형 웹사이트 기획 고객과 회사를 구하는 가이드라인 40
9788989975311 | 매튜 린더만, 제이슨 프라이드 지음 | 박수만 옮김 | 22,000원

에러 메시지, 도움말, 입력폼 등을 개선하여 고객이 처한 위기 상황을 극복하는 방어형 웹사이트를 만들자!
40개의 핵심 가이드라인을 통해 흔히 저지르는 오류를 방지하고, 문제가 생긴 고객을 친절하게 이끌어 줄 수 있다.

웹디자인 2.0 고급 CSS
감각적인 웹디자인 예술 미학
9788960770300 | 앤디 클락 지음 | 정유한 옮김 | 35,000원

유수 웹사이트, 사진작품, 컨셉 등 수많은 예제와 화보 등을 통해 코드를 만들기 위한 다양한 방법을 시각적으로 배운다. 최신 웹 브라우저와 최신 CSS3 스펙을 사용하는 환경에 대한 기술적 이점을 미리 체험해 볼 수 있다.

GWT 구글 웹 툴킷 자바로 하는 AJAX 프로그래밍
9788960770355 | 프라바카 샤간티 지음 | 남기혁 옮김 | 20,000원

GWT를 통해 사용자 경험을 크게 향상시켜주면서 안정적으로 동작하는 유저 인터페이스를 만들어보자. GWT, 구글 웹 툴킷은 오픈소스로 개발된 자바 소프트웨어 개발 프레임워크로서, 브라우저 관련 언어에 익숙하지 않은 개발자도 구글 맵이나 지메일 같은 AJAX 애플리케이션을 쉽게 제작하는 데 쓰인다.

RIA 개발을 위한 실버라이트 입문
9788960770379 | 애덤 네이썬 지음 | 이정웅 옮김 | 25,000원

마이크로소프트 개발자이자 실버라이트 구루로 알려진 애덤 네이썬이 직접 저술한 책. 가볍지만 강력한 웹 브라우저 플러그인 실버라이트에는 RIA를 만들기 위한 벡터, 애니메이션, 고화질 비디오 등 다양한 기능이 가득하다. 또한 WPF의 기능을 제공하고 성능이 뛰어나며 웹 개발 기술과 쉽게 연동할 수 있다.

[개정판] 예제로 배우는 Adobe 플렉스
UX와 성능이 향상된 RIA 제작의 첫걸음: 플렉스 3 & 어도비 에어

9788960770416 | 옥상훈 지음 | 33,000원

성능과 개발 생산성, UX 향상을 위한 협업에 초점을 둔 플렉스 3의 내용을 반영한 개정판이다. 데스크탑 버전의 RIA 애플리케이션을 만들 수 있는 어도비 에어(Adobe AIR) 기술의 응용 방안과 윈도우 애플리케이션 연동에 관한 노하우를 특별 부록으로 수록했다.

PPK 자바스크립트 뛰어난 웹 접근성의 실용 자바스크립트

9788960770447 | 피터 폴 콕 지음 | 전정환, 정문식 옮김 | 35,000원

8가지 실전 프로젝트로 모던하고 구조적인 실용 자바스크립트를 배우자. 브라우저 비호환성 처리, 웹 접근성, 스크립트 분리 등 기존 자바스크립트 책에서는 볼 수 없었던 새로운 내용이 가득 담겨있다.

PHP 개발자를 위한 실전 자바스크립트
다이내믹한 PHP 사이트를 만드는 Ajax 기법

9788960770010 | 크리스천 다리, 보그단 브린자리아, 필립 치얼체스-토자, 미하이 부치카 지음 | 나건표 옮김 | 30,000원

기존의 딱딱한 PHP 웹사이트를 다이내믹한 데스크탑 애플리케이션처럼 사용할 수 있는 Ajax와 자바스크립트. 풍부한 실전 예제와 함께 PHP 개발자가 현업에서 바로 활용할 수 있는 내용을 다루고 있다.

[개정판] 웹 2.0을 이끄는 방탄웹
크리에이티브한 웹 표준 기법과 제작 사례

9788960770720 | 댄 씨더홈 지음 | 박수만 옮김 | 25,000원

유연성과 가독성, 사용자 편의성 등 성공적인 웹사이트가 갖춰야 할 핵심사항을 구비하기 위한 웹 표준 전략에 대한 책. 기존 방식으로 제작한 웹사이트를 사례로 들어 문제점을 분석하고 XHTML과 CSS로 재구축해 코드를 깔끔한 마크업으로 정리하고 CSS를 통해 빠르게 로딩되면서 접근성이 높은 방탄웹으로 변신시키는 기법을 소개한다.

(개정판) 웹표준 완전정복 세트

9788960770669 | 댄 씨더홈, 앤디 버드 외 지음 | 박수만 옮김 | 68,000원

웹 표준 마스터라면 꼭 필독해야 할 바이블!
『실용예제로 배우는 웹 표준』과 『(개정판) 웹 2.0을 이끄는 방탄웹』, 『CSS 마스터 전략』을 하나로 묶었다.

오픈 API를 활용한 매쉬업 가이드
HTML과 자바스크립트로 손쉽게 만드는 AIR 애플리케이션
9788960770942 | 오창훈 지음 | 33,000원

웹 생태계를 더욱 풍요롭게 해주는 매쉬업 애플리케이션. 블로그, 차트, 지도, 이미지, 동영상 API의 효과적인 활용법과 실용 예제를 배우고, API 사용자 인증, 파일 전송, 배포 등 웹 애플리케이션 개발 실전 팁을 익히는 국내 최초 오픈 API와 매쉬업 활용 가이드

효율적인 XHTML 웹 표준 사이트 구축을 위한 리팩토링 HTML
9788960771093 | 엘리엇 러스티 해롤드 지음 | 김인교 옮김 | 30,000원

안정성, 성능, 사용성, 보안, 접근성, 호환성, 검색엔진 최적화 등을 모두 고려해 개선된 웹사이트를 만드는 방법을 설명한다. 기존 사이트를 유지보수하거나 업데이트하려는 웹 디자이너, 개발자, 프로젝트 매니저가 꼭 읽어야 할 필독서다.

구글피디어 Googlepedia 구글에 관한 모든 것
9788960771222 | 마이클 밀러 지음 | 김기영, 노영찬 옮김 | 35,000원

구글 웹검색, 지메일, 캘린더, 유튜브, 구글 어스, 문서도구, 데스크탑, 지도, 애드센스, 구글 폰 안드로이드까지 구글에 관한 모든 것이 이 한 권에 들어있다. 이 책 한 권이면 고급 검색기술은 물론이고 구글의 웹/소프트웨어 도구를 전부 마스터할 수 있다.

okgosu의 액션스크립트 정석
기초부터 2D와 3D 그래픽, 애니메이션, 게임 프로그래밍까지
플래시/플렉스 액션스크립트의 모든 것
9788960771291 | 옥상훈 옮김 | 48,000원

플래시와 플렉스 기술의 뿌리가 되는 프로그래밍 언어인 액션스크립트의 기초 문법부터 시작해서, 컴포넌트 라이브러리 활용, 2D 그래픽을 위한 드로잉 API, 비트맵, 이펙트, 스크립트 애니메이션, 3D 그래픽, 서버 네트워킹까지 액션스크립트 API가 제공하는 기능을 체계적으로 섭렵할 수 있는 진정한 바이블

엔터프라이즈 Ajax 대규모 웹사이트 구축을 위한 실전 Ajax
9788960771321 | 데이브 존슨, 알렉세이 와이트, 앙드레 샬랜드 지음
김수정 옮김 | 장정환 감수 | 30,000원

MVC 구현, 보안, 확장성, 안정성, 신뢰성, 기능 최적화, 프로젝트의 위험요소까지 Ajax 개발자가 기업 환경의 애플리케이션 개발 상황에서 맞닥뜨릴 모든 문제를 다루는 책

오픈 API를 활용한 매쉬업 가이드
HTML과 자바스크립트로 손쉽게 만드는 AIR 애플리케이션

초판 인쇄 | 2009년 8월 12일
2쇄 발행 | 2011년 2월 25일

지은이 | 오 창 훈

펴낸이 | 권 성 준
엮은이 | 김 희 정
　　　　김 경 희
　　　　황 지 영
표지 디자인 | 김 다 희
본문 디자인 | 박 진 희

에이콘출판주식회사
경기도 의왕시 내손동 757-3 에이콘플레이스 (437-081)
전화 02-2653-7600, 팩스 02-2653-0433
www.acornpub.co.kr / editor@acornpub.co.kr

Copyright ⓒ 에이콘출판주식회사, 2009, Printed in Korea.
ISBN 978-89-6077-094-2
http://www.acornpub.co.kr/book/mashup

아이폰앱 다운로드

이 도서의 국립중앙도서관 출판시도서목록(CIP)은 e-CIP 홈페이지(http://www.nl.go.kr/cip.php)에서 이용하실 수 있습니다. (CIP제어번호: 2009002443)

책값은 뒤표지에 있습니다.